Signé Henri Perdriau, ce vitrail a orné le portique du Mont-Saint-Louis à partir de 1914. L'artiste a voulu montrer combien on attendait les frères en 1837, mais il a pris quelques licences avec l'histoire, puisque tous les témoignages concordent pour attester qu'il n'y avait, au débarcadère, personne pour accueillir les quatre premiers frères.

Les Frères
des Écoles chrétiennes
au Canada

Nive Voisine

Les Frères des Écoles chrétiennes au Canada

TOME 1
*La conquête de l'Amérique
1837-1880*

En préparation :

Les Frères des Ecoles chrétiennes au Canada, II : *L'apogée ou le temps des amicales (1880-1937)*

Édition :	Éditions Anne Sigier 2299 boul. Versant-Nord Sainte-Foy, Québec, Canada G1N 4C2 687-3564
Composition :	Typoform inc.
Dépôt légal :	4ᵉ trimestre 1987 Bibliothèque nationale du Québec Bibliothèque nationale du Canada
ISBN :	2-89 129-086-0

Imprimé au Canada

Avant-Propos

C'est à la demande des Frères des Ecoles chrétiennes eux-mêmes que nous entreprenons l'histoire de l'implantation et du développement de leur communauté au Canada, de 1837 à nos jours. Le frère Paul Aubin nous a d'abord contacté au nom de tous les visiteurs des districts canadiens ; conforté par ses promesses et appuyé des conseils et de la généreuse amitié de notre collègue Jean Hamelin, qui aurait été encore plus qualifié que nous pour entreprendre ce projet, nous avons accepté de tenter l'expérience. Nous ne le regrettons certes pas.

Nous avions promis de produire un premier volume pour novembre 1987, à l'occasion des fêtes du cent-cinquantième anniversaire de l'arrivée des frères à Montréal. Ce qui nous laissait bien peu de temps — une quinzaine de mois — pour la recherche et la rédaction. Nous avons abandonné notre enseignement universitaire pour nous consacrer totalement à cette nouvelle entreprise, et nous avons choisi de présenter, en premier lieu, l'étude d'une courte période, soit celle de 1837 à 1880. Nous nous sommes rapidement rendu compte de la justesse de notre intuition, car cette étape, dans sa brièveté même, se révèle tout à la fois un résumé suggestif des réalisations à venir et une éclairante introduction à l'évolution future.

Tout au cours de cette première phase de notre travail, nous avons reçu un appui total des Frères des Ecoles chrétiennes qui ont facilité notre travail de multiples façons. La maison généralice de Rome — spécialement le frère supérieur général, le secrétaire général Léonard Leduc et le directeur du bureau du personnel Jacques Sanschagrin — nous a ouvert ses portes et ses archives; plusieurs autres directeurs nous ont reçu et logé avec générosité. Les visiteurs n'ont pas lésiné pour nous fournir les moyens nécessaires. Les archivistes nous ont aidé avec compétence et amabilité; nous remercions tout spécialement le frère Edwin de Rome, le frère Gilles Beaudet (et son adjoint le frère Félix Blondin) de Sainte-Dorothée et le frère Yves Guillemette (et son adjoint le frère Emile Larivière) de Québec. Comme nous remercions tous les conservateurs de fonds d'archives qui nous ont reçu ou nous ont communiqué des documents. Et le frère Paul Aubin qui a été un directeur de projet empressé et efficace. Nous remercions également les frères Gilles Beaudet, André Dubuc et Guy Lemire qui nous ont fait des commentaires et suggéré des corrections très utiles. Enfin, nous n'oublions pas notre infatigable et efficace collaboratrice Sonia Chassé qui nous a apporté une aide si précieuse dans la découverte de dossiers importants et la collecte d'une masse imposante de documents. Que toutes ces personnes trouvent ici l'expression de notre plus vive reconnaissance.

N.V.

Pointe-au-Père
le 15 mai 1987
en la fête de
saint Jean-Baptiste de La Salle

TABLE DES MATIERES

Avant-propos	3
Table des matières	5
Introduction	9
Première partie: LES FONDATIONS	19
I — Un point d'ancrage: Montréal	25
Les vaines tentatives	26

les sulpiciens et les petites écoles (26) — les Frères Hospitaliers de la Croix et de Saint-Joseph ou Frères Charon (27)

Quiblier et le projet sulpicien	34

l'enseignement primaire catholique à Montréal (35) — le projet des sulpiciens (38)

La fondation montréalaise	47

le voyage (47) — l'accueil et l'installation (49)

L'expansion à Montréal	56

Saint-Laurent et ses quartiers (57) — les nouvelles communautés (63): Côte-des-Neiges, Saint-Henri, communauté du Sacré-Coeur, le noviciat et les autres services

II — Québec et les milieux francophones	73
Les communautés de la ville de Québec	76

l'école des Glacis (79) — l'Académie commerciale anglaise (86) — les autres communautés québécoises (89)

Les communautés de la région de Québec	93

Saint-Thomas de Montmagny (93) — Saint-Louis de Kamouraska (95) — Notre-Dame de Lévis (97) — L'Islet (103) — Sainte-Marie de Beauce (104)

Les communautés de Trois-Rivières et des environs	106

Yamachiche (108) — La Baie-du-Febvre et Saint-Grégoire (110)

Les communautés de la région de Montréal	110

Beauharnois (111) — Sorel (112) — Oka (116) — Saint-Jean d'Iberville (117) — Longueuil (118) — Chambly (119) — Lachine (121)

Les communautés francophones hors du Québec	121

Saint-Boniface (Manitoba) (121) — Ottawa (124) — Hull (126) — Sainte-Anne de Kankakee (126)

III — Toronto et le Canada anglophone	129
Toronto et le territoire ontarien	130
Toronto (131) — Kingston (135) — un noviciat à Toronto? (136) — St. Catharines (138)	
Les Maritimes	139
Arichat (140) — Halifax (141) — Saint-Jean (Nouveau-Brunswick) (146) — Charlottetown (147) — Chatham (148)	
IV — Baltimore et les États-Unis	151
La fondation de Baltimore	152
La fondation de New York	155
La fondation de St. Louis.	157
Deuxième partie: LA COMMUNAUTÉ MODE D'EMPLOI	165
V — Les contraintes du milieu	169
Les relations avec les sulpiciens	169
les vues des fondateurs (170) — de la parole aux actes (173)	
Les évêques	183
les évêques de Montréal (183) — les évêques de Toronto et de Kingston (187) — les évêques des Maritimes (189)	
Les autorités locales	195
un cas exemplaire: Saint-Jean d'Iberville (197) — quelques difficultés d'existence (202)	
VI — Les instituteurs français	213
Les supérieurs généraux	214
le frère Anaclet (1830-1838) (214) — le frère Philippe (1838-1874) (215)	
Les assistants chargés des districts nord-américains	217
le frère Anthelme (1844-1861) (218) — le frère Facile (1861-1874) (220)	
Les visiteurs	224
le frère Armin-Victor, visiteur provincial (224) — la tâche des visiteurs de district (228): le frère Aidant (1837-1848), le frère Turibe (1861-1863), le frère Liguori (1864-1868), le frère Albanius (1877-1880).	
Les frères de France	238
les pionniers (240) — quelques autres figures (245)	
VII — La relève canadienne	253
La croissance des effectifs	254

La formation des futurs frères 257
   le petit noviciat ou noviciat préparatoire (257) — le noviciat (259).
Les frères canadiens 267
   nationalité et langue (267) — quelques noms à retenir (274): le frère Patrick, assistant; le frère Ambrose, visiteur; le frère Hosea, visiteur
Directeurs et sans grade 287
   les frères directeurs (287) — les sans grade (297)
Les sorties et les décès 299
   les sorties (300) — les décès (303)

VIII — Des maîtres compétents 307
La pédagogie lasallienne 308
   la priorité de la langue maternelle (314) — la méthode simultanée d'enseignement (315) — la discipline (317) — l'éducation chrétienne (320)
Le programme d'études 323
   la lecture (323) — l'écriture (325) — le français (326) — l'arithmétique (328) — l'histoire, la géographie et le dessin (329)
Les manuels classiques 332
L'école lasallienne au Canada 336

IX — Des religieux austères 365
Le modèle lasallien 366
Vivre la Règle au Canada 375

X — Pauvreté et biens matériels 397
À Montréal, des fondateurs généreux 399
Les finances des autres communautés 414
La reconnaissance civile de la communauté 416
Les propriétés des frères 422
Les craintes du frère Réticius 424

Conclusion 431
Sigles et abréviations 434
Orientations bibliographiques 436

Introduction

Que sont les frères enseignants devenus? Eux que, depuis cent cinquante ans, l'on retrouvait dans la plupart des villes et villages du Québec et de certaines parties du Canada, qui ont été les pionniers de l'enseignement primaire supérieur et même de certains enseignements universitaires, dont les collèges ou académies, multiples et souvent imposants, incarnaient bien l'influence et la puissance de leurs communautés et de l'Eglise, ils ont pour ainsi dire déserté les avant-postes pour se perdre dans l'anonymat des nouveaux complexes scolaires ou des administrations civiles ou religieuses. Seuls quelques écriteaux signalent encore, ici ou là, une présence congréganiste dans une maison de retraite ou d'administration, ou même, plus rarement, une maison d'enseignement privé. Les médias gardent ordinairement le silence sur eux et leurs nouvelles œuvres et seul un événement important — très souvent un anniversaire — les sort de l'ombre. « Les frères enseignants, connais pas ! » peuvent dire les générations actuelles.

Nous n'entreprenons pas de redonner à ces éducateurs oubliés la place qu'ils méritent dans l'histoire de l'éducation de notre pays, encore qu'un tel projet serait passionnant et utile. Plus modestement, nous comptons rappeler les faits et gestes de la première communauté masculine enseignante à venir œuvrer en terre canadienne, les Frères des Ecoles chrétiennes. Arrivés en 1837, ils se sont révélés, ici comme en Europe, des modèles pour ceux qui les rejoindront et, pendant très longtemps, ils ont si bien incarné la vision que les gens se faisaient du frère enseignant que c'est leur silhouette qu'on retrouvait dans les caricatures ou les œuvres artistiques. Parler d'eux, c'est déjà rendre hommage à tous ceux qui les ont suivis en terre canadienne.

Tracer une vue d'ensemble de la présence lasallienne non seulement au Québec, mais également dans tout le Canada, n'est pas une entreprise de tout repos. Il est déjà difficile de décrire avec précision et nuance l'évolution des diverses maisons, leurs liens avec les autorités des districts ou du Régime[1] parisien (et plus tard romain), la vie intime des communautés et des individus, surtout si l'on ne veut ni privilégier les périodes fastes ni celer les misères et les faiblesses. Mais il faut encore analyser l'insertion des maîtres éducateurs dans des milieux très divers, en rapport avec des autorités différentes (évêques, curés, administrateurs scolaires...) et soumis à des contraintes de toutes sortes (systèmes scolaires, programmes d'études, régime d'inspection...). Il ne faut oublier aucun aspect ni rejeter aucune méthode d'investigation pour répondre avec justesse à la question que nous nous sommes posée et à laquelle nous espérons répondre tout au long de notre travail : qu'est-ce que les Frères des Ecoles chrétiennes apportent d'original dans l'évolution de l'Eglise catholique et particulièrement dans l'histoire de l'éducation au Canada ?

---

[1] On trouvera un peu plus loin la signification de ce terme et de plusieurs autres qui ont trait à l'administration de l'Institut des Frères des Ecoles chrétiennes.

Heureusement, pour atteindre notre but, nous ne partons pas de zéro. Outre les histoires générales de l'Institut qui comprennent ordinairement un certain nombre de pages sur les communautés canadiennes — signalons celles de Georges Rigault[2], de W. J. Battersby[3] et du frère Alban[4] —, nous possédons quelques études sur le travail des disciples de saint Jean-Baptiste de La Salle en Amérique. En 1883, l'abbé J.-C. Caisse a publié une étude sur l'*Institut des Frères des Ecoles chrétiennes*. Il poursuit trois buts : faire connaître l'œuvre des frères en Europe et en Amérique, les défendre contre leurs détracteurs et lancer un appel en faveur des vocations. L'auteur consacre plus de la moitié de son volume à rappeler les origines et le développement de l'Institut et surtout son implantation au Canada ; il fait l'historique de chacune des maisons canadiennes et multiplie les témoignages favorables à l'enseignement congréganiste. Si les renseignements sont ordinairement assez justes, le ton polémique leur enlève une certaine crédibilité. Pour comprendre et nuancer certaines insistances de l'auteur, il faut se replacer dans le climat de peur et d'agressivité dans lequel vivent les ultramontains intransigeants au début des années 1880 ; bien informés de ce qui se passe en France, ils voient du laïcisme partout, même dans les initiatives les plus anodines des laïques, et ils veulent accentuer l'influence des communautés religieuses dans l'enseignement. L'abbé Caisse et le frère Réticius (Louis Gon-

---

[2] Georges Rigault, *Histoire générale de l'Institut des Frères des Ecoles chrétiennes*, Paris, Plon, [1937-1953], 9 vol. L'étude se termine malheureusement en 1904.

[3] W. J. Battersby, *History of the Institute of the Brothers of the Christian Schools in the Eighteenth Century, 1719-1798*, Londres, Waldegrave, [c1960] ; *History of the Institute of the Brothers of the Christian Schools in the Nineteenth Century (Part One), 1800-1850*, Londres, Waldegrave, [c1961] ; *History of the Institute of the Brothers of the Christian Schools in the Nineteenth Century (Part Two), 1850-1900*, Londres, Waldegrave, [c1963], 243 p.

[4] Frère Alban, *Histoire de l'Institut de saint Jean Baptiste de La Salle hors des frontières de la France de 1700 à 1966*, Rome, Editions Générales F.S.C., [1970], XI, 850 p.

net, 1837-1916), qui arrive en 1880 comme visiteur, font partie de ce groupe bruyant qui reçoit le livre avec enthousiasme. Témoin ce qu'en écrit Clément Vincelette, du Cercle catholique de Québec: « Dans le temps d'abaissement moral où nous vivons et à l'approche des catastrophes qui menacent de fondre sur notre patrie, il est consolant de voir surgir de temps à autres[5] des défenseurs de nos institutions vraiment catholiques, et qui ne craignent pas de dire la vérité. Hélas! ces braves chrétiens se font de plus en plus rares. La réception de votre ouvrage m'a consolé [...] ». A cause de cette situation, il faut donc utiliser cette première étude canadienne sur les Frères des Ecoles chrétiennes avec une prudence sans faille.[6]

Beaucoup plus pondérée est l'histoire des Frères des Ecoles chrétiennes au Canada, publiée en 1921 par le frère Symphorien-Louis[7] (Symphorian-Lewis, Stanislas Roberge, 1848-1924). Elle couvre la période de 1837 à 1900 et s'appuie sur l'*Historique* du district de Montréal, rédigé par chacun des visiteurs, parfois complété par des souvenirs personnels. Sauf dans la préface, il y a peu de jugements de valeur ou d'envolées mystiques. C'est un ouvrage sûr, encore utile aujourd'hui, qui a beaucoup servi aux rédacteurs du volume officiel du centenaire en 1937.[8]

---

[5] Une fois pour toutes, nous signalons que nous reproduisons les textes tels qu'ils sont, en évitant le plus possible d'encombrer les citations de [*sic*].

[6] J.-C. Caisse, *L'Institut des Frères des Ecoles chrétiennes. Son origine, son but et ses œuvres*, Montréal, J. Chapleau, 1883, 324, IV p.; C. Vincelette à J.-C. Caisse, 22 juin 1883, AFECM, T17C16-2.

[7] Son vrai nom est Symphorian-Lewis, puisque, dès le début de l'établissement de Montréal, Paris ordonne de donner des noms anglais aux novices; cependant, plusieurs le traduisent, malgré l'avertissement du frère assistant Anthelme, en 1848: « Veuillez recommander aux frères de ne pas franciser leur nom, mais de le signer en *anglais* quand même ils écrivent en langue française » (*Avis & permissions concernant la Communauté des Frères de Montréal*, AFECM, T41).

[8] F. S.-L. [Frère Symphorien-Louis], *Les Frères des Ecoles chrétiennes au Canada, 1837-1900*, Montréal, Les Frères des Ecoles chrétiennes, 1921, 328 p.

Celui-ci, intitulé *L'œuvre d'un siècle*, est un véritable monument élevé à la gloire de l'Institut au Canada — un « monument d'orgueil », aurait dit un frère français, Bénigne, frustré de n'avoir pas été invité comme reporter aux fêtes — et il contient une mine de renseignements historiques; la préface du frère Marie-Victorin (Conrad Kirouac, 1885-1944) vaut à elle seule la conservation de l'ouvrage dans sa bibliothèque. Fastueusement imprimé et édité par la maison mère de Montréal, le livre est l'œuvre commune d'un grand nombre de collaborateurs, tout aussi bien rédacteurs que dessinateurs; mais le chef d'orchestre et l'animateur en a été le frère Meldas-Cyrille (Cyrille Côté, 1895-1986), à qui on doit tout autant la conception d'ensemble que la rédaction de la plupart des textes (pourtant signés par d'autres!): « A remarquer, dira-t-il en 1980, que plusieurs signataires d'articles ne les ont pas composés vraiment; mais ils ont accompli divers travaux et j'ai voulu garder leur souvenir en les faisant signer des pages que j'avais composées, afin de garder leur souvenir ». Comme dans tout ouvrage collectif, les chapitres sont de qualité différente, mais l'information est ordinairement sûre et le tableau d'ensemble assez véridique. Il va sans dire que nous l'avons utilisé avec profit.[9]

Depuis le centenaire de 1937, il n'y a plus eu de synthèse comparable, même si nous pouvons utiliser des textes imprimés ici et là. De ce nombre, nous pouvons noter *Nos bâtisseurs* du frère Yves Guillemette, qui collige, comme il dit, « quelques lignes sur la fondation de nos maisons [et de] courtes biographies des fondateurs [avec] plus de détails sur des bons ouvriers », et, à cause de son utilité exceptionnelle, les *Sources F. E. C.*, un bulle-

---

[9] [Frère M.-Cyrille, éd.], *L'œuvre d'un siècle. Les Frères des Ecoles chrétiennes au Canada*, Montréal, Les Frères des Ecoles chrétiennes, 1937, 587 p.; Frère Cyrille Côté, *Quelques souvenirs sur l'élaboration de l'Oeuvre d'un siècle*, 20 fév. 1980, 4 p. AFECM. Tiré à 2 000 exemplaires, l'ouvrage se vendait 5 $ en 1937, il vaudrait maintenant (1980), dit l'auteur, pas moins de 50 $, mais combien aujourd'hui?

tin des archives des Frères des Ecoles chrétiennes du district de Montréal que publie le frère Gilles Beaudet depuis 1978.[10] Enfin la monumentale étude de Brother Angelus Gabriel, *The Christian Brothers in the United States, 1848-1948*, nous renseigne sur le district de Montréal, dont faisaient partie les maisons des Etats-Unis jusqu'en 1864, et sur les centaines de frères canadiens qui y ont travaillé.[11]

Mais les études qui nous ont le plus servi n'ont pas été publiées, ce sont les *Historiques* des maisons nord-américaines, rédigés par le frère Herménégilde (Jean Chatel, 1815-1890) de 1883 à 1889. Invité par le frère assistant Patrick (John Patrick Murphy, 1822-1891) à « faire pour l'Amérique ce que le frère Lucard fait pour la France », il s'est rendu sur place et a collationné les écrits et les témoignages oraux sur tous les établissements du Canada et des Etats-Unis ; il a rédigé un cahier pour chacune des communautés existantes, de même qu'un texte à part pour le district de Montréal et un autre pour l'ensemble des maisons fermées. Bien préparé à cette tâche — je peux, dit-il lui-même, transmettre « ce que je sais, ce que j'ai vu et dont j'atteste la vérité, ayant été à l'œuvre en Canada et aux Etats-Unis depuis Juillet 1853 jusqu'en Novembre 1862, et depuis cette époque jusqu'en 1881, ayant été suffisamment au courant de tout ce qui s'est passé pendant mon absence. De 1881 à 1886, j'ai été l'aide du T. C. F. Patrick, Assistant, ce qui a continué mes relations avec les Communautés du Nouveau-Monde » —, il n'a pas eu le temps de faire la synthèse qu'il aurait voulu rédiger ; il a cependant laissé des centaines de pages, ce qu'il appelle

---

[10] Frère Yves Guillemette, *Nos fondateurs, 1837-1887*, s.l.s.d., 233 p. ; *Sources F.E.C.*, Bulletin des Archives des Frères des Ecoles Chrétiennes du District de Montréal, 1978+, 8 vol.

[11] Brother Angelus Gabriel, *The Christian Brothers in the United States, 1848-1948, A Century of Catholic Education*, New York, Declan X. McMullen, [1948], XVIII, 700 p.

1. Le frère Herménégilde, historiographe des Frères des Ecoles chrétiennes en Amérique. AFECM

des « notes, rédigées par ordre de dates ». Elles sont ordinairement très sûres et contiennent très peu d'erreurs. Au terme de son travail, le frère Herménégilde explique sa méthode et fait des réflexions sur ce qu'il reste à faire (et qu'il ne réalisera pas, quoi qu'il dise):

> Jusqu'à ce jour, 22 Janvier 1889, je ne me suis permis aucune réflexion sur les faits que j'ai relatés; s'il s'en trouve, elles ne sont pas miennes: je n'ai fait que les citer. Dans ce qui me reste à transcrire ou à traduire maintenant, je raconterai simplement les faits, toutefois, pour être mieux compris, je me permettrai de ne plus taire certaines vérités qu'on a eu intérêt de cacher mais qu'il importe à tout frère Européen de bien connaître pertinemment afin de savoir à quoi s'en tenir sur le pays, le peuple, les idées, etc. d'une contrée qui n'a pas encore fait toutes ses preuves.

> Il est donc nécessaire de faire l'histoire de la Province d'Amérique, de chacun des Districts en particulier, celle des Visiteurs qui les ont administrés, des causes de leurs succès ou insuccès, etc., car si l'histoire d'une Maison, d'une école est utile, nécessaire, celle d'un District, d'une Province doit l'être bien davantage; tout l'Institut y est intéressé au plus haut point puisqu'il s'agit de son honneur, de sa réputation, de la vocation de ses sujets et du salut de tant de milliers d'âmes. A combien de bévues, de mécomptes, de dangers, etc., n'est pas exposé un sujet, même des plus capables et des plus vertueux, s'il est lancé, sans y être préparé, et bien préparé, dans un milieu, sur un sol étranger, en butte à la jalousie, la critique, etc., q. q. fois à l'infériorité, à certains défauts personnels, nationalité, imprudences.[12]

Nous avons trouvé dans les archives de Rome, de Montréal (Sainte-Dorothée), de Québec, de Toronto, d'Ottawa, etc., une bonne part des documents sur lesquels devait se baser le frère Herménégilde pour rédiger son histoire du district, mais beaucoup ont disparu (les correspondances, par exemple, et les livres de comptes), ce qui nous laisse des trous qu'il faut compenser de diverses façons.

Malgré tout, nous avons cru possible de raconter par le détail les fondations des diverses maisons et de donner au moins un aperçu de l'évolution de chacune d'elles jusqu'en 1880. Pourquoi cette date? Parce qu'elle est celle où arrive en Amérique le frère Réticius qui y conservera une influence importante presque jusqu'à sa mort en 1916. Or, à cause des circonstances que nous avons rappelées en avant-propos, le temps ne nous permettait pas de traiter avec justice cette période très importante de l'histoire de l'Institut en Amérique. Bien nous en a pris, puisque nous nous sommes finalement rendu compte que les années 1837 à 1880 constituent une période exemplaire qui

---

[12] Frère Herménégilde, *Registre contenant l'historique d'un bon nombre de Maisons fermées d'Amérique et des indications sur d'autres*, pp. 277-279, AFECR, 400.

montre déjà, en un court espace de temps, et *mutatis mutandis*, les diverses phases des 150 ans de travail des frères au Canada : une étape d'expansion, un temps d'apogée, des années de recul. Telles nous apparaissent en effet les quarante-trois premières années de l'Institut au Canada : pendant les deux premières décennies, il est surtout question de fondations de maisons et tout est fonction de l'expansion en Amérique du Nord ; puis, les effectifs commencent à manquer pour aller plus loin et surtout les maisons des Etats-Unis se séparent de Montréal, et les efforts se tournent vers la consolidation de ce qui existe et le rayonnement dans le domaine des programmes, des livres classiques, de certains cours spécialisés ; enfin, les années 1870 voient poindre des difficultés internes et une nouvelle concurrence laïque qui brisent la sérénité des étapes précédentes et freinent l'élan des autorités et de plusieurs sujets ; quelques-uns parlent d'une réforme à entreprendre.

Pour rendre compte de ce mouvement que nous avons perçu de 1837 à 1880, nous avons tenu d'abord à décrire les diverses fondations qui jettent les frères sur les routes de l'Amérique du Nord et les font se retrouver tout aussi bien en Californie qu'en Louisiane, au Haut-Canada, au Québec et dans les Maritimes. Puis nous avons tâché, dans la mesure du possible, de faire voir qui étaient ces « rabats blancs », comment ils vivaient et ce qu'ils ont apporté à l'histoire et à la culture canadiennes. Telles quelles, ces pages, nous l'espérons, pourront servir d'introduction à l'histoire parfois plus faste, parfois très sombre, de ces éducateurs qui placent aujourd'hui les fêtes de leur cent-cinquantenaire sous le thème de l'espoir : « Sur les ailes de l'Espérance ».

PREMIÈRE PARTIE

LES FONDATIONS

L e mardi 7 novembre 1837, Montréal se remet péniblement du premier accrochage entre les Anglais et les patriotes : la veille, des membres du Doric Club ont affronté les Fils de la Liberté et l'armée a dû s'interposer pour rétablir l'ordre ; toute la nuit, elle a patrouillé la ville et fait défiler des pièces d'artillerie légère dans les quartiers ; elle a aussi établi des barricades dans les rues qui conduisent à l'extérieur. Le calme est revenu, mais une atmosphère de fébrilité et d'angoisse plane sur Montréal, qui semble attendre la révolution appréhendée ; « les esprits n'étaient pas encore fort rassurés », nous dit un témoin.[1]

A midi sonnant arrivent dans la cour du Séminaire de Saint-Sulpice, où on ne les attend pas si tôt, cinq Européens venus de France via Le Havre, New York, Albany, Troy, Whitehall, Saint-Jean et Laprairie (cette dernière étape franchie en chemin de fer). L'un d'entre eux est sulpicien, comme le révèle son costume austère — soutane, rabat et chapeau rond — et sa componction « à la Tronson ».[2] Vêtus de façon assez semblable, les quatre autres ont néanmoins une particularité qui les singularise : ils portent le chapeau tricorne. Ce sont des Frères des Ecoles chrétiennes venant entreprendre à Montréal, en cet automne troublé de 1837, la conquête de l'Amérique.

* * *

La conquête de l'Amérique ! Voilà certes la meilleure expression pour caractériser l'implantation rapide des fils de saint Jean-Baptiste de La Salle dans le Nouveau Monde (Tableau p. 22).

---

[1] *Souvenirs du FRERE ADELBERTUS racontés le 8 novembre 1887 à l'occasion des noces d'or de son arrivée en Amérique*, p. 4, AFECM, T17-2.

[2] Louis Tronson, supérieur de Saint-Sulpice à Paris et auteur de célèbres *Examens Particuliers* qui ont donné le ton au monde ecclésiastique pendant plus de deux siècles.

INSTITUT DES FRERES DES ECOLES CHRETIENNES

Tableau chronologique des fondations au Canada et aux Etats-Unis, 1837-1879

Année	Visiteur	Canada	Etats-Unis*
1837	Aidant	Montréal	
1843		Québec	
1844		Trois-Rivières	
1845			Baltimore
1848	Facile		New York
1849		Beauharnois	St. Louis
		Montmagny	
		Sorel	
		Oka	
1850			Baltimore (St. Vincent)
		Kamouraska	Troy (école)
			Troy (asile)
1851		Toronto	Nouvelle-Orléans
		Québec (Foulons)	Détroit
			Cumberland
			Washington
1852			St. Louis (La Baie)
1853		Kingston	Philadelphie
		L'Islet	
		Yamachiche	
		Lévis	
1854		Saint-Boniface	Albany (asile)
		Sainte-Marie-de-Beauce	Brooklyn
			Utica
1855		Saint-Jean d'Iberville	Sainte-Anne (Kankakee)
1857			Ellicott's City
			Rochester
			Spring Valley
1859			St. Augustine
			Santa Fe
1860		Arichat	St. Louis (Carondelet)
			Cincinnati
			Jefferson City
1861	Turibe		Galveston
			Yonkers
			Buffalo

Tableau chronologique des fondations
au Canada et aux Etats-Unis, 1837-1879 (suite)

Année	Visiteur	Canada	Etats-Unis*
1862			Chicago (St.Patrick)
			La Salle
1863			New York (Protestory)
1864	Liguori	Ottawa	
		Montréal (Sainte-Brigide)	
		Montréal (Côte-des-Neiges)	
1865		Montréal (Saint-Joseph)	
		Halifax	
		Québec (Saint-Sauveur)	
1867		Longueuil	
1868	Hosea		
1870		Charlottetown	
		Chambly	
1872		Montréal (Saint-Henri)	
1875	Armin-Victor	Montréal (Sainte-Famille)	
		Chatham	
1876		St. Catharines	
		Montréal (Sainte-Anne)	
		Lachine	
1877	Albanius	Baie du Febvre	
1878		Hull	
		Montréal (Saint-Antoine)	
		Montréal (Sacré-Coeur)	
1879		Saint-Grégoire	

* Jusqu'au moment de la création du district de New York (1864)

Source: *Institut des Frères des Ecoles Chrétiennes en Amérique, AFECR*

Eloquence des chiffres : de 1837 à 1880, quelque 68 établissements fondés au Canada et aux Etats-Unis (jusqu'à la séparation de 1864) ; en 1837, 1 école, 4 frères, 200 écoliers ; en 1880, 28 établissements, 306 frères et 10 350 élèves au Canada, et 62 maisons, 637 frères et 23 233 élèves aux Etats-Unis, sans compter les missions d'Amérique du Sud et même d'Asie. Les quatre « grains de sénevé », comme Mgr Ignace Bourget appellera les pionniers, n'ont guère tardé à provigner. Par monts et par vaux, ils ont parcouru l'Amérique du Nord et ont fait connaître et reconnaître leur institut de Montréal à Saint-Boniface et du Cap-Breton à la Californie. Rien de plus beau que cette histoire à saveur d'épopée.

I

UN POINT D'ANCRAGE : MONTRÉAL

En 1837, l'ancienne Ville-Marie est en pleine croissance démographique et industrielle. Dans le domaine religieux, deux grands leaders — Jean-Jacques Lartigue, évêque auxiliaire à partir de 1820 et évêque de Montréal depuis 1836, et Ignace Bourget, son secrétaire puis son coadjuteur en juillet 1837 — ont largement contribué à libérer l'Eglise canadienne d'une tutelle gouvernementale paralysante et ils ont jeté les bases d'une « restauration catholique » imminente.

Les premiers Frères des Ecoles chrétiennes arrivent donc dans une ville enfiévrée par les débats politiques, mais aussi travaillée par les prémices d'un renouveau religieux. En charge de LA PAROISSE, qui couvre toute l'île de Montréal, les sulpiciens viennent à peine de se réconcilier avec leur évêque, après des années de difficultés inouïes, de suspicions réciproques, de dénonciations acerbes et même de guerre ouverte. Escomptant conserver leurs biens, la seigneurie de Montréal en particulier, et désormais épaulés par l'Ordinaire, ils peuvent se consacrer davantage à leurs différentes œuvres, surtout en éducation. Et réaliser ainsi des projets qui datent parfois du régime français.

I — Les vaines tentatives

Il s'en est fallu de peu que les Frères des Ecoles chrétiennes viennent s'établir en Nouvelle-France dès le XVIIIe siècle, du vivant même de leur fondateur. Mais les circonstances et les Messieurs de Saint-Sulpice ne l'ont pas voulu.

— *Les sulpiciens et les petites écoles*

Dans la colonie comme dans la métropole, l'enseignement relève des autorités religieuses. Montréal n'échappe pas à la règle et les sulpiciens, seigneurs et curés depuis 1657, en font une de leurs préoccupations principales. Marguerite Bourgeoys et ses Soeurs de la Congrégation de Notre-Dame s'occupent des fillettes. Le curé lui-même, ou un de ses assistants, ou même des ecclésiastiques venus de France, rassemblent les garçons dans une « petite école » pour leur enseigner les rudiments de la religion et des connaissances usuelles. Mais il devient vite évident que les sulpiciens sont davantage intéressés par un petit séminaire ou collège apostolique qui pourrait assurer une certaine relève autochtone. Et, pensent plusieurs, le travail dans les petites écoles peut nuire ici à leurs attributions ordinaires.

La question se pose donc vers la fin du XVIIe siècle: faut-il importer tel quel le modèle traditionnel de la métropole

— vicaires-instituteurs, corporation de maîtres écrivains, écoles de grammaire, petites écoles soumises à la juridiction d'un chantre diocésain — ou convient-il plutôt de créer de toutes pièces un enseignement de style nouveau comme il commence à s'en répandre en France? Et dans ce dernier cas, faut-il fonder ou faire venir une communauté vouée à l'enseignement primaire?

Les sulpiciens tiennent mordicus à une chose: le contrôle des écoles. Mais ils sont prêts à s'associer des maîtres, clercs ou laïques, pour s'occuper des enfants. Tels sont, par exemple, les Jacques-Anne Boesson, Armand Donay et Yves Priat; tels sont surtout les Frères Rouillé, une association — et non une communauté — d'enseignants laïques dirigée par Mathurin Rouillé, qui s'occupent des petites écoles de 1688 à 1693 avant de disparaître dans une banqueroute. Les projets des Frères Charon s'inscrivent dans la même perspective.

— *Les Frères Hospitaliers de la Croix et de Saint-Joseph ou Frères Charon*[1]

En 1688, François Charon de la Barre jette les bases d'une communauté pour fonder, à Montréal, une maison de charité pour les vieillards nécessiteux, le futur Hôpital Général. Mais son projet prend de l'ampleur: des lettres patentes de Louis XIV précisent, en 1694, que « cette Maison de Charité est autorisée pour y recevoir les pauvres enfants orphelins, [les] estropiés,

---

[1] Nous nous inspirons largement de l'excellent article de Yves Poutet, « Une institution franco-canadienne au XVIIIe siècle: les écoles populaires de garçons à Montréal », *Revue d'histoire ecclésiastique*, LIX (1964), pp. 52-88 et 437-484; à moins d'indication contraire, toutes les citations sont tirées de cette étude. Voir aussi: Albertine Ferland-Angers et coll., « Charon de la Barre, François », DBC, II, pp. 139-142; Albertine Ferland-Angers et coll., « Turc de Castelveyre, Louis, dit frère Chrétien », *ibid.*, III, pp. 684-686.

vieillards, infirmes et autres nécessiteux de leur sexe [...] pour apprendre des métiers aux dits enfants et leur donner la meilleure éducation que faire se pourra, le tout sous la juridiction des chefs de la colonie ». Les Frères Charon se lancent donc dans l'enseignement et leur fondateur rêve même de prendre en charge toutes les petites écoles de Montréal et d'ouvrir un séminaire de maîtres pour la campagne.

Mais les sulpiciens ne l'entendent pas de la même façon. Pas question pour eux de céder leur école à François Charon ni même de s'associer à sa communauté dans le but « de mettre un bon ordre dans sa maison, d'y former des sujets et leur donner l'esprit intérieur », comme il le demande. Force est donc à l'entreprenant fondateur de songer à un recrutement de maîtres compétents dans la métropole et, pourquoi pas? à une forme d'union avec l'Institut des Frères des Ecoles chrétiennes, déjà bien connu dans certains milieux. Rien, a priori, ne s'y oppose. La communauté fondée par Jean-Baptiste de La Salle peut diriger « des maisons d'Ecoles dans lesquelles les frères s'appliqueront à tenir des Ecoles gratuitement » et des « maisons de séminaires dans lesquelles les frères s'appliqueront à former pendant quelques années des Maîtres d'Ecoles pour les Paroisses des petites villes, des Bourgs et des Villages de la Campagne ». Lors d'un voyage en France en 1700, Charon entreprend des pourparlers avec l'Institut pour confier à M. de La Salle et la formation des maîtres et la direction des petites écoles de Montréal. Comme les sulpiciens ne veulent pas céder sur ce dernier point, le projet échoue et le fondateur doit se contenter de ramener en Nouvelle-France trois sujets qui peuvent avoir été formés chez les Frères des Ecoles chrétiennes. Bien plus, M. de La Salle offre de préparer un autre enseignant pour Montréal, ce qui est aussitôt accepté: « Nos Messieurs de Montréal ayant marqué par leurs dernières lettres qu'ils auroient besoin d'un bon maître d'école qui sceut bien écrire, on a proposé si l'on accepteroit l'offre que faisoit M. de La Sale d'en fournir un de cette qualité pourvu qu'il ait six mois pour s'y préparer.

Quelques points de repère

1680   Jean-Baptiste de La Salle fonde, à Reims, les Frères des Ecoles chrétiennes

1717   Jean-Baptiste de La Salle cède la direction des Frères des Ecoles chrétiennes au frère Barthélemy

1719   Jean-Baptiste de La Salle meurt le Vendredi-Saint 7 avril à l'âge de 68 ans (moins quelques jours)

1725   Le pape Benoît XIII reconnaît les Frères des Ecoles chrétiennes par la bulle *In Apostolicae dignitatis solio*

1888   Léon XIII béatifie Jean-Baptiste de La Salle

1900   Léon XIII canonise Jean-Baptiste de La Salle

1950   Pie XII déclare saint Jean-Baptiste de La Salle patron des éducateurs chrétiens

Toute l'Assemblée [des consulteurs sulpiciens] a esté d'avis d'une commune voix d'accepter cette offre et de faire la dépense nécessaire pour cela, persuadée qu'on ne pouvoit trop tost lui envoyer ce Maître d'Ecole pour décharger de cet employ M. Priat qui peut en avoir quelqu'autre bien plus convenable et qui n'en sera pas moins utile à la maison et à l'Eglise ». Le sujet choisi est Antoine Forget qui, pendant six mois, s'imprègne des méthodes lasalliennes sous la direction de Nicolas Vuyart à Paris; arrivé en Nouvelle-France en 1701, il les expérimente et les met en application, recourant à Paris pour obtenir les livres (le *Nouveau Testament*, l'*Imitation de Jésus-Christ*...) et les fournitures scolaires nécessaires; il les fait aussi connaître et accepter (difficilement...) aux autres maîtres qui enseignent avec lui. Déjà l'influence lasallienne se fait sentir au Canada.

De son côté, François Charon traverse deux autres fois en France pour tenter de sauver sa petite société menacée de disparition. En 1707, les autorités métropolitaines déclarent qu'elles s'opposent au port d'un « habit uniforme », aux voeux, à la dénomination de frère et qu'elles ordonneront de séparer les membres de cette association plutôt « que de souffrir qu'ils deviennent couvent ou communauté ». Dès qu'il apprend la décision, le supérieur va immédiatement se défendre sur place et, en même temps, recruter des maîtres pour les écoles de campagne. Son voyage est un échec : sa communauté n'est pas reconnue et il ne peut mener à terme une union avec les Frères de la Charité ou les Frères des Ecoles chrétiennes, qui aurait pu la sauver. Les sulpiciens de Paris en sont en grande partie responsables ; l'assistant supérieur Magnien écrit, en effet : « outre qu'on ne voit pas que ces Frères [des Ecoles chrétiennes] appliqués seulement à enseigner les premiers éléments des lettres à de pauvres petits enfants ayent assez d'expérience et puissent être propres au gouvernement de l'hôpital de Montréal où il faudroit quelque personne de tête, et quant aux Frères de la Charité, les écoles de la ville ni de la campagne ne sont point de leur institut, ils ne voudroient pas s'en charger. Ainsi on a cru inutile de leur en parler, et il faut avoir recours à quelque autre moyen, ou abandonner au soin de la divine providence la conduite de cet hôpital après la mort de M. Charon et de ceux qui le gouvernent présentement ».

En 1716-1717, la situation des Frères Charon s'est encore détériorée — plusieurs sont morts ou sont retournés dans le monde — et il n'existe pas d'autre moyen de l'améliorer que de recruter en France du personnel déjà formé. François Charon retourne donc dans la métropole à la fois pour demander des lettres patentes qui approuveraient l'habit, les voeux et l'administration de sa société, pour obtenir une subvention de 3 000 livres promises sur les instances de Jacques et d'Antoine-Denis Raudot et pour tenter une nouvelle fois l'union avec les Frères des Ecoles chrétiennes. Bien épaulé par de nombreux amis, Charon obtient la rente « pour l'entretien de six desdits Maîtres d'Ecole », de même que des *Lettres patentes* [...] *portant confirmation de l'hôpital établi à Villemarie*. Les pourparlers avec l'Institut de Jean-Baptiste de La Salle avancent si bien que le nouveau supérieur général, le frère Barthélemy, peut écrire le 18 février 1718 : « Il y a beaucoup d'apparence que nous aurons bientôt un établissement dans le Canada, et nous espérons que ce sera avec un pouvoir du prince qui a eu déjà la bonté d'accorder trois mille livres de rentes annuelles pour la subsistance des maîtres d'école et des nouveaux maîtres qu'on prétend envoyer et que nous demandons pouvoir former tant en France qu'en Canada, ce qui pourra beaucoup contribuer à notre établissement solide en France, supposé que la chose réussisse ».

Mais le projet échoue encore une fois et les premiers biographes de saint Jean-Baptiste de La Salle lui en attribuent la responsabilité. Quatre frères avaient été désignés et tout avait été préparé en vue de leur embarquement. Le fondateur, qui, précisons-le, n'était plus supérieur de sa communauté mais avait donné son aval, aurait dit à un frère assistant : « Ah ! mon Dieu ! qu'allez-vous faire ? vous allez entreprendre une chose qui vous jettera dans une infinité d'embarras et qui aura des suites fâcheuses ». Et au supérieur, qui objectait « qu'il n'y avait pas moyen de reculer, que tout était conclu et arrêté », il se serait contenté de répéter : « Qu'allez-vous faire ? » Pour expliquer ce revirement subit, faut-il se satisfaire de cette « miraculeuse prescience », de cette « lumière surnaturelle » dont parlent certains auteurs ? Humainement parlant, Jean-Baptiste de La Salle a de multiples raisons de craindre la fondation canadienne : les novices manquent pour songer à de nouveaux établissements ; Charon voudrait éparpiller un à un les frères dans les campagnes alors qu'ils doivent toujours agir « ensemble et par association » ; surtout, les sulpiciens ne veulent pas abandonner leur école et craignent la concurrence pédagogique des Frères des Ecoles chrétiennes, et ils n'appuient que du bout des lèvres un projet d'entente tripartite (Saint-Sulpice — Frères des Ecoles chrétien-

2. Saint Jean-Baptiste de La Salle, fondateur des Frères des Ecoles chrétiennes. Cette statue est l'œuvre de Louis Jobin, qui s'inspira d'une œuvre d'Oliva qui a orné la cour de la maison mère à Paris et à Lembecq-lez-Hal (Belgique). Elle avait été commandée par les autorités du noviciat d'Ammendale, Maryland; elle est aujourd'hui détruite. Photo: Christian Brothers La Salle Hall, Betsville, Md.

nes — Frères Charon) pour la direction temporelle et spirituelle de l'hôpital de Montréal, ce qui contribue à le faire rejeter par le Conseil de régence. Après cette décision, écrit Yves Poutet, ils « mirent tout en œuvre pour empêcher les Frères Charon de confier à une autre communauté la conduite de l'hôpital et des écoles ». Voilà donc suffisamment de raisons pour expliquer le revirement de l'ex-supérieur, cet homme expérimenté qui sait prévoir les conséquences des gestes les plus prometteurs. En conséquence, François Charon doit quitter la France sans les Frères des Ecoles chrétiennes prévus — il a cependant réussi à recruter six autres maîtres — mais, comble de malheur, il meurt sur le navire qui le ramène en Nouvelle-France, en juillet 1719.

Son successeur, le frère Chrétien (Louis Turc de Castelveyre), reprend, avec un certain succès, les projets de Charon. Lors d'un voyage en France en 1722, il lève une recrue de neuf maîtres qu'il place « en retraite » chez les Frères des Ecoles chrétiennes et il les y laisse « quelque tems afin de leur donner moyen de faire l'apprentissage de l'emploi » auquel il les destine. Il obtient aussi la reconnaissance royale de sa communauté. Mais il échoue, lui aussi, dans sa tentative d'une association Frères Charon — Frères des Ecoles chrétiennes : les pourparlers piétinent pendant quelques années, puis, après avoir entraîné sa communauté dans des aventures financières, le frère Chrétien s'enfuit à Saint-Domingue. La misère frappe les Frères Charon et plusieurs désertent ou obtiennent la dispense de leurs voeux. Devant cette débandade, le frère Gervais Hodiesne, nommé administrateur par l'évêque de Québec, reprend contact avec les Frères des Ecoles chrétiennes ; en septembre 1736, il adresse une demande officielle d'incorporation des Frères Charon à leur institut, ce qui comprendrait notamment la cession de tous leurs biens et dettes et la prise en charge d'une quinzaine de pauvres (les soins seraient assurés, cependant, par les Frères Charon qui demeurent). La réponse est favorable et deux frères — Denis et Pacifique — sont délégués à Montréal pour élaborer un acte d'association. Le 11 septembre 1737, devant le notaire royal Jean-Baptiste Adhémar, de Montréal, cinq Frères Charon et les deux Frères des Ecoles chrétiennes signent un protocole. Mais l'entente n'a pas de suite, à cause du problème des dettes — « vos créanciers font trop connoître à nos frères de Paris qu'ils n'attendaient que la consommation de cette union pour saisir sur nos biens, et faire payer à la rigueur, ce qui nous jetteroit dans un terrible attentat », écrit le supérieur général en 1738, tout en continuant les pourparlers[2] — et, surtout, par suite des obstacles posés par les sulpiciens.

En effet, le supérieur du Séminaire de Montréal, Louis Normant Du Faradon, s'oppose fermement à l'implantation des Frères des Ecoles chrétiennes et à leur mainmise sur l'hôpital. Son activité et son influence contrebalancent efficacement les nombreux appuis administratifs et populaires qui favorisaient les frères et il réussit à faire passer l'œuvre des Frères Charon entre les mains de Madame d'Youville et des Soeurs grises. Plus question, évidemment, de la venue de frères européens: Madame d'Youville, écrit Etienne-Michel Faillon, « n'accepta l'administration de l'hôpital général qu'à la condition expresse de ne point se charger d'une petite école que les frères hospitaliers tenaient auparavant dans cette maison »; on relègue aux oubliettes le projet d'un séminaire de maîtres pour la campagne et, comme ils le désiraient depuis toujours, les sulpiciens demeurent seuls responsables de l'enseignement à Montréal. Ainsi se termine la première aventure lasallienne au Canada et il faut attendre un siècle pour que les mêmes sulpiciens demandent et obtiennent la venue des fils de Jean-Baptiste de La Salle dans LA PAROISSE.

II — Quiblier et le projet sulpicien

Le grand mérite de l'arrivée des Frères des Ecoles chrétiennes au Canada revient à Joseph-Vincent Quiblier. Ce sulpicien français, considéré comme « l'organisateur de l'enseignement primaire à Montréal »[3], prend charge du Séminaire

---

[2] Frère Timothée aux Frères Charon, 8 mars 1738, AFECR, CD252.
[3] *L'œuvre d'un siècle* (désormais OS), Montréal, Les Frères des Ecoles chrétiennes, 1937, p. 55.

et de la paroisse en 1831 et demeure supérieur jusqu'en 1846. A ce titre, il entretient des relations plutôt conflictuelles avec les évêques de Montréal et de Québec, mais, dans le domaine de l'éducation, il rejoint leurs préoccupations et il seconde leur stratégie de cléricalisation du milieu enseignant. Il y est poussé par la situation scolaire de la ville et la crainte des écoles mixtes ou non-confessionnelles.

— *L'enseignement primaire catholique à Montréal*

Après la Conquête, les sulpiciens pourvoient encore à l'enseignement primaire à Montréal, mais, malgré leurs efforts, la situation a tendance à se dégrader: leur petit nombre et la précarité de leurs ressources ne leur permettent pas de multiplier les écoles au rythme de l'accroissement de la population. La situation commence à s'améliorer à la fin du XVIIIe siècle: «En 1796, le Séminaire établit un Maître laïc au faubourg St-Laurent; les besoins croissans de la ville le demandoient. A dater de ce moment, les petites Ecoles se propagèrent dans les divers quartiers, et s'ouvrirent aux enfans des deux sexes, excepté toutefois celles en face du Séminaire, qui demeurèrent exclusivement tenues par des Maîtres laïcs, logés, nourris et rétribués par le Séminaire (chacun 500 [livres] annuellement.) Les autres étoient ordinairement dirigées par des femmes ou Filles d'âge et de vertu, auxquelles le Séminaire fournissoit logement, bois de chauffage et secours pécuniaires». Quiblier, qui rapporte ces faits, donne la liste des écoles ouvertes au début du XIXe siècle: à Bonsecours (1810), au faubourg Saint-Laurent (1815), au faubourg Saint-Antoine (1818), au faubourg Québec ou Sainte-Marie (1819 et 1828), à l'ancien couvent des récollets (1819) et au faubourg Saint-Joseph (1828).[4]

---

[4] Vincent Quiblier, *Notes sur le Séminaire de Montréal*, 1846, pp. 61-62, ASSP, ms. 1208.

Ces écoles accueillent des élèves francophones et/ou anglophones, garçons et/ou filles. Sont-elles très fréquentées? Un *Recensement des écoles de Montréal en 1818* parle de 1 102 élèves: 774 dans l'enseignement francophone, 278 dans l'enseignement anglophone et 50 impossibles à classer, mais faut-il rappeler que ces chiffres sont peu sûrs. Une chose est certaine: encore en 1831, le nombre des enfants à l'école est minime comparé au total de la population de la ville (43 773 habitants) et au chiffre approximatif des enfants d'âge scolaire (8 754 environ).[5]

Bien plus, les enfants qui fréquentent l'école n'obtiennent pas toujours ce qu'ils en attendent: il y a souvent pénurie de manuels scolaires et les maîtres ne sont pas assez nombreux ou compétents. Quiblier se plaint souvent de cette situation: « Nous ne trouvons pas de jeunes gens pour l'enseignement: pas même pour les petites écoles. J'ai fait renvoyer dernièrement un de nos maîtres d'école, parce qu'il était buveur, voleur et corrupteur. Personne pour le remplacer ».[6] De plus, les lois scolaires votées par le Parlement du Bas-Canada — particulièrement, l'Institution royale pour l'avancement des sciences (1801) et la loi des Ecoles de syndics (1829, 1832) — créent de nouveaux soucis au curé de Montréal et à son évêque: des écoles qui concurrencent celles du clergé. La Société d'Ecole Britannique et Canadienne de Montréal, fondée en 1822, accueille plus de 300 enfants par année; l'Ecole Nationale et Gratuite de Montréal, établie en 1824 par l'Institution royale, en attire 500. Or, souligne Louis-Philippe Audet, « ces institutions étaient franchement *multiconfessionnelles* ou *neutres*, [...] elles accueillaient des *enfants pauvres* surtout et de toutes les croyances ».[7] Pire, ces

---

[5] Antonio Caporicci, *The Contribution of the Brothers of the Christian Schools to Education in Lower Canada, 1837-1847*, Montréal, Université McGill, thèse de maîtrise, 1983, p. 14.

[6] Quiblier à Carrière, 22 janv. 1831, ASSP, *Quiblier*, 98-9.

[7] Louis-Philippe Audet, *Histoire de l'enseignement au Québec*, T. I: *1608-1840*, Montréal, Holt, Rinehart et Winston, 1971, p. 365.

écoles emploient la méthode lancastrienne d'enseignement, prônée par le Britannique Joseph Lancaster, qui séjourne au Bas-Canada à partir de 1830, et basée sur l'utilisation des élèves les plus avancés comme moniteurs dans les groupes très nombreux. Or, ici comme en France, ce système est synonyme d'enseignement étatique indépendant de l'Eglise et taxé de protestant et de libéral. Les frères Félicité et Jean-Marie de La Mennais en avaient attaqué le principe qui dénaturait «les notions du pouvoir en remettant le commandement à l'enfance», bannissait la religion de l'éducation et prétendait même, « niaise absurdité », rendre la morale indépendante de la foi ; Jean-Marie, pour sa part, n'avait cessé de la dénoncer dans ses sermons et ses écrits et il avait tout fait pour remplacer les écoles mutuelles par des institutions «chrétiennes» dirigées par des «petits Frères».[8] Au Bas-Canada, un prêtre réfugié français, l'abbé Jacques-Ladislas-Joseph de Calonne, attache le grelot dès 1819 ; dans une lettre ouverte publiée dans la *Gazette des Trois-Rivières* du 9 novembre, il cite un extrait du best-seller de Félicité de La Mennais, *De l'indifférence en matière de religion*, et donne l'explication suivante : « L'auteur parle ici des Ecoles Lancastriennes, qui, malgré les cris et les efforts de nos soi-disans philosophes, n'ont pu s'introduire, presque nulle part en France. Il en sera de même ici. Elles crouleront avant d'avoir pu se glisser dans aucune de nos campagnes ». Plusieurs ne sont pas d'accord avec ce jugement sévère et font connaître leurs réactions dans une polémique qui dure près de deux ans, mais la méthode lancastrienne n'en demeure pas moins suspecte aux yeux des autorités religieuses de Montréal.[9]

Pour Mgr Lartigue, en effet, — et là-dessus, Quiblier le suit sans aucune réticence —, l'Eglise possède tous les droits

---

[8] Pierre Zind, *Les nouvelles congrégations de frères enseignants en France de 1800 à 1830*, Saint-Genis-Laval, Chez l'auteur, 1969, pp. 100-223.

[9] Yvan Lamonde, « Classes sociales, classes scolaires : une polémique sur l'éducation en 1819-1820 », SCHEC, 41 (Sessions d'étude 1974), pp. 43-59.

en éducation et elle doit veiller tout particulièrement à créer « des Ecoles vraiment *Chrétiennes*, où l'on ne se contente pas de donner l'instruction littéraire, qui est la plus petite partie de l'éducation d'un homme cultivé; et [où] on y insiste principalement sur ce qui forme la jeunesse aux bonnes mœurs et à la piété: qu'elles soient par conséquent tenues par des Maîtres et Maîtresses Catholiques, reconnus capables par la régularité de leur conduite et leur science, qui n'y admettent pas ensemble des personnes de différent sexe en opposition aux lois canoniques et civiles, qui soient aussi jaloux de rendre leurs élèves habiles dans les dogmes et les devoirs de la religion que dans les lettres, et qui ne les instruisent que dans des livres approuvés par l'Eglise ». Bien entendu, les communautés religieuses sont les mieux préparées pour diriger de telles écoles: « Ah! si tous vos enfants pouvaient être instruits, dès leurs tendres années, par les Frères des Ecoles Chrétiennes et par les Soeurs de la Congrégation Notre-Dame, [...] quels fruits heureux n'en résulterait-il pas pour vos familles? »[10] Vaste programme! Que Lartigue lui-même avait essayé de mettre en pratique dès 1819-1820 et que Quiblier reprend à son compte en 1829-1830.

— *Le projet des sulpiciens*

En 1819, Lartigue accompagne Mgr Joseph-Octave Plessis dans un voyage en Europe; le Séminaire de Montréal le délègue à Londres pour protéger ses intérêts. C'est là qu'il apprend, le 19 septembre, qu'il est désigné comme auxiliaire de l'évêque de Québec à Montréal. Bien conscient des problèmes de son district, il profite de son passage à Paris pour essayer d'obtenir quelques sulpiciens français en renfort et il voudrait bien aussi « pouvoir emmener dans mon Pays des frères de la

---

[10] Mgr Lartigue, « Mandement », 12 mars 1839, MEM, I, pp. 48-49.

Doctrine Chrétienne ».[11] Le 27 novembre 1819, l'avant-veille de son départ, il se rend à leur noviciat, au 127 rue du Faubourg Saint-Martin, « pour leur parler du projet d'introduire leur congrégation en Canada ». Peu chanceux, il ne rencontre que le directeur de la maison, « qui n'avoit pu me répondre rien de positif », mais on lui promet qu'un frère assistant ira le rencontrer le lendemain. Pour des raisons inconnues, l'entrevue n'a pas lieu et Lartigue note dans son journal de voyage : « ainsi il n'y a rien de fait pour le transport de sa compagnie en Canada ». Mais le futur évêque n'abandonne pas son projet : il confie à trois de ses confrères sulpiciens le soin de « s'intriguer » pour obtenir des « Ignorantins »[12] pour le Canada, tout en sachant bien qu'il lui faut obtenir auparavant l'autorisation du Cabinet britannique. C'est d'ailleurs ce qui entraîne l'échec de sa tentative. Mis au courant, à Paris, du projet de Lartigue, Mgr Plessis lui écrit aussitôt « qu'il croit que le Gouvernement britannique s'opposera à leur introduction au Canada » ; Lartigue commente dans son journal : « J'ai écrit à Mr. [Jean-Henri-Auguste] Roux [supérieur des sulpiciens à Montréal] « que je ne pouvais demander de Prêtres ni d'Ignorantins au Ministre, Mgr. de Québec ayant été déjà refusé ».[13]

Ce premier échec ne le rebute aucunement et il continue ses instances auprès de Mgr Plessis qui, comme d'habitude à

---

[11] A l'époque, plusieurs personnes appellent ainsi les Frères des Ecoles chrétiennes.

[12] Il va sans dire que le terme « ignorantins » n'a aucune connotation négative sous la plume de Lartigue. Sans doute le prend-il dans sa signification première : frères de Saint-Yon (Yontains), près de Rouen. L'épithète a cependant une teinte péjorative très marquée chez les adversaires des frères, depuis Voltaire et les Philosophes du XVIIIe siècle et particulièrement au XIXe siècle (Y. Poutet, *Le XVIIe siècle et les origines lasalliennes*, Rennes, Imprimeries réunies, 1970, II, p. 59).

[13] *Journal de voyage de Mgr J. J. Lartigue en Europe, 1819-1820*, pp. 44-135, ACAM, RCD 134 ; Mgr Lartigue à Mgr Plessis, 11 avril 1820, RLL, I, pp. 13-16.

l'époque, ne voit que les aspects négatifs: « le gouvernement s'opposerait à l'introduction de ces personnes et ne les souffrirait pas dans la province sous prétexte que c'étaient des étrangers. En second lieu, il faudrait des fonds pour faire aller des écoles et où les prendre? Enfin, troisième raison, on les considérerait comme des religieux et c'était assez pour leur fermer l'entrée de la province ». Il en parle de nouveau à Mgr Bernard-Claude Panet en 1828: « Il y a encore deux projets qui me tiennent fort à cœur: Le premier est celui d'un Journal Ecclésiastique [...]. Le second, que je trouve encore plus important, seroit d'avoir d'Europe des Frères de la Doctrine Chrétienne pour les établir en ce pays, où plusieurs Canadiens appelés à l'Etat Religieux se joindroient à leur Corps, et feroient pour les garçons ce que nos sœurs de la Congrégation font pour les filles. Voilà, direz-vous bien des châteaux en Espagne: mais tout cela me paroît très-possible, si l'on vouloit tout de bon l'entreprendre ». Entre-temps, il talonne les sulpiciens pour qu'ils fassent venir des frères d'Europe: « Je disais avant-hier [23 avril 1826] à Mrs du Séminaire qu'ils desvoient, parce qu'ils sont assez riches, avoir des Frères de la Doctrine Chrétienne qui sont établis en Irlande[14]: ce seroit en ce pays-ci une pépinière de sujets pour tenir de bonnes Ecoles Angloises. Le moment est critique: si ces Ecoles Protestantes s'emparent de notre jeunesse, il n'y aura peut-être plus de remède ». Mais il faut attendre encore quelques années pour voir bouger efficacement les sulpiciens.[15]

Quiblier n'est que vice-supérieur quand il dévoile, pour la première fois, les grandes lignes de son projet:

---

[14] Même s'ils ont des buts et des règles assez semblables, ce ne sont pas des Frères des Ecoles chrétiennes.

[15] Mgr Plessis à Mgr Lartigue, 27 déc. 1824, ACAM, 295.101, 824-34; Mgr Lartigue à Mgr Panet, 30 nov. 1828, *ibid.*, RLL, IV, p. 438; le même au même, 25 avril 1826, *ibid.*, p. 180.

> S'il vous était possible de nous obtenir quelques frères de la Doctrine Chrét. pour nos Ecoles, vous auriez la bonté de me l'écrire. Je ferais les démarches nécessaires auprès du Gouverneur et de l'Evêque, avant de prendre les moyens de les faire venir. Il nous en faudrait au moins huit à neuf ou 6 à 7. [...] Nos écoles nous coûteront moins, seront mieux faites, [leur venue] donnerait beaucoup de relief à notre Sém.[...] Nous nous débarrasserions par là d'un nombre de maîtres que nous sommes obligés d'accepter tels qu'ils se présentent, faute de choix.
> L'on avait déjà fait à Paris des démarches inutiles pour cela. Mais le temps et les circonstances paraissent plus favorables. Un noyau de quelques frères pourrait se propager ici. Ce serait une source de [mot illisible] et avantages pour la Religion et pour nous.[16]

C'est le début — en fait, les premières démarches datent d'au moins 1829 — d'une longue série d'interventions auprès des sulpiciens de Paris et du supérieur général des Frères des Ecoles chrétiennes.[17]

La panoplie d'arguments de Quiblier est riche et variée. Les besoins sont immenses, assure-t-il: « La moisson dans notre ville est très abondante : plus de six cents enfants auraient besoin de maîtres, et nous espérons leur en procurer de convenables. Le dépérissement de la foi et des mœurs s'accroît de jour en jour par le manque de secours ». « Nous ne trouvons rien ; nous sommes aux abois », s'écrie-t-il en 1835. Les paroissiens eux-mêmes insistent pour que le curé corrige la situation le plus tôt possible. Quand, par exemple, il réussit à multiplier les écoles pour les filles grâce à la collaboration de la Congrégation de Notre-Dame, il note à Joseph Carrière, supérieur du Séminaire de Saint-Sulpice à Paris: « L'on me demande de toutes parts

---

[16] Quiblier à Carrière, 29 déc. 1830, ASSP, *Quiblier*, 98-7.

[17] Lettres de Quiblier à Carrière, ASSP, *Quiblier*, 98 et 99 ; le même au Frère Anaclet, 22 avril 1836, AFECR, 432a-10.

si je ne ferai pas pour les garçons ce que j'ai fait pour les filles » et même des hommes politiques — Louis-Joseph Papineau, entre autres — s'informent « si je ne pouvais pas avoir d'Europe quelque bon maître pour faire une classe aux ouvriers ou autres ».

A partir de 1836, Quiblier fait état d'un nouveau besoin urgent : la formation de maîtres pour les écoles de campagne. Le Parlement bas-canadien vient de voter une loi sur les écoles normales qui ne fait aucune mention de la confessionnalité. Comme les protestants de Québec, qui craignent d'être en minorité, Lartigue s'élève contre cette lacune et ne consent qu'avec peine à participer à l'organisation de l'école normale de Montréal; il songe plutôt à confier la formation des maîtres catholiques aux Frères des Ecoles chrétiennes. Assez réticent à cette suggestion, Quiblier la transmet quand même à Carrière et semble se rallier aux vues de l'évêque quelques mois plus tard. Peut-être y voit-il, comme pour les petites écoles, un « acte de religion » : « En travaillant pour nous, vous travaillez pour Dieu et son Eglise », répète-t-il à son correspondant.

Autre argument habituel : les temps sont propices à l'arrivée des frères. « C'est le moment », assure-t-il dès 1834; « Le moment est très favorable et ne le sera jamais autant », répète-t-il en 1836. Plusieurs indices lui donnent raison. Pendant ces années, en effet, les problèmes d'éducation sont au cœur des débats du Parlement du Bas-Canada et le parti patriote défend un programme d'éducation national et démocratique, qui fait peur à Mgr Lartigue, mais qui traduit bien l'urgence de faire quelque chose pour l'éducation des gens du peuple. Les journaux sont remplis d'articles qui plaident, pour la plupart, en faveur d'une intervention mitigée de l'Etat en éducation (quelques normes générales et des subventions) et d'une place prépondérante accordée au clergé. « Il y a un grand mouvement pour l'éducation », note Quiblier en 1833. Même les gouverneurs veulent se mettre de la partie et le supérieur des sulpiciens assure que Aylmer, mis au courant de son intention de faire venir des frères, l'a encouragé : « Il a trouvé ce projet très bon, et très capable d'assurer en 4 à 5 ans la moralité et loyauté de la jeunesse ».

Fait plus important encore : l'appui constant et l'encouragement de Mgr Lartigue qui, encore soumis à l'autorité de l'évêque de Québec, met une sourdine à ses propres démarches, mais laisse Quiblier faire les siennes. Bien plus, toujours soucieux de confier l'instruction primaire des enfants de sa ville à une communauté religieuse, il encourage le sulpicien François Bonin qui regroupe, en une société dite des Écoles chrétiennes, des jeunes gens désireux de se vouer à un tel idéal. Selon l'historien Lucien Lemieux qui, le premier, vient de révéler leur existence,

> S'étant donné un règlement et reconnaissant l'autorité de l'évêque, ils se nommaient à tous les trois ans un conseil de 12 membres, composé des plus anciens et des plus expérimentés. Bien que ne faisant aucun voeu, ces jeunes adultes prenaient l'option du célibat.
> La mise en commun de leurs biens se réaliserait plus tard, même si chacun fournissait 21 shillings par année dans un fonds qui servirait éventuellement à soulager un membre ou l'autre, devenu vieux ou infirme. L'équivalent d'un noviciat durait deux ans et l'expérience des Soeurs de Marguerite Bourgeoys leur servait d'exemple. Les exercices spirituels quotidiens comportaient une demi-heure de méditation, la visite au Saint-Sacrement, la lecture d'un chapitre du *Nouveau Testament* et de l'*Imitation*, un quart d'heure de lecture spirituelle, la récitation du petit office de la Sainte-Vierge ou des morts le vendredi, ainsi que la confession de ses fautes à tous les 15 jours, la communion eucharistique et une journée de récollections à tous les mois, une retraite de huit jours chaque année. [...] Un bienfaiteur offrit tous ses biens pour une telle oeuvre et un citoyen de Montréal s'apprêta à y donner une terre, sise non loin de la ville, mais l'évêque de Québec, craintif, laissa passer ces occasions.[18]

---

[18] Lucien Lemieux, *Histoire du catholicisme québécois* **, à paraître.

Et Mgr Turgeon de dire: « *nous autres*, nous n'aimons pas aller à tâtons ni trop vite, lorsqu'il s'agit de faire de grands sacrifices ».[19]

En 1833, Mgr Lartigue songe à faire former ces futurs maîtres chez les Frères des Ecoles chrétiennes: « Ce serait d'envoyer en France quelques jeunes Canadiens, disposés et propres à faire les écoles primaires de notre pays et surtout à former des maîtres, après avoir fait leur noviciat et leur profession chez les frères de la doctrine chrétienne ».[20] Il songe aussi à en envoyer en formation aux Etats-Unis et il s'en ouvre à Mgr Davy, évêque coadjuteur de Bardstown, au Kentucky. Les réponses négatives ne l'en poussent que plus à appuyer les démarches de Quiblier.

Ce qui ajoute encore du poids aux instances du curé de Montréal, ce sont les préparatifs qu'il fait et décrit à son correspondant. Dès 1834, plusieurs écoles sont prêtes: « Dans chaque faubourg, nous avons, en mon privé-nom, des emplacemens très propices; Quelques uns sont déjà bâtis: Pendant la traversée de nos huit à neuf frères, nous aurons le temps de tout préparer. [...] Ils auront *quatre* belles écoles ». Bien plus, assure-t-il, « quand ils auront des sujets formés pour enseigner la langue Anglaise, indispensable ici, ils seront maîtres de tout l'enseignement Catholique de la Ville ». Leur logement est également prévu depuis longtemps soit au Séminaire, soit dans une maison des sulpiciens ou une autre fournie par l'évêque. Mêmes préparatifs au temporel et au spirituel: « Ils seraient [...] nourris, entretenus au Séminaire. Ils n'auroient rien à démêler avec personne. Ils feroient un [bien] infini, et seroient reçus avec enthousiasme. En santé et en maladie, ils recevroient de nous tous les services spirituels et corporels ». Et argument non négligeable: « Je ne

---

[19] Mgr Turgeon à John Holmes, 17 déc. 1836, ASQ, *Polygraphie* 42, 25.
[20] Mgr Lartigue à Mgr Signay, 23 nov. 1833, ACAM, RLL, 7, 324.

serais pas surpris qu'ils puissent trouver quelques sujets ici pour se recruter ». Ce qui devient une quasi-certitude en 1836 : « Outre des milliers d'élèves, des sujets se présenteraient au Noviciat que vous pourriez former ici : ils s'agrégeraient à votre œuvre et l'étendraient dans tous les postes importants ».

Comment résister à un avocat aussi déterminé ! Et que rien n'arrêterait : « Un refus, mille refus ne me décourageront pas »! D'autant plus que l'Institut des Frères des Ecoles chrétiennes a connu une extension rapide en France et dans quelques pays d'Europe et qu'il a déjà traversé l'Atlantique vers la Martinique (1777), la Louisiane (1817) et la Guyane française (1823). Le frère Anaclet, supérieur général de la communauté, se laisse donc gagner lentement ; Quiblier laisse entendre que la bataille est gagnée dès 1834, mais la réponse affirmative ne vient qu'en 1836 et même alors un contretemps empêche les quatre frères promis de se rendre à Montréal : « J'attendais les frères pour le mois d'octobre. Enfin patience puisqu'il le faut ». Il n'en multiplie pas moins ses instances et ses conseils par l'intermédiaire de son confrère Carrière :

> Je crains toujours que nos bons frères ne nous échappent, et que quelques villes ne nous les enlèvent. J'espère cependant qu'après sept ou huit ans de désir, nous serons enfin exaucés. Le Frère Anaclet voudra bien nous envoyer de bons sujets pour la solidité et pour les talens. (22 avril 1837)
>
> J'espère qu'au commencement d'Août, vous expédierez nos Bons Frères et aussi nombreux que possible, et bien choisis : mais sans bruit. Ils se présenteront à Mgr de New-York qui les acheminera vers Montréal. Ils sont attendus avec grande impatience. Il leur faudra quelques tems pour prescrire les arrangemens nécessaires à leurs classes. (20 juin 1837)
>
> La Gazette opposée à tout ce que fait le Sém. a eu quelque vent de cela [la venue des Frères], et indirectement elle a témoigné une vive satisfaction de voir faire pour l'instruction des garçons ce que font les Soeurs de la Congrég. pour les filles. Ainsi Vous pouvez dire aux Bons frères qu'ils auront à répondre devant Dieu, de toutes les impatiences qu'occasionne leur

retard, à Monseigneur [Lartigue], à Son Coadjuteur [Bourget], à tous ceux qui connaissent l'affaire, et à moi. (2 août 1837)

Il ne cache pas ses sentiments, le fougueux supérieur :

Les Bons Frères m'impatientent un peu. J'aurais voulu les voir arriver assez tôt pour faire dans leur logement les changements nécessaires. L'hiver ne permet presqu'aucune réparation. Le logement qu'offre Monseigneur est à l'extrémité d'un faubourg, et par là conviendrait peu à leur œuvre. Nous avons trois ou quatre places à leur faire choisir. Tout sera disposé à leur gré, et au centre même de la Ville et des affaires. La connaissance du local ne leur permettra pas d'hésiter. Du moins qu'ils se hâtent, afin d'arriver ici dans la première quinzaine de novembre, avant que la navigation soit fermée. (26 août 1837)

Pour ne rien négliger et prévenir tous les coups, il demande à Mgr Lartigue d'intervenir, même si celui-ci vient de lui déclarer « qu'il n'y avait aucune nécessité d'écrire » : « Un mot de Votre part, Monseigneur, témoigneroit de l'entière satisfaction que Vous donne un tel Etablissement et activeroit infailliblement cette affaire si importante pour le bien de Votre Diocèse ». L'évêque s'exécute aussitôt : « C'est avec bien du plaisir que je verrois entrer & demeurer dans mon Diocèse les Frères des Ecoles Chrétiennes, persuadé que je suis qu'ils y feroient les mêmes bien qu'ils ont produits constament [sic] en France & ailleurs, depuis leur établissement. Je leur offre même, pour commencement de cette bonne œuvre, l'usage *gratis* d'une belle maison que j'ai auprès de ma cathédrale, & qui sert déjà à l'éducation, convaincu que leur Société utile se propageroit en peu de temps en ce pays ». La réponse officielle du supérieur général est datée du 6 octobre 1837, le jour même où quelques frères des Ecoles chrétiennes partent de Paris pour se diriger vers Montréal.[21]

---

[21] Quiblier à Mgr Lartigue, 24 août 1837, ASSP, *Quiblier*, 99-25 ; Mgr Lartigue à Quiblier, 25 août 1837, *ibid.* ; Frère Anaclet à Mgr Lartigue, 6 oct. 1837, OS, pp. 56-57.

III — La fondation montréalaise

Malgré les instances réitérées de Quiblier, le contingent ne compte que quatre membres : les frères Aidant (Louis Roblot, 1796-1866), Adelbertus (Pierre-Louis Lesage, 1811-1889), Rombaud (Jean-Constant Lucas, 1812-1868) et Euverte (Pierre-Louis Demarquey, 1795-1865), choisis avec soin et pleinement consentants à tenter l'aventure canadienne. Trois sulpiciens les accompagnent : Pierre-Louis Billaudèle et Joseph-Ladislas Chalbos, qui regagnent Montréal, et Raymond en route pour Baltimore. Le groupe doit s'embarquer, au Havre, à bord du *Louis-Philippe*, qui les déposera à New York, porte d'entrée de l'Amérique.

— *Le voyage*[22]

Après trois jours d'attente, l'heure du départ sonne enfin, le 10 octobre 1837. Au témoignage des voyageurs, la traversée, qui dure vingt-trois jours et demi, est « très heureuse, nous avons eu tous les agréments de la mer, même celui d'une tempête sans naufrage », qui brise cependant le grand mât et endommage une partie des provisions. Bien acceptés des autres passagers, les religieux connaissent néanmoins quelques « petites peines » : un capitaine « rien moins qu'affable, mais il étoit pour nous à peu près comme pour les autres passagers » ; le mal de mer qui frappe l'abbé Chalbos et deux frères ; un incident à propos d'un unique « poulet tendre » à l'occasion d'un dîner ; la perte de bagages... Rien de sérieux, cependant, et Quiblier peut écrire : « Jamais voyage plus prompt ni plus heureux. La Très Sainte Vierge a dû s'en mêler un peu : cette bonne mère connaissait trop avec quelle ardeur nous les attendions ».[23]

---

[22] *Souvenirs du FRERE ADELBERTUS...*, AFECM, T17-2 ; Billaudèle à un confrère, 4 nov. 1837, ASSP, *Billaudèle*, 53-2 ; le même au même, 19 nov. 1837, *ibid.*, 53-3.

[23] Quiblier au Frère Anaclet, 26 nov. 1837, AFECM, T17-2.

L'administration de l'Institut des Frères des Ecoles chrétiennes

A- *L'administration centrale*

— *Le Très Honoré Frère supérieur général :* élu à vie par le Chapitre général, il dirige et anime l'Institut avec la collaboration de ses assistants.

— *Les Très Chers frères assistants :* élus pour aider le supérieur général dans son travail de direction et d'animation de l'Institut, ils sont responsables d'un certain nombre de districts.

— *Le Régime :* conseil composé du supérieur général et des assistants ; il veille à l'administration de l'Institut.

— *Le Chapitre général :* assemblée générale de membres de droit et de membres élus dans chacun des districts ; il a pour tâche principale d'élire le supérieur général et les assistants et de prendre toutes les mesures nécessaires au bon gouvernement de l'Institut.

B- *L'administration locale*

— *Les visiteurs provinciaux :* nommés par le supérieur général ou le Régime, ils sont responsables d'un district et, en même temps, des maisons de formation d'une grande région géographique ; leur fonction a été créée et décrite par le Chapitre général de 1875.

— *Les visiteurs :* nommés par le supérieur général, ils sont responsables d'un district, qui est composé de plusieurs communautés ; à noter que, pendant un certain temps, on désigne sous le nom de provinces les districts situés en dehors du territoire français.

— *Les directeurs :* nommés par le supérieur général, ils sont responsables d'une communauté.

UN POINT D'ANCRAGE: MONTRÉAL

Arrivés à New York le 3 novembre, les voyageurs logent à l'hôtel — malgré les promesses de Quiblier, l'évêque de New York n'avait pas été prévenu — et, le lendemain, ils rendent visite à Mgr Claude M. Dubois, un Français. Le soir même, ils s'embarquent pour Albany, passant la nuit à bord dans des conditions plutôt pénibles, sauf pour le frère Euverte qui réussit à dénicher et conserver un lit. Changement de bateau pour Troy, puis, de là à Whitehall, « le voyage se faisait par le canal dans des *horseboats*. On nous avertissait souvent de nous baisser, afin de ne pas nous casser la tête aux ponts qui se rencontraient. Quand on arrivait aux écluses (*locks*) et qu'il y en avait plusieurs de suite, quelques-uns descendaient et marchaient jusqu'à la dernière ». C'est ce que fait Chalbos, pour réciter son bréviaire, mais, sans se rendre compte que le canal se divise en deux branches, il prend la mauvaise direction et ne peut regagner le bateau à temps ; ce n'est que le lendemain qu'il peut continuer son voyage et atteindre Montréal une journée après les autres ; entre-temps, ses compagnons sont dans l'embarras, car c'est lui qui a l'argent (du moins le pense-t-on) et les billets de passage ; un bon samaritain protestant de Québec leur prête les sommes nécessaires et leur permet ainsi de regagner Laprairie et, par le chemin de fer, Saint-Jean, d'où ils traversent à Montréal.

— L'accueil et l'installation

Personne au port pour accueillir les cinq voyageurs, car même Quiblier ne les attendait pas si tôt. Ils doivent donc regagner à pied le Séminaire et, comme « le pays venait de traverser une petite révolution, les rues étaient encore barricadées » — un Canadien les avait prévenus à New York : « Triste nouvelle ! Le Canada est tout en feu « —, ils restent sur leur garde : « En nous y rendant nous nous tenions à distance les uns des autres dans les rues, par prudence ». Mais allez donc passer inaperçus dans un costume inconnu au Canada : robe de serge noire, collet de toile blanche, grand rabat, manteau court et noir et le chapeau tricorne !

Chez les sulpiciens, tout le monde est surpris de leur arrivée, y compris Quiblier qui aurait désiré que, par diplomatie, « ils se présentassent à l'Evêque, avant tout ». Mais la joie n'en est que plus vive. A l'évêché, on ne tient aucun ombrage du léger accroc au protocole : « Les frères ont été reçus par les Evêq. avec transport », rapporte le supérieur des sulpiciens. Ce que confirment les propos mêmes de Mgr Lartigue, en janvier 1838 : « Je me trouve heureux, & je regarde comme un bonheur véritable pour le Canada, que vous l'ayez doté dernièrement de quatre de vos Frères, qui me paraissent propres à l'œuvre : car j'espère qu'ils pourront agréger plusieurs Canadiens, à leur Corps ; ce qui donneroit plus de stabilité à leur établissement ici, & répandroit dans tout mon Diocèse une éducation Chrétienne & solide pour les garçons, comme nous en avons déjà une pour les filles ».[24] Quant au peuple, s'il regarde avec curiosité ces hommes vêtus d'un costume étrange — on a cependant conseillé aux frères de troquer le tricorne pour le chapeau rond —, il les accueille avec une sympathie évidente :

> Il me semble que les habitants de Montréal voient notre établissement naissant d'un assez bon œil, nous n'avons éprouvé aucun désagrément de la part de qui que ce soit, au contraire, quelqu'un m'a dit qu'ils avaient de nous une haute estime [...] je suis persuadé qu'il y a au moins la moitié des habitants qui nous saluent : lorsque nous marchons dans les rues, il faut à chaque instant avoir le chapeau à la main.[25]

Cependant, en ces jours troublés par les combats entre les patriotes et l'armée britannique et le climat d'insurrection qui plane sur Montréal et la région immédiate, il ne faut pas se surprendre d'entendre quelques échos négatifs à propos de l'arrivée de sulpiciens et de frères français. Depuis toujours et même dans les mois décisifs, Quiblier et ses confrères font preuve

---

[24] Mgr Lartigue au Frère Anaclet, 2 janv. 1838, AFECR, 432a-10.
[25] Frère Aidant au même, 11 juillet 1838, *ibid.*, 432a-11.

UN POINT D'ANCRAGE: MONTRÉAL

d'un loyalisme total qui leur attire parfois la vindicte des patriotes; à l'automne 1837, de concert avec Mgr Lartigue, ils prêchent encore contre la révolte et le supérieur se vante même d'avoir sauvé le gouvernement en convainquant les Irlandais de ne pas se joindre aux insurgés canadiens-français. Faut-il s'en étonner? le parti patriote et ses journaux ne portent pas Saint-Sulpice dans leur cœur et en ont passablement contre ces Français qui empêchent les Canadiens et les Irlandais de les suivre. Etre français d'origine et avoir été appelés par les sulpiciens n'est donc pas de tout repos pour les nouveaux arrivés. Ils peuvent s'en rendre compte quelques jours plus tard, quand la *Minerve*, l'organe officiel des patriotes, commente leur venue au pays:

> Nous apprenons qu'on a fait venir d'Europe quatre Frères ignorantins, dits de la doctrine chrétienne, et deux prêtres français pour donner des leçons d'obéissance passive à la jeunesse canadienne.
> Nous ignorons comment il se fait que l'Evêque de Montréal ait pu consentir à l'introduction ici d'ecclésiastiques français après sa déclaration formelle à ce contraire.

Une partie de la bourgeoisie montréalaise partage ce sentiment; l'apothicaire Romuald Trudeau écrit par exemple:

> Deux nouvelles recrues pour le Séminaire de Montréal sont arrivées de France ces jours derniers. Messieurs Bilaudelle [et] Chalbosse prêtres Français ont mis pied à terre mardi dernier avec quatre autres Messieurs de l'ordre des Frères Ignorantins qui dit-on sont destinés pour l'éducation élémentaire deux au Collège de Montréal et les deux autres pour St-Jacques. Sans déprécier le mérite de ces Messieurs, on serait généralement plus flatté de voir les vacances du Séminaire remplacées par les enfans du pays.

La presse loyaliste, qui est en même temps proche du clergé, ne laisse pas passer la pointe; le 15 novembre 1837, l'*Ami du Peuple* répond à la *Minerve*:

> Notre ville vient de faire une acquisition bien précieuse et qui sera d'une bien grande utilité. Quatre Frères des Ecoles Chrétiennes sont venus en cette ville de France, pour tenir les écoles du Séminaire et de l'Evêché.
> On ne saurait se faire une idée du bien que les Frères [...] ont fait en France, où l'éducation primaire de la jeunesse leur est partout confiée. Nous sommes assurés qu'avant longtemps notre ville se ressentira des effets de leur zèle.
> *La Minerve*, organe de ces patriotes qui se vantent d'être de si grands amis de l'éducation, s'offusque de l'arrivée de ces respectables instituteurs, et prétend qu'ils sont venus prêcher l'*obéissance passive*. Il est à souhaiter, au moins, qu'ils réussissent à prémunir la jeunesse contre les fausses doctrines politiques et religieuses que cherchent à leur inculquer les organes du parti séditieux.[26]

Heureusement pour les frères, la polémique ne se poursuit pas au-delà de cette prise de bec.

Entre-temps, ils jouissent de l'hospitalité des sulpiciens qui leur ont cédé quatre petites salles au troisième étage de l'aile droite du Séminaire où ils peuvent organiser leur propre vie de communauté ; ils n'ont même pas à se déplacer pour les repas : un domestique leur apporte la nourriture aux heures déterminées. Tout leur temps passe à préparer l'ouverture de leur école. Les sulpiciens leur ont réservé une maison en face du Séminaire, rue Notre-Dame, à l'angle de la rue Saint-François-Xavier. Le frère Aidant supervise l'installation du local et la fabrication du mobilier scolaire, dont il a fourni lui-même les plans.

Au cours du mois de décembre, Quiblier lance les invitations aux parents. L'inscription et la présentation des enfants au frère directeur ont lieu le 21 décembre 1837 et deux classes ouvrent le 23 : les écoliers sont au nombre de deux cents. Un

---

[26] *La Minerve*, 13 sept. 1837 ; R. Trudeau, *Mes Tablettes*, no 12, p. 61, ANQ-Mtl, P26/1 ; *L'Ami du Peuple*, 15 nov. 1837.

mois plus tard, le 22 janvier 1838, on célèbre l'ouverture officielle par une messe solennelle au Saint-Esprit: Mgr Bourget assiste au trône et le curé Quiblier prononce le sermon de circonstance où il loue les avantages d'une bonne éducation catholique. On fait une quête pour procurer des effets classiques aux enfants pauvres; elle rapporte 86 $.

L'école connaît un succès indiscutable et elle attire des enfants de toute la ville. Le 21 mai 1838, le frère Aidant peut écrire: « La grand'classe est composée de soixante-seize enfants; la petite, de cent-quarante-six; outre cela, il y en a cent vingt qui attendent des places depuis quatre mois. [...] Si nous avions sept ou huit classes d'ouvertes, elles seraient de suite remplies ». En attendant, il faut quand même organiser une troisième classe dans le soubassement de l'église Notre-Dame; le frère Euverte s'en charge, même s'il est normalement préposé au temporel. « Les Frères sont très estimés, font merveille », commente à son tour Quiblier, tout en insistant, dans chacune de ses lettres, sur le besoin de renforts immédiats:

> C'est un concert unanime de louange et d'admiration pour eux. Monseigneur l'Evêque de Montréal brûle du désir de voir cette Institution se propager. Le Gouverneur-Général que j'ai entretenu longuement de leurs travaux, de leur enseignement et de leurs succès, m'a dit qu'il visiterait leurs classes et qu'il leur donnerait volontiers la direction de l'Ecole Normale. Les enfants qui fréquentent leurs classes sont devenus tout autres; des centaines d'autres attendent avec impatience le bonheur d'être admis. Il nous faudrait 10 maîtres, et parmi eux, quelques uns propres à enseigner la Langue Anglaise.[27]

Plus réalistes, les frères mettent un bémol aux louanges. Le directeur Aidant note les limites de sa satisfaction: « Nous

---

[27] Frère Aidant à un Frère Directeur, 21 mai 1838, AFECM, T17C2; Quiblier à Carrière, 29 mai 1838, ASSP, *Quiblier*, 99-33; le même au Frère Philippe, 23 avril 1839, AFECR, 432a-11.

sommes passablement contents de nos petits élèves Canadiens, seulement un bon nombre sont atteints de la maladie du pays, je veux parler de la paresse, mais en les animant on en fait quelque chose ». Le frère Adelbertus décrit la première distribution des prix avec humour : « Les élèves y récitèrent un dialogue recto tono et l'explication du système planétaire, qu'ils ne comprenaient guère s'ils y compreinaient quelque chose. Ce ne fut pas fort brillant ; cependant on voulut bien en paraître satisfait, sans doute, parce que c'était nouveau, mais je crois bien que les spectateurs n'y comprirent guère plus que les enfants. Plusieurs du haut en bas manquaient d'expérience ».[28] Il n'en reste pas moins que l'école des frères attire une clientèle de plus en plus nombreuse.

Ce succès exige une organisation matérielle adéquate. Quiblier s'en occupe. Après sept mois de séjour au Séminaire, la communauté des frères prend possession d'une maison sise, rue Saint-François-Xavier, à proximité de leur école. Mais la multiplication des classes et l'arrivée prévue de nouveaux frères exigent davantage. Toujours à l'affût d'une aubaine, le supérieur des sulpiciens met la main sur le domaine *Près-de-Ville* mis en vente par la succession de la veuve de Gabriel Côté. Il décrit ses projets à son confrère Carrière :

> J'ai fait un mauvais coup : Je viens d'acheter un emplacement pour nos bons Frères et pour leurs Ecoles. Sur le plan de la Ville de Montréal ouvrez votre compas à 900 pieds de l'échelle ; portez-le de l'angle du Séminaire du côté de l'Eglise, dans la direction de la place d'Armes, il tombera dans la rue *Côté*, au point où elle coupe la rue *Vitré*. Vous touchez un terrain de 222 de front sur la rue *Vitré*, et de 262 sur la rue *Côté*, de 220 sur la rue *Gauchetière*, et de 260 sur la prolongation de la rue *Cheneville*. Une maison à deux Etages, de 72 pieds, avec les

---

[28] Frère Aidant à un Frère Directeur, 21 mai 1838, AFECM, T17C2 ; Frère Adelbertus, *op. cit.*, p. 5.

3. Le berceau de l'Institut au Canada : l'établissement de la rue Côté. 1) Vue d'ensemble de l'établissement de la rue Côté (avant 1910); au centre, la maison Laframboise, où s'établit le premier noviciat. 2) Immeuble dit « de la rue Côté » que les frères ont occupé pendant près de cent ans; l'école Saint-Laurent, la librairie et le pensionnat Saint-Laurent (ancienne école Saint-Patrice).

dépendances, rebâtie depuis peu, sera la demeure des *Frères*. A huit pieds au-dessous, à la place d'un petit *marché* en bois, nous avons jeté les fondations de six *écoles*, c.à.d. d'une Maison en pierres de taille avec ordre d'architecture, à 2 étages, de 172 pieds de longueur, sur une largeur de 30 pieds. On compte ici le Rez de chaussée pour un étage. A chaque extrémité dans ce bel édifice sera un parloir : entre ces deux parloirs, six classes indépendantes les unes des autres, séparées par une cloison vitrée jusqu'à trois pieds du plancher, lequel est tout de chêne. Ces cloisons seront enlevées pour la distribution des prix, et laisseront une salle de 150 pieds. *Voilà le berceau de l'Etablissement dans ce Pays* [nous soulignons].[29]

L'encre du contrat est à peine séchée que, le 28 décembre 1839, les frères emménagent dans le « château de Maricourt », comme on désigne la maison qui a déjà appartenue à Paul Le Moyne de Maricourt et qu'on nomme aussi maison Laframboise. Le 16 mars 1840, ils ouvrent deux classes dans les remises adjacentes. Huit mois plus tard, le 16 novembre, ils inaugurent la nouvelle école, baptisée école Saint-Laurent. Elle passe pour l'un des plus beaux édifices de Montréal et devient un lieu de visite obligée pour les étrangers, du prince de Galles (futur Edouard VII) au délégué apostolique Mgr George Conroy. Situés à proximité de plusieurs autres institutions d'enseignement — British and Canadian Free School, Université McGill, Model School, Académie Archambault, Pensionnat des Dames du Sacré-Coeur —, l'école Saint-Laurent et les bâtiments adjacents deviennent la maison mère de la communauté au Canada et le point d'ancrage d'où l'Institut rayonne à Montréal d'abord, puis dans toute l'Amérique du Nord.

IV — L'expansion à Montréal

L'entente officielle signée entre l'Institut et les premiers employeurs montréalais, les sulpiciens, ne spécifie que le nombre minimum des membres de la communauté : « Les frères ne pourront pas être moins de quatre à Montréal aux frais des fondateurs, savoir 1° un Directeur de l'Etablissement, 2° Deux frères pour les classes et 3° un frère pour le temporel de la maison ». Mais il est clair qu'aux yeux du Séminaire, ce n'est qu'un point de départ et que les frères viennent prendre charge

---

[29] Quiblier à Carrière, 12 nov. 1839, ASSP, *Quiblier*, 99-49.

de toutes leurs écoles existantes et de plusieurs autres à établir dans la ville, les faubourgs et les seigneuries sulpiciennes ; très tôt, on fixe à au moins 26 le nombre de sujets nécessaires pour remplir cette mission.

Grâce à l'arrivée régulière de frères français — 2 en 1839, 2 en 1843, 5 en 1847, etc. — et au recrutement de novices canadiens, la communauté de Saint-Laurent croît rapidement en nombre et peut œuvrer dans différentes écoles avant même de participer à la création de nouvelles maisons. Elle demeure toujours la plus prestigieuse, dirigée, jusqu'en 1875, par le frère visiteur et un pro-directeur, et logée, en 1845 et 1873, dans de nouvelles résidences annexées au bâtiment principal et longeant la rue Côté.

— *Saint-Laurent et ses quartiers*

Dès son inauguration, l'école Saint-Laurent compte cinq classes, puis une sixième à partir du mois de décembre 1840. En septembre 1841, le nombre monte à huit ; la population scolaire totale s'élève à 860 écoliers en novembre 1841. Elle augmente encore avec l'ouverture d'une neuvième classe en décembre 1841 et d'une dixième en septembre 1842. C'est un sommet, puisque l'ouverture d'autres écoles ou quartiers permet de décongestionner cette première maison. En mai 1845, on y établit, le soir, une école d'adultes, divisée en trois classes. « Les cours commençaient pendant l'été à 7h45 et finissaient à 9 heures ; et l'hiver, ils se faisaient de 7h30 à 9 heures. On y comptait dès lors 120 élèves. L'enseignement comprenait dans la première classe le dessin linéaire, l'arithmétique et l'orthographe ; dans la 2e, l'écriture et la lecture et dans la 3e, la lecture seulement. On consacrait une demi-heure d'instruction religieuse tous les vendredis soir »[30]

---

[30] *Origine...*, (copie dactylographiée), p. 9, AFECM.

> **Pour mieux comprendre...**
>
> — *avertissement des défauts :* exercice d'humiliation au cours duquel les frères s'avertissent de leurs défauts les uns les autres en présence du frère directeur.
>
> — *caméristat :* pensionnat annexé à une école primaire.
>
> — *coulpe :* exercice d'humiliation au cours duquel les frères s'accusent des fautes extérieures qu'ils ont commises pendant le jour.
>
> — *quartier :* établissement scolaire que les frères dirigent et où ils enseignent sans y résider.
>
> — *reddition de compte :* exercice d'humiliation par lequel les frères, une fois par semaine, rendent compte au frère directeur de leur conduite par rapport à l'observance et à leur emploi.

Au moment où elle atteint huit classes en septembre 1841, l'école Saint-Laurent se scinde en deux : quatre classes françaises constituent l'école Saint-Laurent proprement dite et quatre classes anglaises sont regroupées sous le nom d'école St. Patrick. Une double raison pousse à créer un enseignement anglais catholique : le caractère anglais de la ville et du commerce qui s'y fait, la présence d'une nombreuse population catholique de langue anglaise, surtout irlandaise, qui exige, elle aussi, des écoles catholiques. Quiblier en est le premier conscient et, dès avril 1839, demande à Paris des frères « propres à enseigner la Langue Anglaise » ; il serait prêt à accepter des frères d'Irlande — qu'il croit être des lasalliens —, « quelques jeunes Novices, bien appelés, qui finiroient leur Noviciat à Paris ou à Montréal, et viendroient augmenter nos ressources ». En 1841, le sulpicien Patrick Phelan, futur évêque de Kingston, se fait encore plus insistant: « Il y a un prêtre irlandais qui m'a offert 300 de ses compatriotes qui sont dans la ville et qui ont besoin d'instruction; il nous faudrait des frères, des frères, et encore des frères », écrit le frère Aidant.[31] L'ouverture de l'école St. Patrick est une première réponse à cette urgence. Les frères Adelbertus, Lawrence (Ovide Dufresne, 1826-s1847)[32] et Cassian (François Collerette, 1824-s1853), entre autres, y enseignent en anglais; ils demeurent membres de la communauté de Saint-Laurent dont St. Patrick constitue le premier quartier ou succursale et, dit-on, la première institution lasallienne à donner un enseignement tout en anglais.

A partir de 1843, les frères travaillent un peu partout dans Montréal. En septembre, par exemple, répondant à la demande des sulpiciens, ils déménagent deux classes de la rue Côté à l'ancien Collège de Montréal, à l'extrémité ouest de la rue Saint-Paul; ils en ouvrent bientôt une troisième; Quiblier explique: « Plusieurs enfans des campagnes et même de la ville, viendraient y recevoir l'instruction nécessaire et y étudier les matières de l'enseignement de ces bons Frères. Ainsi nous aurions toujours un nombre suffisant d'élèves. Parmi ces jeunes élèves, nous en trouverions pour les classes & même pour l'Etat Ecclésiastique ».[33] Quelques mois plus tard, le 1er février 1844, les frères ouvrent deux classes anglaises dans l'ancien couvent des récollets, au coin des rues des Récollets et Sainte-Hélène; elles desservent la population irlandaise des environs. Mais comme il y a aussi plusieurs élèves francophones, on opte pour un nouvel aménagement: cette école devient française et sa population irlandaise rejoint celle des classes du Collège, qui logent maintenant

---

[31] Quiblier au Frère Philippe, 23 avril 1839, AFECR, 432a-11; Frère Aidant au Frère Assistant, 12 avril 1841, *ibid*.

[32] s1847 signifie: sorti de communauté en 1847; pour ceux qui persévèrent, nous donnons l'année de la mort.

[33] Quiblier à Carrière, 27 fév. 1843, ASSP, *Quiblier*, 99-97.

dans un établissement de la rue Nazareth. Il compte, en 1863, 545 élèves de langue anglaise, répartis en quatre classes. Et comme les inscriptions augmentent toujours, les sulpiciens, de qui l'école dépend financièrement, contruisent, rue Young, un nouvel édifice de huit classes. Cette école paroissiale Sainte-Anne ouvre ses portes en 1865. Les frères qui y enseignent font toujours partie de la communauté de Saint-Laurent et ce n'est qu'en 1876 que la communauté de Sainte-Anne se détache de la maison mère : elle compte alors sept membres (il y en avait huit l'année précédente) sous la direction du frère Andaine (Edm. David Neagle, 1842-1889). De préciser l'*Historique* : « L'habitation des frères et les classes sont dans le même local tout récemment achevé ; elle est très-convenable. Le 1er et le 3e étage sont pour les huit classes et le 2e pour la Communauté qui s'y trouve. […] Cette maison a été construite par l'influence du frère Directeur Arnold of Jesus [William Fruin, 1832-1904] avec le bon et généreux concours du peuple de la paroisse Ste Anne de Montréal ». En 1880, dix frères y enseignent à 488 élèves regroupés en neuf classes. »[34]

En octobre 1843, Mgr Bourget invite les frères à prendre charge des classes du palais épiscopal, établies par Mgr Lartigue en 1825, au coin des rues Saint-Denis et Sainte-Catherine. Après l'incendie de 1852, qui rase la cathédrale et la résidence épiscopale, les classes sont momentanément interrompues, puis réouvertes dans de nouveaux locaux en janvier 1853. Transférées, en 1865, dans la nouvelle école Saint-Jacques, construite par les soins des sulpiciens, elles constituent encore un quartier de la communauté de Saint-Laurent en 1880.

A la demande de Jacques Viger, le frère Aidant dresse ainsi la situation de sa communauté en juillet 1844 :

---

[34] Frère Herménégilde, *District de Montréal. Communauté de Ste-Anne*, AFECR, 448.

Janvier	1838	3	classes vis-à-vis le Séminaire	300 élèves
Mars	1840	2	à près de ville	200
Mars	1841	1	id	100
7bre	id	2	id	200
1 Xbre	id	1	id	100
7bre	1842	1	id	100
7bre	1843	1	au collège	100
1 8bre	id	2	à l'Evêché	250
1 fév.	1844	2	Irland. aux récollets	200
		15 classes renfermant		1 550 élèves[35]

« Notre ville continue à augmenter en population », note Quiblier en 1844 ; lui-même donne comme exemple le faubourg Québec, à l'est, qui se développe rapidement et demande de nouvelles institutions pour faire face à une situation matérielle et morale en détresse. Les sulpiciens y construisent, dans la paroisse Sainte-Brigide, une école qu'ils confient aux Frères des Ecoles chrétiennes en 1845 : elle comprend huit classes, quatre françaises et quatre anglaises. Rattachés encore à la communauté de Saint-Laurent, dont l'école Sainte-Brigide devient un quartier, les frères doivent, chaque jour, parcourir un long trajet pour se rendre à leur lieu de travail. A cause de cet inconvénient, le frère visiteur demande, en 1847, que « ce faubourg soit érigé en Communauté », mais le Séminaire refuse tout en engageant un frère en qualité d'inspecteur de l'école et en payant « deux voitures qui, les jours de mauvais temps, transporteront les frères de leur école à leur Communauté ». L'école Sainte-Brigide devient communauté en 1864 et compte, en 1880, 11 frères enseignant à 394 élèves divisés en 8 classes.[36]

Après un temps d'arrêt, qui permet aux frères de consolider les quartiers et les communautés établis et, surtout, de répondre aux multiples demandes venant du Canada et des

---

[35] Frère Aidant à Jacques Viger, 22 juillet 1844, AFECM, T17C3.
[36] Quiblier à Carrière, 27 août 1844, ASSP, *Quiblier*, 100-10 ; Frère Herménégilde, *Ste Brigide, à Montréal*, pp. 2-3, AFECR, 448.

Etats-Unis, les sulpiciens ouvrent en 1858 une école de trois classes, rue Saint-Félix, et la confient à l'Institut. Cinq ans plus tard, l'école est transférée dans le soubassement de l'église Saint-Joseph ; elle demeure néanmoins un quartier de la communauté de Saint-Laurent jusqu'en 1865. Les frères occupent une nouvelle résidence à partir de 1870 et entrent dans une nouvelle école en décembre 1874. En 1880, la communauté de Saint-Joseph comprend 14 frères enseignant à 600 élèves dans 12 classes.[37]

Enfin, en 1873, Mgr Bourget demande aux frères d'ouvrir, dans l'école dite de l'évêché (35 rue Sainte-Marguerite), une académie pour « procurer aux jeunes gens, avec le bienfait d'une éducation chrétienne, les connaissances qui leur sont nécessaires pour s'ouvrir une carrière dans le commerce et l'industrie ». Il leur offre la possession de la maison à condition : « 1° qu'ils en paieront les taxes, les réparations, fournissant les servants (enfants de choeur) à la cathédrale ; 2° qu'ils instruiront huit enfants pauvres gratuitement lesquels seront recommandés par l'Evêque ou l'Evêché » ; ils conserveront également toutes les ressources de l'établissement. L'Académie commerciale de l'évêché, comme on l'appelle, annonce ainsi son programme d'études : « L'enseignement, à la fois théorique et pratique, se donne en anglais et se divise en deux cours, savoir : le Cours Préparatoire et le Cours Commercial ; mais la langue française est aussi enseignée, vu qu'elle est indispensable à tout jeune homme qui se destine au commerce ou à l'industrie ». D'abord quartier de Saint-Laurent, elle devient la communauté de Saint-Antoine en 1878. En 1880, sept frères y enseignent à 188 élèves répartis en quatre classes.[38]

---

[37] *Historique de la Communauté St-Joseph, Montréal*, AFECM, T37C15 ; *Historique de l'école Saint-Joseph*, ibid., T37C15a.

[38] *Donation par La Corporation Episcopale Catholique Romaine de Montréal à L'Institut des Frères des Ecoles Chrétiennes*, 12 mai 1873, AFECM, T35C9 ; *Académie Commerciale de l'Evêché dirigée par les Frères des Ecoles chrétiennes, 35, Rue Ste Marguerite, Montréal*, ibid.

— Les nouvelles communautés

Des sept quartiers fondés à Montréal de 1837 à 1880, quatre deviennent des communautés autonomes: Sainte-Anne, Sainte-Brigide, Saint-Joseph et Saint-Antoine. Pendant le même laps de temps, les frères ouvrent quatre autres maisons indépendantes.

Côte-des-Neiges

Ils sont d'abord appelés au village de la Côte-des-Neiges, par les commissaires d'écoles et l'abbé Louis Colin, « Prêtre du Séminaire de Saint-Sulpice et missionnaire ». L'entente précise: « Les frères n'auront à traiter qu'avec M. le Missionnaire, p^r. tout ce qui concerne le paiement du traitement et la discipline des Ecoles, ce qui ne privera pas néanmoins M. M. les Commissaires de leurs droits d'Inspection que leur donne la Loi ». Ils arrivent le 29 août 1864 pour ouvrir une première école, le 1er septembre, et une classe d'adultes en novembre. La communauté comprend trois frères, rejoints peu après par un quatrième. Ils acceptent des pensionnaires dès le début de l'établissement.[39]

Saint-Henri

A Saint-Henri des Tanneries, « cette localité [qui] sera bientôt un faubourg de la belle ville de Montréal, qui prend de prodigieux accroissements », les commissaires d'écoles et le curé Lapierre s'unissent également pour demander des frères.

---

[39] *Canada. Côte-des-Neiges, commencé le 1er 7bre 1864*, AFECR, 444; *Conditions nécessaires pr l'érection d'un Etablissement des frères des Ecoles Chrétiennes au village de la Côte-des-Neiges*, s. d. (1864), AFECM, T34C6.

4. La première école de Saint-Henri, coin des rues Saint-Jacques et de Courcelles. AFECM

Ils y arrivent en septembre 1872, au nombre de cinq sous la direction du frère Elphinian (Jean Labrecque, 1833-1915), et prennent charge d'une école divisée en quatre classes — dont une anglaise — fréquentées par 268 élèves. « Comme la localité était trop pauvre pour donner un local convenable », ils s'installent dans l'ancienne chapelle, sise au coin des rues Saint-Jacques et de Courcelles, convertie en école depuis quelques années; la résidence n'est pas conforme aux normes de l'Institut et les frères trouvent pénible, surtout l'hiver ou par mauvais temps, de se rendre à l'église située à 12-15 minutes de l'école. Ils acceptent ces inconvénients à condition d'avoir de nouveaux locaux dans un avenir rapproché.

L'abbé Lapierre ne ménage pas son appui: « Le dimanche avant l'ouverture des classes, M^r le Curé parla longuement à ses paroissiens des avantages de l'Ecole qui allait s'ouvrir au milieu d'eux. Il fit ressortir avec beaucoup de véhémence les heureux fruits de l'enseignement des chers Frères, enseignement qui dit-il est non seulement supérieur à celui donné dans les Ecoles du même genre tenues par des séculiers, mais qui offre de plus l'inappréciable avantage de donner une éducation éminemment chrétienne et religieuse aux élèves qui les fréquentent ». Son successeur, l'abbé Joseph-Isidore Gratton, ancien supérieur du Collège Masson, fait preuve de la même sympathie. Tout en se révélant partisan de la reconstruction, à Saint-Henri, de son ancien collège incendié, il avertit ses paroissiens « qu'il ne voulait pas que l'érection du Collège occasionnât le départ des Frères. Ayant à opter entre ces deux établissements je préfère et vous devez de même préférer bâtir pour les Frères afin que nous puissions les garder, car ils pourront assurément rendre plus de services à la localité que le Collège ».

Son intervention permet d'accélérer la construction des nouveaux locaux promis en 1872 et toujours attendus en 1875. En novembre de cette année, le frère visiteur Armin-Victor (Victor-Nicolas Vigneulle, 1839-1883) met la Commission scolaire en demeure de remplir ses engagements, sinon « je ne pourrais me résigner à laisser les Frères après la présente année scolaire si les travaux n'étaient pas entrepris dans le but de mettre fin à l'état de gêne actuel ». Tout en s'excusant de n'avoir pas tenu plus tôt leurs promesses — « si elles n'ont pas déjà été accomplies, c'est que les Commissaires n'avaient pas les pouvoirs requis à leur disposition » —, les autorités scolaires prennent immédiatement les dispositions nécessaires. Les frères inaugurent la nouvelle école en septembre 1877 et y acceptent 400 élèves: « Les classes sont belles et bien aérées, le mobilier de 4 classes est splendide et présente un beau coup d'œil », souligne l'*Historique*. En 1880, dix frères y enseignent à 485 élèves répartis en neuf classes.[40]

---

[40] *Etablissement de Montréal (S^t. Henri des Tanneries) commencé le 1er Sept. 1872*, AFECR, 449; Frère Herménégilde, *St Henri, à Montréal*, ibid. ; *C^{té} St. Henri, fondée le 4 Septembre, 1872*, AFECM, T12C20.

Communauté du Sacré-Coeur

La communauté du Sacré-Coeur, rue Plessis, illustre bien le développement que connaissent certains quartiers de Montréal dans les décennies 1870-1880. La paroisse elle-même est détachée de celle de Sainte-Brigide le 15 juin 1874 et érigée canoniquement le 11 décembre 1875. L'école Plessis, qu'on y construit, est l'une des nombreuses que la Commission des Ecoles catholiques de Montréal érige à partir de 1870: Champlain, Sarsfield, Le Plateau, Olier, Montcalm et Belmont, et qu'elle confie à des laïques. Mais, dans la paroisse du Sacré-Coeur, le curé Arsène-Pierre Dubuc fait tellement d'instances qu'il fait confier l'école aux Frères des Ecoles chrétiennes, aux conditions ordinaires, plus l'entente de « laisser aux frères la perception et l'usage entier de la rétribution scolaire qu'ils se réservent de faire à raison de $0.50 par mois par élève pour le cours élémentaire, ou en payant d'avance $4 pour le cours commercial et 2 dollars pour l'élémentaire ». L'Institut, pour sa part, s'engage, entre autres choses, à « fournir le nombre de maîtres que requerront les Commissaires » et à « admettre gratuitement jusqu'à concurrence de cinquante pour cent, les enfants pauvres que leur présentera le Curé de la paroisse ». C'est une façon d'interpréter la gratuité scolaire requise par les Règles. Les sept premiers frères arrivent le 24 août 1878 et ouvrent, le 2 septembre, l'école de six classes. « La veille, cette ouverture a été annoncée par le Curé qui avertit les paroissiens que, le local étant insuffisant pour contenir tous les enfants en âge d'être admis et de fréquenter l'école, on recevrait d'abord les plus grands qui devraient savoir lire couramment; que ceux qui avaient déjà fréquenté les écoles St-Jacques et Ste-Brigide continueraient sans difficulté; que ceux qui ne pourraient pas payer la rétribution viendraient un peu plus tard : 197 enfants sont admis le premier jour ». Dès le début d'octobre, ce nombre monte à 266 élèves, « venant presque tous des petites écoles établies par M. le Curé afin de retirer ces enfants des rues ». En 1880, la communauté comprend neuf frères; l'école reçoit 300 enfants répartis en six classes.[41]

L'expansion des frères à Montréal même ne s'arrête certes pas en 1880 — on peut noter, par exemple, l'ouverture des écoles Saint-Gabriel (1886, quartier de Sainte-Anne), Sainte-Cunégonde (1887, quartier de Saint-Joseph), Maisonneuve (1890, quartier de Sainte-Famille), sans compter le célèbre pensionnat du Mont-Saint-Louis —, mais entre-temps il faut déjà songer à développer certains services logés à la maison mère.

Le noviciat et les autres services

Le recrutement de sujets canadiens préoccupe les frères dès leur arrivée à Montréal, mais les résultats ne remplissent pas immédiatement leurs espérances. Les trois premiers postulants se présentent le 1er novembre 1838 : « On leur avait donné un prospectus en usage en France. Ils le prirent à la lettre. Il y était dit qu'on devait avoir des chemises de toile, « mais, rapporte le Fr. Adelbertus, dans le Canada, de la toile ! c'était bien froid, et l'on entrait en plein hiver ». La conséquence de ce manque d'expérience fut un gros rhume pour le plus jeune; ce qui l'obligea à se retirer au bout de 21 jours. Le second se retira aussi dégoûté, après 51 jours. Gilbert [le plus vieux] prit l'habit sous le nom de Fr. Joseph, le 25 déc. 1838 »; il sort lui aussi après 5 mois et 20 jours. Les candidats qui suivent ne sont guère plus persévérants. Tant et si bien que Quiblier doit concéder : « Nous trouverons ici peu de vocations solides, du moins pendant les premières années ».[42]

---

[41] Frère Herménégilde, *District de Montréal. Communauté du Sacré Coeur, Rue Plessis, N°. 383 à Montréal*, AFECR, 444.

[42] *Maison-Mère à Montréal, de 1837-87*, AFECR, 432a-9; Quiblier au Frère Philippe, 23 avril 1839, *ibid.*, 432a-11.

Mais il n'en faut pas moins recevoir les quelques exceptions et prévoir pour l'avenir. On établit un noviciat provisoire dès 1838, rue Notre-Dame. Le noviciat régulier s'ouvre en 1842. Logé d'abord dans la maison Laframboise, à Près-de-Ville, il occupe, à partir de 1845, la maison longeant la rue Côté, puis, en 1873, un étage de l'imposant édifice construit à l'angle des rues Lagauchetière et Côté.

Le noviciat montréalais doit théoriquement former les frères de tout le district d'Amérique. Mais le mélange de novices francophones et anglophones pose plusieurs problèmes; de plus, pensent certains, il prépare mal les candidats pour les Etats-Unis et le Canada anglais. « Je sens, écrit Mgr John Joseph Lynch de Toronto, que la Province Canadienne Française de Québec ne peut pas nous donner des sujets qui soient propres à nos écoles d'ici. Québec n'a pas un noviciat qui soit propre à enseigner l'anglais à nos candidats. Les conseillers d'écoles et les Parents portent plainte, à l'effet que les Frères ne parlent pas bien la langue anglaise ». Pour corriger la situation, on accepte des novices dans les maisons américaines de Baltimore, New York et St. Louis, qui comptent respectivement trois, trois et neuf sujets en 1850. Mais le manque de candidats les oblige à fermer l'une après l'autre. Le noviciat de New York est autorisé à réouvrir un peu plus tard : « le 1er juillet 1861 vingt-quatre novices partaient de Montréal avec leur directeur, F. Hoséa [Ephrem Gagnon, 1833-1928], qui [...] s'en allait commencer celui de New York, où il trouva un certain nombre de postulants, ce qui porta à une cinquantaine de novices leur nombre dès le début » ; en 1874, les communautés de Toronto et de Kingston sont annexées à celle de New York où elles peuvent envoyer former leurs sujets. L'expérience ne dure qu'un an et les sujets canadiens-anglais reprennent le chemin de Montréal jusqu'au moment de l'implantation d'un noviciat à Toronto dans les années 1880.[43]

---

[43] *Origine...*, (copie dactylographiée), pp. 54-55, AFECM ; Mgr Lynch au Frère Joseph, 21 sept. 1885, AFECR, 435.

Toujours pour favoriser le recrutement, on ouvre un juvénat ou petit noviciat, dans la maison Laframboise, le 23 février 1876: deux des huit premiers candidats persévèrent. En 1880, ils sont dix-huit sous la direction du frère Symphorien-Louis.

En plus d'assurer la relève, la maison mère doit s'occuper du bien-être des membres du district. Deux institutions y contribuent tout particulièrement. La Procure commence modestement, en 1849, sous la forme «d'un petit magasin dans un sombre réduit, inférieur de trois ou quatre pieds au niveau du sol»; même si elle ne prend son expansion qu'après 1880 — elle acquiert néanmoins une première imprimerie en 1877 —, elle poursuit déjà des objectifs bien précis: «trouver les ressources nécessaires pour les malades, les vieillards, les sujets en formation, les supérieurs», etc. En 1850, les directeurs des maisons d'Amérique établissent une caisse de dépôt pour les vieillards. A partir de ce moment, les malades et les anciens sont regroupés à Montréal et intégrés à la communauté de Saint-Laurent. En 1875, cette dernière est divisée en deux: la communauté de Saint-Laurent comprend désormais tous les frères qui enseignent, y inclus le directeur, le sous-directeur et l'inspecteur des écoles; la communauté de la Sainte-Famille regroupe les anciens et les malades et ceux qui s'occupent d'eux.[44]

* * *

Le rêve de Quiblier de doter Montréal du «plus bel Etablissement» de l'Institut des Frères des Ecoles chrétiennes ne doit pas s'entendre que des édifices imposants, fut-ce la spacieuse école Saint-Laurent qui soulève l'admiration des Canadiens et des étrangers et qui crée une certaine émulation chez leurs concurrents, la Commission des écoles catholiques

---

[44] OS, pp. 246-248; *Historique de la Ste-Famille*, AFECM, T11C59.

de la ville, par exemple. Le curé et ses successeurs sulpiciens, appuyés par les évêques de Montréal, ont voulu avoir « le plus utile, le plus respecté et le plus indépendant » des établissements lasalliens, à qui ils confient la très grande partie des écoles indépendantes qu'ils possèdent pour assurer les besoins d'une population en voie d'alphabétisation ; ils répondent ainsi aux vœux des conciles provinciaux de Québec qui demandent, autant que possible, d'accorder la préférence à l'instituteur religieux plutôt que laïque. Leur initiative s'inscrit dans le fin fil d'une théorie de l'éducation que Louis-Adolphe Pâquet, le théologien le plus influent du Canada français, définira de façon classique en 1909 : « L'œuvre éducatrice, de par sa nature, relève de la famille et de l'autorité ecclésiastique. L'Etat doit, pour sa part, seconder et encourager l'initiative privée en apportant son concours financier et en établissant les rouages administratifs nécessaires au bon fonctionnement des écoles ».[45]

Telle est la signification première des multiples fondations de quartiers ou de communautés nouvelles dans la ville de Montréal pendant les premières décennies qui suivent l'arrivée des Frères des Ecoles chrétiennes en 1837. Le rythme en varie au gré des possibilités de l'Institut et de la capacité financière des sulpiciens : accéléré après 1840 quand Saint-Sulpice est confirmé dans la possession de ses droits et de ses seigneuries, plus lent quand le Séminaire entre en conflit avec Mgr Bourget à propos de la division de LA PAROISSE, modéré quand la Commission des Ecoles catholiques de Montréal augmente elle-même l'implantation de ses propres écoles. Durant cette dernière phase pointent déjà à l'horizon les débats des prochaines décennies.

Une seule ombre au tableau : en 1880, l'Institut ne possède pas encore à Montréal un « grand pensionnat », digne

---

[45] Louis-Adolphe Pâquet, *Droit public de l'Eglise*, t. II : *L'Eglise et l'éducation à la lumière de l'histoire et des principes chrétiens*, Québec, 1909, p. 181.

de ceux qui font sa renommée en France et capable de rivaliser avec certains établissements laïques ou même les collèges classiques. On en parle pourtant depuis longtemps et, déjà en 1871, « un terrain appartenant partie à M. Lacroix, partie à M. Barsalou, situé à l'angle Nord du carré Viger est acheté aux noms des frères Hoséa, Gedéon [Louis Baffaleuf, 1832-1907] et Aphraates [Jean-François Dubois, 1832-1901], dans le but d'y bâtir une Académie »; mais rien n'aboutit. Nouvelle tentative en 1875-1876: sur les instances de l'abbé Alphonse Villeneuve, « administrateur des biens de l'Evêché et confident des pensées de Monseigneur », le frère Armin-Victor accepte, à des conditions jugées satisfaisantes, un terrain à Hochelaga, avec engagement d'y construire un « Collège Catholique Romain d'Instruction commerciale »; l'abbé Villeneuve promet d'y contribuer en versant une somme importante (le frère Réticius parlera de 200 000 $) provenant de sa « loterie du Sacré-Coeur ». Le Régime donne son aval le 21 octobre 1875:

> D'après les renseignements fournis par le ch. f. Visiteur-Provincial d'Amérique [le frère Armin-Victor], le cher frère Patrick expose qu'à Hochelaga (Montréal) dix arpents (environ 3 hectares de terre) sont donnés aux frères, à titre gratuit, à la condition d'y construire une maison d'éducation; que 27 autres arpents attenants aux premiers sont aussi donnés, à la condition de les purger d'une hypothèque, ce dont se charge M. l'aumônier du Carmel [Villeneuve]. Monseigneur l'Evêque s'offre à fournir, au moyen de quêtes, les fonds pour bâtir le collège jusqu'à concurrence d'au moins 250,000.^{f}; d'ailleurs on ne construirait qu'au fur et à mesure des ressources que procurerait l'évêché. La pierre serait donnée gratis. Le Conseil ne voit aucun inconvénient à accepter ces conditions, d'autant plus que les frères de l'Académie qui se trouve à l'évêché, seraient transférés dans ce nouvel établissement.

Fort de tous ces appuis, le frère Armin-Victor commence la réalisation du projet: « Bientôt le plan du Collège fut dessiné, l'emplacement défriché et la pierre transportée », le tout au prix de 5 000 $. Tout va à merveille, assure-t-on, quand survient une crise économique : « les fonds baissent subitement, la loterie du Sacré-Coeur fait fiasco, et M. Villeneuve s'enfuit en France, laissant à l'évêché une dette de 800,000 piastres et à nous des espérances pour 200,000 ! » Pour le moment, il faut donc dire adieu au « grand pensionnat » que Montréal attendra jusqu'en 1888.[46]

Entre-temps, la communauté de Saint-Laurent de Montréal, c'est aussi la maison mère de la grandissime province d'Amérique. Longtemps dirigée par le frère visiteur lui-même et regroupant les administrateurs, les frères enseignants de l'école et des quartiers, les novices, les petits novices ou juvénistes, les anciens, les malades. Fournissant du personnel et des services (Procure, dépôt pour les vieillards...) aux nombreuses autres communautés dispersées dans un immense territoire. Point de départ de ces disciples de Jean-Baptiste de La Salle qui, de plus en plus nombreux, sillonnent le Canada français, le Canada anglais et même les Etats-Unis.

---

[46] Frère Herménégilde, *Institut des Frères des Ecoles Chrétiennes. District de Montréal. Canada*, AFECR, 432a, 12 ; Frère Réticius au Frère Assistant, 26 oct. 1880, *ibid.*, 446 ; Frère Armin-Victor, *Affaire du Collège d'Hochelaga (Montréal)*, 3 oct. 1875, *ibid.* ; *Registre des délibérations du Conseil du Régime commencé en janvier 1856*, p. 239, *ibid.*, EG 430, A2.

II

QUÉBEC ET LES MILIEUX FRANCOPHONES

Pendant que, sous l'impulsion de ses deux premiers évêques Lartigue et Bourget, Montréal connaît une activité religieuse exceptionnelle, Québec conserve un rythme lent qui passe facilement pour de l'immobilisme ou de l'inertie. D'où, parfois, des jugements sévères comme ceux d'un historien français, l'abbé Etienne-Charles Brasseur de Bourbourg, qui séjourne au Séminaire de l'automne 1845 au printemps 1846 : « Le diocèse de Québec [vers 1840] se laissait vivre et végétait comme une plante sans sève depuis la mort de M. Plessis. [...] Québec [...] répudiait avec une défiance timide tout établissement religieux qui aurait pu exciter l'ombrage du gouvernement britannique, et se refusait à voir naître dans les villes et les forêts de son diocèse les grandes institutions qui ont planté la foi et la civilisation en Europe ».[1]

Propos véridiques en très grande partie, mais qui ne peuvent s'appliquer au domaine de l'éducation. A partir des années 1820, en effet, la capitale ne le cède à aucune autre région pour les projets éducatifs. Grâce à des administrateurs et à des professeurs éminents, comme Jérôme Demers, John Holmes, Léon Gingras et Louis-Jacques Casault, entre autres, le Séminaire se révèle de plus en plus comme un intense foyer d'activité intellectuelle et pédagogique. Cet exemple se répercute au niveau de l'enseignement primaire. Les curés de Notre-Dame de Québec, et particulièrement Charles-François Baillargeon, luttent contre l'Institution royale en développant des écoles dans les divers quartiers de la ville. En 1821, le protonotaire Joseph-François Perrault, qui se révèle « l'une des grandes figures de l'histoire de l'éducation au Canada français »[2], fonde la Société d'éducation de Québec ; il reçoit d'abord l'appui du clergé, des notables et du gouvernement. En septembre 1823, il fonde une deuxième association, la Société d'école britannique et canadienne, qui veut mettre sur pied une école biethnique et non confessionnelle ; elle « n'inculquera aucun dogme religieux ; les parents auront soin de veiller à l'éducation religieuse de leurs enfants et de les envoyer les dimanches et fêtes à telle église qu'ils jugeront à propos ; et le comité les en rendra responsables ».[3] Plus que sa pédagogie — il prône la méthode lancastrienne qui est mieux acceptée dans la région de Québec —, ses vues libérales le rendent suspect et il est vertement critiqué par Mgr Larti-

---

[1] Etienne-Charles Brasseur de Bourbourg, *Histoire du Canada, de son Eglise et de ses missions depuis la découverte de l'Amérique jusqu'à nos jours* [...], Paris, Sagnier et Bray, 1852, t. II, pp. 236-237.

[2] Jean-Jacques Jolois, *Joseph-François Perrault (1753-1844) et les origines de l'enseignement laïque au Bas-Canada*, Montréal, Presses de l'Université de Montréal, 1969, p. 9.

[3] *La Gazette de Québec*, 13 nov. 1823, p. 3.

5. Les responsables de l'arrivée des Frères des Ecoles chrétiennes à Québec. 1) Mgr Joseph Signay, évêque de Québec; 2) L'abbé Charles-François Baillargeon, curé de la cathédrale; 3) Mgr Pierre-Flavien Turgeon, coadjuteur; 4) L'abbé Joseph Auclair, curé de la cathédrale (1851-1887) et fondateur de l'Académie commerciale anglaise. AFECQ

gue : « C'en est fait de l'éducation chrétienne dans notre patrie et par conséquent de la religion des générations futures, si on laisse introduire ce système biblique gazé sous le nom de Lancastre. Malheureusement, il paraît que votre protonotaire Perrault, qui en est engoué, fait tous ses efforts pour le faire prévaloir et ne s'aperçoit pas que les Borgia [Joseph Le Vasseur] et co. veulent s'en servir pour ôter toute influence au clergé ».[4] Perrault abandonne le poste de président de la Société d'éducation de Québec, mais n'en dirige pas moins à son compte trois institutions : une école élémentaire pour garçons, une école élémentaire pour filles et une ferme-école ; il rédige également des manuels scolaires et des projets et programmes d'écoles. Son âge avancé et les événements de 1837 l'obligent finalement à se retirer et il meurt en 1844. Tous ces efforts plus ou moins concertés aboutissent à des résultats notables : dans un « Tableau des écoles de la paroisse de Québec sous la direction des maîtres et maîtresses catholiques, pour l'année 1838 », l'abbé Baillargeon compte 19 écoles instruisant 1 727 élèves, dont 852 garçons (y compris les 300 du Séminaire) ; en 1843, d'après le rapport officiel du surintendant de l'Instruction publique, il y a, dans le district municipal de Québec, qui s'étend cependant bien au-delà des limites de la ville, 83 écoles élémentaires sous le contrôle des commissaires et une école indépendante. Mais c'est encore insuffisant aux yeux du curé Baillargeon et de Mgr Joseph Signay, qui s'inquiètent de l'instruction des pauvres et, pour cela, lorgnent du côté des Frères des Ecoles chrétiennes.

I — Les communautés de la ville de Québec

C'est en 1837 que Québec fait sa première demande à l'Institut. De passage à Paris pour se renseigner sur les écoles normales, l'abbé John Holmes, du Séminaire de Québec, rencontre le frère Anaclet et lui écrit :

---
[4] Cité dans Jolois, *op. cit.*, p. 112.

> Je viens de recevoir des lettres de Québec, dans lesquelles, sur le témoignage que j'avais rendu à l'excellence de vos écoles, on m'exprime le vif désir d'avoir une petite colonie dans cette ville si chrétienne. Il y a un vaste édifice où des maîtres ordinaires instruisent actuellement 5 à 6 cents enfants la plupart pauvres... Quelle belle position pour une école de la Doctrine Chrétienne! et comme votre Institut serait accueilli par tous nos Français Canadiens! N'oubliez point, je vous en prie, Monsieur le Supérieur, cette partie de la vigne du Seigneur.[5]

Mais le projet montréalais est en ce moment prioritaire et les sujets manquent pour une double fondation canadienne; Québec doit donc attendre encore quelques années.

Les Québécois ne tardent pas à revenir à la charge. Ils sont, assure l'*Historique* de Québec, fortement impressionnés par « le changement qui s'était opéré dans la conduite des enfants à Montréal depuis l'établissement des frères des Ecoles chrétiennes dans cette ville ». En octobre 1841, Mgr Signay et ses collègues de Montréal, Kingston et Boston visitent l'école Saint-Laurent et sont « émerveillés en voyant un si grand nombre d'enfants (860), réunis en une seule maison, l'ordre admirable qui était dans les classes, la bonne conduite et les progrès des élèves »; « c'est depuis cette visite, que Monseigneur de Québec, remue tout sur la terre, pour avoir des frères dans sa ville épiscopale », note le frère Aidant. De concert avec le curé Baillargeon et « plus de 150 personnes notables », l'évêque demande à Mgr Charles de Forbin-Janson, qui termine en 1841 une tournée triomphale de missions paroissiales dans toute la vallée du Saint-Laurent, de se faire leur avocat auprès du supérieur général à Paris et du directeur de Montréal, qu'on invite à venir voir « la maison projetée pour faire ledit établissement ». On s'offre même à ouvrir un noviciat.

---

[5] J. Holmes au Frère Anaclet, 2 janv. 1837, AFECR, 434-1.

L'évêque de Nancy remplit sa mission avec son brio ordinaire, convainquant le frère Aidant et plaidant la cause de Québec auprès du frère Philippe. Montréal donne aussi son appui. Mgr Bourget demande au frère Aidant d'écrire au supérieur général « afin de [le] presser d'accepter de suite cet établissement, pour profiter de la bonne disposition où sont ces Messieurs ; car il est à craindre que le moindre délai, ne les fassent [*sic*] changer de sentiment ». Le journal officiel de l'évêché, les *Mélanges religieux*, se met aussi de la partie : « On nous annonce que le diocèse de Québec est sur le point de recevoir de France, à son tour, des Frères des Ecoles Chrétiennes. C'est un vrai bonheur dont nous le félicitons de tout notre cœur ; car nous sommes en position d'apprécier chaque jour le mérite de ces excellens Instituteurs ».[6]

Sans doute influencés par la conviction du frère Aidant, qui appuie fortement le projet — « L'établissement de Québec sera un jour considérable, car la ville est aussi populeuse que Montréal (40,000 hab.) » — et qui insiste pour obtenir deux nouveaux frères de Paris, les Québécois préparent tout pour la venue des lasalliens. Le curé Baillargeon annonce même leur arrivée prochaine, « dans le cours de l'été » 1842 et il organise une quête en leur faveur. « Ce bon Monsieur comptait tellement sur les frères qu'il [...] avait fait préparer les classes ainsi que tout le mobilier classique afin de commencer vers la Toussaint. Il m'avait même envoyé la somme de 3 600 francs [600 $], afin que je fasse faire le mobilier des frères selon nos usages. Toutes choses étant ainsi prêtes, on les attendait de jour en jour ». Quelle déception « lorsque le 22 8bre [octobre] arriva la lettre qui annonçait positivement qu'il n'y en viendrait point cette année » :

---

[6] *Québec — Historique, 1843-1853*, AFECQ, *Les Glacis*, B-1 ; Frère Aidant au Frère Philippe, 17 nov. 1841, AFECR, 434-1 ; le même au même, 2 déc. 1841, *ibid.* ; *Les Mélanges religieux*, 3, 15(12 av. 1842), p. 240.

> Le bon Curé de Québec l'ayant appris, monta en chaire et annonça à ses bons Paroissiens cette affligeante nouvelle, elle fit verser bien des larmes, à ce qu'on m'a assuré, aux habitants de cette ville vraiment chrétienne, qui par ce délai se trouve dans la nécessité, ou de laisser leurs enfants dans les rues ou de les envoyer aux écoles protestantes, où ils puisent des principes qu'il sera bien difficile d'effacer plus tard.

Très tôt, cependant, l'« agréable nouvelle » que « le Très-cher frère Supérieur, *pensait sérieusement* à nous envoyer 2 frères au printemps prochain » apporte un baume réparateur : « vous allez remplir de joie tous les gens de bien de Québec, qui apprendront avec plaisir la prochaine arrivée des frères ». Les préparatifs reprennent pour les accueillir.[7]

— *L'école des Glacis*[8]

Le 10 août 1843, le frère Aidant conduit à leur nouveau poste le frère Zozime (Jean Fraysse, 1808-1867), directeur, qui a enseigné à Montréal depuis 1839, et trois novices. Ils arrivent à Québec le 11 au matin et sont accueillis « avec allégresse et empressement » : « Nous avons été reçu comme des envoyés du ciel, les habitans nous ayant aperçu traverser la ville pour nous rendre à la comté, nous ont suivi pour nous présenter leurs enfans ; le 1er jour de notre arrivée il y en a eu environ 80 d'inscrits, & les jours suivans un si grand nombre qu'en moins de 7 jours il y en avait plus de 700 de présentés, & cela avant que le Curé eut annoncé au prône d'envoyer les enfans chez les frères ». La Société d'éducation met à leur disposition son établissement de la rue des Glacis, édifice « à trois étages mesurant

---

[7] Frère Aidant au Frère Assistant, 12 déc. 1842, AFECR, 434-1.

[8] Ainsi désignée parce qu'elle est située rue des Glacis. Selon Pierre-Georges Roy, « Glacis vient de *glacie* (glissade) face inclinée sur laquelle glace (glisse) ce qui s'y place ou tombe » (OS, p. 80).

6. L'école des Glacis à Québec. AFECQ

88 pieds de front sur 40 de large », situé dans le faubourg Saint-Jean. Le frère Aidant en vante les avantages :

> Les frères sont logés petitement à Québec, en comparaison de Montréal, mais proprement, n'ayant aucune chose dans le voisinage qui les gêne, & étant parfaitement libre chez eux; ils ont trois classes au rez de chaussée aussi belles que celles de Montréal & dans une très belle situation & dans un bon air, ils ont aussi une jolie cour & un petit jardin.

Dix jours plus tard, les autorités religieuses marquent de façon solennelle l'installation des frères dans leurs locaux et l'ouverture des classes. Au commencement de la messe de huit heures, Mgr Pierre-Flavien Turgeon, coadjuteur, entonne le *Veni Creator* et, après l'Evangile, fait « un long Discours dans lequel fut exaltée fort éloquemment l'œuvre du Vénérable de La Salle en même temps qu'il félicitait le clergé et les pères de famille sur l'inappréciable avantage que la Providence leur fournissait dans les disciples de ce grand homme ». Ce jour-là et dans les semaines qui suivent, le clergé, les membres de la Société d'éducation, « ainsi que les membres les plus honorables de la haute Magistrature et ce que Québec comptait de plus distingué » font le tour des locaux et des classes des frères; ces visites « servirent puissamment à encourager et les maîtres et leurs élèves, et produisirent toujours d'excellents effets ».[9] De même aussi les quêtes organisées par le curé, telle celle qu'il fait connaître au prône du 20 août 1843:

> En annonçant une quête pour procurer des livres aux enfants pauvres qui auront l'avantage d'aller à l'école des frères, c'est déclarer clairement que ces écoles sont pour les pauvres, et non seulement pour les riches comme les gens mal informés ou mal intentionnés ont prétendu. Une autre preuve que ces écoles sont pour les pauvres, c'est qu'elles sont gratuites — l'invitation des frères, c'est pour l'instruction des pauvres —. Les enfants des pauvres auront donc droit d'y être admis avant tous; les gens de moyen pourront les envoyer que s'il y a de la place […].[10]

L'école des Glacis connaît un départ très rapide. Dès son ouverture, un nombre suffisant d'écoliers s'y présente pour former trois classes, mais il faut bientôt en ajouter deux autres et demander deux frères qui arrivent en avril 1844. A la fin de l'année scolaire, l'école compte déjà plus de 600 élèves. A quoi bon cacher un tel succès? La première année se termine, le 24 juillet 1844, par un examen général et la distribution des prix. Cérémonie grandiose qui se tient dans la grande salle du vieux château Saint-Louis, mise à la disposition de la Société d'éducation par le Gouverneur général. Selon les journaux,

---

[9] Frère Aidant au Frère Assistant, 22 août 1843, AFECR, 434; *Historique de la Communauté de Québec*, pp. 1-3, AFECQ, *Les Glacis*, B-7.

[10] Cité dans René Hardy, « L'activité sociale du curé de Notre-Dame de Québec: aperçu de l'influence du clergé au milieu du XIXe siècle », *Histoire sociale*, 6 (nov. 1870), p. 23.

> L'auditoire était aussi nombreux que le local pouvait le permettre : il se composait de dames et de messieurs à qui il avait été distribué des billets d'admission. Mgr l'évêque de Sidyme [Mgr Turgeon], assisté des officiers de la Société d'Education, présidait aux exercices. On avait élevé une estrade sous l'orchestre au fond de la salle, et les élèves, qui sont au nombre de plus de sept cents et dont la plupart étaient présents, vêtus de leur uniforme, étaient rangés des deux côtés avec leurs pieux instituteurs. C'est sur cette estrade que les différentes classes sont montées tour à tour pour être examinées, et les lauréats à la fin pour recevoir la récompense de leurs travaux. Les examinateurs étaient les plus avancés des élèves, qui, sans être munis de programmes, posaient les questions à leurs condisciples. Les exercices étaient dramatisés par une discussion entre cinq élèves sur la matière qui devait être l'objet de chaque examen. Tous les commandements se fesaient par signes.

Et l'auteur de vanter le mérite des maîtres :

> Nous ne répéterons pas ce que nous avons déjà dit de l'excellence de la méthode suivie par les Frères des Ecoles Chrétiennes : tout l'auditoire a pu en juger par les résultats obtenus en si peu de temps. [...] Il n'y a pas encore un an que l'école a été ouverte, et des élèves, qui étaient privés de toute instruction en y entrant, ont pu soutenir un brillant examen, non seulement sur la lecture, mais sur les diverses autres matières qui en fesaient l'objet, telles que la grammaire, la géographie, l'histoire, etc. Mais le plus beau résultat, c'est le développement visible de l'intelligence qui brillait dans les yeux et sur les visages des élèves ; c'est leur bonne tenue, leur décence, leur propreté ; c'est la réforme qui s'est opérée tout à coup dans les faubourgs auxquels ils appartiennent pour la plupart, et dans lesquels, au lieu de ces longues files d'enfants proprement vêtus, disciplinés comme des soldats, et marchant en silence, on ne rencontrait autrefois que des attroupements de gamins en haillons qui jouaient bruyamment ou se battaient et obstruaient les rues.[11]

---

[11] Copie d'un article de journal non identifié, AFECQ, *Les Glacis*, B-1.

Ce succès suscite des jalousies, c'est normal. Des instituteurs du quartier Saint-Roch, qui voient plusieurs de leurs écoliers les quitter pour l'institution gratuite des frères, manifestent leur dépit comme l'avaient fait les écrivains publics français au temps du fondateur Jean-Baptiste de La Salle; de leur côté, des ministres protestants présentent une requête à l'Assemblée législative pour demander l'expulsion de ces hommes «capables d'exciter des révoltes contre l'Autorité Souveraine». Un député de leur répondre: «J'ai vu par moi-même, j'ai vu ces prétendus ennemis de l'Etat: tout ce que Sa Majesté peut craindre de tels hommes, c'est de voir sortir de leur sage conduite des sujets soumis et fidèles». Les éléments se mettent aussi de la partie. Après avoir échappé de justesse à une première conflagration, le 28 mai 1845, l'école des Glacis est, le mois suivant, rasée par le feu en même temps que les quartiers Saint-Jean et Saint-Louis; les frères ne sauvent qu'une mince partie de leurs biens, mais ces pertes sont compensées par la vague de sympathies que manifestent les religieuses de l'Hôtel-Dieu, le curé Baillargeon, le Séminaire, les membres de la Société d'éducation et la population en général. Ils doivent promettre de reprendre les cours dans des locaux provisoires, prêtés par la ville, rue Saint-Louis; ils ouvrent trois, puis quatre classes à l'automne 1845, avant de retourner, en janvier 1846, dans leur école des Glacis reconstruite et « bien autrement appropriée que précédemment ». Ils terminent l'année avec six classes. Auxquelles il faut ajouter l'école des adultes, ouverte en 1844, qui « se tient depuis la Toussaint jusqu'au mois d'avril de 7 h 1/2 à 9 h du soir ».

Cet unique établissement des frères atteint bientôt sa capacité maxima et il faut songer à établir des quartiers ou succursales ailleurs en ville. En 1849, la Commission scolaire de Québec demande à ouvrir trois classes anglaises chez les frères et il faut alors transférer trois classes françaises dans le sous-sol de l'église Saint-Jean-Baptiste; elles sont elles-mêmes relogées, en 1863, avec les trois dernières classes françaises des Glacis, dans une «belle bâtisse en briques jaunes» nouvellement construite, angle Déligny et Saint-Jean. En janvier 1852, dans une école construite angle des rues Grant et des Fossés, s'ouvrent les trois premières classes du quartier Saint-Roch, demandées avec instance par le curé Zéphirin Charest; s'y ajoutent deux classes anglaises en septembre 1852 et deux françaises en novembre; il y a déjà neuf classes en 1853. Les frères, qui y sont affectés, logent toujours aux Glacis: ils partent le matin, après le petit déjeuner, à pied, le chapelet à la main et reviennent le soir vers cinq heures pour les exercices de la communauté.[12]

En 1849, également, l'école des Glacis reçoit une nouvelle vocation qui jette certains Québécois dans l'appréhension. En septembre, les frères acceptent des demi-pensionnaires et, le 7 décembre, «on admet comme pensionnaires en plein ou couchants les enfants ou jeunes gens que les parents veulent confier aux Frères en cette qualité». Cette initiative fait peur à certains: «On crut apercevoir une distinction marquée entre les enfants des familles riches et ceux de la classe ouvrières, ou bien une ligne de démarcation qui s'établissait, bien que les élèves fussent indistinctement réunis et confondus pour les leçons et autres exercices classiques». Mêmes objections, d'ailleurs, à propos de l'amélioration de l'enseignement des mathématiques et des sciences; le curé Baillargeon s'en fait l'écho en 1850:

> Il ne faut pas vous en laisser imposer par les discours de quelques-uns de notre Société d'Education de bonne volonté, mais sans éducation, ou sans jugement, qui voudraient que vous enseignassiez toutes les sciences dans vos classes. Je vous l'ai déjà dit, et je vous le répète, tenez-vous en bien strictement à l'objet de votre admirable Institut: c'est par là que vous réussirez à faire un grand bien. Vous gâterez tout du moment que vous ôserez vous en écarter. Or la fin de votre Institut c'est l'éduca-

---

[12] *Historique de la Communauté de Québec*, pp. 4-32, *ibid.*, B-7; Frère Herménégilde, *Québec. District de Montréal*, AFECR, 454.

tion des pauvres : et les pauvres n'ont besoin que d'une éducation élémentaire et pratique.... Qu'ils apprennent leurs devoirs de chrétiens, qu'ils sachent bien lire, bien écrire, bien leur langue, s'il est possible, bien l'arithmétique, bien tenir un livre de compte. L'anglais avec cela : et ils en savent assez pour remplir avec avantage leur pénible et laborieuse carrière... S'il s'en trouve qui veuillent en savoir plus long, ils ont les collèges... Pour les enfants de nos ouvriers et de nos pauvres journaliers, ils seront fort heureux s'ils réussissent à apprendre ce que nous venons d'énumérer. Et c'est pour ceux-là que vous avez été institués, et appelés ici...

Consulté, le Régime de Paris répond : « Si c'est le plus grand bien de donner plus de temps à l'Arithmétique, vous pouvez le faire » ; de même, « quant à la classe spéciale, pour le calcul et la grammaire, nous pensons qu'il n'y a rien contre l'esprit de l'Institut, il faut faire pour le mieux ».[13] Les craintes et les objections n'empêchent donc pas le frère Zozime et ses successeurs d'aller de l'avant. En 1853, on transfère le pensionnat à la Pointe-Lévis. Vers le même temps, l'*Historique* décrit ainsi « l'état des choses » :

> Trois quartiers : *Les Glacis, St-Roch* et *St-Jean.*
> Les Glacis ont six classes, trois dans le rez de chaussée : sous le contrôle des Commissaires, et trois dans le haut à la charge de la Société d'Education. Parmi ces six classes, quatre sont anglaises et deux françaises : ces deux dernières sont dans le bas et sont deux grand'classes dont la plus forte est appelée Supérieure.
> Dans le bas se trouve également la classe supérieure anglaise : les trois inférieures étant dans le haut.
> St Roch a neuf classes dont six françaises et trois anglaises. La première Grand'classe pour chaque langue est appelée classe Supérieure. Ces neuf classes sont sous le contrôle de M. M. les Commissaires.

---

[13] *Historique de la Communauté de Québec*, pp. 11-24, AFECQ, *Les Glacis*, B-7 ; on y trouve une copie de la correspondance.

Les trois classes situées sous l'église St-Jean appartiennent à la Société d'Education.[14]

Enfin, en 1862 commencent les pourparlers pour la fondation de ce qui deviendra le plus beau fleuron de la communauté de Québec: l'Académie commerciale.

— *L'Académie commerciale anglaise*

On a trop tendance à l'oublier: une des caractéristiques de Québec à l'époque est d'être une ville anglaise. L'historien Philippe Sylvain a très bien décrit ce phénomène. Partant d'un témoignage d'un voyageur sud-américain, Benjamin Vicuna Mackenna, qui avait séjourné à Québec en 1853 et avait écrit: « Québec me parut une cité féodale, sombre, embastillée, mais active et commerçante, tout le contraire de Montréal. Cette dernière est avant tout la capitale française, tandis que Québec, siège du gouvernement, est plutôt ville anglaise », il constate:

> Anglaise par l'administration, par le commerce, par l'industrie, Québec l'était tout naturellement par une fraction importante de sa population. En effet, si on ajoute aux Anglo-Ecossais proprement dits, soit 7,328 individus, comme l'indiquait le recensement de 1851, les 9,000 Irlandais dont la langue était l'anglais, le groupe anglophone québécois représentait trente-cinq pour cent d'une population de 45,000 âmes. Force était donc aux Canadiens français qui, pour répondre aux exigences de la vie politique et commerciale, ou tout simplement afin d'assurer un minimum de relations sociales, évoluaient dans un milieu qui reflétait aussi fortement la composition ethnique du Royaume-Uni, de se familiariser avec la langue et la civilisation anglaises. Même les ouvriers étaient en quelque sorte astreints de le faire, car la grande industrie québécoise de l'époque, la construction des navires, était aux mains de patrons

---

[14] *Ibid.*, pp. 36-37.

> et d'entrepreneurs britanniques: ceux-ci, lors de la guerre de Crimée, avaient quitté la Baltique pour l'Amérique du nord, et, disposant d'amples capitaux, avaient édifié la grande majorité des chantiers maritimes qui retentissaient d'une activité fiévreuse le long du fleuve, à Sillery, à Lévis, à l'île d'Orléans, sur les vastes grèves de la rivière Saint-Charles. C'étaient les Canadiens français qui, charpentiers, forgerons, voiliers, cordiers, constituaient la main-d'œuvre de ces chantiers.[15]

Aussi ne faut-il pas se surprendre de voir se multiplier les classes anglaises dans les écoles lasalliennes. Bien plus, peinés de voir les enfants catholiques — irlandais mais aussi canadiens-français — fréquenter le *High School* protestant, malgré les défenses épiscopales, les abbés Joseph Auclair, curé de la cathédrale, et Bernard McGauran, desservant de St. Patrick, se tournent vers les frères pour trouver une solution. Le premier s'abouche avec le frère Aphraates, le nouveau directeur de la communauté de Québec, pour lui soumettre un projet d'école commerciale anglaise payante. « Sachant que le très cher frère Provincial ne voudrait point en accepter les charges, le fre Directeur suggéra à Monsieur le Curé de se charger lui-même de fournir le local, le mobilier, le traitement des maîtres et toutes les dépenses d'entretien, ce à quoi il consentit; mais à la condition que la rétribution scolaire lui reviendrait ». Consulté, le frère visiteur Turibe (Cyprien Pommier, 1812-1884) donne son consentement et promet les trois frères demandés. Les journaux anglais et français publient le prospectus en août 1862 et, le 4 septembre, les frères Christian (George Carroll, 1828-1899), Potamian (Michael O'Reilly, 1847-1917), Anthony (William Byrns, 1841-1915) et Aileran (John Broderick, 1845-s1862) ouvrent l'Académie commerciale anglaise dans un édifice de la rue d'Auteuil, connu sous le nom de *National School*; construite

---

[15] Robert [Philippe] Sylvain, « Quelques étapes d'une destinée. Quelques artisans d'une œuvre », ms. d'un article paru dans *Le Voilier, ibid.*, Académie de Québec, A-1.

en 1823, elle était considérée à l'époque comme « l'école la plus moderne de la ville à tous les points de vue ».[16]

Une fois de plus, c'est un succès complet et rapide : l'Académie commence avec trois classes, mais, trois ans plus tard, elles ont doublé et on doit transférer l'école dans une maison construite par le curé Auclair, angle des rues Elgin et Sainte-Angèle. Irlandais et Canadiens français s'y côtoyent et, même si l'accent est mis sur l'enseignement des matières commerciales, les sciences et le dessin reçoivent une impulsion dont profitent les autres institutions. Le 7 octobre 1874, par exemple, le frère Aphraates demande au ministre de l'Instruction publique du secours pour lancer l'enseignement du dessin et, une semaine plus tard, complète son projet : « le gouvernement couronnerait cette œuvre reconnue par la création en même temps, d'un Cours de Physique, de Mécanique et de Chimie appliquée aux arts, à l'industrie, etc. » Il obtient gain de cause et, en août 1875, le frère directeur amène avec lui d'Europe « comme professeur de dessin, un Mr. Lefèvre, ancien élève du Pensionnat de St Nicolas, Paris ». Fait inusité : « Ce professeur a sa résidence et la table dans la communauté aux Glacis, et reçoit un traitement annuel de $400, pris sur l'allocation du gouvernement [$1 000 pour les professeurs] ». Il commence ses cours en septembre à l'Académie commerciale, mais aussi aux Glacis et aux écoles de Saint-Jean et de Saint-Roch ; « Le professeur donne aussi, deux fois la semaine, un cours de dessin linéaire et d'ornement, aux Frères des Glacis ». Un mois plus tard, « ouverture d'un Cours de physique, à l'Académie, par le Rév. J.-C.-K. Laflamme, de l'Université Laval, chapelain de la communauté. Suivent ce cours, les principaux élèves de l'Académie, de St Roch, de St Jean et des Glacis. Le Rév. Laflamme en donne également un à plusieurs frères de la Commté ». Il commence

---

[16] Frère Herménégilde, *Québec. District de Montréal*, AFECR, 454 ; *Historique de la Communauté de Québec*, pp. 53-58, AFECQ, *Les Glacis*, B-7 ; OS, p. 279.

un cours de chimie par après. Deux nouveaux frères remplacent ces professeurs extérieurs quelques années plus tard.[17]

Ces développements attirent de nombreux élèves et nécessitent de nouveaux locaux. On en trouve dans l'école des Glacis et, en 1877, le frère supérieur général Irlide permet de louer la maison de William McWilliam, voisine de l'Académie, « pour y ouvrir deux classes préparatoires à la dite Académie » ; c'est la « Petite Académie » : « L'enseignement y est donné dans les deux langues française et anglaise. Un maître enseigne dans la langue anglaise, et l'autre, dans la langue française ». Un succès irrécusable vient récompenser ce dynamisme, bien vu surtout « de la population aristocratique de Québec », assure le chroniqueur. En 1880, la communauté de Québec compte 33 frères, travaillant dans 4 écoles et 25 classes auprès de 1 384 élèves.[18]

— *Les autres communautés québécoises*

En plus des quartiers Saint-Jean et Saint-Roch, les frères ouvrent deux communautés nouvelles dans la ville : les Foulons et Saint-Sauveur.

Le 3 février 1850, Mgr Signay écrit au frère Zozime : « Si déjà vous n'en êtes pas informé, je me fais un vrai plaisir de vous informer que MM. de la Commission d'Education catholique de Québec sont convenus avec moi, par Mr. le Curé, leur Président, de faire occuper, pendant quatre ans, depuis le 1er Mai prochain, par les Frères de votre Société, ma maison d'école de Près-de-ville ». Communément appelée des Foulons ou du Cap Diamant, l'école reçoit les quatre premiers frères en août

---

[17] Lettres du frère Aphraates à C. P. de Boucherville, oct. 1874, AFECQ, *Les Glacis*, A-14 ; *Historique de la Communauté de Québec*, pp. 60-62, *ibid.*, B-7.

[18] *Ibid.*, p. 62 ; *Origine...*, (copie dactylographiée), p. 113, AFECM.

1851. Ils y ouvrent deux classes anglaises — « la population assez nombreuse de ce quartier [est] presque toute Irlandaise » — et une classe française. Le frère Arcisse-Marie (Nicolas Mouard, 1821-s1856), arrivé de France en 1848, est le premier directeur. En septembre 1851, il n'y a qu'une soixantaine d'élèves, mais, dès 1853, « la population irlandaise augmentant considérablement aux Foulons, point principal du port de Québec, les classes deviennent bientôt insuffisantes; un troisième frère pour l'anglais est nécessaire ». L'année suivante, l'école compte 228 élèves.

La communauté connaît des hauts et des bas que traduisent ou amplifient les changements fréquents du personnel ; des conflits surgissent aussi avec le chapelain. En 1866, « les Commissaires d'école ne sont pas satisfaits de ce que le frère Christian of Mary (Canadien) [Joseph Panneton, 1844-1912] enseigne la classe anglaise » et on doit le rappeler à Montréal. La classe française elle-même périclite pendant un temps, « les Canadiens se retirant du quartier à mesure que les Irlandais augmentaient : elle compte aujourd'hui [1859] 26 élèves canadiens ».

L'école entière est souvent menacée. En juin 1865, « la maison est presque entièrement détruite par l'incendie qui en trois heures priva six cents familles d'asile et de ressources pour vivre et se loger. L'activité des gens du voisinage réussit à sauver la maison des frères laquelle pendant plusieurs semaines, fut occupée par une trentaine de familles jusqu'à ce que l'ont [sic] eut rebâti leurs habitations ». Dans les années 1870, la concurrence devient féroce et on doit trouver des moyens de garder sa clientèle : « Des leçons de musique sont données par le frère Romeus [Lawrence Lynch, 1843-s1878], Directeur, à l'effet d'attirer les élèves qui laissaient les frères pour aller aux autres écoles. Bientôt le nombre augmenta et l'on dut refuser des écoliers faute de place pour les admettre ». En 1880, quatre frères œuvrent dans les quatre classes de l'école des Foulons qui reçoit 158 élèves ; en 1884, la communauté des Foulons déménage sur la rue Mac-Mahon et devient la communauté St. Patrick.[19]

La communauté de Saint-Sauveur connaît un départ beaucoup plus mouvementé. La paroisse elle-même, qui n'est érigée canoniquement qu'en 1871, se développe sur le territoire de Saint-Roch, après la conflagration de 1845 : des sinistrés, « bientôt suivis par un bon nombre de travailleurs, ouvriers et manœuvres, employés à la construction des navires sur la rivière Saint-Charles », s'établissent sur des terrains de Pierre Boisseau. Le village de Boisseauville progresse tellement qu'on y construit une chapelle, terminée en 1853, et que l'oblat Flavien Durocher, frère de la bienheureuse Marie-Rose Durocher, fondatrice des Soeurs des Saints Noms de Jésus et de Marie, en devient le desservant.

Il se préoccupe très tôt de l'éducation de la jeunesse et annonce à son supérieur, en 1861, qu'il dirige les travaux de construction d'une grande école pour les garçons. On y ouvre finalement un couvent sous la direction de la Congrégation de Notre-Dame. Mais le desservant se met immédiatement à la besogne et il organise « des quêtes, des souscriptions et des bazars » pour commencer une autre école qui est prête en 1865. Cette nouvelle bâtisse, « dont l'élégance, les proportions grandioses, l'ensemble vraiment merveilleux » réjouissent tout le monde, mesure soixante-quinze pieds sur quarante-huit.

Sur les conseils de Mgr Baillargeon, le père Durocher demande aux Frères des Ecoles chrétiennes de prendre la direction de l'école Maria-Joseph ; « après mûres délibérations », le frère visiteur Liguori (Jean-Jacques Martin, 1825-1875) accepte

---

[19] *Historique de la Communauté de Québec*, p. 21, AFECQ, *Les Glacis*, B-7 ; Frère Herménégilde, *District de Montréal. Communauté de Québec*, AFECR, 434-1 ; *District de Montréal. Maison des Foulons à Québec*, ibid., 434-6.

d'y envoyer six frères. Ils y arrivent en août 1865, sous la direction du frère Odilard-Marie (Clovis Guiornaud, 1826-1867). Les cinq classes qu'ils ouvrent se remplissent immédiatement. « Mais les enfants étaient si pauvres qu'ils manquaient du strict nécessaire. La société du « Bon-Secours » sous la surveillance du Père desservant, se chargea des petits nécessiteux, et leur fournit les vêtements et les livres dont ils avaient besoin pour fréquenter les classes plus assidûment. Les Frères eux-mêmes se ressentirent de la gêne matérielle ». Le succès des classes n'en est cependant pas compromis.

Le 14 octobre 1866, désastre complet. Un incendie détruit tout le quartier et l'école; les frères doivent se retirer. On les redemande dès 1867, mais ils se déclarent incapables de revenir immédiatement. Après avoir essayé de les remplacer par les Clercs de Saint-Viateur, le père Durocher fait de nouvelles instances et obtient au moins l'assurance que les Frères des Ecoles chrétiennes penseront à Saint-Sauveur si leur œuvre de Sorel ne se maintient pas. Pour plus de sûreté, il intervient directement auprès du frère assistant: « Le cher Frère Facile mettait de nouveau le pied dans la ville de Champlain. Confiant dans la sagesse et l'énergie de ce Saint Religieux, nous obtenons une entrevue avec lui. Nous lui exposons de suite les transactions faites entre les chers frères et nous. Il nous dit avec émotion : « coute que coute vous aurez des Frères dès cet automne ». Qui fut dit fut fait ». Cinq frères arrivent donc en septembre 1868. Malgré les graves secousses, qui ébranlent la communauté au courant des années 1870 et dont nous parlerons plus loin, l'école progresse rapidement: en 1876, les frères acceptent d'ouvrir une classe spéciale pour les Irlandais et « une classe commerciale et industrielle d'une trentaine d'élèves seulement, où l'enseignement se fera principalement en anglais. Ladite classe pourra prendre le titre d'Académie, et les enfants, si vous [les commissaires d'écoles] le jugez à propos, pourront être invités à payer une rétribution scolaire supérieure à celle que vous exigez de ceux qui fréquentent les autres classes ». En 1880, la communauté de Saint-Sauveur comprend onze frères qui œuvrent dans neuf classes auprès de 429 élèves.[20]

II — Les communautés de la région de Québec

— *Saint-Thomas de Montmagny*

Dans la région de Québec, les Frères des Ecoles chrétiennes ne tardent pas à sortir de la ville pour se diriger vers la campagne, c'est-à-dire les gros villages où curés et commissions scolaires les appellent. Dès 1849, le frère John the Baptist (Toussaint Dufresne, 1824-1900) — le premier frère d'origine canadienne à devenir directeur — et deux compagnons fondent la communauté de Saint-Thomas de Montmagny; un quatrième frère les rejoint en 1856 pour enseigner l'anglais et, en 1862, « le nombre des élèves s'étant accru considérablement », on fait appel à un cinquième.

On connaît assez peu cette communauté. Un historien de la paroisse de Saint-Thomas de Montmagny résume ainsi son existence: « Par un malentendu regrettable les Frères des écoles Chrétiennes quittent St-Thomas en 1880. Ils y faisaient la classe depuis 1849 à la grande satisfaction de tous les paroissiens et faisaient un bien considérable à leurs enfants. [...] Le départ des Frères fut vivement regretté à St-Thomas ». Il faut

---

[20] *Historique de Saint-Sauveur, Québec, 1865-1925 inclusivement*, AFECR, 456; Frère Herménégilde, *District de Montréal. Saint-Sauveur, Québec*, *ibid.*; Flavien Durocher au Frère Irlide, 18 juillet 1876, *ibid.*; Gaston Carrière, *Histoire documentaire de la Congrégation des Missionnaires Oblats de Marie-Immaculée dans l'Est du Canada*, 2ᵉ partie: *Dans la seconde moitié du XIXᵉ siècle (1861-1900)*, T. VI, Ottawa, Ed. de l'Université d'Ottawa, 1967, pp. 107-113.

nuancer ces propos. En 1858, les frères font face à des troubles mystérieux : « en Septembre, dans l'espace d'une quinzaine de jours, trois tentatives d'incendie sont faites par quelqu'un qu'on n'a jamais pu connaître, malgré les cent piastres offertes par le Gouvernement à celui qui en pourrait découvrir l'auteur ». L'année suivante, le curé de la paroisse, qui avait lui-même fait venir les frères, se permet « quelques paroles déplacées et d'une assez grande importance », ce qui incite le frère Facile à « se rendre de Montréal à St. Thomas pour connaître lui-même les sentiments de M. [Jean-Louis] Beaubien, Curé. Ce Monsieur ayant retiré ses paroles, le frère Visiteur consent à laisser les frères de l'établissement qu'il allait fermer immédiatement ». La question du traitement des frères cause aussi certaines tensions. Enfin, en 1873, vu l'état de vétusté de leur maison, le frère directeur et le frère visiteur demandent des réparations considérables ; devant le refus de la Commission scolaire, ils annoncent que les frères quitteront la paroisse à la fin de l'année scolaire. « Ces Messieurs étaient loin de s'attendre à une telle détermination de la part des frères. Ils revinrent alors sur leur décision et accordèrent, non pas les réparations demandées, mais une augmentation assez considérable ; c'est-à-dire une allonge de 27 pieds et un étage de 97 pieds de long ». Mais, d'ajouter l'*Historique*, « il faut dire aussi que les commissaires y trouvaient leur avantage, car Mr. le Curé s'est chargé de la plus grande partie des dépenses nécessaires à cette augmentation ». La même année, le directeur Theodorus of Milan (Théophile Marcoux, 1846-1919) négocie l'ouverture d'un pensionnat à des conditions si désavantageuses qu'elles entraîneront la fermeture de la maison en 1880.[21]

---

[21] Casault, *Saint-Thomas de Montmagny*, p. 258 ; *Abrégé de l'Historique de la Communauté de St-Thomas, Canada*, AFECR, 459 ; Frère Herménégilde, *Registre contenant l'historique d'un bon nombre de Maisons fermées d'Amérique et des indications sur d'autres*, ibid., 400.

— *Saint-Louis de Kamouraska*

La communauté de Saint-Louis de Kamouraska connaît une existence plus courte et mouvementée. En 1850, cette paroisse a perdu tout espoir d'avoir un collège classique — Saint-Anne-de-la-Pocatière l'a obtenu — et elle se rabat sur une école de frères : trois d'entre eux, sous la direction de frère Domitian (Clément Pépin, 1823-1890), viennent y ouvrir l'école pour les garçons dans une grande maison de pierre qui a servi longtemps de presbytère. Les deux classes qu'ils ouvrent comptent 90 élèves ; « cette école est paroissiale et dépend des commissaires d'écoles ». « Deux ans après une espèce de Caméristat est établi en faveur des paroisses environnantes ; ils couchent et mangent dans la Communauté ; mais ils ne sont pas sous le contrôle de M.M. les Commissaires d'Ecoles. Ils paient une piastre (un dollar) par mois. Ce Caméristat ne dure que pendant sept ou huit mois ».

C'est un incendie qui y met fin, le 31 mars 1853. Les témoignages sur l'origine du sinistre ne sont pas très clairs. D'après un ancien de la paroisse, le feu prend à cause de l'imprudence du frère cuisinier « qui aurait mis dans le poêle un morceau de bois trop long. La porte du poêle étant restée entr'ouverte, le feu s'est communiqué au plancher puis à toute la bâtisse ». Le frère Herménégilde apporte les précisions suivantes :

> Un Jeudi, jour de congé, pendant que les frères sont à la promenade, deux élèves sont chargés de laver le plancher du haut ; afin de les obliger de rester et faire cet ouvrage fort ordinaire dans les familles, on les ferme à clef. Pendant leur travail le feu prend dans le bas ; c'est pendant l'hiver temps où les poêles sont constamment allumés ; les enfants ne s'aperçoivent du feu que lorsqu'il a gagné l'étage supérieur et qu'ils sont dans l'impossibilité de descendre.
> Le Sacristain et quelques voisins éloignés ne s'aperçoivent que fort tard de l'incendie et croient à la présence des frères dans leur maison. Ils ne croient pas devoir avertir les frères. Mais

les enfants crient, appellent au secours et finissent par obtenir une échelle par laquelle ils descendent.
Les gens accourus enfoncent les portes et occasionnent des courants d'air qui activent la flamme et fondent les vitres des croisées....
Les frères, en revenant, entendent le tocsin ne pensant point que c'est pour leur maison. Le frère Directeur avec une voiture prend les devants et court au magot.... Inutilement car sa vie est en danger. On l'en empêche heureusement pour lui... mais rien n'est sauvé ; tout devient la proie des flammes.

Toutes sortes de rumeurs courent dans la paroisse, en partie dues à une maladresse du frère directeur : « Un soir, à souper, sans nulle intention mauvaise, le frère Domitian, Dr, a l'imprudence de dire : « Si cette barraque pouvait brûler ! » Les gens l'ont su, interprété et répété ce qui a fait supposer que les frères avaient eux-mêmes mis le feu à la maison ».

Quoi qu'il en soit, on doit déménager les classes dans un couvent en construction, puis dans la sacristie et enfin dans une maison qui avait servi d'école pour les filles. « Monsieur le Curé [Nicolas-Tolentin] Hébert, se montre on ne peut mieux envers les frères (M. Hébert succéda à Mr. [Joseph-Honoré] Routhier) et les gens se montrent bienveillants, généreux de toutes les manières ; ils pourvoient à tous les besoins des frères ». Ceux-ci peuvent occuper la nouvelle école à la fin de février 1857, mais ils quittent subitement Kamouraska le 8 avril suivant. L'abbé Alexandre Paradis, historien de la paroisse, avance les motifs suivants : « état pitoyable de la nouvelle maison, critique de la part de certains citoyens contre l'école, accusations non fondées faites par des particuliers auprès des supérieurs de la communauté ». Dans les *Maisons de l'Institut*, on note : « Supprimé le 8 avril 1857, pour cause de mésintelligence entre Mr le Curé et les habitants provenant des élections, un parti considérant les frères comme les hommes du Curé : il y avait trop peu d'enfants, on profita de l'occasion pour se retirer honnêtement » ; on ajoute aussi : « les frères n'avaient pas le nécessaire pour vivre ». On peut dire, cependant, que, pour une bonne part, cet établissement a été la victime des légendaires rivalités entre les Rouges et les Bleus de Kamouraska.[22]

— *Notre-Dame de Lévis*

La communauté de Notre-Dame de Lévis est l'exemple classique d'une institution créée dans l'ambiguïté et bientôt victime de cet état de choses. En 1853, à l'instigation du curé Joseph-D. Déziel, les frères y déménagent leur pensionnat des Glacis et ouvrent un collège d'enseignement supérieur. Le premier prospectus présente ainsi l'établissement :

> Cette nouvelle institution, qui doit ouvrir des classes régulières au 15 de septembre prochain [1853], sera conduite par les Frères des Ecoles chrétiennes, et a pour objet de former la jeunesse qui lui sera confiée aux divers besoins de la vie agricole, commerciale et industrielle.
> [...]
> 9. Outre les matières d'enseignement qui formeront le cours élémentaire dans les deux langues anglaise et française, il y aura un cours supérieur où seront enseignées les mathématiques, la tenue des livres, l'agriculture raisonnée, des notions générales sur les divers genres d'industrie, l'exercice de la composition dans les deux langues française et anglaise, l'histoire générale, les parties les plus usuelles de l'histoire naturelle, les notions pratiques sur l'astronomie de même que sur la navigation et l'arpentage.

Cependant, comme plusieurs de ses confrères qui ouvrent des collèges industriels et commerciaux pour les muer plus tard en collèges classiques, le curé Déziel lorgne vers l'enseignement

---

[22] « Ecole des FRERES à Kamouraska », AFECQ, *Saint-Louis de Kamouraska*, A-1 ; Alexandre Paradis, *Kamouraska (1674-1948)*, pp. 196-198 ; Frère Herménégilde, *Registre contenant l'historique d'un bon nombre de Maisons fermées d'Amérique...*, AFECR, 400.

du latin. « Quelles intentions avaient les fondateurs du Collège de Lévis en le fondant ? » se demande-t-il en 1879. Il répond : « Notre intention a été sans doute d'avoir un cours commercial, mais en second lieu un cours classique, lorsque l'augmentation de la population l'exigerait ». Il y fait une lointaine allusion dans une annonce publiée dans les journaux, en novembre 1853 : « Les enfants que les parents destinent aux classiques pourraient y passer avantageusement leurs premières années. Ces jeunes élèves formés de bonne heure à une exacte discipline, accoutumés dès leur enfance au régime et au travail d'une maison d'éducation et ayant surmonté les premières difficultés de l'étude y réussissent facilement dans un enseignement plus élevé ».

Le curé souhaite d'abord confier la direction de la nouvelle maison au clergé séculier, mais le coadjuteur Baillargeon ne peut lui fournir de prêtres et lui conseille d'appeler les Frères des Ecoles chrétiennes. C'est ce qu'il fait en 1853, non sans avoir contacté, sans succès, les jésuites et les clercs de Saint-Viateur...

Sous la conduite du frère Herménégilde, l'unique directeur de sa courte histoire, l'établissement commence sous de bons augures : dès l'ouverture, 105 élèves — 22 pensionnaires et 83 externes — se présentent et sont répartis en trois classes ; mais ce nombre augmente régulièrement et, en décembre, il faut ouvrir une quatrième classe. Assez rapidement, le collège atteint 300 élèves dont une centaine de pensionnaires. On ouvre même une classe primaire du 1er juin 1854 au 24 juillet 1855 : « L'Instituteur de l'arrondissement ayant quitté l'enseignement, les Commissaires, par l'entremise de Mr. le Curé, demandèrent que leur école fût confiée aux Frères. Ceux-ci, pour faire plaisir à Mr. Déziel et faire un essai, consentirent à s'en charger moyennant cinquante Louis par année. Elle fut ouverte au 1er Juin 1854 et, bien que dans le Collège, elle n'en fit point partie ; elle fut tout à la fois la classe d'arrondissement et la classe gratuite que les Frères sont obligés de donner aux enfants pauvres ».

Des murmures contre les frères s'élèvent dès 1854. Ils demandent aux externes une minime somme pour le chauffage d'hiver et les gens protestent parce que cette exigence n'apparaît pas dans les conventions. L'intervention du curé en faveur des frères met fin aux objections, mais huit élèves quittent le collège et une faction de mécontents se forme. Bientôt commence aussi un débat à propos de l'enseignement du latin et du grec. Un bon nombre de finissants de Lévis s'inscrivent au cours classique du Séminaire de Québec. « Ils y perdirent leur temps, assure le curé Déziel, et s'accoutumèrent à la paresse, car, d'après l'aveu d'un des directeurs du Séminaire, ils savaient le français et les autres matières, à part le latin et le grec, aussi bien que leurs élèves de Belles-Lettres ». Et pourtant, on les place en classe de septième ! Dans ces conditions, les parents croient plus logique et plus rentable de faire commencer le cours classique directement au Séminaire de Québec. Résultat : le nombre des pensionnaires baisse jusqu'à 24 et l'institution n'est plus rentable. Québec suggère de faire du collège une espèce de succursale du Séminaire : « établir une couple d'années de latin afin de préparer ces élèves à entrer en 3e ou en Belles-Lettres ». Cette solution sied bien au curé et à plusieurs familles. « A cet effet, une demande en bonne et due forme est adressée aux Frères lesquels croient possible d'établir dans leur Maison l'enseignement du latin donné par un Maître ou Professeur étranger à leur congrégation ». Ils se basent sur une expérience déjà faite à Paris et sont si sûrs de l'acceptation des autorités lasalliennes centrales qu'ils annoncent l'ouverture du nouveau cours pour septembre 1856 : « Afin que les jeunes gens qui fréquenteront cet établissement, et qu'on destine aux classiques, puissent sans aucune interruption préjudiciable, continuer leurs études dans les maisons à haute éducation et aussi afin qu'en cas d'insuccès ou de dégoût dans les classiques ils aient la ressource d'une éducation industrielle et commerciale, il a été reconnu nécessaire d'y établir un cour de grec et de latin conduisant jusqu'à la Réthorique [*sic*]». Mais la réponse du Régime tombe comme une bombe :

> Nous avons bien pesé votre raisonnement sur l'étude du latin dans votre établissement et, tout considéré, le T[rès] H[onoré] et Son conseil sont d'avis qu'absolument nous ne pouvons tolérer que les Frères entrent dans l'affaire de l'étude du latin : nous préférerions nous retirer d'un établissement.
>
> A Paris un Professeur vient prendre des enfants dans l'établissement, les mène chez lui pour des leçons et les ramène ; c'est un essai qu'on a fait pour plaire à certaines familles ; mais nous en avons assez appris pour cesser cette manière au premier jour.

Le frère Herménégilde ne peut qu'obtempérer et en annoncer la nouvelle aux autorités lévisiennes. Cette décision et le renvoi de quelques élèves déclenchent une campagne contre les frères, « prétexte aux ennemis du collège pour renouveler leurs machinations contre le collège. A cet effet une requête fut formulée dans le but d'obtenir le consentement de la Paroisse au renvoi des Frères et à leur remplacement par des Prêtres que les membres de la Commission Archiépiscopale, auxquels devait être adressée la requête, devaient ou demander à Mgr. l'archevêque de Québec ou faire venir de France ». Une fois de plus, le curé Déziel intervient et fait échouer la manœuvre, mais les jeux sont faits : le nombre des élèves et surtout des pensionnaires diminue et les frères songent à se départir du collège. Ils l'offrent au gouvernement pour y installer l'école normale de Québec, mais le curé et l'archevêque font échouer le projet. De guerre lasse, « le F. Visiteur comprit que l'établissement malgré les efforts et les succès des Frères allait toujours en déclinant et qu'il était loin d'être encouragé » et il décide d'abandonner le collège et d'entreprendre des pourparlers de règlement avec le curé Déziel. Les frères quittent Lévis le 23 juillet 1860. Et le frère Herménégilde de conclure dans l'*Historique* de la communauté : « Le nombre des élèves diminuant de plus en plus dans cet établissement les Frères s'aperçurent que la cause était que M.M. les Curés ne conseillaient plus aux parents d'y mettre leurs enfants parce qu'on n'y enseignait pas le latin. Le frère Visiteur s'occupa de retirer les frères ; il en prévint l'Archevêque de Québec dans le courant de l'année 1859. Le retrait des frères fut conclu pour la fin de l'année scolaire 1860. Tout ce qui appartenait aux frères leur a été rendu et cet établissement a été confié à des Ecclésiastiques ». Un document, intitulé *Maisons de l'Institut*, précise, pour sa part : « Supprimé le 23 Juill. 1860. Le nombre des pensionnaires étant trop petit pour soutenir l'Etablissement et le Séminaire de Québec voulant en faire une succursale pour ses plus faibles élèves ».

En annonçant au frère assistant que « tout est terminé à la Pointe Lévi », le frère Herménégilde ajoute : « Ci joint un extrait de journal qui vous mettra à même de voir ce qu'on voulait et ce qu'on a au *Collège* de la Pointe-Lévi » ; ce texte dit : le Collège de Notre-Dame de la Victoire de Lévis « est maintenant sous la direction des MESSIEURS du SEMINAIRE de QUEBEC [...] Les élèves de ce cours [supérieur] qui voudront faire des études classiques recevront chaque jour des leçons de LATIN de manière à pouvoir entrer en QUATRIEME à la fin du cours ». Les frères quittent Lévis en très bons termes avec le curé, qui « à la tête des principaux de sa paroisse, est venu, avant notre départ, nous présenter cette adresse [incluse] signée par les amis de la Cté. et nous témoigner bien sincèrement ses regrets et ceux de bien d'autres », mais l'aventure de Lévis sera longtemps citée comme un exemple à ne pas suivre.[23]

Pendant le peu de temps où il demeure à Lévis, le frère Herménégilde se gagne la confiance et l'admiration de centaines d'élèves, dont plusieurs futurs notables comme le sénateur

---

[23] J. D. Déziel, *Collège de Notre-Dame de Lévi. Prospectus*, août 1853, AFECR, 453 ; *Collège de Notre-Dame de la Victoire*, 17 nov. 1853, *ibid.* ; Déziel à C.-F. Cazeau, 9 janv. 1879, ACL, Fonds Déziel, 8 ; Frère Herménégilde, *Registre contenant l'historique d'un bon nombre de Maisons fermées d'Amérique...*, AFECR, 400 ; *Maisons de l'Institut*, AFECR, NA 100a-2 ; Frère Herménégilde au Frère Anthelme, 16 août 1860, *ibid.*, 453.

Louis-Philippe Landry, l'homme de lettres Napoléon Legendre et surtout le poète Louis Fréchette. Ce dernier manifestera toujours une profonde gratitude aux frères et les citera souvent en exemple dans ses polémiques avec certains professeurs des collèges classiques. En 1889, il publie, dans l'*Electeur*, des souvenirs de ses premiers maîtres : « Je me reporte, dit-il, au temps où j'étais élève des chers frères. Non seulement je dois aux frères des Ecoles chrétiennes ce que j'ai appris d'eux, mais encore ce que j'ai appris ailleurs ; car sans leur désintéressement je n'aurais vraisemblablement feuilleté que des livres élémentaires ». La même année, il dédie au frère Herménégilde, son « ancien professeur et directeur », un poème lyrique intitulé : « Jean-Baptiste de La Salle, fondateur des Ecoles chrétiennes ». En 1903, à l'occasion des fêtes du cinquantenaire de la fondation du Collège de Lévis, il fait lecture d'une ode qui contient ces quatrains :

> Et gloire à vous aussi, vous que La Salle envoie,
> Porter au bout du monde un zèle sans rival ;
> Qui, dans ce jour béni, nous valez cette joie,
> De marier son nom à celui de Laval.
>
> Et qu'il ait avant tout sa large part de gloire,
> Celui qui fit fleurir les premiers fruits semés,
> Au frère Herménégilde, à sa noble mémoire,
> L'hommage ému des cœurs que son cœur a formés.

Enfin, ultime hommage aux frères, Louis Fréchette demande dans son testament : « Je désire mourir dans la religion de mes pères, confiant dans la miséricorde divine, et que mon corps soit inhumé dans le cimetière de Montréal sous le nom de « cimetière de la Côte-des-Neiges », dans mon terrain de famille, à côté des restes de mon fils Louis-Joseph, après un service modeste dans la chapelle du Mont-Saint-Louis, si toutefois, comme la chose m'a été promise par le directeur actuel de l'établissement, les bons frères des Ecoles chrétiennes veulent bien m'accorder cette faveur en mémoire des affectueuses relations qui ont toujours existé entre eux et moi ».[24]

— *L'Islet*

Le pensionnat Saint-François-Xavier de L'Islet, ouvert lui aussi en 1853, s'adresse à toute la population de la Côte-du-Sud. Appelés par le curé François-Xavier Delage et les commissaires d'écoles, les frères Alexander of Jesus (Pierre Delorme, 1827-1862), directeur, Ezechiel (Edouard Mercier, 1821-1864) et Adelard (Frédéric Boyer, 1834-1853) fondent une école, qui compte, en janvier 1854, deux classes de 46 et 68 élèves. En septembre 1855, « un demi pensionnat est établi en faveur des enfants éloignés lesquels ne peuvent que difficilement trouver de bonnes maisons dans le village où ils pourront être en famille, surveillés et à l'abri [*sic*] de bien des dangers ». On ouvre presque immédiatement le pensionnat.

Le succès se fait attendre. En 1856, « l'établissement est peu prospère ; on parle même de congédier les frères, etc. » En 1858 et 1859, il n'y a encore que dix et huit pensionnaires. Ils sont trente en 1861, mais seulement vingt-deux l'année suivante. Ce n'est qu'en 1863 que le nombre de pensionnaires (et aussi d'externes) augmente pour la peine : il oscille désormais entre 50 et 70. Ce qui exige la venue de deux nouveaux frères et l'aménagement de nouveaux locaux. L'école prend le titre d'Académie en 1871 et de Collège industriel en 1873. Dès ce moment, limités par la faible densité du bassin de population, les frères essaient d'augmenter leur clientèle en offrant des cours d'arpentage et de télégraphie. En 1880, sept frères œuvrent dans qua-

---

[24] Lucien Serre, *Louis Fréchette, Notes pour servir à la Biographie du Poète*, Montréal, Frères des Ecoles chrétiennes, 1942, pp. 213-225.

tre classes regroupant 125 élèves ; il n'y a que 35 pensionnaires.[25]

— Sainte-Marie de Beauce

L'*Historique* de la communauté de Sainte-Marie de Beauce résume en peu de mots les étapes de sa fondation : « Ce bel établissement [le Collège] est dû au Révérend Messire Louis Proulx, curé de cette paroisse ; il a sollicité pendant trois ans des Frères. Enfin, le C. F. Facile, provincial, a accédé à sa demande, et, le 18 septembre 1855, trois Frères, les FF. Dioclétien [Diocletian, Hubert Doré, 1834-s1859], Islard [Nazaire Demers, 1832-s1857] et Berochus [Augustin Hurtubise, 1835-1861], sont venus commencer l'établissement, qui a été ouvert le 24 du même mois ». Le curé Proulx est, en effet, l'âme dirigeante du projet. Arrivé à Sainte-Marie de Beauce en 1851, dans des circonstances qui lui font considérer sa nouvelle paroisse comme une « colonie pénitentiaire », il s'occupe prioritairement de l'éducation des garçons. Dès l'automne 1852, il expose ses objectifs au surintendant de l'Instruction publique :

> Pour amener la population si nombreuse de cette partie du pays à un degré de civilisation qui l'égale aux autres [...], il faut frapper ses sens, lui mettre devant les yeux une école vraiment modèle et indépendante de ses caprices, bien que soumise à la surveillance de la loi, une école gratuite, enfin une école des *Frères de la doctrine Chrétienne*. [...]
> L'école de notre grand village, qu'on qualifie d'école modèle, n'est fréquentée que par 32 élèves, pendant que le couvent est fréquenté par 80 filles qui reçoivent une éducation beaucoup plus solide et plus variée. Une école de Frères réunirait la première année 100 enfants et 150 la seconde année. A Sainte-

---

[25] *Historique de la maison de l'Islet, 1853*, AFECQ, *L'Islet*, A-1 ; *Pensionnat Saint-François-Xavier, L'Islet, Dirigé par Les Frères des Ecoles Chrétiennes, ibid.* ; *Historique de la maison de L'Islet. Province de Québec. Canada. 1853*, AFECR, 442 ; Frère Herménégilde, *District de Montréal. Communauté de L'Islet, ibid.*

Marie, qui est le centre d'un immense cercle de population, aidé d'un bon nombre de personnes honorables et désintéressées, je pourrais préparer un établissement vaste pour cette fin, en adjoignant à la maison d'école située au milieu de notre village une construction propre à recevoir plusieurs centaines d'enfants [...].

Dans le plan qu'il propose à l'évêque, il dénigre allègrement l'école existante et les petits Beaucerons : « A côté du couvent est une école modèle, payée assez chèrement, tenue par des instituteurs laïcs qui n'ont jamais pu débourrer un seul garçon, et les résultats moraux sont tristes à constater. Il n'y aurait pareillement que des instituteurs religieux qui pourraient débrouiller l'intelligence des jeunes gens de la Beauce ».

Même si les encouragements officiels concrets tardent à venir, le curé, aidé par la Commission scolaire (qu'il préside à partir de 1854), mobilise la paroisse, lance une souscription et obtient des subventions qui lui permettent de construire un collège. Il a de grandes ambitions : « donner à la jeunesse une éducation commerciale et agricole, dans les deux langues » ; bien plus, « le Collège et le Couvent donneront des instituteurs et des institutrices pour ce vaste territoire qui possède d'immenses ressources de prospérité matérielle, et qui, cependant, est le coin le plus obscur du pays ». Il réussit également à s'entendre avec les Frères des Ecoles chrétiennes.

Dès ses débuts en 1855, le collège connaît un bon succès : le nombre des élèves y oscille entre 255 et 90 et celui des pensionnaires, entre 75 et 23. « La maison est grande et belle, dans une belle position, sur un bon sol et avec un grand jardin ». On y ouvre un pensionnat dès la première année, car « les besoins de la localité c'est-à-dire la longueur des hivers, la distance des habitations l'exigent ». En octobre 1861 arrive le frère Hierom (on l'appelle Jérôme) (Honoré Gagnon, 1832-1917), le « plus célèbre Directeur du Collège » : « Aimable, gai, spirituel, autant qu'habile professeur, le frère Jérôme a laissé un souvenir impérissable. Les « Anciens » se rappellent les succès qu'il obtenait dans l'enseignement du français et du plain-chant ».

En 1877, « en reconnaissance du bien que les frères font à leurs enfants depuis plus de vingt ans », les habitants offrent à l'Institut la possession du collège et de ses dépendances, à certaines conditions facilement acceptables. « Le contrat préparé par Maître Théberge, Notaire public de Ste Marie, ancien élève de la maison, ami des frères, porte que tout l'immeuble est donné à perpétuité à l'Institut des Frères des Ecoles Chrétiennes ». Et l'*Historique* d'ajouter : « Cette donation ne plaît pas à Mr [Jean-Thomas-Alfred] Chaperon, Curé de Ste Marie, attendu qu'il désire avoir cette propriété pour y établir plus tard un collège classique en prévision d'un Evêché qu'il espère voir ériger avant bien des années dans le Comté de la Beauce. Mais M.M. les Commissaires rejettent toutes les raisons de leur zélé et intéressé pasteur ; ils concluent unanimement de signer immédiatement, séance tenante, le contrat en faveur des frères. Par là l'Institut devient légitime propriétaire de cet important immeuble ». Les difficultés avec le curé Chaperon atteignent leur sommet et leur règlement, en 1886, quand les frères annoncent leur départ pour septembre et que « les protestations et les supplications des habitants de la Beauce [empêchent] cette mesure fatale ». En 1880, la communauté compte six frères ; il y a, au Collège, trois classes regroupant 114 élèves, dont 44 pensionnaires.[26]

III — Les communautés de Trois-Rivières et des environs

Trois-Rivières demeure longtemps la troisième ville en importance de la vallée du Saint-Laurent. Ce qui lui vaut, avant

---

[26] Honorius Provost, *Sainte-Marie de la Nouvelle-Beauce, Histoire religieuse*, Québec, Société historique de la Chaudière, 1967, pp. 427-437 ; Frère Herménégilde, *District de Montréal. Comté de Ste-Marie, Nouvelle Beauce*, AFECR, 458, *Conditions de la donation de l'établissement faite aux Frères*, ibid.

1760, une école pour garçons et, après la Conquête, la fondation d'une Société d'éducation qui met une école en construction en 1829. C'est la seule qui existe jusqu'en 1844.

En octobre de cette année-là, sous les instances du grand vicaire (et futur évêque) Thomas Cooke, trois frères : Gélisaire (Jean Baptiste Guyot, 1811-1853), directeur, Basil (Gabriel Labonté, 1829-s1848) et Luke (Simon Edge, 1827-s1854) viennent s'établir à Trois-Rivières. La fabrique, la Société d'éducation, plus tard la Commission scolaire, les parents (souscriptions et bazars) s'unissent pour loger et entretenir la communauté qui augmente rapidement en nombre à cause du succès instantané de son enseignement. Dès le jour de l'ouverture, 280 élèves se présentent ; le curé ne peut cacher son enthousiasme : « L'Ecole est en pleine operation et la ville s'estime heureuse de posseder un établissement de cette nature. [...] les chers frères se rendent aimables, on ne peut plus. Ils attirent toute la population enfantine. Nos rues sont vides ; les enfans passeroient volontiers leur vie avec les chers frères. Il n'y a pas encore trois mois que l'école est ouverte et déjà on ne reconnaît plus les enfans, tant ils sont changés : ils sont devenus pacifiques, pieux, amateurs de l'étude. Si ce zele continue, nous pouvons attendre une réforme totale et nous la devrons à votre Institut, imaginé avec tant de sagesse et conduit avec tant de prudence ». En 1845, il faut faire venir deux nouveaux frères pour tenir deux classes anglaises. La même année, l'abbé Cooke demande la permission d'ouvrir une école du soir pour les adultes : « Cette jeunesse porte envie aux avantages dont jouissent les enfans d'aujourd'hui et regrette presque d'être née si tôt. Ne trouveriez vous pas, Cher frère [supérieur], dans votre charité, le moyen de suppléer à ce défaut d'éducation chez notre jeunesse ou plutôt refuseriez vous d'approuver pour nous celui qui, par le zele de vos chers frères, est déjà tout trouvé ? l'établissement en cette ville d'une école du soir ». Les frères visiteur et directeur appuient cette demande qu'ils considèrent facile à remplir : il suffirait « qu'à la place d'un petit fr. insignifiant, nommé fr. Cyrille [Cyril,

François Therrien, 1826-s1856] on lui [au Frère Gélisaire] en donnât un autre plus capable pour l'âge, l'apparence et peut-être pour le savoir ». La permission ne tarde pas et on ouvre l'école du soir en janvier 1846.

Malgré leur succès initial, les frères connaissent certains problèmes pédagogiques jusqu'en 1850. On les règle pour le mieux et l'expansion de l'établissement reprend de plus belle. En 1861, on ouvre un pensionnat qui fonctionne très bien; dès la fin du premier mois, « il compte trente élèves payant une piastre par mois. Ce nombre paraît d'autant plus surprenant que, l'automne précédent, le nouveau Collège de Trois-Rivières a été ouvert, et que la rétribution mensuelle pour ses cours, y compris le latin, n'est que d'une piastre seulement pour les externes ». En 1874, la communauté prend charge d'une nouvelle école, Saint-Philippe, qui est remplie sitôt ouverte : « On reçoit, le premier jour, 170 enfants, et l'on est forcé d'ajourner ceux qui se présentent après ». Les frères et la population du quartier interviennent auprès des commissaires d'écoles qui, malgré leurs difficultés financières, acceptent d'agrandir l'école. En septembre 1875, Saint-Philippe possède donc quatre classes. En 1880, la communauté de Trois-Rivières compte 14 frères et 10 classes, avec 400 élèves dont 52 pensionnaires.[27]

— *Yamachiche*

En plus de la ville elle-même, quelques paroisses de la région de Trois-Rivières obtiennent la venue des Frères des Ecoles chrétiennes. A Sainte-Anne d'Yamachiche, la communauté

---

[27] Frère Herménégilde, *District de Montréal. Communauté de Trois-Rivières*, AFECR, 436 ; Thomas Cooke au Frère Supérieur, 21 déc. 1844, *ibid.* ; le même au même, 8 sept. 1845, *ibid.* ; *Un siècle au service de la jeunesse trifluvienne, 1844-1944*, Trois-Rivières, 1944, pp. 8-10.

prend la relève d'une longue succession d'instituteurs laïques et occupe une école construite par les soins du curé Sévère Dumoulin. Deux frères — Leo (Louis Miller, 1831-1907), directeur, et Bronius (Joseph Bérubé, 1820-s1861) — arrivent le 24 août 1853; ils font sensation: « Toute la population était au quai de la Grande-Rivière pour leur souhaiter la bienvenue. C'étaient deux hommes grands de taille, vêtus d'une ample soutane noire, fermée au cou par un rabat blanc, à la façon des « gens de robe et d'église »; ils étaient coiffés d'un large tricorne, également noir. [...] Après une halte à l'église paroissiale, ils furent conduits processionnellement à leur demeure, sous la présidence de M. l'abbé Pierre Roy, vicaire [l'abbé Dumoulin est décédé le 27 juillet précédent]. Une joyeuse fanfare ouvrait la marche pendant que le corps des miliciens faisait retentir les airs de bruyantes salves de mousqueterie ». Les frères étaient attendus, c'est le moins qu'on puisse dire!

L'Académie de garçons du village d'Yamachiche — plus tard, l'Académie commerciale Sainte-Anne — reçoit d'abord une centaine d'écoliers, chiffre qui monte assez rapidement à 140-150, puis à près de 200 dans les années 1870; plusieurs d'entre eux, environ 40 %, sont pensionnaires. Le 24 décembre 1872, « pendant que tout le monde, frères et élèves, assiste à la messe de minuit [certains historiens parlent de l'après-midi] le feu prend à la maison et la détruit entièrement. [...] rien n'a pu être sauvé des flammes. Historique, livres de comptes etc tout a disparu ». Grâce à la générosité de la population, on construit immédiatement un nouvel édifice, inauguré dès l'automne 1873. En 1880, la communauté compte 6 frères à la tête de 3 classes et 188 élèves, dont 92 pensionnaires.[28]

---

[28] Frère Herménégilde, *Yamachiche. District de Montréal*, AFECR, 463; *Historique de l'Ecole des Frères d'Yamachiche, Province de Québec, comté de Saint-Maurice, Canada*, ibid.; J.-Alide Pellerin, *Yamachiche et son histoire, 1672-1978*, Trois-Rivières, Ed. du Bien Public, 1980, pp. 369-377.

— *La Baie-du-Febvre et Saint-Grégoire*

Sur la rive sud du Saint-Laurent, dans ce qui deviendra le diocèse de Nicolet en 1885, la communauté de la Baie-du-Febvre prend naissance en 1876, grâce à la générosité exceptionnelle du curé Didier Paradis. Trois frères, sous la direction du frère Théodulf (Charles Lanctôt, 1844-1917), ouvrent une école et un internat, qu'il faut agrandir immédiatement devant le succès rapide de l'établissement. En 1880, la communauté compte 6 frères, 2 classes, 174 élèves, dont 64 pensionnaires.[29] En 1879, le frère Hieronymus (Louis Ouellet, 1839-1902), directeur, et trois collègues prennent charge de l'école de Saint-Grégoire. Ils répondent ainsi aux instances réitérées des divers curés depuis 1855 ; au dire de l'*Historique*, la nouvelle fondation devient, comme Yamachiche et Sainte-Marie de Beauce, une pépinière « de sujets pour le Canada ». Dès l'année 1879-1880, les quatre frères dirigent deux classes regroupant 121 élèves, dont 40 demi-pensionnaires.[30]

IV — Les communautés de la région de Montréal

Pour les sulpiciens, nous l'avons vu, la grande priorité demeure l'organisation des écoles dans Montréal même et dans leurs seigneuries ; appelés et soutenus financièrement par eux, les frères se conforment d'abord à ce plan et desservent la ville avant de se répandre dans d'autres localités du diocèse de Montréal.

---

[29] Frère Herménégilde, *District de Montréal. Maison de la Baie du Febvre*, AFECR, 442 ; *Historique de l'établissement des Frères des É. C. de la Baie-du-Febvre, Comté d'Yamaska, P. Québec*, ibid.

[30] Frère Herménégilde, *District de Montréal. Maison de St-Grégoire*, 8 p., AFECR, 458.

— *Beauharnois*

Saint-Clément de Beauharnois est la première de ces paroisses à recevoir une réponse positive à sa demande. En 1847, les commissaires d'écoles songent à ouvrir une école modèle et achètent l'ancienne chapelle « pour être un collège » ; ils y font d'amples réparations et améliorations. Les frères acceptent de prendre charge de ce nouvel établissement et, en juillet 1849, le frère Adelbertus, directeur, et deux collègues arrivent sur les lieux. Pendant la première année, ils enseignent à une centaine d'élèves, dont 17 pensionnaires « pour coucher seulement ». Les tracasseries commencent dès la deuxième année : la mort d'un pensionnaire entraîne le départ de la moitié des autres ; des difficultés s'élèvent avec le curé Louis-David Charland « au sujet de quelques branches d'Instruction qu'il souhaitait que nous enseignions » ; « les élèves étaient passablement indisposés contre le cher frère de la Grand'Classe, Adelbertus » ; comble de malheurs, en novembre 1852, « le c. fr. Reynold [John Dubois, 1835-s1855] attaqué d'épilepsie, tomba dans la classe, vers 10 hres, les enfants effrayés sautaient par les fenêtres et une partie courut à la classe française ». Bref, un parti se forme contre les frères et reçoit l'appui de l'inspecteur d'écoles. Mgr Bourget intervient à l'occasion de sa visite pastorale du mois d'août 1853 : « Après la messe, Mgr fit un sermon dans lequel il manifesta son mécontentement de ce qui s'était passé à l'égard des C. frères et déclara qu'il emploierait toute son autorité pour les empêcher de partir ce qui mortifia beaucoup l'opposition ». Les commissaires passent outre et décident de les renvoyer, mais l'évêque de Montréal met son veto ; le curé lui-même ordonne aux frères de ne pas sortir de l'école. La Commission scolaire revient finalement sur sa décision et la paix se rétablit graduellement. Pas pour longtemps, puisque, en 1856, à cause d'une question d'arrérages dans le paiement des traitements, « quelques jours avant les vacances, les Frères furent rappelés à Montréal et l'établissement fut fermé ; Mais Mgr. Ig. Bourget ne voulut consentir à laisser partir les Frères et il engagea le très-cher frère Visiteur

Facile à réouvrir cette maison ». Un *modus vivendi* s'établit, qui permet d'éviter les crises graves. En 1861, les commissaires du recensement décennal peuvent écrire: « aujourd'hui, il y a 275 élèves dont 120 pensionnaires et demi-pensionnaires et sept Frères. L'enseignement y est donné en français et en anglais, et comprend toutes les branches d'instruction nécessaires à une bonne éducation commerciale et industrielle ». Ce succès ne se dément pas dans les années qui suivent, mais il n'empêche pas le départ de la communauté en 1881.[31]

— *Sorel*

Etablie elle aussi en 1849, avec trois frères sous la direction du frère Rephaire (Jean-Louis Chataignier, 1820-1867), la communauté de Sorel connaît bientôt son cortège de contrariétés. Tout commence, cependant, sous de bons augures, avec une clientèle plus nombreuse que prévue et des gestes bienveillants des commissaires d'écoles. Tant et si bien qu'« à son tour [le directeur] veut se montrer généreux en offrant d'ouvrir les classes le 26 de ce mois d'Août [au lieu du 1er septembre] ce qui est accepté » ! Le 17 octobre 1849, il peut écrire: « Par les soins de ladite Assemblée [des commissaires], la Ville a vu s'élever une Ecole Modèle qui d'abord ne comptant que 80 élèves, divisés en deux classes, s'est bientôt vue avec 180 et à [*sic*] obligé les frères à faire la demande d'une 3e classe, qui, à son tour se voit trop nombreuse (95 élèves) pour pouvoir opérer le bien. Le frère employé à la 3e classe a été demandé pour les pensionnaires, mais le besoin urgent a forcé le Directeur à le placer dans cette classe ». Il demande donc et obtient un quatrième et un cinquième frère.

---

[31] *Etablissement des Frères des Ecoles chrétiennes de Beauharnois*, AFECR, 440; Extrait de Augustin Leduc, *Fêtes du centenaire, Paroisse Saint-Clément, Beauharnois, 1819-1919*, pp. 107-110, AFECM, T34C2-4.

Vers le même temps s'élèvent quelques fausses notes dans le concert de louanges. A la séance de la Commission scolaire du 17 octobre 1849, « un Irlandais Instituteur qui désire faire l'école anglaise chez les frères et sous leur direction » avance que ceux-ci « ne font pas progresser les élèves dans la langue anglaise etc. etc. [...] Un Commissaire Irlandais demande une classe ou l'enseignement soit tout en anglais. On lui objecte que cette classe purement anglaise n'aurait que cinq ou six élèves ; qu'elle serait une charge pour l'établissement et qu'en outre, dans toutes les classes, l'enseignement se fait en Anglais et en français seul moyen d'être impartial et de satisfaire tout le monde ». On demande aux frères de continuer comme auparavant, mais l'habitude se prend de surveiller de près leur enseignement.

Au mois de novembre suivant, le directeur se plaint de ne pas avoir « encore reçu un seul sou de nos Commissaires », alors qu'ils « exigent avec rigueur et la cotisation et la taxe » et que « nos écoles ne sont nullement gratuites » ; bien plus, assure-t-il, « tout Sorel est en rumeur. On se plaint que la taxe est trop lourde ; on se dépite et on menace d'une révolte ». Mais, s'empresse-t-il d'ajouter, « tout le monde est content [de nous] et surtout les enfants et leurs parents ». Le pensionnat connaît également certaines vicissitudes et il ferme deux fois en trois ans.

La première difficulté majeure survient en juin 1851. Dans un projet d'engagement pour l'année suivante, les commissaires « font paraître leur mécontentement, leurs sentiments hostiles à l'enseignement religieux dans les classes jusqu'à prétendre le réduire à la plus simple expression ». Comme cette manoeuvre touche le coeur même de la pédagogie lasallienne, la réaction ne se fait pas attendre : le frère visiteur envoie immédiatement le frère Turibe (Cyprien Pommier, 1812-1884) pour « en finir avec ces Messieurs. Il leur met la Conduite des Ecoles en mains ; leur demande *Si les frères peuvent venir au milieu d'eux avec leurs usages : Oui ou Non ?* » Les commissaires promettent finalement « de passer un écrit reconnaissant les frères pour enseigner dans leur ville SELON LEURS REGLES ». Même s'ils tardent à le rédiger, la bonne entente revient provisoirement. A partir de 1854, la situation se détériore sensiblement : insalubrité de la maison que le directeur corrige aux frais de la communauté, double vol dans la résidence, mort d'un frère victime de la petite vérole... En décembre 1856 : premier affrontement avec le président de la Commission scolaire ; puni pour n'avoir pas su sa leçon, son fils « s'échappe, ne revient que le lendemain, refuse d'être puni pour le mauvais exemple donné. Se rend à la maison, se plaint à son père qui se rend au presbytère, accuse les frères, menace de fermer immédiatement l'école ». Le directeur entend le curé et le président, réfute toutes les accusations de l'élève et, pour plus de sûreté, va consulter le frère visiteur à Montréal. « A son retour 150 hommes vont trouver le frère Dr pour lui dire qu'on saura mettre le Président à la raison ». Mais, assure l'*Historique*, « toutes les histoires précédentes ont non seulement fatigué les frères mais aussi nui à leur autorité sur leurs élèves, affaibli l'idée avantageuse que les paroisses voisines en avaient ». Le frère Rephaire en fait une dépression : « Le frère Directeur est sous l'impression que tout est contre l'établissement, que tout est perdu [...]. Une retraite de quelques jours qu'il fait faire aux élèves, qui paraissent pénibles, mal disposés, ne lui montre qu'une plaie mal fermée de l'année précédente. Cette situation dure un mois et demi. Un mieux semble apparaître lorsque quelques corrections réveillent le passé, fâchent les parents qui portent leurs plaintes aux Commissaires, lesquels enveniment la plaie au lieu de la guérir, ce qui met le frère Directeur au lit pendant une semaine ». Il n'en réussit pas moins à se ressaisir et, avec l'appui du frère visiteur, du maire et de nombreux parents, à obliger une fois de plus la Commission scolaire à le laisser « diriger son école comme les frères le font partout ailleurs selon leurs Règles, pouvant admettre, refuser, éconduire, excuser, agir avec les parents directement et sans l'intervention des Commissaires ». Pour bien montrer sa bonne volonté, il accepte de transformer son établissement en école supérieure, « à l'instar de celle établie autrefois à Berthier », mais, par malheur, elle ne dure que quelques mois, « et si elle n'a pas été le fouet avec lequel on a déchiré les frères, on peut du moins penser qu'elle a été l'une des causes qui ont accéléré la chute momentanée de l'établissement ».

Celle-ci survient en 1858 dans des circonstances presque rocambolesques. Toujours pour les mêmes raisons — l'insubordination et la punition de son fils —, le président de la Commission scolaire menace de fermer l'école et le frère directeur accepte « avec joie » : il annonce la vente du mobilier des frères et leur départ imminent. Une fois de plus, les pressions de la population l'incitent à revenir sur sa décision, à l'occasion d'une assemblée de paroisse. Le même soir, un des vicaires vient visiter les frères et, sans malice, laisse tomber ces paroles « bien courtes et bien simples » : « Cher Frère Directeur, il n'y a plus de bien à faire ici pour les frères ». « Eh bien, lui rétorque le directeur, nous partirons ! » Et le lendemain matin, les frères partent pour Montréal, à l'exception de deux.

Tout surpris d'une décision prise sans son avis, le frère visiteur voit bientôt arriver sur son bureau supplique sur supplique de Sorel, le priant « d'avoir pitié de la population » et lui « offrant toutes les satisfactions possibles ». Il voit « tant de sincérité dans leurs prières réitérées qu'il consent enfin à leur renvoyer les frères après avoir néanmoins pris les mesures préalables pour que les scandales qui avaient eu lieu ne se renouvelassent point ». La communauté reconstituée vit quelques années de calme relatif et accepte même d'ouvrir un pensionnat en 1862. Six ans plus tard, les frères se retirent de Sorel parce que leur maison est « mise au service du Collège ouvert par la Ville de Sorel : c'est-à-dire vendue au Comité qui administre ledit Collège ». Commentaires de l'*Historique* : « Depuis quelques années, dernièrement surtout, l'idée d'établir un collège [classique] à Sorel préoccupe sérieusement plusieurs habitants » ; ils ne réussissent pas à ramasser des fonds suffisants pour construire un local *ad hoc*, mais « pouvant s'emparer de la maison des frères, ils le font et y installent leur nouvelle création. Excepté un seul des Commissaires, qui a toujours été contre le projet, les autres et le Curé à leur tête n'ont point varié dans leur opinion ». Mais le drame a un épilogue surprise : dès septembre 1869, les frères reviennent à Sorel, instamment demandés par la population déçue du collège classique, et ils y restent jusqu'en 1886 où ils sont de nouveaux chassés pour être remplacés par les Frères de Sainte-Croix ! En 1880, la communauté comprend neuf frères ; sept d'entre eux enseignent à 323 élèves, dont 38 pensionnaires.[32]

— *Oka*

La « communauté » d'Oka (ou Lac des Deux Montagnes) commence en décembre 1849 : « le révérend Mr Billaudèle, Supérieur du Séminaire de Montréal, demande à titre d'essai, qu'un frère soit envoyé [...] pour y passer l'hiver et y faire l'école aux jeunes Algonquins et aux jeunes Iroquois ». Le frère Romon (Guillaume Perrelle, 1814-1885) s'y rend et réside chez les sulpiciens, « menant avec eux la vie des frères autant que cela est possible pour les exercices compatibles avec ses fonctions ». Aidé par un adjoint, son remplaçant essaie d'établir une « espèce de ferme à l'effet d'accoutumer les enfants au travail et aussi d'obtenir quelques produits des immenses terrains mis à la disposition et au profit des sauvages du Lac des deux Montagnes ». L'expérience réussit très bien au début : « les sauvages venaient le matin et retournaient tous les soirs dans leur famille, ils y prenaient tous les jours les trois repas avec le cher frère Joseph [Joseph of Mary, Narcisse Goulet, 1815-s1857]. Le c. fr. Directeur tenait le temps tous les jours de leur travail et l'automne, il séparait

---

[32] Frère Herménégilde, *District de Montréal. Communauté de Sorel*, AFECR, 459 ; *Origine...*, (copie dactylographiée), *passim*, AFECM.

le grain qu'il avait récolter [*sic*], chacun son mérite ». Le tout s'écroule en 1859-1860, quand les sulpiciens veulent que les jeunes Indiens deviennent pensionnaires; les parents refusent et les frères doivent faire venir des orphelins de Montréal pour faire fonctionner la ferme. On revient à la situation première, avec un seul frère qui fait l'école et qui subit les soubresauts des difficultés survenues entre un groupe d'Indiens protestants et les sulpiciens.[33]

— *Saint-Jean d'Iberville*

Dans les premières années de son existence, l'établissement de Saint-Jean d'Iberville (ou Dorchester) connaît tellement de problèmes et de querelles qu'on peut le citer comme le modèle des mauvaises relations entre les autorités locales et les frères, comme nous le verrons plus loin. Appelés par le curé Charles La Rocque, futur évêque de Saint-Hyacinthe, quatre frères ouvrent la communauté en novembre 1855; le directeur, Edward (Narcisse Regaud, 1836-1875), n'a que 19 ans! Ils quittent la paroisse le 2 juillet 1858 dans un climat d'effervescence exacerbée. Ils y reviennent, cependant, en 1868, au nombre de cinq et l'entente avec la Commission scolaire est telle qu'elle permet de dirimer facilement les points de frictions et de citer désormais Saint-Jean d'Iberville comme exemple de relations harmonieuses entre les frères et leurs employeurs. En 1880, la communauté comprend huit frères, dont sept enseignent à 248 élèves. »[34]

---

[33] Frère Herménégilde, *District de Montréal. Oka, Lac des deux Montagnes*, AFECR, 453; *Notes écrites par le T. Ch. f. Philip of Mary à Oka*, AFECM, T34C10.

[34] Frère Herménégilde, *District de Montréal. Communauté de St-Jean (Dorchester) (Iberville)*, AFECR, 458; Frère Gilles Beaudet, « L'école chrétienne de St-Jean d'Iberville », *Sources- F.E.C.*, vol. 7, no 3, pp. 1-4; vol. 7, no 4, pp. 1-4; vol. 7, no 5, pp. 1-4; vol. 8, no 1, pp. 1-4; vol. 8, no 2, pp. 1-4.

— *Longueuil*

A Longueuil, où ils arrivent en 1867, les Frères des Ecoles chrétiennes remplacent les Clercs de Saint-Viateur, partis l'année précédente. L'école, qui avait servi de résidence à la baronne de Longueuil et au curé Augustin Chaboillez, puis de noviciat aux Oblats de Marie-Immaculée, avait été acquise par la fabrique, qui en abandonna la jouissance à la Commission scolaire. On y ouvre un collège en 1855, sous la direction de maîtres séculiers. Les Clercs de Saint-Viateur arrivent en juillet 1856 et prennent charge de l'école et d'un pensionnat. Incapables d'obtenir une augmentation de salaire qu'ils jugent essentielle, ils quittent Longueuil en 1866 et sont remplacés par trois laïques, qui doivent enseigner aux enfants du village et prendre soin des pensionnaires. Tâche proprement impossible, mais, assure l'*Historique*, « les commissaires ne pouvaient en augmen-

7. Le Collège commercial et industriel de Longueuil. AFECM

ter le nombre, car ces nouveaux maîtres ne se contentaient pas du modique salaire accordé aux religieux ».

Aussitôt approchés par les commissaires d'écoles et le curé, les Frères des Ecoles chrétiennes retardent leur acceptation d'un an, « afin de n'avoir pas l'air de supplanter ceux qui étaient partis, et [...] parce que les sujets faisaient défaut ». Une fermeture d'établissement, en 1867, permet de dégager six frères qui, sous la direction du frère Heraclian (Isidore Debloi, 1842-s1877), vont prendre charge du Collège de Longueuil. Un total de 242 élèves s'y présentent, dont 40 pensionnaires. En 1870, on ouvre une classe commerciale, avec accent sur l'enseignement de l'anglais et la tenue des livres; la première classe prend bientôt le nom de classe industrielle. Désormais, comme le souligne son prospectus, le Collège commercial et industriel du Sacré-Coeur de Longueuil se donne pour but « de procurer aux jeunes gens, avec le bienfait d'une éducation chrétienne, les connaissances qui leur sont nécessaires pour s'ouvrir une carrière dans le commerce et l'industrie ». A souligner également un accent tout particulier sur l'art dramatique et la musique. En 1880, la communauté de Longueuil compte sept frères; cinq dirigent des classes qui regroupent 219 élèves, dont 70 pensionnaires.[35]

— *Chambly*

Les Frères des Ecoles chrétiennes arrivent à Chambly en 1871, appelés par le curé Amable Thibault, au nom des commissaires d'écoles, et par le colonel E. Fréchette. Les frères Alban

---

[35] Frère Herménégilde, *District de Montréal. Communauté de Longueuil*, AFECR, 443; *Historique. Longueuil (Canada)*, ibid.; *Communauté de Longueuil, Résumé de l'historique*, ibid.; *Prospectus du Collège COMMERCIAL et INDUSTRIEL du SACRE COEUR, LONGUEUIL*, ibid.

(François Gendreau, 1837-1895), directeur, et Bernward (Joseph Giroux, 1829-1881) doivent d'abord loger au presbytère et n'entrent dans leur maison que le 21 novembre; un troisième frère les rejoint le 25 novembre et les classes du Collège Saint-Joseph commencent le surlendemain: « on y admit 40 élèves qui dès le même jour, furent divisés en 2 classes. Les plus intruits au nombre de dix composèrent la première classe, et le reste la 2ième». On reçoit les premiers pensionnaires en mars 1872, ce qui exige un quatrième frère pour la surveillance.

Malgré la satisfaction générale de la population, une double menace met l'établissement en danger. L'absence d'une classe anglaise et commerciale peut entraîner le départ d'un certain nombre d'élèves; on s'empresse donc d'offrir cet enseignement dès 1873, malgré « un différend ou un malentendu » entre les commissaires et le curé; ce dernier s'engage à payer, à même les octrois du gouvernement, le salaire du nouveau frère nécessaire, mais, comme il ne peut remplir sa promesse, la communauté doit faire appel à la générosité des gens sous forme de bazar. L'autre difficulté concerne la rétribution mensuelle exigée par la Commission scolaire, même des pensionnaires; les frères demandent en vain de l'abolir, car elle peut, elle aussi, nuire au recrutement des élèves. Une entrée exceptionnelle de 70 pensionnaires en 1874 conjure cependant le danger. A partir de 1877, les commissaires commencent à avoir des difficultés à payer le traitement des frères, qui acceptent de le diminuer d'année en année, mais qui n'en voient pas moins le montant de la dette augmenter dangereusement. Pour éviter la prescription, le frère directeur enclenche, en 1879, des procédures légales qui aboutissent, trois ans plus tard, à la fermeture de la communauté par le frère Réticius.[36]

---

[36] *Chambly-Basin* [sic], AFECR, 440; *Notices historiques sur l'Etablissement des Frères des Ecoles Chrétiennes à Chambly, P. Q.*, *ibid.*

— Lachine

Le dernier établissement dans la région limitrophe de Montréal est celui de Lachine inauguré en 1876, à la demande du curé Nazaire Piché. Arrivés le 19 août, quatre frères, sous la direction du frère Maximinian (Henri Bertrand, 1848-1900), ouvrent trois classes le 4 septembre et y accueillent 150 élèves. « La Maison a 70 pieds de long sur 50 pieds de large. Elle a 2 étages. Au rez-de-chaussée se trouvent 2 classes, un parloir, la chambre du F. Visiteur, la cuisine et le réfectoire ; au 1er étage : 2 classes, la Communauté et le dortoir des frères ; au 2ème étage : 4 classes, au milieu de la Maison se trouve un grand passage ». Rien de particulier dans la communauté jusqu'en 1880 ; cette année-là, six frères dirigent quatre classes et enseignent à 139 élèves (un chiffre anormalement bas).[37]

V — Les communautés francophones hors du Québec

Dès les premières décennies de leur installation au Canada, les Frères des Ecoles chrétiennes s'étendent donc dans une grande partie du Québec. Mais, très tôt, maintes instances proviennent d'au-delà des frontières, de plusieurs communautés de francophones qui, noyées dans l'océan anglophone, veulent des écoles pour sauvegarder, selon la conception de l'époque, la langue française et la foi catholique. Faute de moyens, l'Institut ne peut répondre qu'à un certain nombre de demandes.

— Saint-Boniface (Manitoba)

Le premier établissement du genre a lieu à Saint-Boniface, au Manitoba, et se termine par un échec cuisant. Il

---

[37] Frère Herménégilde, *District de Montréal. Maison de La Chine*, AFECR, 442 ; *Historique de la communauté de Lachine, Canada, ibid.*

8. Saint-Boniface, Manitoba. 1) L'école où les frères ont enseigné à partir de 1855 ; 2) L'évêché en arrière de la cathédrale, où les frères ont logé et enseigné en 1854 ; 3) L'ancienne cathédrale de Saint-Boniface. AFECQ

commence pourtant sous les meilleurs auspices. Il est demandé par le nouvel évêque du Nord-Ouest, Mgr Alexandre-Antonin Taché, fortement appuyé par Mgr Bourget qui fait appliquer une partie des aumônes du jubilé de 1852 « à la fondation d'une maison d'éducation dans les pays sauvages ». En 1854, trois frères — Andronis (Alexandre-Joseph Gadenne, 1811-1898), directeur, Arcisse-Marie et Anselm (Pierre Adhémar, 1827-s1865) — arrivent à Saint-Boniface pendant l'été et commencent à enseigner dans une salle de classe à l'évêché ; ils logent dans le même bâtiment. L'année suivante, on construit la maison des frères dans laquelle, en 1858, 58 garçons reçoivent leur éducation ; parmi eux se trouvent de futurs célèbres Manitobains : Louis Riel, Louis Schmidt, Joseph Nolin et Pierre D'Eschambault, entre autres. Selon Mgr Taché, l'un des frères dirige une école de 31 enfants à Saint-Norbert, près de Saint-Boniface. L'évêque se montre satisfait de ceux qu'il appelle « les pieux et zélés membres de mon petit clergé » et il vante à tout propos leur dévouement et leurs succès. La population elle-même est « bien portée pour les frères ». « Leur école était de plus en plus fréquentée ; ils y faisaient beaucoup de bien », assure encore Mgr Taché en 1860. Néanmoins, le 27 juillet 1860, les trois frères — le frère Edwin (John Maher, 1817-1892) a remplacé le frère Arcisse-Marie — quittent définitivement Saint-Boniface. Que s'est-il passé ? Sur la foi de la correspondance de son héros, le biographe de Mgr Taché explique : « Mais leur supérieur ne comprit pas le pays, se butta contre des difficultés toutes ordinaires, se découragea et fit partager son découragement à ses confrères ». Et il cite en note une malice de l'évêque : « Il est malheureux que le vieux Frère, avec toutes ses bonnes intentions, n'ait pas plus de bons sens, il est pire que jamais ». L'*Historique* de la maison donne certains détails : « Le frère Andronis a besoin d'un frère pr. faire fonctionner l'établissement ; il le demande et, ne pouvant l'obtenir, sans autorisation, et contre la volonté de l'Evêque, malgré les larmes des parents, des élèves, il ferme la maison, remet le terrain à la Mission, il part avec ses deux compagnons et se rend en France ». Le même texte parle de certains problèmes existant dans la communauté. Le frère Arcisse-Marie se sécularise en 1856 — le frère Herménégilde commet une de ses rares erreurs en disant qu'il « quitte l'Institut trois ou quatre mois après être arrivé à Saint-Boniface » — mais il demeure dans l'Ouest et devient le premier colon de Saint-Vital. Dans une lettre à sa famille du 21 mars 1864, Louis Riel écrit :

> chère Maman, je vous le dis franchement, vous ne sauriez croire jusqu'à quel point je redoute pour notre famille affligée le frère Arcisse [il est pourtant laïcisé depuis huit ans!]. Je crains que sous un prétexte ou sous un autre il ne veuille mettre le pied encore à la maison. Mais j'espère qu'il n'en aura jamais le front. Car je suppose qu'il respectera notre affliction, notre malheur. Je me suis mis dans la tête surtout depuis l'année dernière que cet homme-là ne nous aimera jamais. Et à ce compte ferait-il mieux d'être notre meilleur ami, chère Maman ; ne le souffrez

pas. Il peut nous causer bien de la peine. Mais je prends peut-être plaisir à me remplir l'esprit de choses qui n'arriveront pas. Non je me trompe sans doute; nos misères de ce côté-là sont finies, j'espère.

Les savants éditeurs des *Ecrits complets de Louis Riel* ne peuvent donner aucun détail sur le problème et présentent le frère Arcisse-Marie comme un présumé « frère de l'ordre des Oblats »; pourtant, en 1959, Donatien Frémont lui avait consacré deux pages de son volume, *Les Français dans l'Ouest*. D'autre part, le frère Anselm « allait seul dans les familles y buvant, mangeant, et même à des distances considérables, avec un Père Oblat ». Mais la raison principale n'est-elle pas qu'avec l'envoi d'un frère à Saint-Norbert, on craigne la dispersion de la communauté et l'impossibilité d'observer fidèlement les Règles de l'Institut [38].

— *Ottawa*

La fin prématurée de ce premier établissement francophone hors du Québec n'empêche pas de renouveler l'expérience à Ottawa. Les pères oblats en font une première fois la demande en 1846 et, assure l'*Historique*, « chaque année cette demande est renouvelée et toujours sans effet, sans espoir ». Le vent change en 1864 et Mgr Eugène-Bruno Guigues, lui-même oblat, et l'Institut signent une entente. Le frère Andrew (Louis Laberge, 1837-1906) et cinq compagnons se rendent à Ottawa en novem-

---

[38] Frère Herménégilde, *Registre contenant l'historique d'un bon nombre de Maisons fermées d'Amérique et des indications sur d'autres*, pp. 77-78, AFECR, 400; Paul Benoit, *Vie de Mgr Taché, archevêque de Saint-Boniface*, Montréal, Beauchemin, 1904, T.I, pp. 228-419; Raymond Huel, éd., *Les Ecrits complets de Louis Riel*, Vol. 1: *29 December/décembre 1861 — 7 December/décembre 1875*, Edmonton, The University of Alberta Press, 1985, pp. 7-8; Donatien Frémont, *Les Français dans l'Ouest*, Winnipeg, *La Liberté*, pp. 1-2.

bre de la même année. Ils ouvrent leur école le 14 du même mois et attirent immédiatement 540 élèves dont une partie viennent du Collège des oblats, « ce qui ne leur plait pas, ainsi qu'ils le manifestent de diverses manières ». Mais les succès font taire les premières objections :

> Les FF s'efforcent d'établir l'ordre etc. etc. Ces élèves qu'on disait turbulents, grossiers, mal appris, auxquels on attribuait les défauts les plus détestables, les habitudes les plus vicieuses, selon l'écho public qui parle de la tâche des Frères sont remis aux Frères.
> Ceux-ci se mettent résolument à la besogne. Leurs efforts, leurs bons procédés,... l'abstention surtout de corrections afflictives obtiennent les plus heureux résultats... jamais, dit-on, on n'a rencontré des enfants plus souples, plus dociles et plus respectueux que ceux d'Ottawa. En allant aux classes ou en retournant, ils attirent l'attention publique. Le bon ordre qui règne dans les rangs une fois établi se maintient facilement. Le clergé félicite les frères dont la réputation va grandissant etc. La supériorité des Ecoles catholiques pour la méthode et le mode est acquise.

Cela n'exclut pas certains nuages et frictions de temps en temps, mais ils n'empêchent pas le progrès constant : ouverture d'une école du soir dès novembre 1864; transfert des classes et de la résidence dans l'ancien édifice du Collège, rues Sussex et de l'Eglise, qui devient l'école Notre-Dame; ouverture d'une classe commerciale en 1873; fondation, en 1876, du quartier (succursale) Sainte-Anne où œuvrent trois frères. La communauté de la capitale canadienne part donc sur un bon pied. En 1880, les frères y sont au nombre de 20 et ils dirigent quatre écoles (17 classes) et 1 015 élèves.[39]

---

[39] Frère Herménégilde, *District de Montréal. Communauté d'Ottawa*, AFECR, 433; Frère Gérard-C. Dufour, *L'Académie de La Salle, Ottawa (1899-1971, Esquisse historique*, pp. 1-17.

— *Hull*

De l'autre côté de la rivière Outaouais, en territoire du Québec mais dans l'orbite d'Ottawa au point de vue économique et même religieux (elle fait partie du diocèse d'Ottawa), Hull est une localité industrialisée qu'un voyageur n'apprécie guère en 1877 : « remarquable seulement par ses grandes scieries, ses usines, son pouvoir hydraulique et ses rues boueuses. Il y règne une grande activité, mais on semble mépriser totalement les règles élémentaires de l'architecture et de la symétrie [...] un tiers des maisons sont désertes; un autre tiers souffre de rhumatismes chroniques ». Les oblats, qui y sont curés, et les commissaires d'école veulent donner un essor à l'enseignement des garçons : ils construisent une nouvelle maison d'école et demandent des Frères des Ecoles chrétiennes. Le 6 septembre 1878 arrive le frère Mathias-Gordian (Antoine Lapointe, 1851-1916), directeur, qui a partout manifesté le souci de monter des bibliothèques bien à jour, marque de son esprit cultivé, accompagné de trois confrères : Zetic (Cléophas Gendreau, 1851-s1893), Stephanidas (Théodore Lévesque, 1855-s1883) et Marius-Anselm (Emile Verbrugghe, 1851-s1880). La rentrée des classes a lieu le 11 septembre suivant. Comme pour la plupart des fondations de l'époque, le succès est rapide : dès le premier jour, 250 élèves se présentent et leur nombre grimpe presque aussitôt à 340. En 1880, la communauté compte huit frères; six d'entre eux enseignent à 479 élèves.[40]

— *Sainte-Anne de Kankakee*

Enfin, même si elle se situe en dehors du territoire canadien, la tentative d'établissement à Sainte-Anne de Kankakee,

---

[40] Frère Herménégilde, *District de Montréal. Communauté de Hull*, AFECR, 441; Frère Mathias-Gordian, *Historique de cette maison [Hull] pour la présente année 1878*, AFECM, T1C36; Jean-Guy Rodrigue, [Conférence de novembre 1978], 28 p., *ibid.*, T1C38a.

à environ 50 milles au sud de Chicago, en Illinois, mérite qu'on s'y arrête, à cause du rôle joué par le célèbre Charles Chiniquy. En 1855, en route vers St. Louis, le frère Facile passe quelques jours dans la localité et se laisse convaincre par l'éloquent curé. Deux frères, Geffrey (Aubert Chatigny, 1835-s1874) et Matthew of Jesus (Gaspard Caisse, 1834-s1859), arrivent à Sainte-Anne le 1er novembre de la même année et ouvrent leurs classes quelques jours plus tard. Ils connaissent un succès rapide, que viennent arrêter brusquement les dissensions entre l'abbé Chiniquy et Mgr Anthony O'Regan, de Chicago. « L'Evêque se brouille avec le Curé; le 1er est Irlandais et le Curé est Canadien. La paroisse est Composée de Canadiens et d'Irlandais et tous chérissent les frères ». C'est en se basant sur ce fait que le frère Facile s'interpose entre les deux antagonistes et conseille fortement à l'Ordinaire de ne pas retirer les frères. « Mais l'Evêque persiste dans le retrait des frères, ne pouvant ou ne voulant point comprendre que le seul et sûr moyen de soumettre le Curé et d'empêcher le scandale de son schisme était de garder les frères qui auraient toujours été fermement unis à leur premier Pasteur; et Celui-ci, pour ramener et le Curé et ses paroissiens à la soumission, n'aurait eu qu'à les menacer de renvoyer les frères menace qui aurait suffi pour tout arrêter tant l'affection et l'estime qu'ils ont pour les frères est grande et puissante ». Ces remarques critiques reprennent en gros le jugement sévère du chroniqueur de la maison mère, qui écrit le 17 avril 1857, cinq mois après la fermeture de l'établissement de Sainte-Anne le 17 novembre 1856.)[41]

A partir de Montréal, qui leur sert de point d'ancrage, les Frères des Ecoles chrétiennes essaiment rapidement, de 1837 à 1880, dans une grande partie de la province: Québec et ses environs, Trois-Rivières et les alentours, des localités limitro-

---

[41] Frère Herménégilde, *Registre contenant l'Historique d'un bon nombre de Maisons fermées d'Amérique...*, AFECR, 400; *Origine...*, (copie dactylographiée), pp. 31-32.

phes de Montréal, Ottawa, Hull et quelques autres paroisses de la diaspora francophone. Ils sont donc fermement établis dans le Canada français et seul le manque de ressources les a empêchés de s'étendre davantage. Mais, tout en étant une communauté foncièrement française, l'Institut est très tôt appelé à travailler dans les milieux anglophones et à développer, au Canada comme aux Etats-Unis, un secteur tout aussi important que le district français.

III

TORONTO ET LE CANADA ANGLOPHONE

Les quatre premiers frères qui arrivent à Montréal sont unilingues français. Ils en éprouvent les premiers inconvénients en mettant les pieds sur le continent américain : dès leur arrivée à New York, le frère Aidant et l'abbé Billaudèle se perdent dans la ville et, ne pouvant demander le chemin à cause de leur ignorance de l'anglais — de dire le sulpicien : « Nous ne savons pas la langue, on se moquera de nous, marchons » —, retrouvent difficilement leur hôtel après avoir tourné en rond quelque temps. A Montréal, ville très anglophone à l'époque, la connaissance de la langue de Shakespeare n'est peut-être pas aussi nécessaire, mais elle est si utile que le directeur oblige tous ses sujets à l'apprendre. A son dire, les frères qui traversent de France devraient apporter une grammaire anglaise « pour étudier à bord du bâtiment, lorsque leur santé leur permettra de travailler, et qu'ils auront satisfait à leurs devoirs religieux ». Ceux qui sont déjà sur place s'astreignent très tôt à l'étude de l'anglais : « Un prêtre de Montréal vient trois ou quatre fois par semaine nous donner des leçons d'Anglais de 5 h. à 5 h1/2 du soir ; les progrès que nous faisons, (surtout moi [Aidant]) sont bien lents ». Ils sont suffisants, cependant, pour pouvoir ouvrir, dès 1841, l'école St. Patrick et, dans les années suivantes, de nouvelles écoles ou classes anglaises à Montréal et à Québec et assurer l'enseignement de l'anglais dans la plupart des écoles tenues par les frères. L'entrée de sujets anglophones (irlandais surtout) permet également de répondre assez tôt aux demandes venant du Canada anglais.[1]

I — Toronto et le territoire ontarien

Dans l'Ontario actuel, l'Eglise connaît un développement lent et difficile : « L'Eglise du Haut-Canada passe d'un état rudimentaire en 1804 à un état de santé relativement robuste en 1841 », assure l'historien Robert Choquette. L'érection du diocèse de Kingston en 1826 permet d'attirer à la fois des fidèles et des prêtres. Mais les problèmes demeurent : en 1841, il n'y a encore que 35 prêtres pour desservir 90 000 catholiques dans un immense territoire. On est cependant à l'aube d'une expansion rapide. « Quatre nouveaux diocèses sont fondés en quinze ans, soit Toronto (1841), Bytown [ou Ottawa] (1847), London (1856) et Hamilton (1856). La multiplication des évêques, des prêtres et des religieux oeuvrant sur le territoire accompagne la fondation de plusieurs institutions catholiques de service social, tels que hôpitaux, couvents, collèges et académies. [...] En 1850, la période de colonisation est donc révolue sur une partie impor-

---

[1] *Souvenirs du FRERE ADELBERTUS...*, AFECM, T17-2 ; Frère Aidant au Frère Assistant, 12 avril 1841, 432a, 11.

tante du territoire. L'Eglise du Haut-Canada s'élance vers un avenir prometteur ».[2]

— *Toronto*

C'est particulièrement vrai pour le diocèse de Toronto qui, sous l'administration de ses trois premiers évêques — Michael Power (1841-1847), Armand-François-Marie de Charbonnel (1850-1860), John Joseph Lynch (1860-1888) — et de façon parfois houleuse, se développe suffisamment pour revendiquer le leadership de l'Eglise canadienne-anglaise ou irlandaise, en rivalité souvent avec l'Eglise canadienne-française. Une des bases de cette expansion est le développement du système des écoles séparées pour lesquelles Mgr de Charbonnel lutte férocement pendant toute son administration. Il décrit bien sa position en 1851 : Je désire de tout mon cœur avoir tout un système d'écoles séparées ; je l'ai dit au gouvernement ; je l'ai dit à mon peuple de Toronto qui s'est érigé avec mon conseil un institut catholique, principalement à cette fin ; je l'ai dit à mes prêtres en retraite en leur recommandant de favoriser l'établissement de branches de cet institut [...] Je parle, partout où j'en ai l'occasion, du danger des écoles mixtes en général et de la nécessité pour les catholiques de mon diocèse d'avoir des écoles séparées, tout en me réservant le droit de me servir des [écoles] protestantes en certaines circonstances très rares. [...] Plus j'y pense plus l'école mixte est un fléau à mes yeux [...] et je dis sans cesse que généralement l'école mixte doit être interdite aux enfants et parents, sous peine de refus d'absolution comme occasion immédiate de péché. Le gouvernement peut nous refuser notre pain, mais alors je lui crierai en toute occasion qu'il est persécu-

---

[2] Robert Choquette, *L'Eglise catholique dans l'Ontario français du dix-neuvième siècle*, Ottawa, Ed. de l'Université d'Ottawa, 1984, pp. 51-92.

teur et hypocrite [...] En deux mots [...], je suis prêt à tout pour cette cause la plus vitale de mon pauvre diocèse.³

En même temps qu'il ferraille d'estoc et de taille, l'évêque de Toronto agit sur le terrain concret. Dès 1850, par exemple, il demande instamment des Frères des Ecoles chrétiennes : il les connaît bien, car, sulpicien à Montréal, il a été aumônier de la communauté de Saint-Laurent et même inspecteur des écoles catholiques de la ville. Réponse favorable du frère Facile qui, le 1er mai 1851, envoie cinq frères pour ouvrir une école à Toronto, sous la direction du frère Cassian. Deux cents élèves se présentent immédiatement à l'école St. Michael de la rue Richmond. Un quartier ou succursale de deux classes s'ouvre presque aussitôt dans l'église St. Paul. Le succès est instantané, puisque, en 1853, les deux écoles reçoivent respectivement 366 et 151 élèves, pour un total de 517. Et le développement continue : en 1852, commencement d'un pensionnat ; en 1853, ouverture du quartier de St. Patrick ; en 1854, autre succursale à St. Mary.

Dès les premières années, à l'instigation de l'évêque, les frères de Toronto innovent en tenant des examens publics très suivis par la population ; les élèves en sont stimulés et la réputation de leurs maîtres augmentée ; cette pratique se répandra dans les autres établissements lasalliens. Les religieux sont également en butte à l'hostilité de quelques commissaires « remplis de l'importance de leur fonction » ; la majorité ne suit pas ces extrémistes, mais ils constituent quand même une menace constante avec des sursauts de fièvre même en 1877.

En septembre 1863, les frères ouvrent une Académie commerciale dans une ancienne maison en bois attenant à leur maison, rue Nelson. Elle compte d'abord deux classes, sous le contrôle des commissaires des écoles catholiques séparées. Le

---

³ Mgr de Charbonnel à Mgr Gigues, 14 nov. 1851, cité dans *ibid.*, p. 287.

succès arrive en l'espace de quelques années. « L'Académie s'accroît si considérablement cette année [1867] que deux nouvelles classes sont ouvertes. Quelques élèves y commencent l'étude des classiques en 1868-69. Le nombre des étudiants augmente si fort que la vieille maison est trop petite, ce qui porte le frère Arnold à acheter la maison occupée par la Banque du Haut-Canada, bâtie en pierres et en briques, située à l'angle formé par les Rues Duke et George. Cette nouvelle maison présentant plusieurs avantages relatifs à un local pour une Institution scolaire, les frères y transfèrent leur habitation de Rue Nelson, plus tard Rue Jarvis, qu'ils nommeront dorénavant *De La Salle Institute Institut La Salle*. Moyennant plusieurs constructions telles que classes, réfectoire, salle d'étude, de recréation, chapelle, etc. etc. ce local est très bien adapté, pourvu : aussi est-il fréquenté par de nombreux élèves venant de fort loin et même des Etats-Unis ».[4]

C'est le frère Arnold of Jesus, arrivé comme directeur en 1867, qui est le principal responsable de cet essor. Ses vues grandioses et son dynamisme communicatif lui permettent toutes les audaces. Mais il n'a malheureusement pas le sens des affaires et, en même temps que les constructions et les améliorations, les dettes s'accumulent dangereusement. Après une visite du frère Armin-Victor qui soupçonne l'ampleur du désastre, le supérieur général rappelle le frère Arnold of Jesus à Montréal. Parti sans savoir qu'il s'agit d'un changement d'affectation, le directeur se sépare « sans difficulté » de ses frères et de la population de Toronto. Remplacé immédiatement par le sous-directeur Tobias-Josephus (James O'Reilly, 1849-1899), il accepte la démotion avec dignité et esprit de foi, même après la mise à jour des comptes. Ceux-ci « étaient tellement embrouillés, mal tenus et incomplets, que depuis des années les FF. Visi-

---

[4] Frère Herménégilde, *District de Montréal. Communauté de Toronto (Ontario)*, AFECR, 435.

9. Le frère Arnold of Jesus, responsable de l'essor de la communauté de Toronto. AFECM

teurs n'avaient jamais soupçonné ce qu'ils étaient en réalité. Frère Arnold of Jesus ne les connaissait pas lui-même. Les Visiteurs se contentaient de viser les comptes marqués après les avoir examinés, mais une quantité de recettes et de dépenses n'étaient pas marquées nulle part, il s'en suivit que les règlements de comptes de chaque année n'étaient pas du tout ce qu'ils auraient dû être. Ce ne fut qu'après le départ du F. Arnold of Jesus de Toronto que les créanciers étant venus tous réclamer leurs droits, on put constater que la balance passive de la dette totale de la maison de Toronto s'élevait à la somme énorme de plus de $58 000. »

La qualité de l'enseignement n'en est heureusement pas affectée. En 1878, par exemple, l'archevêque Lynch, accompagné du maire de la ville, de l'inspecteur général des écoles et « d'un bon nombre des principaux gentilshommes de la ville », visite toutes les écoles protestantes et catholiques de Toronto. La dernière visitée est l'Académie des frères, rue Duke. « L'Inspecteur général fut si charmé de tout ce qu'il vit dans nos écoles en général et dans notre Académie en particulier qu'il répéta plusieurs fois cet élogieux refrain : « Your schools are all very good, but your Academy is the best amongst all our best of this city ». Les visiteurs rédigent un rapport très favorable pour nos écoles » qui, publié dans les journaux, en fait connaître l'heureuse conclusion. Les commissaires traduisent leur satisfaction par une augmentation du traitement des frères. En 1880, la communauté de Toronto comprend 23 frères oeuvrant dans 5 écoles et 18 classes, auprès de 602 élèves dont 75 pensionnaires.[5]

— *Kingston*

Les frères s'installent à Kingston en 1853, à la demande de Mgr Patrick Phelan, coadjuteur et administrateur du diocèse. Ils sont au nombre de cinq sous la direction du frère Rodolphus of Mary (Henry McGee, 1829-1868) : trois enseignent au Collège Regiopolis et, à partir de 1855, deux autres à l'école Saint-Joseph. Au début, ils sont sous le contrôle de commissaires protestants et enseignent aux enfants de toutes confessions ; ils acceptent de se soumettre, publiquement, à l'examen du gouvernement et réussissent si bien qu'on les en dispense par la suite.

Ils logent au palais épiscopal jusqu'en 1858, où ils commencent à occuper leur propre maison (avec classes attenantes). Autant les relations sont cordiales avec les évêques Phelan et Rémi Gaulin, son prédécesseur, autant elles deviennent tendues avec leur successeur, Mgr Edward John Horan. Président

---

[5] Frère Herménégilde, *Toronto. Détaché du District de Montréal. Maintenant du District de Toronto*, AFECR, 435 ; *History of the District of Toronto, 1851-1894*, AFECT, 943.14 ; *Brothers of the Christian Schools in Toronto, ibid.*, 943.6 ; *Origine...*, (Copie dactylographiée), pp. 116-119, AFECM.

des commissaires, l'évêque n'est pas satisfait des frères et il veut le leur faire savoir dans une lettre ; une première version refusée par la majorité des commissaires est révisée par un comité et finalement signée par tous. Elle n'en choque pas moins le frère Facile, assistant, qui ordonne aux frères de faire leurs bagages. La nouvelle soulève des commentaires peu élogieux pour Mgr Horan qui, comprenant son erreur, va s'expliquer à Montréal avec le frère Facile et obtient le retour de la communauté. Le nouveau directeur, le frère Arnold of Jesus, s'attache beaucoup à redorer le blason des frères, jusqu'alors considérés comme inférieurs aux laïques, ce qu'il obtient surtout par des expositions et des assemblées. Sous son directorat, la communauté de Kingston est désormais partie sur un bon pied au point de vue scolaire et dans l'esprit du public. Elle compte, en 1880, six frères, dont quatre enseignent à 402 élèves.[6]

— *Un noviciat à Toronto?*

Les succès rapides de Toronto et l'implantation à Kingston posent le problème du manque de frères de langue anglaise. Pénurie d'autant plus notable que plusieurs autres villes ontariennes — Hamilton, London, St. Catharines, Guelph, Lyndsay... — en font la demande. Mgr Lynch propose donc en 1873 l'ouverture d'un noviciat dans sa ville épiscopale (et d'un autre à Halifax pour les Maritimes où les frères œuvrent depuis 1860). Son argument principal mérite d'être relevé, car il s'inscrit bien dans une autre campagne que le même archevêque mène pour attirer le diocèse d'Ottawa sous sa juridiction : « En second lieu, la population Catholique de cette Province est en majeure partie d'origine Irlandaise, entremêlée de quelques Anglais et Ecossais. La langue anglaise est donc la langue du pays. Si vous aviez un noviciat à Toronto, vous recevriez des

---

[6] *Kingston*, AFECR, 442 ; *Records of the Community of Kingston*, AFECT, 943.7.

jeunes gens du pays. Ils ne veulent pas aller à Montréal, c'est trop loin. Jugez vous-même quel avantage il y aurait d'avoir des Frères parlant la même langue, ayant les mêmes habitudes et partageant les mêmes sentiments que les gens du pays. Plusieurs des frères qui à présent enseignent dans nos écoles sont d'origine française, nés dans le bas Canada. Sont-ils capables de diriger avec honneur et succès une école anglaise ? » Le frère Patrick ajoute en commentant la lettre « qu'à part les difficultés de langue, il y a des susceptibilités nationnales [sic] qui sont difficiles à supporter pendant les premiers mois d'épreuves dans la vie religieuse et que la séparation devra favoriser certaines vocations ».

La requête est étudiée le 24 novembre 1873 par le Régime qui, « après mure discussion », décide : « Un noviciat pourra être fondé à Toronto et un second à Halifax ; mais ils seront tous les deux sous la dépendance du Visiteur de Montréal, jusqu'à ce qu'il en soit autrement statué par le Très-honoré Frère Supérieur-Général ». En apprenant la nouvelle à Mgr Lynch, le frère Philippe se montre cependant plus prudent : « Touchés, Monseigneur, de l'Intérêt que Votre Grandeur daigne nous porter et reconnaissant la Sagesse des raisons que Vous faites valoir, nous Sommes disposés à Seconder votre Zèle apostolique », mais, ajoute-t-il immédiatement, « il nous faut une maison, des fonds pour la famille, et des ressources pour entretenir le personnel de ce noviciat ». Il annonce donc l'envoi du frère visiteur de Montréal pour « s'entendre avec Votre Grandeur sur les moyens à employer pour mener ce projet à bonne fin ». Le seul résultat est finalement que les communautés de Toronto et de Kingston sont annexées au district de New York.[7]

---

[7] Mgr Lynch au Frère Philippe, 28 oct. 1873, AFECR, 460 ; *Notes — Arrêté du Conseil du Régime du 24 Novembre 1873 — Novitiat [sic] à Toronto, ibid.* ; *Registre des délibérations du Conseil du Régime commencé en janvier 1876*, p. 169, *ibid.*, EG430-2 ; Frère Philippe à Mgr Lynch, 26 nov. 1873, *ibid.*, 460.

Le problème persiste. Pendant longtemps, plusieurs frères canadiens-français travaillent en Ontario et on se plaint régulièrement de leur « fort accent français ». En 1876, un rapport de l'inspecteur Buchan, publié dans les journaux, jette la consternation dans la communauté : il juge sévèrement l'enseignement des frères et il souligne, suprême injure, que les registres des écoles lasalliennes contiennent beaucoup de noms mal épelés. Même s'il est établi que plusieurs de ces noms ne se trouvent pas dans les registres des frères, mais dans ceux de femmes laïques en charge des jeunes garçons et celui d'un jeune homme enseignant à la petite classe de St. Mary, les frères encaissent l'humiliation et doivent redoubler d'énergie pour faire reconnaître leur compétence. Ils éliminent d'office tout frère qui a le moindre accent français. Toronto n'en compte plus aucun après juillet 1879, assure l'*Historique*; il y aurait quelques exceptions dans les autres communautés ontariennes. Le noviciat, ouvert en 1880 à Toronto, tente de régler définitivement le problème, mais son échec oblige encore les jeunes Ontariens à se diriger vers le Québec, « un pays étranger [...] où la plupart d'entre eux ne comprennent pas la langue de la majorité des gens et où les habitudes de vie sont si différentes des manières et coutumes de l'Ontario ».[8]

— *St. Catharines*

Avant 1880, les Frères des Ecoles chrétiennes n'essaiment guère en dehors de Toronto et de Kingston. Ils arrivent à St. Catharines en 1876. Le 6 avril, un premier frère vient remplacer d'urgence un des deux « frères carmélites d'Irlande » qui s'est sécularisé ; la communauté se forme, le 9 mai, avec quatre frères sous la direction du frère Christian ; ils prennent

---

[8] Frère Herménégilde, *Toronto. Détaché du District de Montréal. Maintenant du District de Toronto*, AFECR, 435.

charge de l'école qui regroupe une centaine d'élèves. La jeune communauté connaît des difficultés internes sérieuses. «Vers la même époque [1878], nos vénérés Supérieurs ayant été avertis que notre communauté de St-Catharines, Ont. n'était pas ce qu'elle aurait dû être, par rapport à la régularité, en prévinrent plusieurs fois le Directeur, F. Christian, mais celui-ci ne faisant depuis plusieurs années, nulle attention aux avis et remontrances charitables qui lui étaient donnés, le Supérieur général lui envoya une obédience qui l'appelait à Ottawa pour y diriger la première classe. L'épreuve l'ayant trouvé trop léger, il fut emporté par l'orgueil et sortit de l'Institut. Quelques mois après, il demandait à y rentrer, mais nos sages Supérieurs ne se hâtèrent pas à le lui accorder et ce ne fut qu'après bien des sollicitations et des promesses et deux ans de pénitence qu'il fut réadmis au Noviciat de Weschester (New York)». En 1880, trois frères enseignent à 95 élèves dans deux classes.[9]

II — Les Maritimes

Dans l'histoire de l'Institut lasallien au Canada, les Maritimes constituent un cas très particulier. Si, au Québec et en Ontario, le progrès n'est pas toujours constant — certains établissements végètent et on doit même en fermer d'autres —, le bilan demeure toujours positif, à cause de l'ouverture continuelle de nouvelles communautés. En Nouvelle-Ecosse, au Nouveau-Brunswick comme dans l'Ile-du-Prince-Edouard, avant 1880, les Frères des Ecoles chrétiennes ouvrent six établissements qui, par divers concours de circonstances, disparaissent tous dans un intervalle d'une vingtaine d'années.

---

[9] *Historique. Etablissement de Sainte-Catherine (Canada), commencé le 6 Avril 1876*, AFECR, 458; *Origines...*, (copie dactylographiée), pp. 116-117, AFECM.

— *Arichat*

L'aventure commence dans la petite localité acadienne de Grand Arichat, sur l'île Madame, au large du Cap-Breton. Grâce au chantier naval, la localité connaît un développement économique provisoire et songe à se doter d'institutions d'enseignement françaises; les Soeurs de la Congrégation Notre-Dame y ouvrent un couvent en 1856. Appelés eux aussi par les autorités paroissiales, quatre Frères des Ecoles chrétiennes y arrivent en 1860 pour prendre charge d'une école mise à leur disposition; ils y accueillent aussitôt près de 180 élèves. L'école du soir, ouverte en novembre 1860, attire une trentaine d'adultes. Malgré un succès indéniable, l'établissement demeure fragile à cause des ressources très restreintes de la paroisse: le curé n'obtient pas de faire financer l'école par la Propagation de la foi, qui passe nécessairement par l'évêque. En 1864, le gouvernement de la Nouvelle-Ecosse accorde quelques secours et on peut faire venir deux nouveaux frères, « mais un nouvel Acte sur l'Education ayant causé une diminution dans les ressources, au mois de novembre 1864, le F. Héraclian fut rappelé ». C'est le début des difficultés. En novembre 1865, les commissaires d'écoles exigent que les frères subissent l'examen public pour obtenir un certificat de capacité, condition sine qua non « pour conserver l'agrément du Gouvernement et à l'école le titre d'Académie » et, faut-il l'ajouter, les subsides qui y sont attachés. Les frères refusent — ils auraient accepté de « répondre privément » — et on les remplace par des maîtres séculiers. Ils déménagent donc au Petit Arichat, où les reçoit à bras ouverts le curé Hubert Girroir; les pensionnaires, peu nombreux il est vrai, les suivent.

De nouvelles tracasseries surgissent, venant du futur évêque, John Cameron, ami du Grand Arichat et partisan de l'Académie. « De perpétuelles taquineries furent dirigées contre M. Girroir, dont l'influence importunait. Si bien qu'à la fin, dans le courant de mai 1867, il reçut l'injonction de laisser la paroisse.

Il dut se soumettre et le fit au grand contentement des amis du docteur Cameron et à la grande irritation des Acadiens. [...] Les Frères subirent librement le sort de M. Girroir, ils quittèrent, bien regrettés, Arichat, le 2 juin ». Commentaires acerbes du frère Liguori, qui rédige l'historique du district de Montréal : « C'est là une nouvelle preuve de ce que peut l'esprit de parti, quand il entre dans une tête, surtout quand cette tête est forte en ruses. Ici, c'est mon idée, la bonne foi a été victime par l'abus de l'Autorité. Un prêtre inoffensif, un vrai père pour son troupeau est tombé sous les coups astucieusement portés par une main qui aurait dû être reconnaissante. Là où règne la passion, la justice est tenue pour peu. Les hommes sont souvent méchants, mais Dieu, de Là-Haut voit l'iniquité. Il aura son jour, alors malheur au puissant oppresseur ! » Voilà un style qu'on rencontre peu souvent chez nos pacifiques instituteurs ! Mais le même jugement sévère se rencontre sous la plume du frère Geffrey.[10]

— *Halifax*

Ce dernier est directeur à Halifax, cette ville dynamique qui compte une forte communauté de catholiques ; il y est arrivé au début d'août 1865, avec le frère Bartholomew of Mary (Bernard Murphy, 1842-s1869). Mgr Thomas Lewis Connolly, qui, comme son prédécesseur, a fait de multiples instances à Paris et à Montréal pour les obtenir, est alors en visite pastorale, mais il revient immédiatement pour les accueillir et les inviter à loger à l'archevêché pendant un mois. Quand trois autres frères se joignent aux deux premiers, la communauté va s'installer dans une aile du Collège Sainte-Marie.

---

[10] *Arichat. Historique*, AFECR, 452 ; *Origine...*, (copie dactylographiée), pp. 63-72, AFECM.

Les nouveaux venus doivent prendre charge d'une école publique, qui n'est pas encore terminée et qu'il faut meubler de pupitres achetés à Boston. Tout en étant payés par le gouvernement, les instituteurs lasalliens ne sont pas tenus de passer les examens publics, du moins au début ; et quand ils doivent se soumettre à cette exigence gouvernementale, ils obtiennent les questions de l'inspecteur d'écoles et y répondent privément par écrit. D'autre part, à la demande instante de l'archevêque, le frère directeur accepte de diriger une classe du Collège, qui existe depuis plus de vingt ans, mais connaît des années difficiles « par manque de discipline adéquate ». Malgré les objections du frère Geffrey, Mgr Connolly annonce que le Collège passera sous la conduite des frères, ce qui attire déjà un plus grand nombre d'élèves.

Dès novembre 1865, l'école primaire s'accroît d'une quatrième classe grâce à l'arrivée d'un nouveau frère venu du Grand Arichat. Quelque temps après, la venue d'un frère de Montréal permet à l'évêque de remplacer au Collège un des professeurs laïques qui connaît de graves problèmes de discipline dans sa classe. A l'école primaire comme au Collège, la première année de présence lasallienne se termine dans un tel climat d'euphorie que le directeur se permet d'écrire que « jamais auparavant et dans aucun autre endroit nos Frères n'ont été mieux traités qu'ils ne l'ont été par l'archevêque d'abord et, par après, par les Messieurs du clergé ».

Cette bonne entente quasi paradisiaque ne peut certes durer indéfiniment et, *corruptio optimi pessima* ! dégénère en une guerre larvée entre l'archevêque et l'Institut ; la communauté elle-même tombe en déliquescence. Le frère Herménégilde résume ainsi la situation : « De 1867 à 1874 beaucoup de choses se sont passées et comme il est difficile de les relater dans tous leurs détails et surtout de les bien apprécier il est peut-être mieux de dire que l'administration n'a pas été à la hauteur de ses fonctions ; l'autorité ne savait point ou ne pouvait point s'exercer ;

le personnel était composé d'éléments hétérogènes, peu sympathiques manquant de cette union « qui fait la force ».

L'école primaire n'est pas en cause, encore que s'élèvent parfois de petites tensions à propos d'un examen public imposé par le grand vicaire Hannan malgré la défense du frère visiteur ou à cause du retard à accorder un frère jugé nécessaire. La pierre d'achoppement est le Collège Sainte-Marie, qui a perdu plusieurs de ses élèves au profit de l'école primaire des frères et qui végète malgré l'addition d'un pensionnat. Après avoir résisté pendant quelque temps, les frères acceptent, à l'automne 1868, d'assumer la direction et l'enseignement, à l'exception du latin et du grec qui sont confiés à un prêtre séculier. L'institution déménage à l'extrême nord de la ville, dans une magnifique propriété bien nommée Bel-Air, qui s'avère plus adéquate que l'ancien local, mais très onéreuse pour l'archevêque. Le Collège connaît-il un nouveau départ comme essaie de le prouver le frère Victorian (Denis Hubert, 1841-1897) en 1874 ? Force est de reconnaître que la démonstration n'est pas évidente :

```
A la fin de 1866, 40 élèves sur une inscription de 80
            1867  55                                84
            1868  45                                60
            1869  55                                71
            1870  58                                81
            1871  66                                87
            1872  55                                66
            1873  45                                65
            1874  33                                46
```

Toujours d'après le frère directeur, le progrès serait surtout notable au niveau des classes supérieures.

Ce n'est pas l'avis de l'archevêque Connolly qui, en 1874, dresse un véritable réquisitoire contre le Collège Bel-Air et l'administration des frères. Pour lui, « un pensionnat à Halifax est une impossibilité, maintenant plus que jamais, et ce qu'on appelle Collège ne peut être tout au plus qu'une Académie Classique »; c'est, répète-t-il, « une Institution qui est tout au plus un externat classique, ayant un peu plus de quarante élèves, les cinq-sixièmes étudiant dans des branches tout-à-fait élémentaires ». L'insuccès provient en grande partie de la mauvaise situation géographique de l'établissement: « le Collège est trop éloigné du milieu riche et influent de la ville. Plusieurs Pères se sont plaints du trop grand éloignement du Collège et en conséquence, je suis peiné de le dire, ont envoyé leurs enfants à des institutions protestantes ». L'établissement coûte beaucoup trop cher au diocèse et il est endetté au point qu'il faut songer à vendre la propriété, en tout ou en partie, pour éviter la banqueroute. Si bien que le prélat ne voit qu'une solution possible: ramener le Collège à son ancien site et en enlever la direction aux frères. A l'occasion des discussions qui s'ensuivent, l'archevêque avance de nouvelles accusations: le coût exorbitant de l'établissement des frères causé en partie par leur mauvaise administration; la concurrence à propos des vocations: « Elle [Sa Grâce] nous dit aussi que nous prenions tous ses garçons pour notre noviciat et qu'elle se trouvait à n'avoir personne pour repléter le ministère de son diocèse. Sa Grâce ne nous blâmait pas en cherchant l'intérêt de notre Société, mais elle ne voulait pas non plus être blâmée en travaillant à l'intérêt de la prêtrise, elle trouvait que le Collège ne lui donnait pas de prêtre ».

Le frère assistant Patrick et le frère visiteur Hosea rencontrent l'archevêque pour obtenir des explications; le frère Victorian réfute les accusations épiscopales dans un « mémoire historique » explicatif et le défend à l'occasion d'entrevues. Il avance même une solution qui semble plaire à Mgr Connolly: « Nous répondimes que nous désirons beaucoup continuer à diriger l'institution et y enseigner. Aussi que nous voulons acquérir un *chez nous* pour pourvoir à nos malades, nos infirmes et nous bâtir un noviciat en même temps que nous pourrions contribuer à recruter le diocèse de prêtres en ayant le cours classique attaché à l'école, tel qu'il était maintenant. En conséquence nous faisions proposition d'acheter ». Celle-ci est fortement appuyée par le visiteur Hosea.

Au moment où cette solution semble laisser prévoir un nouvel élan pour les frères à Halifax, un incident entraîne plutôt leur départ précipité. L'archevêque ayant passé outre à l'objurgation du nouveau visiteur de ne pas appuyer la demande de dispense des voeux du frère Moor of Mary (Michael Dooly, 1853-s1875) qui voulait devenir prêtre, le fougueux Armin-Victor vient rencontrer Mgr Connolly et, dans une entrevue cornélienne où s'affrontent deux caractères irréductibles, décide illico le départ immédiat des frères de Halifax. Celui-ci a lieu en avril 1876 et entraîne la fermeture des deux maisons lasalliennes (Collège et école primaire). Commentaires du frère Herménégilde : « 1° L'Evêque a tort. 2° Les ff. ont été trop silencieux dans cette affaire, et, plus tard, ils se sont donné tort. 3° Le f. Armin a trop raison... et finit ainsi par avoir tort. [...] La fermeture fait mourir l'Evêque de chagrin... C'est une triste affaire et à la honte des ff. car le Vicaire G^al pour justifier l'autorité diocésaine publie un article dans un Journal de New York qui laisse des impressions fâcheuses dans les esprits... » A noter que les Frères des Ecoles chrétiennes de New York viennent s'installer à Halifax en 1885.[11]

---

[11] Frère Herménégilde, *Registre contenant l'historique d'un bon nombre de Maisons fermées d'Amérique...*, pp. 177-185, AFECR, 400 ; Frère Geffrey, *Historical Sketch of the Community of the Brothers of the Christian Schools, Halifax*, 31 août 1867, 30 p., AFECT, 943.11 ; *Historical Sketch of St Mary's College, Halifax, Nova Scotia*, AFECR, 452 ; Frère Victorian, *Affaires relatives au Collège*, 11 juin 1874, *ibid.* ; Mgr Connolly au Frère Victorian, 18 août 1874, *ibid.* ; Frère Victorian au Frère Hosea, 21 août 1874, *ibid.* ; le même au même, 3 mai 1875, *ibid.* ; Frère Hosea au Frère Patrick, 26 juin 1875, *ibid.* ; Frère Armin-Victor au Frère Irlide, 2 avril 1876, *ibid.*

— *Saint-Jean (Nouveau-Brunswick)*

En 1866, cédant aux demandes réitérées de Mgr John Sweeney, évêque de Saint-Jean, Nouveau-Brunswick, le frère Liguori, visiteur du Canada, y envoie d'abord quatre frères, sous la direction du frère Leo. Les trois premières classes qu'ils ouvrent en septembre 1866 sont si encombrées d'élèves (250 écoliers) et les demandes sont si nombreuses qu'on obtient d'urgence deux autres frères qui arrivent en novembre; ils ouvrent deux nouvelles classes qui sont immédiatement remplies, « ce qui force les frères de refuser tous ceux qui se présentent ». En décembre, l'école comprend cinq classes et 377 élèves, indice évident d'un succès inespéré. « Ces élèves en général sont bons, propres, obéissants et tout à fait bien disposés à l'égard des frères, mais ils sont très-ignorants sur la Religion ». Dès mars 1867, un septième frère vient aider le frère directeur « dans sa petite mais nombreuse classe [120 élèves] ».

A l'automne 1867, les frères ouvrent leurs cinq classes de l'école Saint-Joseph, mais inaugurent également un quartier dans une nouvelle école dite de Portland ou Saint-Pierre: deux classes et 129 élèves. En 1869, à la demande de l'évêque, s'ajoute une académie « avec deux classes régentées par deux frères; elles comptent 59 élèves » à la fin de l'année scolaire. « Tout paraît beau, brillant pour les frères », note encore l'*Historique* en 1872. Mais des nuages ont déjà commencé à assombrir les relations entre la communauté et l'évêque: questions de personnel, questions d'argent (« la trop grande pauvreté de l'Evêque et de son peuple »), procès — que nous clarifierons plus loin — conduisent le frère visiteur à retirer ses maîtres, « ne pouvant les voir continuer dans d'autres conditions que celles où ils étaient en venant dans cette ville ». Malgré des pourparlers de dernière heure, les frères quittent Saint-Jean en juillet 1877. « Avant de partir les frères font vendre leur mobilier à l'encan. Leur maison ne désemplit point. Ils assistent à la Ste messe, y communient. Ils vont ensuite prendre congé de Mgr l'Evêque, qui leur donne sa bénédiction, et tout se passe bien. La population catholique est grandement affligée du départ des frères. Les frères sont accompagnés par la foule jusqu'à la station du chemin de fer. Les adieux de part et d'autres sont touchants, déchirants... Plusieurs suivent les frères à plusieurs milles de distance... »[12]

— *Charlottetown*

L'établissement de Charlottetown, Ile-du-Prince-Edouard, connaît des vicissitudes semblables. Appelés par Mgr Peter McIntyre, les frères arrivent en septembre 1870 au nombre de quatre et leur école reçoit bon an mal an environ 200 élèves. Si les relations avec l'évêque sont bonnes, il n'en est pas de même avec les autorités scolaires qui obligent les frères à subir les examens publics et à se soumettre aux visites des inspecteurs. En janvier 1877, après l'arrivée au pouvoir des conservateurs, le Bureau d'éducation ordonne de retenir le salaire des frères. « Comme les frères ne sont point disposés à adopter ni les livres ni les règlements du Bureau d'Education, ils sont de nouveau remis entre les mains de la Congrégation Catholique pour leur traitement. La chose est mise à la connaissance des paroissiens qui choisissent et forment un Comité composé d'hommes capables et influents, chargés de traiter les affaires des écoles Catholiques. Une souscription est ouverte et produit $400, somme bien insuffisante, l'Evêque est donc obligé de trouver le supplément, et ne le pouvant, lui et les paroissiens forment le dessein d'abandonner les frères et de prendre d'autres maîtres ». L'évêque demande cependant un sursis, tout en faisant un dernier effort pour régler la question financière, et les frères commencent l'année scolaire 1877-1878. Mais, après deux semaines, « ils reçoivent la notice de se retirer à moins qu'ils ne fassent

---

[12] Frère Herménégilde, *Etablissement de St. Jean (Nouveau-Brunswick)*, AFECR, 400 ; *History of the Establishment of the B. C. S., St. John, N. B.*, ibid.

ce que le Bureau des Commissaires protestants leur impose, attendu que l'école catholique est entre leurs mains. Et les Frères, ne pouvant accepter ces conditions des Commissaires protestants, se conforment au désir de Mgr McIntire [sic] et abandonnent leur école ». Et l'*Historique* de la maison de conclure: « Ce jourd'hui, Lundi, 21 Octobre 1877, les frères disent adieu à leurs amis et à leurs élèves de Charlottetown ».[13]

— *Chatham*

Les frères s'établissent à Chatham, Nouveau-Brunswick, en août 1876; quatre — un cinquième les rejoint en avril 1877 — viennent ouvrir le Collège Saint-Michel et enseigner dans une école publique; ils comptent environ 200 élèves. En février 1878, une conflagration détruit la cathédrale, le palais épiscopal et le collège des frères. C'est le début de difficultés sans nombre. La communauté se désagrège moralement. « Le f. Directeur, écrit le frère Réticius, semble avoir avec lui un ou deux sujets qu'il s'attache plutôt par de petites concessions faites à la nature que par une direction sérieuse; de la direction spirituelle, il n'y en a point. Les autres sujets de la Cté. forment bande à part et s'unissent sur le terrain de l'irrégularité! Un violent esprit de jalousie les anime contre le f. Directeur et ses adhérents; dans les récréations, les entretiens pieux sont remplacés par la critique, les plaintes et les murmures; chez quelques-uns, le lever manque de ponctualité; le déjeuner, jamais; quelques autres sont accusés de boire en cachette; d'aucuns lisent les journaux et sortent pour assister à des réjouissances toutes profanes; peu de vigilance sur les enfants, soit en classe, soit en récréation: on tient plus au nombre qu'à la qualité. Pour préciser toute ma pensée sur cette Cté., je dirai que c'est un édifice plein de fissures et qui menace ruine; et cette situation

---

[13] Frère Herménégilde, *Etablissement de Charlottetown*, ibid.

provient de deux sources : le manque d'esprit religieux de deux sujets, et surtout le défaut de tact, de suavité, de charité du f. Directeur ». La situation financière est encore pire à cause de « la mauvaise administration du f. Directeur et [de] la parcimonie de Monseigneur ». Le premier dépense trop : « A Chatham, on ignore ou on oublie étrangement ses devoirs sous le rapport de la pauvreté », assure encore le frère Réticius ; « du côté de Mgr, lésinerie qui ne s'élève pas même à la hauteur d'une rigoureuse justice ». Dans ces condition, ou l'évêque apporte une substantielle contribution monétaire, ou les frères se retirent du lieu. « Je regretterais cette mesure extrême, car Chatham est notre seule Cté. dans ces contrées, et il serait à souhaiter qu'elle pût dissiper l'impression fâcheuse qu'a produite chez N.N.S.S. la suppression de nos anciennes maisons dans cette région ; cependant, nous ne pouvons continuer à tenir l'école de Chatham qu'autant que Mgr améliorera notre situation pécuniaire ». Comme il n'en est rien, les frères quittent Chatham en 1880 et ainsi disparaît le dernier établissement lasallien dans les Maritimes.[14]

    Avant 1880, l'Institut ne fait pas une véritable percée au Canada anglais. Toronto est solidement implanté et connaît un développement comparable à celui de Montréal et de Québec, mais, malgré son leadership, ne réussit pas à répondre aux demandes d'établissement ; Kingston et St. Catharines demeurent les seules maisons en dehors de la capitale provinciale. Aux Maritimes, l'aventure tourne à la catastrophe ; malgré des départs prometteurs et un nombre surprenant de vocations locales, les maisons ferment les unes après les autres, victimes de troubles intérieurs tout autant que de conditions financières difficiles. Faut-il en chercher la cause dans le caractère français de la com-

---

[14] Frère Herménégilde, *Etablissement de Chatham, Nouveau Brunswick, ibid.* ; Frère Réticius, *Chatham*, 25 mai 1880, AFECR, 451 ; le même au Frère assistant, 5 juillet 1880, *ibid.*

munauté ? Cet élément joue sans doute un certain rôle, comme on le prétend à Toronto, mais il ne faut pas oublier qu'il n'empêche pas, dans les mêmes années, une expansion extraordinaire des Frères des Ecoles chrétiennes aux Etats-Unis.

IV

BALTIMORE ET LES ÉTATS-UNIS

Les frères sont à peine sortis de Montréal pour ouvrir leur maison de Québec qu'ils en inaugurent une à Baltimore, puis à New York et enfin dans plusieurs villes des Etats-Unis: « La ruche canadienne allait envoyer des essaims dans une nouvelle contrée », écrit un frère de l'époque. Et comme, jusqu'en 1864, ces communautés sont rattachées au district de Montréal — c'est, en fait, avant la lettre, la province d'Amérique —, elles constituent une étape importante de la conquête du Nouveau Monde par les fils de Jean-Baptiste de La Salle basés au Canada.

Ces fondations des années 1840-1850 ne sont pas les premières faites sur le territoire américain. En 1817, en effet, répondant aux instantes prières de Pie VII et de la Sacrée Congrégation de la Propagande, trois frères — Aubin, Fulgence et Antonin

— s'embarquent à Bordeaux en compagnie de Mgr Louis-Guillaume Dubourg, nouvel évêque de la Nouvelle-Orléans (il installe son siège à St. Louis), et ouvrent une école à Sainte-Geneviève, petite localité au sud de la ville épiscopale. En 1822, cependant, l'évêque sépare les membres de la communauté et les expédie un à un dans trois localités différentes, au mépris des Règles de l'Institut. Ce qui était prévu par le fondateur arrive : isolés, les trois frères abandonnent leurs obligations et redeviennent laïques et ainsi se termine la première expérience lasallienne aux Etats-Unis.[1]

La jeune Eglise américaine, qui connaît un grand essor au XIXe siècle grâce, entre autres, aux sulpiciens français, fait souvent appel aux Frères des Ecoles chrétiennes pour l'aider à mettre en place son réseau d'écoles catholiques. Ces instances se font encore plus pressantes quand on apprend leur installation à Montréal et les succès qu'ils y remportent. L'archevêque de Baltimore, Mgr Samuel Eccleston, fait si bien qu'il obtient la première fondation pour sa ville qui est déjà un centre d'éducation catholique.

I — La fondation de Baltimore

Après de vains efforts pour obtenir des frères en Irlande, Mgr Eccleston s'adresse, en 1841, au frère Aidant de Montréal et lui offre la direction de l'école qu'il est en passe de construire sur la paroisse cathédrale. Le frère visiteur doit répondre qu'il n'a pas de sujets de langue anglaise et que tous les autres sont déjà requis pour les besoins du Canada. Il fait cependant une suggestion prometteuse : que l'évêque trouve des jeunes gens

---

[1] Frère Asclépiade, *L'Institut des Frères des Ecoles Chrétiennes dans l'Amérique du Nord, et plus particulièrement dans les Etats-Unis*, 1885, AFECR, 400-4 ; Frère Herménégilde, *Etablissement des Frères des Ecoles Chrétiennes en Amérique, et particulièrement aux Etats-Unis*, ibid., 400-2.

ayant la vocation et il les formera au noviciat de Montréal dans la spiritualité, les traditions et les méthodes d'enseignement des Frères des Ecoles chrétiennes avant de les renvoyer à Baltimore pour prendre charge des écoles. L'archevêque agrée le projet et, en juin 1842, envoie deux de ses prêtres, Charles I. White, curé de la cathédrale, et John Gildea, accompagner cinq candidats au noviciat. En présentant ses sujets, l'évêque exprime le souhait qu'en s'établissant au « centre de notre catholicité américaine, [les bons frères] puissent se répandre de tous les côtés dans ces pays qui offrent tant d'ouvertures aux progrès de notre sainte religion ». Un sulpicien, directeur du Grand Séminaire, ajoute ses instances à celles de Mgr Eccleston et explique : « on ne pourra pas faire pour vous les choses en grand comme on les fait à Montréal, nous ne sommes pas assez riches, mais matériellement vous seriez bien dans la place que Mr White propose et vous feriez un bien immense, infini, incalculable pour la religion dans ce pays-ci ». Devant tant d'espérances et de bonne volonté, le frère visiteur demande à Paris « au moins trois Frères très-capables, car il faudra, avant de commencer, apprendre la langue anglaise, qui n'est pas sans quelques difficultés » ; il ajoute : « Cet établissement sera un jour, comme je le pense, un point central pour les Etats-Unis ; il sera donc nécessaire que le Frère Directeur soit un homme sur lequel l'Institut puisse compter tant pour sa conduite que pour l'administration du district ».

Les événements tournent tout autrement que prévu. Un seul des candidats américains persévère et, par tout un jeu de circonstances, devient le fondateur de la communauté de Baltimore. John McMullin, devenu frère Francis (1827-1847), prend l'habit le 6 août 1842 et, après son noviciat, enseigne deux ans à Montréal. Il tombe alors malade et, à la suggestion d'un séminariste de Baltimore en visite à Montréal, le frère Aidant permet au jeune sujet d'aller refaire ses forces dans sa famille. Il lui demande d'ouvrir l'œil pour recruter des candidats pour l'Institut et l'assure même qu'une fois sa santé rétablie, il pourra offrir ses services pour l'école de Baltimore, le visiteur s'engageant à aller le rencontrer alors pour régulariser la situation.

Après deux mois de soins maternels, le frère Francis se sent suffisamment rétabli pour se mettre au travail. Avec le consentement du frère Aidant et de l'administrateur du diocèse, Henry B. Coskery, il se rend à Baltimore pour enseigner à Calvert Hall. Mais comme on ne trouve pas d'enseignant laïque pour le seconder, le frère visiteur consent à lui envoyer un novice canadien-irlandais, le frère Edward (Thomas Whitty, 1822-s1849), pour prendre charge de la deuxième classe. Le 15 septembre 1845, ils accueillent 100 élèves, mais doivent en refuser un grand nombre pour ne pas encombrer les classes. En octobre, le frère Aidant va les visiter et amène avec lui le frère Ambrose (James Rourke, 1817-1867) pour l'adjoindre à la nouvelle communauté qu'il installe dans une vieille maison qui a déjà servi de résidence temporaire à l'évêque. Dès décembre 1845, il est déjà question de l'ouverture d'un noviciat, ce qu'accepte avec empressement l'archevêque, et, en septembre 1846, arrive d'Europe le frère Léopold (Joseph Rubier, 1796-1865), ce « Frère expérimenté, formé dans les écoles de France » que le frère Aidant avait demandé pour prendre la direction de la communauté de Baltimore et ouvrir le noviciat. Le nouvel établissement est sur une bonne voie: le nombre des frères augmente rapidement (sept en 1849) et permet d'ouvrir l'Académie Saint-Joseph et un quartier sur la paroisse Saint-Vincent. Ce n'est que le début d'une expansion continue, marquée cependant de difficultés et parfois d'échecs.[2]

---

[2] Frère Réticius, *Le Latin aux Etats-Unis*, pp. 1-12, AFECR, EM612-6, 4; Brother Angelus Gabriel, *The Christian Brothers in the United States, 1848-1948, A Century of catholic Education*, New York, Delcan X. McMullen, 1948, pp. 37-90.

II — La fondation de New York

L'arrivée des Frères des Ecoles chrétiennes à New York se situe dans la lignée des efforts des évêques John Connolly et Claude Dubois pour doter leur diocèse d'un réseau d'écoles catholiques. Dans les années 1840, leur successeur, l'archevêque John Hughes, en fait une de ses priorités et, pour l'éducation des garçons, fait appel à diverses communautés en Irlande et en France. Ayant appris l'ouverture de Calvert Hall à Baltimore, l'archevêque s'adresse au supérieur général de l'Institut par l'entremise du père John Timon, provincial des lazaristes. Surprise! le frère Philippe se dit très intéressé et envoie le frère Léopold « afin de préparer les voies au départ d'un plus grand nombre de frères » : « Ce cher Frère verra les lieux, fixera les réparations à faire, soit pour la résidence des Frères, soit pour l'établissement d'un noviciat s'il y a lieu et se rendra compte de tout ».

Le frère Léopold ne passe pas inaperçu, même dans une ville cosmopolite comme New York. Le frère Réticius raconte : « Il était, dit notre chroniqueur, d'une stature colossale et d'une trempe d'âme tout américaine. Passant un jour sur une rue avec son costume religieux, il est insulté par un monsieur. F. Léopold va droit à son homme et lui demande à brûle-pourpoint : « What is this Street ? » Quelle est cette rue ? — « Liberty Street » Rue de la Liberté » « Eh bien, trouvez bon que j'en use en portant le costume qui me convient ». Notre Yankee resta coi, et admira, sans doute in petto, la logique de ce moine extraordinaire ». En route pour Baltimore, le frère Léopold négocie l'envoi d'un premier contingent, mais pour la direction d'un orphelinat. Une fois sur place, cependant, les frères Urbice (Nicolas Prunier, 1821-1857) et Alexander (Charles-Frédérick Lindholm, 1803-1881) apprennent que Mgr Hughes a changé d'idée et que des religieuses les ont devancés. Ils n'ont plus qu'à se diriger vers Montréal et Baltimore.

Le projet revient à la surface, mais cette fois-ci pour les écoles, grâce à l'initiative d'Annet Lafont, curé de Saint-Vincent de Paul, l'« église française » qu'avait aidé à organiser Mgr Charles de Forbin-Janson en 1840. Rappelé en France en 1848, le frère Léopold loge, en passant, au presbytère ; les deux compatriotes s'entretiennent de la possibilité de confier l'école de la paroisse aux Frères des Ecoles chrétiennes et ils vont immédiatement en entretenir l'archevêque qui agrée le plan. Il écrit au supérieur général, de même que le curé Lafont ; appuyée fortement par le frère Léopold, la requête est bien reçue par le frère Philippe qui prend cependant la précaution d'exiger la promesse d'une organisation conforme aux Règles de l'Institut (particulièrement quant à l'enseignement gratuit). Une fois les arrangements conclus, il promet l'envoi d'un premier contingent de frères français.

Ils s'embarquent au Havre, le 4 juillet 1848 ; ils sont quatre : les Frères Stylien (Louis-Alexandre Lissignol, 1808-1880), directeur, Andronis, directeur des novices, Albien (Grégoire Cordier, 1817-1888) et Pastoris (Jules-Jean-Baptiste Deville, 1819-1874), instituteurs. Ils arrivent à New York le 26 juillet et se mettent immédiatement à l'étude de l'anglais sous la conduite de Francis Michael Barat, qui prend l'habit le 31 août 1848 et devient le frère Joseph of Nazareth et plus tard John Chrysostom (1820-1907), parce que son premier nom était déjà réservé par un autre novice. Le 4 septembre 1848, ils commencent leur travail à l'école paroissiale Saint-Vincent, Canal Street, et y accueillent 96 élèves répartis en trois classes : une anglaise et deux françaises. Grâce aux bons soins du frère John Chrysostom, qui sert souvent d'interprète et de mentor, les frères français réussissent à s'imposer comme maîtres d'expérience et à préparer l'examen public et la distribution solennelle des prix qui achèvent de leur attirer la sympathie du clergé et de la population. Pendant l'été 1849, les frères enseignent le catéchisme à la cathédrale et, en septembre, prennent charge de l'école de la même paroisse. C'est le début de l'ouverture de nouveaux quartiers et communautés en ville (Saint-Etienne, Sainte-Marie, Saint-François-Xavier...) et dans l'ensemble du diocèse (Troy, Albany, Utica, Rochester, Buffalo...). Le noviciat, quant à lui, ne sert pas longtemps: « A la fin d'octobre 1850, a lieu la suppression du noviciat de New York dans les circonstances suivantes. Le F. Facile voyait depuis longtemps, avec peine, les difficultés que cette maison affrontait pour bien conduire la formation des jeunes gens qui se présentaient pour entrer dans l'Institut. Il en avait référé au T. C. F. Supérieur; mais pour des motifs qui ne sont pas du ressort de cet historique, furent cause qu'on ne prit pas d'abord en considération les raisons qui avaient été alléguées quoique l'on fût convaincu qu'il faudrait un jour ou l'autre le supprimer. Enfin, vers la fin du mois de septembre le F. Andronis, directeur du noviciat, après avoir considéré sérieusement le pour et le contre crut, devant Dieu, devoir demander au F. Visiteur de l'appeler à Montréal avec les deux novices qu'il avait. Le F. Visiteur l'exauça et le 29 septembre, il lui adressa l'obédience qui le mandait à Montréal ».[3]

III — La fondation de St. Louis

Après l'expérience lasallienne manquée de 1817, St. Louis connaît un développement religieux lent et difficile. On y crée un diocèse en 1826 et les deux premiers évêques, Joseph Rosati et Peter Richard Kenrick, manquent longtemps d'argent pour créer une véritable infrastructure religieuse et scolaire, malgré l'aide des lazaristes et de la Propagation de la foi. Et, comme partout ailleurs, c'est l'instruction des garçons qui est la plus négligée.

Pour corriger la situation, les autorités diocésaines se tournent donc, une nouvelle fois, vers les Frères des Ecoles chré-

---
[3] Frère Réticius, *op. cit.*, pp. 19-24; Angelus Gabriel, *op. cit.*, pp. 91-173; *Origine...*, (copie dactylographiée), pp. 15-16, AFECM.

tiennes. En 1842, de passage à Montréal, le provincial des lazaristes, John Timon, demande six recrues au frère Aidant, qui ne peut les lui promettre. Trois ans plus tard, Mgr Kenrick l'envoie à Paris rencontrer le frère Philippe, supérieur général, qui se montre favorable, mais le manque de fonds fait échouer le projet.

En 1849, on semble encore déterminé à faire une croix sur la venue des frères à St. Louis quand une rencontre fortuite change complètement les perspectives. Venu à Baltimore pour le septième concile provincial, Mgr Kenrick y rencontre le nouveau visiteur du district de Montréal, le frère Facile, qui lui-même entreprend sa tournée des maisons des Etats-Unis. Nonobstant les difficultés prévisibles — manque d'argent et de sujets, éloignement de Montréal —, le frère Facile communique immédiatement avec Montréal pour qu'on envoie à St. Louis les frères Gélisaire, Peter (Thomas McAteer, 1826-1864) et Dorothy (Augustin Painchaud, 1822-1863). Ils partent donc le 18 juillet 1849 et arrivent à destination le 25 août. Dès le 11 septembre, ils sont en mesure d'ouvrir, dans une ancienne résidence de Mgr Rosati où ils logent eux-mêmes, l'école gratuite des garçons de la cathédrale de St. Louis qui reçoit, dès le départ, 200 élèves; on lui adjoint bientôt un noviciat et un pensionnat. Dès 1850, cinq autres frères rejoignent les pionniers, malgré l'état précaire des finances; la communauté ouvre alors un quartier dans l'école paroissiale Saint-François-Xavier, puis l'Académie Saint-Joseph pour lui permettre de survivre. Elle devient ainsi la maison mère du district de St. Louis, qui sera érigé en 1873. « De ce centre, comme de ceux de Baltimore et de New York, sortiront tous les autres établissements des Frères des Ecoles chrétiennes de l'Atlantique au Pacifique, des Philippines et de l'Amérique centrale ».[4] Avec, jusqu'en 1864, l'aide non négligeable du district de Montréal, en argent et en sujets.

---
[4] Frère Réticius, *op cit.*, pp. 13-20; Brother Angelus Gabriel, *op. cit.*, pp. 124-131.

10. La Salle Academy de New York. AFECM

De 1845 à 1864, en effet, les maisons des Etats-Unis sont rattachées au district de Montréal et demeurent sous la juridiction des frères visiteurs Aidant (1837-1848), Facile (1848-1861) et Turibe (1861-1864); c'est le nouveau visiteur, le frère Liguori (1864-1868) qui assure la division du district dès son arrivée en 1864. La multiplication des maisons dans tout le territoire américain, la difficulté de plus en plus grande pour le frère visiteur de garder contact avec elles, les problèmes particuliers qui naissent aux Etats-Unis (discipline, gratuité scolaire et, surtout, enseignement du latin), tout pousse à scinder l'immense district d'Amérique et à en ouvrir un nouveau à New York, bientôt suivi de plusieurs autres. Le tout se fait dans l'harmonie la plus complète qu'une déclaration commune et un échange de frères concrétisent dès le début.[5]

Pendant cette période de 29 ans, les Frères des Ecoles chrétiennes s'implantent dans au moins 26 localités des Etats-Unis, prenant très souvent la direction de plusieurs maisons dans la même ville ou, plus rarement, n'y faisant qu'un bref séjour. Ils s'installent donc à Baltimore, New York, St. Louis, Troy, Nouvelle-Orléans, Détroit, Cumberland, Washington, Philadelphie, Albany, Brooklyn, Utica, Ellicott City, Rochester, Silver Springs, St. Augustine (Floride), Santa Fe, Cincinnati, Galveston, Yonkers, Buffalo, Sainte-Anne de Kankakee, La Salle, Baie Saint-Louis et San Francisco.

Les statistiques montrent éloquemment les progrès rapides:

Année	Etablissements	Frères	Ecoles	Classes	Elèves*
1850	5	30	10	33	3 013
1855	12	127	22	76	5 940
1860	19	234	48	160	10 889
1864	27	272	60	210	14 566

* Y compris les orphelins
Source: *Statistiques de l'Institut des Ecoles Chrétiennes. 31 Déc. 1880*, AFECR.

---

[5] *Origine...*, (copie dactylographiée), pp. 57-61, AFECM.

Les Américains eux-mêmes sont les premiers responsables de cet accroissement considérable. Mais, avant qu'ils puissent se recruter complètement sur place, ils reçoivent une aide continuelle du Canada: un très grand nombre de frères canadiens — irlandais ou canadiens-français — œuvrent aux Etats-Unis et, malgré qu'on leur offre, après 1864, la possibilité de revenir au Canada, 225 d'entre eux meurent aux Etats-Unis et sont inhumés dans 37 villes différentes. C'est grâce à eux que prend forme, dans la seconde partie du XIXe siècle, cette conquête de l'Amérique, des Maritimes à la Californie, du Rio Grande au Golfe Saint-Laurent.

De 1837 à 1880, soit pendant à peine plus de quarante ans, l'Institut des Frères des Ecoles chrétiennes se répand un peu partout en Amérique du Nord, particulièrement aux Etats-Unis et au Canada français. A partir de Montréal, leur premier point d'ancrage, ils rayonnent rapidement dans la vallée du Saint-Laurent, le Haut-Canada, les Maritimes et les diverses régions des Etats-Unis, aussi bien l'Est, le Centre, l'Ouest que le Sud. Des dizaines de villes et villages et des milliers d'écoliers font connaissance avec la pédagogie et la spiritualité de Jean-Baptiste de La Salle. Dans la plupart des cas, leurs Académies, leurs pensionnats et même leurs écoles gratuites sont à l'avant-garde du progrès et de la réussite. Et les demandes ne cessent d'affluer pour obtenir l'ouverture d'établissements lasalliens. Pourquoi ce succès ?

Première constatation: les frères ne font que répondre à la demande. En cela, ils pavent la voie aux nombreuses communautés religieuses européennes qui s'intallent en Amérique dans la seconde moitié du XIXe siècle: aucune communauté « n'est venue s'établir [...] de sa propre initiative. Toutes y ont *d'abord* été appelées. Elles ont répondu à une « demande », conclut une étude faite en 1981. Or, la conjoncture politique et religieuse favorise cette demande. Au Canada, à la fin des années 1830, disparaissent les restrictions sur la venue des ecclésiastiques étrangers. En même temps, les projets d'alphabétisation plus poussée, la création de réseaux d'enseignement catholique (écoles confessionnelles publiques au Québec, écoles séparées soutenues par l'Etat en Ontario, écoles catholiques privées dans les Maritimes et les Etats-Unis), la peur du péril protestant, le souci d'améliorer le corps enseignant incitent à faire appel aux spécialistes de l'enseignement populaire catholique, les Frères des Ecoles chrétiennes. Beaucoup d'évêques et de curés ne voient une bonne école que dirigée par les frères. Ce qui s'inscrit bien, au Québec, dans la campagne de cléricalisation de l'enseignement lancée particulièrement par Mgr Lartigue et Mgr Bourget.

Cette demande commence dès l'arrivée des frères au Canada et ne diminue pas par après. En dehors de Montréal, le curé de Boucherville est le premier à contacter le frère Aidant pour préparer un établissement dans sa paroisse: le 1er février 1838, il l'invite « à aller voir un terrain où il avait intention de faire bâtir une maison et des classes, pour y faire un établissement de 3 frères, je lui remis un plan à exécuter, il se propose de jeter les fondemens de la maison au mois de Juin, et l'an prochain il l'achèvera, la 3e année sera employée à ramasser des fonds pour le traitement des frères, et il espère en avoir la 4e ». Ce premier projet ne se réalise pas, mais les demandes continuent à affluer auprès du visiteur. En 1849, par exemple, il y en a plus de 25 « faites de tous les points de l'Amérique », et encore 34 en 1878. L'*Historique* de la maison mère de Montréal ne cesse de rappeler les nombreux refus qu'il faut continuellement donner.[6]

Les frères avancent principalement deux raisons pour refuser l'ouverture d'un établissement. D'abord, le manque de

---

[6] Frère Aidant au Frère Supérieur, 22 mars 1838, AFECR, 432a-11; *Origine...*, (copie dactylographiée), *passim*, AFECM; Gabriel Dussault et Gilles Martel, *Charisme et économie*, Québec, Faculté des Sciences Sociales, Université Laval, 1981, p. 57.

sujets et, nommément, de sujets de langue anglaise pour les milieux anglophones. Malgré un recrutement acceptable, que nous analyserons plus loin, le nombre des membres de la communauté n'a jamais permis de pouvoir répondre à tous les besoins des milieux canadiens. Il faut retarder et retarder les réponses positives et, parfois, ce n'est que la fermeture de certains établissements qui permet d'en ouvrir d'autres. D'autre part, mais plus rarement, c'est l'incapacité d'obtenir des traitements décents ou les aménagements usuels qui entraîne le refus. C'est le cas notamment de Rimouski : « Le 19 [février] de la même année [1877], Mgr Langevin, évêque de Rimouski, ayant renouvelé sa demande de Frères pour sa ville épiscopale, le F. Visiteur [Albanius, Stanislas-Pierre Gillet, 1829-1897] se rendit près de Mgr pour s'entendre avec sa Grandeur sur les conditions pour l'érection de ce nouvel établissement. Le traitement que Mgr offrait aux Frères était tout à fait insuffisant, car sa Grandeur ne promettait que $400 par an pour cinq Frères, et encore on ne devait pas leur fournir d'ameublement. Le F. Visiteur ne put donc accepter ces conditions et l'établissement n'eut pas lieu ».[7] Ailleurs, on accepte certains accommodements, mais ils ne doivent pas dépasser un seuil critique et, souvent, ils donnent lieu à des difficultés qui aboutissent parfois à la fermeture.

La personnalité des visiteurs, de qui elles dépendent en bonne part, influencent-elles les décisions d'acceptation ou de refus ? Assez peu, en règle générale, mais d'une façon notable pour le frère Facile. Très conscient des engagements pris à l'égard des sulpiciens, le frère Aidant tient à consolider l'établissement de Montréal et n'accepte qu'avec une extrême prudence les invitations de Québec, Trois-Rivières et Baltimore. Tout au contraire, tombé en amour avec l'Amérique, le frère Facile profite de ses fonctions de visiteur (1848-1861) et d'assistant (1861-1874) pour pousser à fond de train le développement de l'Institut dans

---

[7] *Origine...*, (copie dactylographiée), p. 108, AFECM.

le Nouveau Monde : « sous son administration, le nombre des maisons soumises à son obédience passa de cinq à soixante-seize et celui des Frères, de cinquante-six à neuf cents ». Il a comme une frénésie d'expansion : « Il voulait répondre à toutes les demandes à la fois. L'extrait suivant de sa correspondance nous le révèle en plein naturel, tout haletant : « il nous faut faire Arichat — Un quartier à New-York ; un autre à Brooklin ; un à Albany, et peut-être à Buffalo — Et le curé de Rochester est là pour y avoir des frères ». Les sujets manquent ? Il multiplie les noviciats et va y chercher des sujets avant même qu'ils aient terminé leur temps de probation. Lui-même paie de sa personne, traversant quarante fois l'Atlantique et sillonnant l'Amérique en voiture, en train, en diligence, en steamer... C'est lui le responsable de cet « empire » lasallien installé aux divers coins de l'Amérique du Nord. Ce n'est pas pour rien que les frères américains l'appellent encore leur « père ».[8]

Enfin, l'Institut trouve en lui-même, du haut en bas de son membership comme dans les buts et objectifs de ses *Règles et constitutions*, l'élan qui permet d'accepter des conditions parfois difficiles pour mieux toucher des terres nouvelles. La conjoncture locale, ce que nous appelons les contraintes du milieu, exige des adaptations non négligeables pour implanter et développer plusieurs de ces communautés nouvelles. Nous en avons déjà glissé quelques mots à l'occasion de la fondation de plusieurs d'entre elles, mais le phénomène mérite une analyse plus poussée.

---

[8] François De Lagrave, *Frère Réticius, F.E.C., Le mandat tumultueux d'un Visiteur provincial, 1880-86*, Québec, Université Laval, Thèse de M.A.(histoire), 1977, pp. 24-32.

DEUXIÈME PARTIE

LA COMMUNAUTÉ MODE D'EMPLOI*

* En souvenir du grand roman de Georges Perec, *La vie mode d'emploi*.

I l y a une constante dans l'histoire des premiers temps de l'Institut des Frères des Ecoles chrétiennes : que ce soit à Reims (1679-1688), à Paris (1688-1699), à Saint-Yon, près de Rouen ou dans les autres diocèses où oeuvraient ses disciples, Jean-Baptiste de La Salle a dû continuellement composer avec les contraintes des institutions civiles et ecclésiastiques de son époque. « Au total, les institutions agirent en deux sens différents. Tantôt, elles firent entendre à [de] La Salle divers appels en vue de promouvoir l'enseignement populaire en divers lieux et sous diverses formes. Tantôt, elles agirent sur les règlements en cours d'élaboration dans la communauté des Frères afin de les infléchir dans le sens des traditions et des coutumes ».[1]

Ces interventions et interférences ne s'arrêtent pas à la mort du fondateur. Bien au contraire, la multiplication des communautés et l'extension de l'Institut dans divers pays soulèvent de nouveaux problèmes et mettent à rude épreuve les règles mises en place par Jean-Baptiste de La Salle. Et il faut, aux supérieurs généraux et au Régime, un sens aigu de la tradition et une vigilance de tous les instants pour éviter les pièges des empiètements ecclésiastiques, des règlements scolaires et des coutumes locales. Congrégation très centralisée et très disciplinée, l'Institut résiste aux diverses pressions extérieures, s'attirant parfois l'ire de personnes plus ou moins importantes ou de groupes

---

[1] Yves Poutet, *Le XVIIe siècle et les origines lasalliennes*, T. II : *L'expansion (1688-1719)*, Rennes, Imprimeries réunies, 1970, p. 10.

d'individus. Mais, souvent aussi, les autorités lasalliennes réussissent à expliquer et à faire accepter sans conflit leur position intégrale en éducation, héritée de leur fondateur. Ce qui n'exclut pas une certaine forme d'évolution.

En s'installant en Amérique du Nord au XIXe siècle, les Frères des Ecoles chrétiennes prennent vite conscience qu'ils s'insèrent dans une société à la fois connue et mystérieuse. Au Canada comme aux Etats-Unis, les institutions civiles et religieuses viennent d'Europe, mais elles se sont développées dans un contexte géographique et culturel bien différent de celui de l'Ancien Monde. Que de points communs, mais aussi que d'aspects inédits et parfois surprenants pour un Européen. Les frères sont donc rapidement amenés à penser qu'ils pourraient, en terre d'Amérique, revivre les contraintes qu'avait affrontées et réglées leur fondateur. Leur intuition ne les trompe pas.

V

LES CONTRAINTES DU MILIEU

Ouvrir un établissement au Canada et le développer, c'est d'abord en négocier les conditions avec les premiers employeurs (appelés parfois fondateurs), c'est-à-dire les sulpiciens, les évêques et les autorités locales.

I — Les relations avec les sulpiciens

A la fin des années 1880, un texte des membres du Conseil de district de Montréal résume avec une certaine amertume les relations des frères avec les sulpiciens : « St-Sulpice nous a appelés et établis en Canada, il y a cinquante ans. Nous ne devons pas l'oublier, et nous devons tenir compte à cette Société du choix fait de nous pour tenir ses écoles. Mais St-Sulpice de Montréal n'est pas St-Sulpice de France. Ici, étroitesse, mesquinerie, jalousie même, et de telle sorte, que ces Messieurs sont réellement pour nous d'onéreux bienfaiteurs ».[1] N'oublions pas, cependant, que ce jugement sévère, développé dans un texte de 17 pages, survient à la fin du tumultueux séjour du frère Réticius au Canada, ce qui peut en expliquer le ton et le contenu. Il faut donc prendre avec un grain de sel tout ce qui se rapporte à la période d'avant 1880.

Jusqu'à cette date, en effet, les relations des frères avec les sulpiciens sont plutôt harmonieuses et les premiers ne parlent des seconds que comme leurs fondateurs et leurs bienfaiteurs insignes. Le frère Aidant donne le ton dès le départ : « Les bontés sans nombre que les Messieurs de St. Sulpice ont pour nous, l'état prospère où ils ont mis notre établissement, les dépenses considérables qu'ils ont faites & qu'ils font journellement pour nous établir convenablement, ne laissent rien à désirer. [...] Outre ces avantages temporels, ces Messieurs ont grand soin de nous pour le spirituel [...] ».[2] Des éloges semblables se multiplient le long des ans, même si des nuances apparaissent vers 1875. Ils traduisent bien l'état des relations entre les deux groupes.

— *Les vues des fondateurs*

Nous l'avons déjà vu, Quiblier ne ménage rien pour faire venir les Frères des Ecoles chrétiennes à Montréal et il ne craint pas d'ouvrir les perspectives les plus larges : « Ils dicteront eux-mêmes les conditions et nous les accepterons ». Promesses et engagements viennent bientôt confirmer la sincérité de ses propos. Les sulpiciens sont prêts à prendre en charge toutes les dépenses d'un établissement lasallien : « Leur temporel entier reposeroit

---

[1] Le Conseil de district de Montréal au Frère Joseph, 24 oct. 1886, AFECR, 411, 9-6.
[2] Frère Aidant au Frère Philippe, 21 avril 1845, *ibid.*, 432a, 11.

LES CONTRAINTES DU MILIEU

sur nous. [...] Rien d'essentiel ne leur manqueroit », assure le supérieur. Pour le logement, par exemple, il n'y a que l'embarras du choix : « des emplacements commodes » attendent les frères et il leur appartiendra « de choisir ce qui leur convient, quand ils seront sur les lieux ». Et de vanter la beauté et la convenance de chacun de ces terrains, en prenant soin de souligner la proximité du jardin des Messieurs. Il met à la disposition des nouveaux venus toutes les ressources du Séminaire : « Nos moulins et nos fermes nous donnent la facilité de fournir aux frères la farine, pommes de terre, légumes, bois, outre le vin, nécessaires à leur consommation. Notre boulanger pourroit même faire leur pain. Nous meublerons leur modeste ménage. [...] Le Docteur en médecine, de la Maison, aura soin d'eux ».[3]

Autre aspect important sur lequel insiste Quiblier : les sulpiciens seraient les seuls employeurs des frères, « qui n'auroient de rapports qu'avec le Supérieur du Séminaire, Curé de toute la ville » ; « Ils seront indépendants de toute autre personne quelconque : ils n'auront affaire qu'avec le Séminaire », répète-t-il souvent, oubliant le souci constant de l'Institut d'obtenir, pour ses nouveaux établissements, l'approbation et l'appui des évêques.[4] De cette façon, pense-t-il, les frères auront moins à craindre d'ingérence dans leurs façons de vivre et leur enseignement, et les classes, que les sulpiciens s'engagent à leur fournir et meubler, seront plus facilement conformes à leurs Règles.

Ces diverses promesses se retrouvent dans une entente signée par le sulpicien Carrière, de Paris, « agissant au nom et sur la demande de M. le Supérieur du Séminaire de S. Sulpice de Montréal », datée du 4 octobre 1837. La base en est le *Prospectus pour Un Etablissement de Frères des Ecoles chrétiennes* qui gère

---

[3] Quiblier au Frère Anaclet, 28 avril 1836, *ibid.*, 432a, 10 ; le même à Carrière, 18 mai 1836, ASSP, *Quiblier*, 99-8.

[4] Le même au Frère Anaclet, 22 avril 1836, AFECR, 432a, 10 ; le même au même, 26 nov. 1837, *ibid.*

la fondation de toute nouvelle maison. Comme partout ailleurs, les sulpiciens s'engagent à fournir aux frères des écoles « parfaitement gratuites, conformément à leurs Statuts ; sans que les écoliers ou leurs parens y contribuent en rien » ; à loger convenablement les frères ; à leur payer la pension prévue, les frais de voyage et d'ameublement, une subvention pour les novices ; à laisser le supérieur général « changer les Frères quand il le jugera nécessaire ou utile » ; et enfin à respecter un certain nombre de règles liées à la méthode pédagogique lasallienne. S'ajoutent cependant pour Montréal un certain nombre de précisions :

> Messieurs de St-Sulpice, en demandant des frères pour Montréal, promettent au nom de leurs confrères de procurer aux frères toutes les choses portées au présent prospectus et de plus les additions ou modifications des articles mentionnés ci-dessous.
> Article II. Les frères ne pourront pas être moins de quatre à Montréal aux frais des fondateurs, [...]
> Article III. L'habitation des frères ne devra pas être enclavée dans d'autres maisons et ni y avoir aucune servitude de passage et même de vue trop incommode.
> Article IV. La pension des frères sera payée d'avance et par trimestre et fixée au prorata de la valeur des denrées etc. prenant Paris et la pension que les frères y reçoivent pour terme de comparaison. [...]
> Article V. La Somme pour le trousseau sera également fixée d'après le prix des toiles, étoffes, meubles etc. etc. comparé à celui de Paris [...]. L'entretien du mobilier sera à la charge des ff. mais au bout de vingt ans il sera leur propriété.
> Article VI. La Somme demandée sera payée au Supérieur général résidant à Paris.
> Article XI. Les frais de voyages des frères pour revenir en france et ceux de leurs remplaçants seront aux frais des fondateurs. Il est à présumer que ces voyages seront rares ; néanmoins un frère y aurait droit après cinq ans de résidence en Amérique.[5]

---

[5] *Prospectus pour Un Etablissement de Frères des Ecoles chrétiennes* (avec additions), 4 oct. 1837, ASSP, *Quiblier*, 99-29 ; copie aux AFECR, 432a et aux AFECM, T17C2.

— De la parole aux actes

Comment les sulpiciens s'acquittent-ils de leurs promesses ? Sans entrer pour le moment dans le détail des sommes versées par le Séminaire pour l'établissement des frères à Montréal, on peut dire que les Messieurs ne lésinent pas d'ordinaire sur les moyens employés. Nous l'avons vu, ils fournissent et construisent au besoin les écoles nécessaires dans les divers quartiers de Montréal. Dès le point de départ, ils logent les frères chez eux, puis dans une de leur maison, avant de leur procurer ce domaine *Près de ville* qui, par des modifications et constructions successives, devient, comme le rêve Quiblier, « un grand Etablissement », « le plus utile, le plus respecté », « le plus bel Etablissement de leur Institut ».[6] Et même si leurs frais en sont multipliés d'autant, les Messieurs ne cessent de demander des renforts, fixant leurs propres objectifs pour la ville et les seigneuries à 20 et 6 frères respectivement.

Pendant plusieurs années, les frères n'ont que des éloges pour leurs fondateurs montréalais. En 1845, par exemple, le frère Aidant rappelle les terrains qu'ils leur ont achetés et les édifices qu'ils leur ont construits « de leur propre mouvement » et il ajoute : « outre cela ils ont fourni la chapelle d'ornements, de linges, etc. etc., [...] Toutes les dépenses que nous avons faites les premières années, tous les achats de livres, papiers, etc. etc., ils n'ont rien voulu faire entrer en compte, disant que c'était pour nous mettre un peu en avance & nous donner une certaine aisance, [...] Ajoutez tout ce qu'ils ont fait pour le mobilier du noviciat, & vous aurez une idée de leur bienfaisance. Outre ces avantages temporels, ces Messieurs ont grand soin de nous pour le spirituel ; car tous les jours un d'entre eux vient un peu avant 6 heures pour dire la Ste Messe à la communauté,

---

[6] Quiblier au Frère Philippe, 10 juin 1839, AFECR, 432a, 11 ; le même à Carrière, 9 déc. 1839, ASSP, *Quiblier*, 99-50.

& confesse la moitié des Frères le mercredi & le reste le samedi ». Aussi demande-t-il une lettre d'affiliation à l'Institut pour le supérieur Quiblier et le procureur Joseph Comte.[7]

Encore en 1872, le supérieur général peut écrire : « Une lettre que je reçois du cher frère [visiteur] Hoséa m'entretient très au long, des bontés de toutes sortes que vous avez pour nos frères, des sacrifices considérables que vous vous imposez pour leur prouver votre satisfaction. Ils ne peuvent assez vous exprimer leur vive gratitude […] ».[8]

Ce constat de satisfaction rend bien compte de l'état d'harmonie qui existe entre les frères et les sulpiciens. Il n'exclut pas, cependant, certaines difficultés ou frictions qui ont pu surgir entre les deux groupes. Certaines concernent la pédagogie même des frères, un de leurs points le plus sensible. En 1845, par exemple, l'abbé Armand de Charbonnel, p.s.s., visiteur des écoles, fait un rapport critique sur l'école lasallienne ; son jugement global est sévère : « Pour l'*instruction* ; En général nos frères enseignent *trop* à tous et pas *assez bien* l'indispensable ; et ils n'enseignent pas *assez* à quelques uns… L'instruction souffre, surtout pour les Anglais, tandis que cette partie de nos Ecoles bien tenue feroit un bien immense même parmi les protestants ». Il s'en ouvre davantage à l'évêque : il trouve qu'on néglige la lecture, l'écriture et les tables de multiplication et que certains livres de récitation semblent « au-dessus de la portée du plus grand nombre » ; il félicite toutefois les frères pour la discipline scolaire. De surcroît, il estime supérieures « la récitation et la lecture des petites filles », car, dit-il, « les sœurs n'embrassent pas tant et font mieux » ; en revanche, plusieurs filles ne vont pas à l'école et « la piété laisse beaucoup à désirer ». Dans une lettre subséquente, il ajoute : « Je voudrais seulement voir tous nos enfants

---

[7] Frère Aidant au Frère Philippe, 21 avril 1845, AFECR, 432a, 11.
[8] Frère Philippe à M. Bayle, 3 janv. 1872, ASSM, tiroir 114, 3.

LES CONTRAINTES DU MILIEU

aux écoles; je m'apperçois [*sic*]d'un oubli; des frères irlandais sont indispensables; c'est à nous à leur préparer une maison centrale dans le cartier [quartier] principal de leurs compatriotes, et deux ou trois succursales dans les autres cartiers». Mis au courant du rapport, le frère Aidant ne cache pas son déplaisir et répond sèchement au sulpicien: «nous continuerons à faire le mieux que nous pourrons, pour la bonne réussite de nos écoles»; il n'en commente pas moins chacune des observations de l'inspecteur. Il se fait particulièrement cinglant à propos des maîtres:

> Quant à ce que vous dites que les enfants Irlandais soient confiés à nos meilleurs frères Irlandais, ne le sont-ils pas? est-ce que le frère des Récollets & celui de la maison ne sont pas Irlandais, il n'y aurait donc que celui du faub. Québec qui est Canadien; or, peut-on faire venir les enfants du faub. Québec ici, d'ailleurs ce serait faire tort aux Canadiens qui étant séparés, apprendraient plus difficilement, comme vous l'avez vous-même manifesté dans vos visites; mais, comment, Monsieur, nous dites-vous que le manque de formation de nos frères anglais, ont [*sic*] mis le discrédit dans nos classes anglaises, qui en a pu juger; sont-ce les étrangers? ils ne les connaissent pas; sont-ce les enfants? ils n'en sont pas capables. Il n'y aurait donc que vous, Monsieur, qui auriez peut-être un peu de prévention. Si vous eussiez mis, manque d'*expérience*, au lieu de manque d'*être formés*, ce serait plus correct. Or, voulez-vous, Monsieur, que des jeunes frères fassent aussi bien que ceux qui exercent depuis 10 ou 15 ans, c'est impossible, comme vous pouvez en juger parmi vous. Peut-être entendriez-vous qu'ils ont l'accent Irlandais, quand ils auraient dix mille maîtres, ils ne leur feraient pas perdre; d'ailleurs, je puis vous dire que nous avons en france un grand nombre de frères qui ont l'accent provençal ou Gascon & qui cependant enseignent très-bien dans les autres provinces.

L'abbé de Charbonnel et ses confrères, qui l'ont aidé à faire ses visites d'écoles, considèrent la riposte comme «une insolence» et la communiquent à Mgr Bourget; l'inspecteur lui-même, pour éviter toute polémique, écrit au frère supérieur général « pour lui demander en grâce un Visiteur qui vînt visiter toutes les écoles du Canada et pourvoir à plusieurs choses qui souffrent à mes yeux ». L'incident n'a pas de suite et n'empêche pas Charbonnel, devenu évêque de Toronto, de faire pression pour obtenir des frères dans sa ville épiscopale.[9]

La vive réaction du frère visiteur se comprend d'autant mieux que, sur les entrefaites, les sulpiciens lui demandent de diminuer « le nombre d'enfants dans nos classes, qu'ils trouvent beaucoup trop fortes ; afin, disent-ils de nous soulager, & aussi *afin que les progrès soient plus sensibles* [nous soulignons] ». Le frère Aidant ne discute pas du sujet, car il y voit essentiellement une question financière : « C'est pour faire moins de dépense qu'ils veulent en diminuant la pension, augmenter le nombre des frères ».[10]

Cet incident n'est pas isolé. Car si généreux soient-ils, les sulpiciens ne veulent pas jeter l'argent par les fenêtres et leur capacité de payer a des limites ; ils ne veulent surtout pas payer pour les autres. Ainsi, devant les nombreuses demandes venant de partout, ils insistent pour qu'on serve d'abord Montréal : « Messieurs du Séminaire m'ont dit dernièrement, écrit le frère Aidant, qu'ayant payé les frais de voyage des frères français qui sont ici (environ 1200 fr. [200 $] chaque frère), ils ne peuvent pas consentir qu'on les envoie ailleurs, avant que Montréal soit suffisamment fourni, ainsi que leurs deux seigneuries, où ils veulent fonder une communauté chacune » ; « si les Messieurs

---

[9] A. de Charbonnel, *Rapport sur les écoles*, s.d. [1845], ASSM, T46, 43 ; le même à Mgr Bourget, 7 déc. 1845, ACAM, 901.083, 845-5 ; Frère Aidant à Charbonnel, 23 décembre 1845, *ibid.*, 845-6 ; Charbonnel au Frère Aidant, s.d., *ibid.*, 845-7 ; le même à Mgr Bourget, 23 janv. 1846, *ibid.*, 846-1 ; le même au même, 1 août 1846, *ibid.*, 846-5 ; le même au même, 23 sept. 1846, *ibid.*, 846-7.

[10] Frère Aidant au Frère Philippe, 21 mai 1845, AFECR, 432a, 11.

LES CONTRAINTES DU MILIEU

de Québec veulent des frères, qu'ils en fassent venir de france », ajoutent-ils. Aussi le visiteur donne-t-il des directives très précises à propos des premiers frères envoyés à Québec : « Il ne conviendrait pas de faire payer le voyage de ces frères à Monsieur Carrière de St-Sulpice, car alors nos Messieurs diraient qu'ils sont pour eux ; mais il faudrait que le cher frère Procureur leur donna à chacun 1000 francs en argent pour le voyage, avec le vestiaire nécessaire. Cette somme me sera remboursée à Québec par les fondateurs et alors je la ferai tenir à Paris avec l'argent mentionné à l'article 6 du prospectus pour le noviciat, à moins que vous ne jugiez à propos de laisser cette dernière somme pour nous aider à élever d'autres novices ».[11]

Pour les mêmes raisons, les sulpiciens s'objectent également au projet d'établissement aux Etats-Unis. Alors que les frères voient d'un bon œil l'invitation d'aller prendre charge d'une école à Baltimore, les Messieurs y trouvent beaucoup d'inconvénients : « Il [Charbonnel] vous aura probablement parlé de l'établissement projeté de Baltimore, écrit le frère Aidant, il me semble que si nous le commençons cette année, ce sera bien malgré lui, parce que dit-il les frères qui y sont destinés ne sont pas assez instruits, & que si on les envoie, ils feront mépriser la société ». Mais le visiteur et le supérieur général ne sont pas dupes ; ce dernier écrit à Mgr Eccleston : « Les Sulpiciens du Canada s'opposent à l'envoi de Frères canadiens aux Etats-Unis. Ils paient les dépenses ». Le frère Aidant use donc de toute sa prudence « pour ne pas offenser les Sulpiciens » et il retarde le plus possible le départ du frère Edward ; de même, les pionniers de New York viendront directement de France.[12]

A Montréal même, malgré leur générosité reconnue par tous, les sulpiciens doivent refuser certaines demandes des frères.

---
[11] Le même au même, 2 déc. 1841, *ibid.*
[12] Le même au même, 21 mai 1845, *ibid.* ; Frère Philippe à Mgr Eccleston, 18 déc. 1845, cité dans Br. Angelus Gabriel, *op. cit.*, p. 79.

Tel est le cas de quelques projets de fondation de communautés. En 1847, par exemple, « demande est faite au Séminaire que les huit frères du faubourg Québec [école Sainte-Brigide] composent une communauté, vu la distance, la difficulté du trajet, etc. On répond en donnant plusieurs raisons tendant à faire connaître que la demande ne pouvait être agréée ». Le Séminaire consent à nommer et payer un frère chargé, comme inspecteur, de cette école. De plus, « il est réglé que, pour diminuer les fatigues de l'aller et du retour, deux voitures, lorsque les chemins seraient trop mauvais, viendraient prendre les frères à la Communauté [rue Côté] et que la dépense de ces voitures serait prise sur le frère de l'école du soir lequel ne faisant sa classe que durant six mois était néanmoins payé comme la faisant pendant toute l'année : la somme de 425 fr., excédent, servirait à payer les voitures ».[13] Le cas de l'école Saint-Joseph, quant à lui, sera avancé plus tard comme exemple de la façon de traiter les frères « d'une manière très peu convenable ». La communauté enseigne et loge dans le soubassement de l'église. La mort d'un frère en 1869 et l'indisposition des autres incitent le médecin traitant à conseiller au frère visiteur « de solliciter le moyen d'établir ailleurs la communauté ». L'année suivante, à la demande du frère Hosea, les sulpiciens mettent une nouvelle maison à la disposition des frères, qui par ailleurs continuent à enseigner dans l'ancien local. Une fois de plus, en 1874, cinq frères souffrent de rhumatisme en même temps et « le Docteur Beaubien déclara qu'il n'était [pas] possible de rester plus longtemps dans un établissement aussi malsain. Le cher Frère Oséa [Hosea] supplia alors MM. de St Sulpice de donner un meilleur local. Trois jours après ces Messieurs donnaient une réponse favorable et les travaux commencèrent en avril, 1874, la maison fut terminée en 1875 ». La bonne volonté des sulpiciens est évidente, mais, plus tard, le Conseil de district ne leur

---

[13] Frère Herménégilde, *Institut des Frères des Ecoles Chrétiennes. District de Montréal, Canada*, AFECR, 432a, 12.

reproche pas moins d'avoir, pendant plusieurs années, « logé nos Frères de l'Ecole St-Joseph dans le soubassement très humide de leur église, où la plupart ont contracté des rhumatismes dont ils souffrent encore aujourd'hui ».[14]

Le traitement des frères entraîne également des discussions serrées. Les fluctuations économiques obligent les autorités lasalliennes à demander parfois une augmentation des salaires. En 1867, par exemple, elles l'obtiennent à Québec, Kingston, Toronto et Sorel. Mais les sulpiciens refusent, pour leur part, de changer les ententes existantes : « Pareille demande est faite au Séminaire qui répond que, s'il y a déficit, il le comblera, s'il y a lieu ».[15] Cette position s'explique par la politique suivie depuis quelques années de compresser le plus possible les dépenses du réseau d'éducation. En 1858, par exemple, les trois frères qui ouvrent l'école de la rue Saint-Félix ne reçoivent que 120 $ au lieu des 170 $ payés à tous les autres. Les frères considèrent l'un et l'autre montant comme insuffisant : « Plusieurs fois le cher frère Liguori en a demandé l'augmentation sans pouvoir l'obtenir ». En 1868, cependant, de nouvelles instances connaissent du succès : « Le frère Hoséa a renouvelé cette demande qui a été prise en considération et a fait consentir les Messieurs du Séminaire à la porter à 40 [Livres, 200 $] par frère annuellement ».

Des circonstances extérieures font évoluer ce dossier de façon rapide. La division de la paroisse Notre-Dame, décidée depuis longtemps, mais mise à exécution seulement à partir de 1876, entraîne une réorganisation des écoles soutenues par les sulpiciens. Ils quittent, par exemple, la paroisse Sainte-Brigide qui a désormais un prêtre séculier comme curé ; par la même

---

[14] *Historique de la communauté Saint-Joseph*, 25 août 1926, *ibid.*, 449 ; Le Conseil de district de Montréal au Frère Joseph, 24 oct. 1886, *ibid.*, 411, 9-6.
[15] Frère Herménégilde, *op. cit.*, *ibid.*, 432a, 12.

occasion, ils abandonnent l'école et avisent les frères qu'ils ne les payeront plus. Ce qui entraîne la fermeture momentanée de la communauté, jusqu'au moment où, après de longs pourparlers, le curé James Lonergan et les commissaires d'écoles rappellent les frères et les paient au taux de 200 $.[16] Les sulpiciens continuent à soutenir l'enseignement dans les écoles établies « sur les paroisses de Notre-Dame, St Patrick, St Jacques, Ste Anne et St Joseph » et négocient une nouvelle entente avec l'Institut ; quelques points clarifient la situation financière :

> 6° Les maisons d'habitation, les écoles, le matériel des classes, les cartes géographiques, tableaux, etc. seront donnés et entretenus par le Séminaire qui fournira également le chauffage et paiera l'eau ; il allouera $10 par classe pour les prix.
> 7° L'allocation faite à chaque frère sera de $ [somme non précisée dans le texte] par mois. Les Directeurs, les inspecteurs, et les frères employés au temporel, dans chaque maison, la recevront comme les frères chargés d'une classe. Cette allocation pourra et devra varier selon les circonstances, par une entente nouvelle entre les parties contractantes.
> 8° Les frères qui font l'école sur la paroisse St-Jacques recevront une allocation supplémentaire de cinq piastres par mois. Cette allocation cessera quand le séminaire aura fourni aux frères sur cette paroisse une maison d'habitation pour y établir une communauté. Le Séminaire continuera jusqu'à l'établissement d'une communauté, à payer le gardien de la dite école, lequel doit préparer le dîner des frères.

Le Séminaire s'engage aussi à fournir un chapelain à la maison mère et à entretenir « la maison destinée à loger les noviciats », mais sans être « obligé de fournir plus de logement qu'il n'y en a maintenant à la rue Cotté ». Enfin, « lorsqu'il s'élèvera quelque difficulté entre le Séminaire et les Frères, au sujet de l'interprétation de ce contrat, si la difficulté ne peut se régler à l'amiable, elle sera tranchée par sa Grandeur Monseigneur

---

[16] Frère Herménégilde, *Ste Brigide à Montréal*, pp. 11-15, *ibid.*, 448.

l'Evêque de Montréal, à la décision duquel les parties contractantes s'obligent à se soumettre».[17]

Des documents postérieurs, dont la longue lettre du Conseil de district de Montréal au supérieur général en 1886, laissent entendre que, loin d'être la suite logique des changements socio-économiques, ces discussions et ces nouveaux contrats sont davantage la conséquence de la détérioration des relations entre les fondateurs et les frères. Les sulpiciens auraient reproché à ceux-ci leur bonne entente avec «Mgr Bourget et les R.R. P.P. Jésuites» et auraient voulu les «voir épouser leurs querelles». Ils auraient eu peu de considérations pour leurs enseignants: «Aux noces d'or de Mgr Bourget [en 1872], le cher Frère Visiteur et trois des principaux Directeurs s'étant placés, à Notre-Dame, sur un des derniers bancs destinés aux ecclésiastiques, le Rév. M. [Pierre] Giband, curé desservant, vint les menacer de les faire sortir de là». L'*Historique* du district ne corrobore pas du tout cet incident, bien au contraire.

Les sulpiciens auraient également favorisé indûment les écoles laïques: «Messieurs les Commissaires d'écoles de Montréal bâtissent, en 1870, une Ecole sur la rue Fullum, destinée à nos Frères. Le Rév. Mr [Benjamin-Victor] Rousselot, sulpicien et leur président, s'y oppose formellement pour la confier aux maîtres laïques. Le Rév. M. Rousselot fait donner pareillement, la direction de l'Ecole Supérieure, dite Ecole du Plateau, aux laïques, disant aux Commissaires que si cette Ecole est confiée aux Frères, leurs meilleurs maîtres y seront placés, et qu'il ne restera que des incapables pour les autres écoles». L'explication de la conduite des sulpiciens serait simple: «On dira peut-être: Comment ces Messieurs qui ont fait venir les Frères dans le pays, peuvent-ils être aujourd'hui tels qu'on les

---

[17] *Projet de Contrat entre les Messieurs du Séminaire et les Frères des Ecoles Chrétiennes*, s.d.(1877?), *ibid.*, 449.

peint ? Cette question a une solution facile. Les Sulpiciens n'ont guère changé. Obligés, par leur charte, de faire donner l'instruction aux enfants de la ville, les Frères devaient leur coûter moins cher que les autres instituteurs ; mais aujourd'hui, que les écoles sont entretenues par les contributions publiques, ne coûtent rien à St-Sulpice, que les efforts qu'il faut pour les établir sur un bon pied et leur donner la vogue, on voit bien tout l'intérêt que ces Messieurs nous portent par la ligne de conduite qu'ils tiennent envers nous. De plus, dans leur pensée, les Frères, s'ils ne sont amoindris de toute manière, finiront par élever, comme ils le tentent pour la troisième fois, une grande académie, ou même un pensionnat ; ce qui serait très nuisible à leurs écoles laïques, surtout au Plateau ».[18]

Même si elles contiennent une certaine part de vérité, ces allégations sont un bel exemple d'anachronisme : on reporte sur la période précédente les difficultés suscitées par le séjour du frère Réticius. Jusqu'en 1880, le tableau des relations entre les sulpiciens et les frères est beaucoup moins sombre. Sans doute le climat euphorique des deux premières décennies se détériore-t-il un peu : même à Montréal, le Séminaire n'est plus le seul employeur — l'évêché paie lui aussi quelques frères — et la création de la Commission des écoles catholiques de Montréal, où d'ailleurs les sulpiciens jouent un rôle important, change bien des perspectives. Les frères doivent compter avec des concurrents, parfois de qualité, que les Messieurs — et le clergé séculier — appuient en diminuant eux-mêmes le nombre de leurs écoles. Ils y voient une façon de couper leurs dépenses, sans qu'il y ait pour le moment menace de laïcisme. Les frères eux-mêmes acceptent d'enseigner dans certaines écoles de la Commission scolaire et entretiennent ordinairement de bonnes relations avec les commissaires. Mais, à la fin des années 1870, en écho aux

---

[18] Le Conseil de district de Montréal au Frère Joseph, 24 oct. 1886, AFECR, 411, 9-6 ; *Origine...*, (copie dactylographiée), pp. 85-86, AFECM.

luttes scolaires que connaît la France, le climat change et une certaine crainte commence à poindre: les forces laïques menaceraient les écoles chrétiennes et le contrôle du clergé sur l'éducation. En 1879, le frère Armin-Victor va jusqu'à écrire: « Pas d'illusion. Au Canada, le laïcisme est fondé; [...] Il y a, pour ce mouvement-là, des forces et des influences dont nous ne serons pas les maîtres. N'allons pas au devant des chaînes, mais n'ignorons pas que l'on nous en fabrique ». Bien plus, le fait est nouveau, il n'hésite pas à mettre en cause l'épiscopat lui-même.[19]

II — Les évêques

Les frères « sont soumis à l'autorité des Evêques dans les Diocèses desquels ils ont été appellés [sic] », souligne avec plaisir Mgr Jean-Jacques Lartigue au frère Anaclet, après avoir écrit: « Très-éloignés qu'ils sont de la Maison-mère en France, de la vigilance de leurs Supérieurs immédiats, je conçois qu'ils ont plus besoin qu'en Europe de la sollicitude & de la protection de l'Evêque en ce pays ». Cette déclaration, qui est en flagrante contradiction avec celles de Quiblier, pourrait conduire facilement à un nouvel affrontement entre les sulpiciens et l'ordinaire, dont les frères auraient à faire les frais. Mais il n'en est rien et le premier évêque de Montréal laisse la plus grande liberté aux Frères des Ecoles chrétiennes et à leurs employeurs sulpiciens.

— Les évêques de Montréal

Dans sa même lettre au supérieur général, Mgr Lartigue promet de faire son « possible pour encourager leur nouvel établissement, favoriser l'observance exacte de leurs

---

[19] Frère Armin-Victor au Frère Gédéon, 20 fév. 1879, *ibid.*, T27C29.

Constitutions, & entretenir dans leurs cœurs la ferveur remarquable qu'ils ont apportée avec eux ».[20] Pris dans le tourbillon des événements de 1837-1838 et gravement malade par la suite, le prélat ne peut réaliser son projet et il doit se contenter de donner son appui à la nouvelle communauté de son diocèse.

Règle générale, son coadjuteur et successeur, Mgr Bourget, ne s'ingère pas davantage dans les relations entre Saint-Sulpice et l'Institut. Ce qui ne l'empêche pas de s'intéresser de près à leur œuvre commune — sa présence à de multiples cérémonies le prouve bien— et de suivre de près son développement. En 1841, par exemple, il profite de son premier voyage en Europe pour rencontrer le supérieur général et lui faire part de son « grand désir de multiplier les Ecoles Chrétiennes dans son vaste diocèse ». C'est lui aussi qui, en 1843, confie aux lasalliens les classes de l'évêché et songe, en 1850, à les charger de l'enseignement aux sourds-muets. Plus tard, au dire du frère Réticius, les difficultés survenues entre l'évêque et les sulpiciens éloignent pour un temps Mgr Bourget de l'Institut : « Dans ces conflits entre les seigneurs de Montréal et leur Evêque, nos chers Frères se rangèrent du côté du Séminaire ; Monseigneur rompit alors avec notre Communauté et n'y rentra qu'à l'arrivée au Canada du cher frère Liguori [en 1864] ». Il est difficile d'en trouver des preuves sûres.[21]

En certaines circonstances, il est vrai, pendant ces années difficiles, le successeur de Mgr Lartigue se montre sévère pour les frères. Il sert, par exemple, une mercuriale au frère Facile qui a pris le parti de l'abbé Chiniquy à Sainte-Anne de Kankakee et qui s'est permis de donner des conseils à l'évêque de Chicago ; Mgr Bourget le dénonce même au supérieur général. A Beauharnois comme à Saint-Jean d'Iberville, il empêche les frères

---

[20] Mgr Lartigue au Frère Anaclet, 2 janv. 1838, AFECR, 432a, 10.
[21] Frère Réticius, *St-Sulpice*, 12 oct. 1886, AFECM, T17C26.

LES CONTRAINTES DU MILIEU

de quitter les lieux ou leur ordonne de retourner à leur poste quand ils l'ont abandonné. Les religieux obtempèrent à ses ordres, mais, en 1859, en l'absence du frère Facile, le frère Turibe ne veut pas prendre sur lui de casser la décision du visiteur de quitter l'établissement de Saint-Jean d'Iberville. « L'Evêque lui dit alors qu'il ne devait pas hésiter à désobéir dans cette circonstance et à sacrifier un homme pour le bien de la paix, puis il déclara qu'il n'en demeurerait pas là ; qu'il ne voulait pas de Frères insubordonnés ; qu'il les chasserait de son diocèse, et ajouta d'autres choses que je ne dois pas rapporter ».[22]

Heureusement, il n'arrive pas souvent que les relations soient aussi tendues ; règle générale, l'évêque prend plutôt parti pour les frères dans leurs conflits avec les autorités locales et il joue ordinairement le rôle de conciliateur. Les frères lui en savent gré en lui donnant, en 1875, une lettre d'affiliation à l'Institut en récompense de ses services insignes.

Son coadjuteur puis successeur, Mgr Edouard-Charles Fabre, se révèle lui aussi un grand ami des frères. Mais, en 1874, il se fait servir une leçon de droit canonique par le frère Jean-Olympe, supérieur général. En cours de visite canonique des diverses communautés de religieuses, le prélat appelle le frère directeur de Montréal « pour s'enquérir s'il est d'usage que les Communautés de Frères soient visitées canoniquement par les Evêques ». Sur sa réponse négative, le coadjuteur dit penser « que l'ordre des Jésuites est le dernier qui a été exempté de ces visites par le St Siège ; par conséquent, [il est porté] à croire que les Frères peuvent être visités canoniquement par les Evêques ». Le directeur lui demande le temps de s'informer auprès du supérieur général, qui lui répond longuement :

> L'Institut des Frères des Ecoles Chrétiennes n'étant point une Congrégation diocésaine, mais au contraire une congrégation

---
[22] *Origine...*, (copie dactylographiée), p. 115, AFECM.

à Supérieur-Général, et répandue dans tout l'univers, ne saurait être soumise, sans les plus graves inconvénients aux visites. S'il arrivait des circonstances spéciales qui réclamassent une visite canonique, le St Siège nommerait un Visiteur Apostolique ; [...]
Depuis l'origine de l'Institut, aucune visite n'a eu lieu dans nos maisons : un seul Evêque de France ayant manifesté l'intention de faire la Visite Canonique des maisons que nous avons dans son diocèse, la Sacrée Congrégation des Evêques et Réguliers, consultée par nous, à ce sujet, répondit négativement. Au reste, on sait qu'en général les Ordinaires n'ont d'autres droits sur les Communautés d'hommes, *non exemptes de leur juridiction*, que celle [sic] de veiller au Régime extérieur, par exemple : l'état de l'église, si elle est publique, l'observation des règles canoniques au sujet des autels, des vases et des ornements sacrés, des confessionnaux, du culte rendu au Très-Saint-Sacrement, des rapports des religieux en dehors de leur Communauté, s'ils sont scandaleux et criminels etc. Mais quant au *Régime intérieur*, les Ordinaires ne peuvent point interroger ni en particulier ni en commun, ni sur l'observation des Règles, l'état des diverses pièces de la maison, leur mobilier etc. etc., tout cela étant réservé aux Supérieurs des Congrégations.[23]

Mgr Fabre n'insiste pas et l'incident se termine là. Sa bonne volonté envers les frères n'en est aucunement affectée et il sera même, en 1880, un des plus enthousiastes pour promouvoir la célébration du deuxième centenaire de la fondation de l'Institut et pour demander à son clergé de « faire pénétrer, dans les cœurs de ceux qui nous entourent, l'amour et la reconnaissance à laquelle le Frère des Ecoles Chrétiennes a droit à tant de titres ».[24]

Quant aux autres évêques canadiens, malgré la diversité des situations concrètes, on peut dire qu'ils suivent d'assez

---

[23] Frère Herménégilde, *Institut des Frères des Ecoles Chrétiennes. District de Montréal. Canada*, 19 mai 1874, AFECR, 432a, 12.
[24] Mgr Fabre, « Circulaire de Mgr. l'évêque de Montréal au clergé de son diocèse », 22 sept. 1880, MEM, IX, pp. 309-311.

près le modèle montréalais : ils demandent et appuient les frères, les logent au besoin, prennent leur défense et se gardent en général de toute ingérence dans leur vie d'éducateurs et de religieux. Cependant, en deux circonstances au moins, Mgr Joseph Signay, de Québec, prétend déroger aux Règles de l'Institut. En 1845, sur le rapport de deux médecins, qui trouvent « que la quantité de nourriture animale prescrite par vos Règles, n'est pas suffisante, dans un climat aussi rude que celui du Canada », l'évêque « n'hésite pas à permettre [...] de prendre, chaque jour, le double de nourriture qui leur est allouée par les Règles de leur Institut ». Il ajoute : « Je les dispense donc de l'observance de cet article de leurs Règles, et je les exhorte même à profiter de cette dispense qui me paraît nécessaire à la conservation de leur Santé dans un climat aussi rigoureux que le nôtre ». Deux ans plus tard, en annonçant le changement du confesseur ordinaire de la communauté, il écrit au directeur : « Je crois devoir, à cette occasion, accorder dispense de l'article de votre Règle qui exige qu'en semblable circonstance, l'on ait la permission du Supérieur Général ».[25] Le premier cas surtout nous paraît une ingérence dans la direction de la communauté ; que les autorités lasalliennes ne réagissent pas nous semble surprenant. Vu les bonnes relations qu'entretiennent les frères avec l'évêque, le directeur s'est peut-être contenté d'une explication verbale et amicale ?

— *Les évêques de Toronto et de Kingston*

Les évêques de Toronto se préoccupent, d'une manière toute particulière, de la qualité et du progrès de la communauté dans leur ville épiscopale. Ancien aumônier de la maison mère de Montréal, Mgr de Charbonnel devient, à la demande même du frère Facile, une espèce de supérieur externe de l'établissement lasallien :

---

[25] *Historique de la Communauté de Québec*, AFECQ, *Les Glacis*, B-7.

> Je vous prie de voir un peu le frère Rodolphus [Rodolphus of Mary, Henry McGee, 1829-1868] en particulier et de lui demander comment va le frère Directeur ; de vous ouvrir son cœur comme il le ferait à moi-même en un mot de vous faire sa reddition de visite afin que vous puissiez ensuite donner au frère Directeur les avis dont il peut avoir besoin [...]

Le frère visiteur ajoute : « Je ne ferais cette prière à aucun autre évêque du monde, mais je crois que vous connaissez assez les frères et que vous êtes assez leur ami, pour qu'il me soit permis d'entrer dans ces petits détails et que vous pouvez très bien me remplacer auprès d'eux ».

Le frère Facile renouvelle souvent ce « mandat » et il l'élargit même à la visite des écoles, demandant à l'évêque de faire les remontrances nécessaires et d'user de la menace de changement « si vous trouvez que cela soit ainsi ». C'est toute la communauté qu'il lui demande de visiter :

> Je vous serai donc obligé de voir un peu chacun de ces frères en particulier, de leur faire faire une espèce de reddition afin de les encourager, ce sont tous des jeunes gens plein [sic] d'espérance et que je regretterais infiniment de voir perdre leur vocation, pouvant rendre tant de service à la religion et à l'Institut. C'est beaucoup vous donner du trouble, mais je ne sais pas pourquoi je fais à votre égard ce que je n'ai fait à l'égard de personne de ma vie, puisque c'est ici vous faire entrer dans les affaires de famille, comme on dit ; si nous n'étions pas si loin je vous éviterais cette peine, mais le temps et la dépense ne me permettent pas de m'y transporter aussi souvent qu'il serait nécessaire de le faire pour le bien de la chose.

Le visiteur remercie chaleureusement l'évêque qui se prête de bonne grâce à ses demandes et il ajoute presque chaque fois une nouvelle tâche : « Ne Craingnez [sic] pas de me faire de la peine en veillant sur nos frères ; je ne suis pas le frère Aidant. Soyez en bien sûr, vous leur feriez du bien en les voyant souvent dans leurs classes y faisant des examens et jamais du mal ».

La chaude amitié, qui lie les deux hommes, ne les empêche pas d'avoir parfois des divergences d'opinions, mais elle les aide à les surmonter et même à user de pointes subtiles qui paraîtraient injurieuses dans un autre contexte : « Toutefois, écrit le frère Facile, en disant que je n'ai fait pour vous que ce que j'avais fait pour les autres, je vous crois un peu à côté de la vérité ». Et à propos d'un tour de passe-passe financier : « malgré toute l'estime, tout le respect et toute l'amitié que j'ai pour votre Grandeur, je ne puis me défendre de trouver cette nouvelle méthode, très-ingénieuse de payer ses dettes et de faire le généreux tout à la fois ».[26]

Le successeur de Mgr de Charbonnel, Mgr Lynch, veille lui aussi de très près au progrès de la communauté et se bat pour améliorer leur recrutement par la fondation d'un noviciat.

A Kingston, cependant, après un départ harmonieux avec les évêques Gaulin, déjà malade, et Phelan, bien connu à Montréal, les relations se détériorent rapidement avec Mgr Horan, qui a des préventions contre les frères. Des explications permettent de rétablir l'harmonie et d'éviter la fermeture de l'établissement. Ce qui n'est malheureusement pas le cas dans les Maritimes.

— *Les évêques des Maritimes*

Le contraste est grand entre la situation canadienne (Haut et Bas-Canada) et celle des Maritimes. Après avoir fortement contribué à leur venue à Halifax et à Chatham, les évêques de ces lieux entrent en conflit avec les frères qui prennent finalement la décision de quitter ces villes.

---
[26] Frère Facile à Mgr de Charbonnel, 10 mars 1852, AAT, *Christian Brothers* ; le même au même, 1er avril 1852, *ibid.* ; le même au même, 11 août 1854, *ibid.* ; le même au même, 16 fév. 1855, *ibid.*

Ce n'est pas le caractère des hommes qui est avant tout responsable des difficultés. Sans doute, au témoignage du frère Hosea, l'archevêque Thomas Lewis Connolly de Halifax est-il « un homme assez singulier que personne ne conduit. Une fois qu'il a dit une chose, on est obligé d'en passer par là ». Mais il a prouvé à maintes reprises qu'il pouvait être réaliste et raisonnable et accepter des compromis.

Les difficultés originent davantage du contexte politique et religieux des Maritimes. Ne pouvant compter sur un réseau d'écoles séparées comme en Ontario, les évêques des Maritimes doivent se pourvoir d'écoles catholiques et, comme elles coûtent cher, composer pour recevoir des subsides du gouvernement. Les questions d'argent prennent donc un relief particulier et, de plus, les exigences gouvernementales à propos du permis d'enseignement ou des manuels viennent parfois en conflit avec l'autonomie des frères. De là des frottements pas toujours faciles à contrôler.

Halifax en offre la meilleure des illustrations. Après un départ très prometteur, la communauté du Collège Sainte-Marie entre bientôt dans une série noire de débats et d'embêtements. D'une part, l'archevêque a, comme il se doit, la haute main dans la direction de l'établissement, « ce qui a créé maintes difficultés et souvent gêné le f^{re} Directeur sous le rapport administratif ». D'autre part, à partir de 1868, les discussions d'ordre financier, dont nous avons déjà parlé, enveniment les relations entre Mgr Connolly et les frères. Mais la rupture et le départ de ces derniers viennent d'une cause beaucoup plus émotive : la querelle à propos des vocations. Que l'archevêque exige qu'ils travaillent « à l'intérêt de la prêtrise » ne pose pas de problème, puisque, rétorquent-ils, il a déjà ordonné sept de leurs anciens élèves, « un plus grand nombre que celui depuis 1841 à 1870 ». Mais les autorités lasalliennes ne peuvent accepter que les évêques se permettent d'élever de leurs membres à la prêtrise et le frère visiteur Armin-Victor ne se gêne pas pour le faire savoir à Mgr Connolly qui, tout aussi soupe au lait, répond aussitôt : « Eh ! bien oui, je prendrai de vos frères tant qu'il en viendra, pour les faire prêtres ; et si cela vous détermine à retirer les Frères de Halifax, vous pouvez le faire ». Ce qui est évidemment fait.

Mais dans la lettre où il décrit sa rencontre avec l'archevêque, le frère visiteur fait allusion à un autre problème : il souligne que ce départ précipité permet aux frères « d'échapper à l'humiliation qui nous menaçait constamment, avec l'obligation où étaient nos frères de subir l'examen ».[27]

Voilà bien, en effet, une pierre d'achoppement qui entraîne, dans les Maritimes, un lot de difficultés entre les autorités religieuses et les frères. C'est un problème angoissant : pour maintenir leurs écoles catholiques, qui leur coûtent très cher, les évêques se voient dans l'obligation de demander des subsides au gouvernement qui ne les accorde qu'à la condition que les maîtres subissent les examens de l'Etat, que des inspecteurs visitent leurs écoles et qu'on n'y utilise que des manuels autorisés. Toutes ces exigences, on le voit, menacent l'indépendance des frères. Bien plus, elles peuvent mener à contrevenir aux ententes signées au moment de leur arrivée ; alors qu'il est toujours convenu que « le Supérieur-Général sera libre de changer les Frères quand il le jugera nécessaire ou utile », des contraintes nouvelles pourraient l'en empêcher : « il nous faudrait réserver pour ces trois communautés [des Maritimes] tous nos frères un peu capables et encore ne pouvoir les changer qu'aux époques d'examens, pour les remplacer par des hommes capables de subir immédiatement les épreuves d'un examen ». D'ailleurs, les licences ne sont pas transférables d'une province à l'autre. Bien plus, au témoignage des autorités lasalliennes elles-mêmes, les programmes sont trop avancés pour les frères et bien peu sinon aucun d'entre eux ne sauraient « se tirer *honorablement* d'affaire

---

[27] Frère Armin-Victor au Frère Supérieur Général, 2 avril 1876, AFECR, 452.

si ce n'est, peut-être, pour la licence tout à fait inférieure ». L'honneur de l'Institut est donc en cause de même que la crédibilité des frères.

Sans doute y a-t-il certains accommodements possibles. Mais à quel prix ? « A Charlottetown, pour cette année [1875], un ami a passé aux frères les questions de l'examen huit jours avant les épreuves. Grâce à ce stratagème, sur lequel on ne saurait compter longtemps, ils ont tous trois réussi, même celui de la petite classe ». Ailleurs, « les frères font leur composition dans la Communauté, où on leur envoie les questions. Ils sont sous leur propre surveillance, l'autorité exigeant d'eux le serment par lequel ils affirment 1° Ne s'être aidés d'aucun ouvrage autre que le dictionnaire; 2° n'avoir reçu de conseils et de secours de personne; 3° N'avoir employé à la rédaction et composition que le temps marqué par les règlements ». Et, assure le frère Armin-Victor, « les Frères signent cela, et tous réussissent, même ceux qui savent à peine lire ». Ces stratagèmes — le frère visiteur parle aussi de « parjure » — ne sont pas sans danger : « les inspecteurs protestants qui viennent visiter les classes font questionner les frères, et il ne leur est pas difficile de constater la vérité. Ils font des remarques comme celles-ci : « Mais ce frère ne sait que fort peu de chose ; et *il a une licence du premier degré ?* »

Pour éviter l'humiliation de ses sujets et clarifier une fois pour toutes la situation, le frère visiteur décide donc de leur défendre de subir les examens gouvernementaux. Ce qui entraîne le départ de Halifax et aussi de Saint-Jean, Nouveau-Brunswick. A ce dernier endroit, les relations entre l'évêque et les frères sont tendues depuis plusieurs années, à la fois pour des raisons administratives et ethniques. Comme l'écrit le frère Herménégilde, « l'Evêque (Irlandais), F. Leo (Canadien), Aurelian [James O'Connor, 1844-1922] & Tobias (Irlandais) et Satan (capable de tout) vont jouer chacun son rôle » !

Mgr John Sweeney intervient d'abord pour faire changer le frère directeur : « L'Evêque s'adresse aux deux frères Aurelian et Tobias pour leur demander s'ils ne pourraient pas user de leur influence sur le frère Leo afin de lui faire comprendre qu'il est loin d'être compétent pour la direction de l'établissement, ne sachant pas suffisamment l'anglais; que bien que le frère Leo fût un excellent religieux, Sa Grandeur avait honte de conduire des M. M. Anglais visiter son école, et, en conséquence d'engager le frère Leo à demander son changement ». La réaction du directeur est vive: il accuse ses deux confrères d'intrigues, fait remplacer le frère Tobias durant l'année et, pour « montrer à l'Evêque qu'il peut faire quelque chose », il choisit d'être intransigeant sur les questions financières. Non seulement il prétend « que le traitement des frères est inférieur à ce qu'il doit être », mais il exige le versement des sommes promises dans le testament du chanoine James Dumphy, mort depuis 1869. L'évêque donne cependant une tout autre interprétation du document, malgré une sentence de la Cour et une loi votée au Parlement. Entre-temps, la situation s'est tellement détériorée entre Mgr Sweeney et le frère Leo que tout est prétexte à empoigne, aussi bien la création d'une « Band de musique », qui a pourtant « un effet avantageux à l'établissement », qu'un pique-nique de l'évêque en partie manqué à cause de l'absence de la musique des jeunes gens. Cependant, lors de leur passage à l'automne 1874, le frère assistant Patrick et le frère visiteur Hosea réussissent à pacifier les esprits: « L'affaire du legs Dunphy [*sic*] est réglée à l'amiable. Il est convenu que Sa Grandeur retirera l'argent lui-même et que le traitement annuel des frères sera augmenté de $40 pour chaque frère, c.-à-dire de 200 à 240. Il est en outre promis que le frère Leo sera changé, ce qui ne peut avoir lieu qu'en Juin 1875 ».

Le remplacement du directeur détend l'atmosphère au point que, le 1er janvier 1876, « Mgr l'Evêque vient voir et visiter la Communauté; il passe une heure avec les frères. La conversation est agréable, intéressante, variée, etc. » Quelques semaines plus tard, surgit la question des examens. A la demande de Mgr Sweeney, le frère directeur va rencontrer les autorités scolaires qui « ne veulent pas accepter les frères comme Instituteurs sans avoir subi les examens par le Bureau [d'éducation]; sans avoir mis de côté leurs livres (Catholiques) et accepté ceux des Ecoles du Nouveau Brunswick ». Qu'à cela ne tienne! « L'Evêque désire qu'on subisse l'examen comme à Charlottetown. Le frère Directeur dit qu'il ne le peut. On s'en réfère au frère Visiteur qui ne peut donner l'autorisation demandée et donne un refus formel ». Désappointé, Mgr Sweeney allègue que le frère assistant « avait autorisé les frères à subir l'examen légal » et il fait pression sur le frère visiteur qui demeure inflexible. Riposte de l'évêque au directeur: « sans examen des Maîtres, il ne peut continuer avec eux ». Dans une dernière tentative de règlement, le frère visiteur propose à l'évêque de laisser à Saint-Jean quelques frères qui pourraient établir une académie qui se financerait par elle-même, « moyen unique et assuré de conserver les frères dans des conditions avantageuses à la cause catholique, au clergé, aux frères et à la classe ouvrière et indigente ». Sur le refus de Mgr Sweeney, la décision est prise de fermer l'établissement et les frères quittent Saint-Jean, non sans avoir reçu la bénédiction de l'évêque. « Tout se passe très bien », souligne avec soulagement l'historique.[28]

La courte histoire de la communauté de Saint-Jean, Nouveau-Brunswick, résume bien l'état des relations entre les frères et les évêques des Maritimes: accueil enthousiaste au début, puis accumulation de difficultés à propos de frictions ethniques (comme à Arichat), des examens publics et leurs conséquences (comme à Arichat, Halifax et Chatham), des questions financières (comme à Halifax particulièrement) et même des faiblesses de la vie de communauté. Toutes ces

---

[28] Frère Herménégilde, *Registre contenant l'historique d'un bon nombre de Maisons fermées d'Amérique et des indications sur d'autres*, pp. 161-170, AFECR, 400; *Rapport sur le District de Montréal, envoyé au Très Honoré Frère Irlide, Supérieur-Général, par le Frère Armin-Victor, Visiteur, après Sa dernière tournée*, 30 nov. 1875, 26 p., *ibid.*, 411, 6.

questions interfèrent l'une sur l'autre et il suffit qu'un évêque et/ou le frère visiteur se braquent pour que les ponts soient coupés entre eux. Ce qui survient finalement dans tous les cas.

III — Les autorités locales

Si dans beaucoup de cas, comme aux Maritimes, les frères transigent directement avec les évêques, plus souvent encore, particulièrement au Québec, leurs interlocuteurs sont des autorités locales: curés de paroisse ou commissaires d'écoles. Il n'est d'ailleurs pas toujours facile de démêler la part de chacun d'eux: c'est le plus souvent le curé qui fait les démarches pour obtenir des frères, mais, dans beaucoup de cas, il le fait au nom de la commission scolaire, dont il est le président ou du moins un membre influent.

A titre d'employeur des frères pour une ou des écoles sous sa juridiction, le curé ou la commission scolaire fait cependant face à un institut centralisé dont les porte-parole sont moins le directeur de la communauté locale que le visiteur du district de Montréal ou même l'assistant du supérieur général pour l'Amérique. Cette situation entraîne de multiples conséquences, dont l'une des principales est l'obligation d'accepter le modèle unique d'établissement lasallien et de s'y engager par une entente écrite. Les autorités locales promettent donc de remplir les *Conditions requises pour L'érection de l'établissement des Frères des Ecoles Chrétiennes*, qui se rapprochent beaucoup du *Prospectus* de 1837. Non seulement les employeurs doivent accepter que les frères ne dépendent « absolument que de leurs Supérieurs » et qu'ils aient une grande autonomie pédagogique, mais ils prennent des engagements financiers très précis: traitement « payé d'avance et par trimestre », résidence « en rapport avec le nombre de Frères qui doivent l'occuper, et les besoins de la vie de communauté », ameublement de la maison et des classes, etc. Ces conditions détaillées et en partie chiffrées peuvent facilement devenir onéreuses, ce que ne prévoient pas toujours le curé ou les commissaires dans l'euphorie d'obtenir enfin des frères, comme l'a fait telle ou telle autre paroisse.

De là naissent de multiples frictions, sinon de véritables conflits, soit sur l'interprétation de l'entente, soit, plus souvent, à propos de la capacité de payer les sommes promises. Dans la majorité des cas, la bonne volonté réciproque permet de régler les difficultés. Le meilleur exemple se rencontre à Trois-Rivières. A plusieurs reprises se présentent des occasions de conflit : en 1864, Thomas Cooke, qui a appelé les frères et qui est devenu évêque du diocèse de Trois-Rivières, refuse le nouveau directeur, sous prétexte qu'il n'est pas français « selon qu'il avait été stipulé dans les arrangements faits dès le principe » ; en 1856, les frères sont au centre d'un « certain froissement » entre l'évêque et les commissaires d'écoles et doivent fermer une classe d'anglais pendant un an ; en 1862, le local qui sert de résidence aux frères devient « trop exigu », mais les fonds manquent pour l'agrandir « promptement » ; à partir de 1870, le directeur fait des instances pour obtenir l'agrandissement de l'école, les commissaires reconnaissent la justesse de ses exigences, mais se disent incapables d'en payer les frais. Voilà autant de faits qui aboutissent souvent à une rupture et au départ des frères. A Trois-Rivières, il n'en est rien. « Afin de ne point déplaire à Mgr », le frère visiteur Liguori rappelle le frère canadien Andrew et lui substitue le frère Gédéon-Marie, « venu de France ». Quant aux agrandissements nécessaires, le frère directeur fait preuve d'une patience exceptionnelle, tout en faisant des instances continuelles, ce qui permet aux commissaires de trouver l'aide nécessaire sous forme de souscriptions diverses (dons en nature, bazar...) ou même d'emprunts avantageux. Tant et si bien qu'en octobre 1873, « l'agrandissement de la maison des frères » est terminé et qu'une nouvelle école est ouverte en 1874 dans le quartier Saint-Philippe.[29]

---

[29] Frère Herménégilde, *District de Montréal. Communauté de Trois-Rivières*, AFECR, 436.

Il va sans dire que ce surcroît de bonne volonté ne se retrouve pas partout. Surtout quand il s'agit de manquements aux ententes signées.

— *Un cas exemplaire: Saint-Jean d'Iberville*

Précises, rigoureuses, trop onéreuses parfois, il faut bien l'admettre, les conditions de l'établissement des frères jettent plus ou moins rapidement certaines autorités locales dans l'embarras et les obligent à vouloir composer avec la communauté. Tel est le cas de Saint-Jean d'Iberville.

Après négociation, le frère Facile, visiteur, et le curé de la paroisse, l'abbé Charles La Rocque, s'entendent *verbalement* sur la venue des Frères des Ecoles chrétiennes: l'Institut s'engage à fournir *quatre* de ses membres pour « faire les Ecoles de garçons dans le village »; en retour, les commissaires d'écoles et les membres de l'Académie promettent de leur verser 200 livres (800 $) pour les dépenses de l'établissement et un traitement annuel de 140 livres (560 $). Mais une des résolutions de leur réunion du 6 février 1854 laisse soupçonner les limites de leur engagement: « Qu'ils prient Sa Grandeur [Mgr Bourget] de vouloir bien observer au Supérieur des Ecoles Chrétiennes que les ressources à la disposition des Commissaires d'Ecoles et des Membres de l'Académie de St. Jean ne sont point proportionnées à leurs besoins; et qu'ils espèrent qu'il obtiendra du dit Supérieur les termes et les conditions les plus favorables possibles, promettant de faire ce qui dépendra d'eux pour que rien ne soit en souffrance dans le futur établissement des Frères ». L'entente verbale est ratifiée par écrit les 25 mars et 3 avril 1856.

Les documents restent encore trop vagues, ce qui entraîne bientôt toute une série de malentendus. Entre-temps, en effet, les quatre frères promis arrivent le 12 novembre 1855: trois dirigent une classe chacun et le quatrième s'occupe du temporel, ce qui est la règle commune à tous les établissements lasalliens. Ils obtiennent beaucoup de succès dès le début et, notons-le, les autorités scolaires comme la population sont satisfaites. Le grand nombre d'élèves attirés par leur enseignement oblige même à demander un nouveau frère, ce qui marque le début des difficultés.

Aux yeux du curé et des commissaires d'écoles, qui ne connaissent pas suffisamment les règles précises de l'Institut, ce cinquième sujet ne nécessite pas l'augmentation du traitement global de 140 livres par année, car ce quatrième *instituteur* est dû à Saint-Jean « en vertu du contrat ou marché conclu à Montréal le trois avril 1856 » ; ils menacent de recourir à la loi pour faire remplir l'obligation contractée par l'entente. Tout au contraire, les porte-parole de l'Institut, le frère Facile et son substitut pendant son absence, le frère Turibe, soutiennent que l'engagement pris a été rempli par l'envoi des quatre premiers sujets et, surtout, que tout nouveau frère devrait recevoir le traitement de 35 livres (140 $) par année ; ils reprochent également aux autorités scolaires de n'avoir pas encore payé toutes les sommes promises et les traitements. C'est l'impasse que même l'intermédiaire obligé, Mgr Bourget, ne réussit pas à lever.

Pourtant, tout commence d'une manière bien anodine. Dans une lettre du 28 juillet 1856, le curé La Rocque accepte les conditions des frères — traitement annuel de 35 livres pour le nouveau frère, renonciation aux 50 livres (200 $) prévues pour le trousseau —, mais il demande un certain sursis pour le paiement : « Je dois cependant vous dire que j'ai l'espérance que s'il vous est possible de ne pas nous presser de trop près, nous aimerions que vous eussiez la complaisance d'attendre pour une partie de ce qu'il nous faudra vous payer jusqu'au mois de Novembre prochain, parceque ce n'est qu'alors que nous pourrons recevoir du gouvernement le 50 [Livres] d'octroi annuel sur lequel nous comptons pour remplir nos engagements envers vous ». Or, non seulement les commissaires ne reçoivent pas du gouvernement la somme escomptée, mais, dans la lettre qui l'annonce, le curé se permet « des observations sur l'école » plutôt déplaisantes et il ajoute un post-scriptum qui, dit-on, « attaquait les frères de la façon la plus brutale ». Le texte litigieux se lit ainsi :

> J'allais oublier de vous dire que j'ai appris avec un peu de surprise que nos Chers Frères de St Jean eussent délibéré entre eux, et proposé au Frère Turibe quand il est passé dernièrement à St Jean, d'établir un pensionnat à St Jean. Il me semble qu'avant d'établir cette délibération, et de faire cette proposition, ils auraient dû m'en toucher quelque chose. Je les ai fait prévenir par Mr le Vicaire qui m'avait informé du projet, que j'y étais absolument opposé. La réplique faite par les Frères m'a paru signifier que cela ne me regarde pas. Je crois au contraire que ça me regarde beaucoup, et que la chose ne pourrait se faire qu'avec ma permission. Et ma permission, je ne la donnerai point. Si les choses se sont dites et passées telles qu'elles m'ont été rapportées par Mr le Vicaire qui est certainement un homme pacifique et discret, j'aurais à me plaindre, et dire aux Frères que je leur donne bien la liberté d'agir indépendamment de moi lorsqu'il s'agit de leur règle ou de leur devoir, mais non pas lorsqu'il s'agit d'une question aussi grave que celle de savoir s'ils établiront un pensionnat dans notre maison.

Stupeur et colère chez les frères! « Le cher frère Facile en voyant un pareil procédé pensa qu'il n'était pas prudent de confier un frère de plus à un homme qui était si peu maître de lui-même et qui choisissait le moment où les frères faisaient le sacrifice de cinquante louis, à sa demande, pour les traiter si cavalièrement »; il retire donc la promesse d'un cinquième sujet et il charge le frère Turibe d'en informer le curé La Rocque.

> Les frères, écrit le substitut, sont donc à la hauteur de leur mission, et peuvent très-bien faire marcher leur école, sans augmentation du personnel, néanmoins, Monsieur le Curé d'après votre demande, le cher frère Visiteur était décidé à envoyer un frère de plus à St Jean, le choix même en était déjà

fait ; mais la lecture de votre P. S. a dû naturellement modifier ses idées, et lui faire changer sa décision, du moins provisoirement. Que vous dirais-je, Mr le Curé, je ne puis qualifier ce P. S. Dire que vous l'avez écrit légèrement, ce serait faire injure à votre caractère... Dire que vous l'avez écrit après réflexion ? ce serait pire encore... Je m'abstiens donc... Je dirai seulement qu'il nous fait craindre pour l'avenir, et doit naturellement nous faire tenir sur nos gardes pour nous préparer à tout étonnement.

Je ne sais pas où Mr le Vicaire a pu ramasser un pareil *cancan* ; tout ce que je sais, c'est que la décision que l'on dit si gratuitement avoir été prise en ma présence, n'a jamais existé que dans le cerveau de celui ou ceux qui l'ont inventé [*sic*]. Personnellement je suis fortement opposé à l'établissement d'un pensionnat à St Jean et ailleurs ; si nos frères m'avaient demandé à recevoir des pensionnaires dans votre maison, je m'y serais opposé. Du reste, Monsieur le Curé, nous ne sommes pas d'hier, et nos antécédents prouvent que nous n'avons jamais tenté de faire acte de propriété chez les autres ; il n'y a donc pas lieu de craindre que nous commencions par St Jean.

Et le frère Turibe termine par cette profession de foi : « Nous voulons à tout prix vivre en bonne intelligence avec le clergé, il n'y a pas de sacrifice que nous ne fassions pour cela ; vous comprendrez pourtant Mr le Curé, qu'il ne nous est pas donné d'arrêter toutes les langues d'une Ville. Et que si nous devions être responsables de tout ce qui peut se dire, et s'inventer par les oisifs d'un pays, il nous serait impossible d'atteindre notre but ».

Tout autant surpris que vexé du ton de cette lettre, le curé La Rocque n'y répond que par un mot pour annoncer qu'il transmet la missive à Mgr Bourget, qui « y fera la réponse qu'il jugera convenable », et pour dire que son vicaire n'est pas « le vil menteur que vous faites de lui » ; « Pardonnez-moi, si je ne prends pas votre ton, et si je ne réponds pas à l'injure par l'injure ». Malgré les tentatives de conciliation de l'évêque, le ton continue à monter. Bientôt, le curé et les commissaires

LES CONTRAINTES DU MILIEU

refusent de continuer à traiter avec le visiteur et lui adressent leurs propositions ou réponses par l'intermédiaire de Mgr Bourget. De leur côté, les frères promettent un cinquième sujet « pour entrer dans les vues pleines de mansuétude de Sa Grandeur, Monseigneur l'Evêque de Montréal », mais soutiennent toujours qu'ils n'y sont pas tenus par la convention de 1856. Les commissaires ripostent par une menace de recours aux tribunaux, ce qui entraîne la décision « officieuse » du retrait des frères à l'automne 1857. Le départ n'a pas lieu, par déférence pour Mgr Bourget qui avait promis que les frères demeureraient à Saint-Jean, mais le climat est si détérioré que même la séparation ultérieure se négocie dans un concert d'accusations réciproques et de menaces de poursuites judiciaires. Les commissaires, par exemple, accusent les frères d'avoir quitté l'école trop tôt et exigent 1 200 livres courant (4 800 $) pour ne pas avoir rempli le marché conclu et « avoir entraîné l'administration des écoles dans des frais et dépenses inutiles ». Les frères, pour leur part, parlent d'arrérages d'un peu plus de 94 livres (376 $) : « Ainsi les frères sont les seuls lésés, et les seuls qui auraient droit à demander une indemnité pour leur départ de St Jean, par suite des procédés que l'on a eu à leur égard. Ils refusent donc tout arbitrage, leur droit étant trop évident pour qu'il soit nécessaire de le fair [*sic*] examiner par qui que ce soit ».

Pour eux, c'est le curé qui est le principal responsable de toutes ces misères. « Ils sont convaincus que s'ils n'avaient eu à faire qu'à Messieurs les Commissaires d'Ecoles de St-Jean il n'y aurait jamais eu aucun malentendu ». Ils reprochent à l'abbé La Rocque, qui a servi d'intermédiaire entre eux et les commissaires et entre ces derniers et Mgr Bourget, d'avoir mal interprété l'entente verbale — ce qui n'est pas totalement faux — et de les avoir accusés faussement auprès des commissaires et de l'évêque. Quant au curé La Rocque, il porte sur la Règle, un jugement qu'il n'est pas le seul à prononcer : « Je garde toujours la conviction que je vous ai exprimée sur le compte des Chers Frères, qui ont, et qui doivent nécessairement avoir des misères partout, avec le régime et la conduite qu'ils tiennent. Mal élevés ou mal formés, ils s'imaginent aller au devant de toutes les circonstances et de toutes les convenances en disant que *c'est leur règle*!! Pauvre règle, je la plains de tous les tourmens et de toutes les tortures que lui font subir ses enfans en l'interprétant. Car je ne puis croire que la lettre ni l'esprit de la règle du Vénérable Mr De La salle interdisent les ménagemens, les égards, les déférences que l'on doit si souvent avoir pour les choses et les hommes, quand on veut faire du bien au nom de la religion!! » Après plusieurs autres, il reproche donc aux Frères des Ecoles chrétiennes la rigidité de leur Règle et son interprétation rigoureuse.[30] Ils oublient trop facilement que les frères peuvent se montrer indépendants, car ils reçoivent plus d'invitations à fonder des établissements qu'ils ne peuvent se permettre d'en ouvrir. De là, certains ultimatums péremptoires et, plus tard avec le frère Réticius, des fermetures d'établissements faites d'une façon plutôt cavalière.

— *Quelques difficultés d'existence*

La question financière, qui se profile tout au long de la querelle entre les frères et le curé de Saint-Jean d'Iberville, est à la base de la plupart des difficultés locales et de la fermeture des établissements. Nous l'avons vu pour toutes les maisons des Maritimes ; le même phénomène se reproduit au Québec. Quand le curé ou les commissaires d'écoles ne remplissent pas leurs

---

[30] La correspondance et les mémoires concernant cette affaire se retrouvent principalement aux trois endroits suivants : AFECR, 438 ; ACAM, 515.101 ; AFECM, T34C27 (y compris des photocopies de documents des Archives de l'évêché de Saint-Jean de Québec). A noter spécialement : *L'Ecole Chrétienne à Saint Jean*, s.d. (c1858), mémoire attribué au Frère Turibe, AFECM, T34C27-1 ; Mgr Bourget au Frère Supérieur général, 15 juin 1858, *ibid.*, T34C2713. Plusieurs de ces documents sont reproduits dans les *Sources F. E. C.*, vol. 7 et 8 (1984, 1985).

engagements, la communauté ne peut survivre, soit que les conditions de logement ne lui permettent pas de vivre sa Règle, soit que le manque d'argent ou les dettes la conduisent à une banqueroute qu'on veut toujours éviter. D'autre part, certains employeurs ne peuvent réellement pas rencontrer les dépenses qu'occasionne un établissement des frères, soit que les subventions espérées du gouvernement ne viennent pas, soit qu'on n'ose pas taxer des contribuables, qui n'ont pas l'éducation comme priorité; on peut ajouter que certains commissaires usent de stratégie pour diminuer le coût de l'entretien des frères et acceptent de remplir leurs engagements quand ils sont poussés au pied du mur.

Il peut arriver aussi que les frères soient en partie responsables de leurs déboires. Tel semble être le cas de Saint-Thomas de Montmagny. Arrivés en 1849, les frères n'ont pas encore reçu en 1856 tout le mobilier promis dans l'entente — entre-temps, cependant, les commissaires leur ont accordé, en 1854, une augmentation de cinq louis (20 $) sur le traitement annuel de chacun des frères —, mais ceux-ci profitent de la demande d'un frère chargé de l'enseignement de l'anglais pour amener les commissaires à remplir leur engagement. En 1873, le frère directeur Theodorus of Milan propose d'ouvrir un pensionnat et, dans un document du 18 avril, décrit les *Avantages qu'il y aurait pour la Paroisse* :

> 1. La Paroisse n'aurait que quatre Frères à payer, en lieu de cinq; et si plus tard, nous étions obligés par le trop grand nombre d'élèves de faire une classe de plus que le nombre actuel, nous nous chargerons du salaire du maître, dans le cas où l'augmentation proviendrait des pensionnaires.
>
> 2. Le salaire actuel des frères ne sera pas augmenté tant que subsistera le pensionnat.
>
> 3. Nous nous chargerons de toutes les dépenses qu'exigera l'entretien de la maison, ainsi que des réparations de l'intérieur.

Comme ce document n'a pas été soumis aux autorités de l'Institut, il n'a aucune valeur légale, mais les commissaires ne peuvent le soupçonner et le pensionnat est ouvert à ces conditions. Commentaires du frère Réticius en 1880 : « Cette œuvre qui, dans la pensée de son fondateur, devait être la vie de notre Etablissement, en est devenue la ruine. Depuis qu'elle existe, elle a produit à la municipalité un bénéfice clair de $1 560. savoir : $960, par la suppression du traitement d'un frère ; $600, par des réparations faites par la Cté à la maison ou aux classes. Tandis que nous dégrevions le budget municipal, nous chargions le nôtre. Cet état de choses ne pouvait subsister longtemps sans nous conduire à la ruine ». En conséquence, le 15 décembre 1879, les frères demandent de changer les conditions établies par le document compromettant de 1873 — le visiteur va même jusqu'à subtiliser le document au curé ! — et ils proposent que les commissaires paieront désormais cinq frères à raison de 160 $ chacun par année ; que « les arrérages dus à la Communauté seront payés pour le 1er Janvier prochain » ; que « l'ameublement des classes et l'entretien du local sont à charge de Messieurs les Commissaires d'écoles, ainsi que [le] chauffage des classes » ; que, dans quatre ans, « de nouvelles conditions seront proposées à Messieurs les Commissaires d'écoles de St Thomas, pour devenir définitivement la base de l'existence de la Communauté ». Dans leur réponse du 24 décembre 1879, les commissaires s'engagent à payer les arrérages et se disent prêts à assumer les frais de chauffage et d'ameublement « pour les enfants de la municipalité », mais ils refusent de « faire aucun arrangement dans le salaire payé aux Frères ». Riposte de l'Institut : nouvelles propositions, à peu près les mêmes, mais plus précises, sous menace de fermeture de l'établissement des frères. Les commissaires se montrent intraitables à propos de l'entente sur les salaires et, même si le curé, président de la commission scolaire, promet, dans un entretien privé, de payer personnellement le cinquième frère et de faire porter, plus tard, le traitement de 160 $ à 200 $, le frère Réticius décide de fermer l'établissement de Saint-Thomas de Montmagny. Les discussions des mois précédents ont tellement échauffé les esprits qu'un différend surgit à propos du mobilier : la commission scolaire réclame 500 $ pour des « tables, chaises, couchettes, bancs, pupitres, poêles, armoires, cartes géographiques, etc., etc., et même jusqu'au plancher de la cave » que les frères auraient fait indûment enlever. Le litige est soumis à l'archevêque Taschereau qui, après avoir entendu les trois anciens frères directeurs et le curé, rend la sentence suivante : « Il m'a paru que la somme de $500 réclamée par les commissaires est grandement exagérée, et que si cette somme a été dépensée, ça dû être pour réparations ou pour achat de meubles anéantis depuis par l'usage. On est convenu que les Frères rendraient $8 pour cartes géographiques ». Les frères se tirent bien du pétrin dans lequel les avait plongés le frère Theodorus of Milan![31]

Les questions financières prennent une amplitude particulière quand s'y greffent d'autres problèmes : mécontentement à propos de l'enseignement des frères ou désir de changer les programmes, par exemple. Mais il n'est pas toujours possible de vérifier si ce sont les difficultés financières qui engendrent le mécontentement ou si ce dernier pousse à serrer la vis au point de vue financier. Un fait est certain : dans la majorité des cas, c'est le climat général des relations entre les frères et leurs employeurs (et parfois la population) qui fait que la question financière peut se résorber ou dégénérer en un combat à finir. Le frère Herménégilde, dans son *Historique* de Saint-Jean d'Iberville montre bien cet aspect :

---

[31] Frère Theodorus of Milan, *Abrégé de l'Historique de la Communauté de St-Thomas, Canada*, AFECR, 284 ; Frère Theodorus of Milan, *Avantages qu'il y aurait pour la Paroisse, en bâtissant un pensionnat*, 18 avril 1873, *ibid.* ; Frère Albanius à Louis Rousseau, 15 déc. 1879, *ibid.* ; L. Rousseau au Frère Albanius, 24 déc. 1879, *ibid.* ; Frère Réticius au Frère Assistant, 18 avril 1880, *ibid.* ; Frère Optatien-Régis au Frère Réticius, 25 juin 1880, *ibid.* ; L. Rousseau à Mgr Taschereau, 19 août 1880 (et réponse), AFECQ, *Montmagny, Saint-Thomas*, A-1.

> Un reçu ou quittance des sommes dues et payées pour les frais de premier établissement mais d'une teneur louche, équivoque, signé sans méfiance, avec trop de bonne foi, et plus tard interprété en faveur des Commissaires comme leur donnant droit à un quatrième frère gratis; le soupçon que les frères veulent établir un pensionnat rival du collège; des paroles indiscrètes attribuées à un frère; les si longues absences du frère Visiteur soit pour ses tournées soit pour son voyage en France (pour le Chapitre Général) dont on voudrait profiter; les correspondances avec son remplaçant (F. Turibe, Dr) qui ne peut ni ne veut trancher les questions dont il s'agit; la susceptibilité des uns, l'humeur, l'amour propre des autres; les prétentions de ceux-ci, la passion de ceux-là et surtout le retrait des frères opéré le 2 Juillet 1858 portent les esprits au point de menacer de traduire les frères à la Cour afin d'être contraints de revenir à St Jean, de fournir gratuitement le 4e frère [instituteur] et de payer à la ville une indemnité de $7 125 si les frères ne sont pas revenus le 9 Août [1858].[32]

Tout au contraire, de bonnes relations, aidées parfois de certaines connivences idéologiques, permettent de surmonter les difficultés financières. Tel est le cas de Saint-Grégoire, dans le diocèse de Trois-Rivières (jusqu'en 1885). Grâce à un appui populaire exceptionnel, particulièrement sous forme de souscriptions, les commissaires d'écoles peuvent appeler les frères en 1879 et accepter leurs conditions. Très tôt, cependant, malgré toute cette bonne volonté, l'un des engagements s'avère trop onéreux, le chauffage. Les commissaires demandent donc un changement, en prétextant, entre autres choses, une certaine confusion des textes; le curé écrit:

> Lorsque nous nous sommes mis à l'œuvre pour construire notre spacieuse Ecole, eu égard à l'importance de la localité & de sa population, aucun de nous ne pensait qu'on serait obligé de chauffer cette grande maison, vu que déjà le chauffage de

---

[32] Frère Herménégilde, *District de Montréal. Communauté de St Jean (Dorchester)*, AFECR, 279.

l'ancienne maison, qui pourtant était petite, ne se faisait pas sans difficulté.

Même c'était si bien compris que le chauffage de la nouvelle maison ne nous serait pas plus coûteux que celui de l'ancienne que cette condition a été entrée dans le livre des délibérations de l'œuvre & Fabrique de la paroisse, comme une promesse que j'ai faite à mes paroissiens dans une assemblée de Fabrique, convoquée pour promouvoir le projet de bâtir l'école. C'était le 18 Novembre 1878.

Cette promesse que j'ai alors faite à mes paroissiens et qui jusqu'à présent a pu paraître fallacieuse, avait pourtant bien sa raison d'être. En effet, lorsqu'en 1877 le Frère Armin Victor est venu visiter, surtout le terrain, qu'on proposait de mettre à l'usage des Frères, il nous avait dit que si nous bâtissions une maison avec les dimensions qu'il nous donnait, et, *si nous y placions une fournaise, le chauffage serait entièrement à la charge des Frères*.

Plus tard, le 26 Février 1878, dans une lettre que m'écrivait le Révérend Frère Armin Victor, et dans laquelle il ébauchait les conditions auxquelles nous aurions des Frères, il disait : « *Les dépenses de chauffage seront l'objet d'une convention spéciale* ». Ces quelques mots nous ont donné à penser que même en faisant une fournaise, on nous demanderait de contribuer au chauffage, mais que dans tous les cas on ne serait pas chargé plus que du chauffage de la vieille école, pour lequel on donnait vingt cinq cordes de bois de deux pieds de long[u]eur, et cela d'autant plus que lors de la visite du Frère Armin Victor, en 1877, on lui avait formellement fait la remarque qu'on ne pourrait pas déroger à la coutume établie pour le chauffage.

Enfin lorsqu'en Septembre 1879, notre maison étant à peu près terminée & prête à recevoir les Frères, il nous a fallu contracter l'engagement de ces derniers, une des conditions comportait : « Le chauffage pour *toute la maison en général serait la charge de Messieurs les Commissaires* ».

Bien que cette charge nous ait pris un peu par surprise, la position dans laquelle nous nous trouvions, c.a.d. l'ouverture de l'école sur laquelle les contribuables comptaient anxieusement ; l'année scolaire déjà avancée, l'ignorance dans laquelle on se trouvait tous, tant les frères que les Commissaires, de ce que coûterait le chauffage de la maison, ont été autant de raisons qui ont fait accepter cette charge qui était plutôt regardée comme temporaire par les Commissaires que comme permanente.

Premier réflexe du frère Réticius, comme dans toutes les situations analogues: fermer l'établissement sous prétexte d'une pénurie de sujets au Canada. Mais l'intervention de deux de ses amis ultramontains, Mgr Louis-François Laflèche de Trois-Rivières et le curé Luc Désilets du Cap-de-la-Madeleine, l'incite à revenir sur sa décision, à soulager les commissaires et à signer, en 1886, une nouvelle entente.[33]

Si les problèmes financiers peuvent traîner en longueur et se résoudre par certains arrangements, il n'en est pas de même des questions que soulève la pédagogie lasallienne: les frères défendent comme la prunelle de leurs yeux leur autonomie au point de vue pédagogique. Plusieurs commissaires d'écoles l'apprennent à leurs dépens, dont ceux de la cité de Québec. En juillet 1858, pour « *faire reconnaître leurs droits qu'ils croyaient être méconnus par les Frères* », ils votent une série de résolutions:

> Résolu 1°. Que les Commissaires des Ecoles de cette Cité, sont les seuls juges du nombre et de la qualité des volumes qui doivent être donnés en prix aux enfants qui fréquentent les écoles sous le contrôle des Commissaires.
> Résolu 2°. Que conformément aux dispositions de la *Loi sur l'Instruction Publique*, les commissaires des dites Ecoles ont, seuls, le droit de déterminer et régler le cours d'étude qui doit être suivi et les livres dont on doit faire usage dans les dites Ecoles.
> Résolu 3°. Qu'aux dits Commissaires seuls appartient le droit de fixer le temps et le lieu de l'Examen public ou de tout autre examen des élèves qui fréquentent les dites écoles.
> Résolu 4°. Que tous les Instituteurs salariés par les dits

---

[33] Frère Herménégilde, *District de Montréal. Maison de St Grégoire*, AFECR, 458; *Conditions requises pour L'érection de l'établissement des Frères des Ecoles Chrétiennes, dans la Paroisse de St-Grégoire*, 15 sept. 1879, *ibid.*; Elie Panneton au Frère Provincial, 18 mars 1882, AFECQ, *Saint-Grégoire*, A-2; Mgr Laflèche au Frère Réticius, 23 avril 1883, *ibid.*; Luc Désilets au même, 26 avril 1883, *ibid.*

> Commissaires, sont tenus de se conformer à toutes les injonctions qui leur sont transmises par le Bureau des Commissaires par l'entremise du Secrétaire-Trésorier du dit Bureau, et que c'est à ce dernier que doivent être adressées toutes demandes ou réclamations verbales ou par écrit relativement aux dites Ecoles.
> Résolu 5°. Que tous les Instituteurs des Ecoles sous le contrôle des dits Commissaires sont tenus d'observer les règlements faits, ou qui seront faits ci-après par les dits Commissaires.
> Ordonné, que les résolutions ci-dessus seront transmises aux Frères des Ecoles chrétiennes des Glacis et du Cap Diamant, sous le contrôle des Commissaires, par le Secrétaire-Trésorier, en la manière ordinaire.

Ce document arrive chez les frères de Québec au moment où le frère visiteur leur désigne comme directeur, en remplacement du frère John of Mary (William Eldridge, 1824-1867), appelé ailleurs, le frère Herménégilde du Collège de Lévis. Mais celui-ci prévoit tous les problèmes que ce texte peut créer et il n'accepte sa nouvelle fonction qu'à la « condition expresse que les Résolutions des Commissaires seraient ou annulées ou modifiées »; il rencontre un à un les membres du Bureau des commissaires et leur expose ses raisons, tant et si bien que, sous l'inspiration de leur président, le curé Auclair de la cathédrale, ils votent une nouvelle résolution, le 13 août :

> Résolu — Que le Bureau des Commissaires, en adoptant les cinq résolutions du 25 Juillet dernier, entend bien que toute injonction contenue dans les dites résolutions sera regardée comme non avenue, chaque fois qu'elle sera en contradiction avec les constitutions de l'Institut des Chers Frères des Ecoles Chrétiennes. Que toute correspondance, tout avis émanant du dit Bureau, seront adressés au Cher Frère Directeur seul.

Tout danger d'ingérence est ainsi éloigné, le frère Herménégilde accepte sa charge et l'harmonie continue à régner avec le Bureau des commissaires.[34]

---
[34] *Historique de la Communauté de Québec*, AFECQ, *Les Glacis*, B-7.

Très lié à la question pédagogique est le choix des volumes classiques pour les élèves : les frères se réservent le droit de déterminer ceux qui seront imposés, ordinairement des volumes rédigés et vendus par les frères. En plusieurs endroits, cette procédure soulève des objections : on reproche aux frères de changer de volumes trop souvent et de vendre « des charges de livres seulement pour faire de l'argent ». Comme il arrive souvent que des parents retirent leurs enfants de l'école des frères, parce qu'ils se disent incapables « d'acheter tant de livres », les frères ne prennent jamais ces remarques à la légère et s'efforcent de remédier à la situation, soit en conservant des classiques qu'ils aimeraient bien remplacer, soit en demandant aux autorités locales, curé ou commissaires d'écoles, des sommes pour donner gratuitement les livres aux enfants pauvres. Cette solution, qui est celle de Saint-Jean d'Iberville en 1877 (les frères y sont revenus en 1868), est mise de l'avant en plusieurs autres endroits.[35] Ordinairement, d'ailleurs, on ne soulève la question des classiques qu'au moment où se posent d'autres problèmes.

Certaines autorités tentent parfois de changer le mode d'enseignement des frères ou, du moins, de leur donner des conseils pour l'améliorer. Fidèles à leur règle d'uniformité dans tout l'Institut, les frères ne cèdent jamais sur ce point. Le meilleur exemple vient encore de Saint-Jean d'Iberville, mais au moment où les relations sont au mieux entre les frères et les commissaires d'écoles. En 1877, leur président, Félix-Gabriel Marchand, le futur premier ministre du Québec, rencontre le frère visiteur et le frère directeur pour leur proposer que, désormais, « dans toutes les classes, le français et l'anglais fussent enseignés sur le même pied c'est-à-dire que toutes les spécialités fussent enseignées également en français et en anglais, de manière qu'on ne puisse pas dire qu'il y a des classes purement françaises et

---

[35] Frère Herménégilde, *District de Montréal. Communauté de St Jean (Dorchester)*, AFECR, 458.

d'autres purement anglaises » et, de plus, « qu'aucun élève ne passât à une classe supérieure qu'après avoir subi un examen satisfaisant sur les matières enseignées dans une classe actuelle et qu'ainsi il fut dûment qualifié à une promotion ». L'objectif de ces propositions est acceptable : que « l'Académie fut seconde à aucune au Canada », mais elles heurtent les coutumes lasalliennes. Dans une discussion serrée, mais amicale, le frère visiteur Albanius (Stanislas-Pierre Gillet, 1829-1897) fait « quelques objections plausibles et convaincantes » et prouve la supériorité pédagogique du modèle lasallien, tant et si bien que le président Marchand admet ses raisons et explications et accepte « en principe » une division et un système « les plus rationnels et les plus propres à répondre aux besoins de l'Académie de St.Jean ».[36]

L'entente est beaucoup plus difficile, sinon totalement impossible, quand il s'agit de l'enseignement du latin. L'Institut souffre peu d'exceptions à sa défense de l'enseigner dans ses écoles : au Canada, seul l'établissement de Toronto a mis le latin à son programme, mais la mesure se répand beaucoup aux Etats-Unis. D'autre part, plusieurs témoins contemporains notent la fascination qu'exerce le latin sur le peuple et même le clergé : « on ne regarde comme instruits que ceux qui ont fait un cours de latin », souligne un clerc de Saint-Viateur en 1848. Et plus tard, le même auteur commente l'ouverture du Collège de Joliette : « C'était pour obvier au grand défaut des autres collèges, qui se donnaient à enseigner simplement le latin à tous les enfants qui se présentaient dans leurs maisons, de manière que, un peu instruit [*sic*] ou non, tous commençaient par balbutier rosa la rose, et au bout de quelques années, plusieurs sortaient du collège avec un peu de latin, ne sachant que faire, car travailler chez leurs parents, sur une terre, ils se seraient crus déshonorés, parce qu'ils savaient décliner un nom ou

---

[36] *Historique de la Maison de St.Jean Dorchester* [d'Iberville]. Province de Québec. Puissance du Canada, pp. 25-28, AFECM, T34C27b-1.

conjuguer un verbe en latin ; mais étant sur tout le reste, plus ignorants qu'un élève des frères de la doctrine chrétienne, qu'ils méprisaient cependant ».[37] En conséquence, en plusieurs endroits, le curé ou même les commissaires aimeraient bien obtenir l'enseignement du latin dans le collège des frères. C'est le cas de Lévis, comme nous l'avons vu plus haut. C'est également la raison qui, par deux fois, explique le renvoi des frères de Sorel. Et plus encore, c'est ce qui empêche certains curés de les inviter dans leur paroisse, d'où le reproche qu'on leur fait de ne pas soutenir suffisamment l'Institut : « Les bons frères des Ecoles Chrétiennes qui ont plus de 4 000 enfants dans les trois villes de Québec, Trois-Rivières et Montréal, feraient un bien immense s'ils étaient assez soutenus par le Clergé. Eh bien, ils sont généralement détestés et diminuent au lieu d'augmenter ».[38] Ce témoignage rejoint le sentiment du frère Facile, ulcéré par la fermeture de Lévis : « Les Prêtres ne sont pas partisans de l'enseignement qui s'y donne (Primaire Supérieur), ils n'y envoient donc pas les enfants ; ils n'ont en vue que leur collège ».[39] L'un et l'autre ne concordent guère avec les témoignages que nous avons rapportés et encore moins avec les faits assurés. Mais il faut en tenir compte malgré tout, car il est bien vrai que l'expansion de l'Institut au Canada repose sur les épaules du clergé (et des autres autorités locales) et qu'elle pourrait être menacée par l'hostilité ou même l'indifférence de ce groupe important. Il est vrai aussi que, dans certaines localités, les difficultés signalées entraînent des murmures et des critiques contre les frères. Mais dans la période où nous sommes, l'opposition aux frères n'atteint jamais un point critique et n'empêche pas vraiment le développement de l'Institut au Canada.

---

[37] Etienne Champagneur à Louis Querbes, 16 avril 1848, Léo-Paul Hébert, *Le Québec de 1850 en lettres détachées*, Québec, Ministère des Affaires culturelles, 1985, p. 123 ; Champagneur, *Annales*, 1871, *ibid.*, p. 215.

[38] Augustin Fayard à Querbes, 16 avril 1848, *ibid.*, p. 86.

[39] Frère Herménégilde, *Institut des Frères des Ecoles chrétiennes. District de Montréal. Canada*, AFECR, 432a, 12.

VI

LES INSTITUTEURS FRANÇAIS

Au moment d'expliquer le pourquoi et le comment de l'œuvre lasallienne en Amérique du Nord et de rechercher la source des talents et vertus qui s'y déploient, mêlés de faiblesses et d'hommerie, il faut encore une fois insister sur une des caractéristiques principales de l'Institut, son gouvernement centralisé. Comme l'écrit si bien l'historien officiel de la communauté, Georges Rigault : « A l'exemple de la Compagnie de Jésus, les Frères des Ecoles chrétiennes sont strictement hiérarchisés sous un commandement suprême. Statut personnel de chacun des religieux, nominations et mutations des professeurs, questions

---

[1] Nous employons le mot « instituteur » surtout dans son sens premier de « celui qui institue quelque chose ». C'est le titre qu'on donnait couramment à Jean-Baptiste de La Salle à la fin de sa vie.

d'ordre spirituel ou d'ordre matériel concernant les communautés, programmes pédagogiques, tout relève, en dernière analyse, du Supérieur général, tout, dans les grandes lignes, sinon dans le détail, doit aboutir à la Maison-Mère, pour y devenir objet d'étude et de décision de la part du « Régime ».[2]

Les supérieurs généraux, les assistants chargés des districts nord-américains, les visiteurs provinciaux de l'Amérique du Nord jouent donc un rôle essentiel dans l'établissement et la croissance de l'Institut en terre américaine. Ils sont, pour la plupart, d'origine française, et rappeler d'abord leur action ne saurait amoindrir en rien le mérite du travail fait sur le terrain par les visiteurs et les directeurs qui en très grand nombre viennent aussi de France.

I — Les supérieurs généraux

Durant la période qui nous concerne, deux supérieurs généraux influencent tout particulièrement la destinée de l'Institut en terre d'Amérique : les Très Honorés frères Anaclet et Philippe.

— Le frère Anaclet (1830-1838)

Le frère Anaclet a le mérite de donner le feu vert à la fondation canadienne. Sa décision, longuement discutée et mûrement réfléchie, s'inscrit logiquement dans l'orientation qu'il a voulu donner à sa communauté. Sous sa gouverne, en effet, « l'Institut s'organise sur de plus larges bases ; il demande à ses membres plus de science, plus d'initiatives, encore plus de dévouement, de cohésion familiale, d'esprit profondément

---

[2] Georges Rigault, *Histoire générale de l'Institut des Frères des Ecoles chrétiennes*, T. V, Paris, Plon, 1945, p. 425.

lasallien, dans l'entière obéissance à l'Eglise, dans une fidélité et une piété renouvelées à l'égard de la personne du saint Fondateur. Il multiplie ses œuvres dans toute la France; il devient décidément « supra-national », avec le développement de ses maisons italiennes et belges ; il inaugure son expansion « mondiale » [...] ». Après avoir longtemps hésité et résisté aux instances les plus vives, le frère Anaclet pose enfin la communauté de Montréal comme un jalon important de l'œuvre missionnaire de l'Institut, mais il n'a guère le temps de la voir évoluer puisqu'il meurt le 6 septembre 1838.[3]

— *Le frère Philippe (1838-1874)*

Le 21 novembre 1838, le Chapitre général, réuni en la Maison du Saint-Enfant-Jésus à Paris, élit comme successeur du frère Anaclet un de ses assistants, le frère Philippe. Non seulement il est un de ceux qui « connaissent tous les rouages de l'administration », qui « ont donné les preuves de leurs compétences, dirigé personnellement un grand nombre de Frères, négocié avec le gouvernement civil et l'épiscopat », mais il a surtout « tenu auprès du Supérieur défunt la place de principal auxiliaire, voire souvent d'inspirateur et d'initiateur ». Avec lui, pas de danger de rupture avec le règne précédent.

Pendant les trente-six ans de son généralat, le frère Philippe a la volonté et tout le temps de mettre en œuvre les dispositions arrêtées ou rêvées par son prédécesseur: « création d'écoles, recrutement des maîtres, formation des petits novices, des grands novices, des jeunes professeurs, développement des programmes d'études, accords avec les diocèses et les villes, rapports filiaux avec le Saint-Siège ». Devant l'ampleur du travail

---

[3] *Ibid.*, pp. 167-217.

accompli, on l'appelle parfois, non sans exagération, le « second fondateur » des Frères des Ecoles chrétiennes.

L'une de ses principales gloires demeure cependant l'expansion considérable de l'Institut au-delà du territoire français : « Le rythme va s'accélérer ; les plantations vont s'étendre et les arbustes donner une frondaison et des fruits splendides ». Sans plan préconçu, le Très Honoré frère Philippe tâche de répondre aux multiples demandes qui lui viennent aussi bien de l'Europe que du Proche-Orient et de la lointaine Amérique : la congrégation lasallienne « se tient aux écoutes, afin de recueillir les appels du Saint-Siège, de l'épiscopat, des pouvoirs civils. Toujours prête au travail, si ses réserves d'ouvriers ne sont pas épuisées, et si les stipulations des contrats s'harmonisent avec les règlements laissés par son Fondateur ». Résultats éloquents : s'il y a 42 établissements étrangers en 1838, on compte, en 1874, 276 nouvelles fondations : 106 en Europe, 26 en Asie, 43 en Afrique et 101 en Amérique. Le tiers des maisons lasalliennes est désormais en dehors du territoire français.

Jeune rejeton ayant à peine un an d'existence au moment de son arrivée à la tête de l'Institut, la communauté (puis le district) de Montréal tient une grande place dans le cœur du frère Philippe, que confirme l'approbation de dix-huit fondations canadiennes pendant son règne. Mais le supérieur général a un plus grand faible encore pour les Etats-Unis où, mobilisant au besoin les frères canadiens, il laisse le frère Facile « déployer, sur les espaces d'un continent, une énergie de conquistador ». C'est en grande partie grâce à lui que « de tous les districts fondés au dix-neuvième siècle, ceux des régions canadiennes et de l'Amérique anglo-saxonne, compteront bientôt parmi les plus florissants ».[4]

---

[4] Georges Rigault, *Histoire générale de l'Institut des Frères des Ecoles chrétiennes*, T. VI, Paris, Plon, 1945, pp. 221-561 ; T. VI, Paris, Plon, 1948, 504 p.

L'imposante stature du frère Philippe menace de jeter dans l'ombre les mérites de ses successeurs immédiats. Si, dans son court généralat d'exactement un an, le frère Jean-Olympe (1874-1875) est « plutôt montré que donné à l'Institut », selon la belle expression de Pie IX, son successeur, le frère Irlide (1875-1884) possède, cachées sous les dehors d'une humilité profonde, des qualités de chef qui lui permettent de faire face à une situation très complexe : « incertitudes, en France, sur des problèmes politiques très importants pour l'avenir de l'Institut lasallien ; héritage nécessairement lourd aux épaules du nouveau Chef, en raison de l'immense popularité du prédécesseur, des prodigieux accroissements de la Congrégation ». L'Amérique du Nord et, nommément, le Canada profitent largement de son sens universel qui l'incite à laisser les coudées franches à ses assistants chargés des districts nord-américains.[5]

II — Les assistants chargés des districts nord-américains

Pendant l'administration du frère Philippe, les assistants, qui, avec le supérieur général, constituent le Régime, prennent de plus en plus d'importance. Leur nombre augmente rapidement : six en 1838, huit en 1843 et dix à partir de 1858. A chacun on confie provinces et districts, non pas selon un plan préconçu, mais en tenant compte de ses antécédents, de ses aptitudes, de ses connaissances linguistiques. « Il y est, pour ainsi dire, l'œil et la main du Supérieur ; le plus souvent possible, il visite son territoire et préside les retraites des Frères ».[6] Tout en se réservant les décisions dernières et en ne laissant rien hors

---

[5] G. Rigault, *Histoire générale de l'Institut des Frères des Ecoles chrétiennes*, T. VII, Paris, Plon, 1949, pp. 15-26.

[6] OS, p. 111.

de leur surveillance ou hors de leur approbation, le frère Philippe et ses successeurs prennent l'habitude de laisser leurs assistants correspondre avec les frères de leurs territoires et prendre ou approuver de plus en plus de décisions.

— *Le frère Anthelme (1847-1861)*

Le 8 mai 1843, le frère Nicolas, 4e assistant, reçoit pour tâche de correspondre avec les maisons du Canada et, le 21 mai 1844, on place sous sa juridiction les maisons de « la Corse, l'Ile Bourbon, Canada et Levant ».[7] Le frère Anthelme lui succède, tout en étant en même temps responsable de celles de la région de Lyon et de la péninsule italienne. A ce conseiller natif du Beaujolais et entré dans l'Institut avant l'âge de 15 ans, Georges Rigault attribue « une très vaste expérience du monde, beaucoup de clairvoyance, et — ce qui aide aux solutions heureuses, aux accords unanimes — une « sérénité aimable », voire une franche gaieté ». Et un grand souci de compétence, puisque, déjà âgé, il se met à l'étude de l'anglais pour mieux servir ses frères anglophones.

Nommé au poste d'assistant en 1847, il se ressent vite de ses anciennes missions parfois pénibles et des ans qui s'accumulent. Il n'en continue pas moins son appui au mouvement d'expansion qui anime le district du Nouveau Monde. En 1858, il passe deux mois à visiter ses communautés du Canada et des Etats-Unis. Arrivé à Québec, il y passe quelques jours, puis visite chacune des maisons lasalliennes de la région. Il est à Montréal le 14 août, « attendu par 180 frères, heureux de le voir, de lui offrir leurs profonds respects et de faire la retraite sous sa présidence: elle est ouverte le soir même. Tous les

---

[7] *Registre Contenant les Délibérations du Régime Commencé en 1824 et autres actes*, pp. 46 et 52, AFECR, EG430, A1.

directeurs y assistent, et selon les apparences, elle se fait très-bien », assure le chroniqueur du district. Le frère Anthelme continue son voyage dans le reste du Québec et dans le Haut-Canada, avant de visiter par la suite les communautés des Etats-Unis. « Il revient à New-York afin de s'y embarquer pour [la] France: il est de retour le 14 Octobre, au grand étonnement du Régime qui ne peut se figurer qu'un tel voyage ait été fait en si peu de temps ». Et le rédacteur de conclure: « Le Frère Assistant a paru très content et il l'a dit hautement, du bon esprit qui régnait parmi les Frères de cette province, il a dit qu'il ne pensait pas qu'il y eut, dans l'Institut, des maisons mieux composées. [ratures] Il est donc parti entièrement satisfait de son voyage et de ce qu'il avait vu; il ne se faisait pas auparavant, une idée de ce qu'était l'Amérique. Ses fleuves l'ont étonné, par leur grandeur et leur majesté; les bateaux à vapeur, où l'on a de bonnes chambres à coucher et de belles salles à manger, de beaux et grands salons; puis les chemins de fer avec les sleeping cars où l'on trouve un lit pour coucher et des privés pour la commodité des voyageurs, puis encore la liberté d'aller où l'on veut, sans passeport, sans permission. Enfin la tranquillité partout dans toutes les places; tout, en un mot, était nouveau pour lui. Le chant des enfants qu'il ne trouvait pas ressembler à celui des enfants français!! »

Au retour de son voyage, se sentant de plus en plus miné par l'âge et la maladie, il donne sa démission en 1861 et se retire en son pays lyonnais. Lui succède un de ses collaborateurs les plus efficaces, le frère Facile, déjà en Amérique depuis 1848.[8]

---

[8] G. Rigault, *Histoire générale de l'Institut des Frères des Ecoles chrétiennes*, t. V, pp. 227-228, p. 422; Frère Herménégilde, *Institut des Frères des Ecoles Chrétiennes, District de Montréal, Canada*, AFECR, 432a, 12; OS, p. 111.

11. Le frère Facile, visiteur du district de Montréal et assistant du frère supérieur général. AFECM

— *Le frère Facile (1861-1874)*

Personnage important et fascinant que ce frère Facile (Benoît Rabut, 1800-1877) qui se sent aussi à l'aise dans les prisons de Nîmes que sur les routes du Nouveau Monde. Né à Cublize (Rhônes) en 1800, il entre au noviciat de Clermont en 1819 et prononce ses premiers voeux triennaux à Avignon en 1825. Bon pédagogue, le frère Facile commence sa carrière auprès des enfants pauvres, mais il dévoile toute la gamme de ses nombreux talents quand il est appelé à étudier puis à mettre sur pied l'apostolat auprès des jeunes prisonniers, à la Maison centrale de Nîmes d'abord et ensuite à Fontevrault, Melun et Aniane. Il dirige alors plusieurs dizaines de confrères. Georges

Rigault, qui l'affectionne, l'a bien campé en ces années 1842-1848 :

> Celui qui devient leur chef dissimule un cœur d'or sous une rude écorce : l'énergie et la bonté du Frère Facile — un nom qui ne définit pas exactement le personnage — se dépenseront dans les cachots, avant d'apparaître en pleine lumière sur un théâtre bien différent, lorsqu'elles se hausseront devant les horizons de l'Amérique... Il y a du saint Vincent de Paul en ce religieux : moins de bonhomie peut-être, une moindre aménité de langage ; dans l'allure et dans la physionomie, un caractère très accentué de puissance, de domination ; mais un dévouement analogue au service des êtres déchus et malheureux ; un art identique de conquérir et de retenir une foule de disciples ; le même génie d'organisation ; et l'esprit d'apostolat capable de transformer le monde.

Cet ardent, « l'une des plus fortes physionomies de la Société lasallienne », arrive en Amérique en 1848 comme visiteur d'un district qui commence à peine à s'épanouir. A 48 ans, il est en pleine maturité et « toute la robustesse de sa personne laissait deviner la vigueur de son âme ». Il faudra peu de temps pour que les Canadiens et les Américains apprennent à connaître et apprécier la puissance de son intelligence, la droiture de son jugement et surtout la force de son caractère.

A son arrivée, l'Institut ne compte en Amérique que 5 communautés et 56 frères. Mais, assure Rigault, « on le verra braver les froids les plus rigoureux, les chaleurs accablantes, franchir tous les obstacles, ne jamais reculer devant la distance » pour établir des lasalliens un peu partout en Amérique, les réconforter régulièrement et dirimer avec fermeté les nombreuses difficultés qui se présentent. Il est toujours sur la route et on peut se demander où ce diable d'homme prend le temps de se reposer ou simplement de préparer ses directives et ses conférences spirituelles aux frères. A ce rythme, les maisons poussent comme des champignons : 18 nouvelles au Canada,

22 aux Etats-Unis. Et quand il change de fonction en 1861, il « laisse » 13 maisons et 116 frères au Canada, 19 maisons et 234 frères aux Etats-Unis.

Son élection comme assistant en 1861 change-t-elle quelque chose ? Bien sûr, il a sous son autorité les maisons de Normandie, d'Angleterre, des Indes et de Cochinchine, mais son champ de prédilection demeure toujours l'Amérique. Il y revient régulièrement, y séjourne dans toutes les régions et continue à y régler les problèmes; les nouvelles fondations comme les fermetures sont tout autant son œuvre que celle des visiteurs Turibe, Liguori et Hosea. Témoignage d'un contemporain : « Les chaleurs excessives, les froids les plus rigoureux, rien dans ces contrées immenses ne pouvait ralentir son ardeur. Il accourait partout où pouvait l'appeler le devoir. Bons conseils, paroles d'encouragement, aide dans les difficultés, tels étaient les bienfaits que répandait sa présence. Son jugement droit et sa puissante intelligence l'obligeaient rarement à revenir sur ses décisions ».

Sans négliger pour autant la portion canadienne de son territoire, le frère Facile manifeste une prédilection spéciale pour les communautés américaines qui, nous le rappelons, se séparent de Montréal en 1864. Cette tendresse paternelle transpire, par exemple, d'une lettre adressée au frère Patrick, directeur à New York : « Je me félicite moi-même de ce que vous êtes la plus belle comme la plus pure portion de la famille du Vénérable de la Salle. Je suis heureux de dire et de penser ainsi : c'est le sujet de mon plus agréable souvenir ». Et il ajoute :

> Je vous laisse mon esprit; conservez-le et Dieu vous bénira comme il vous a bénis. La charité, le désintéressement, la simplicité, la retraite, pas de courses, de repas somptueux, mais la cordialité, la douceur et la paix : voilà en quelque sorte mon testament.
> Maintenant il ne me reste plus qu'à vous demander une retraite chez vous, chez vous qui êtes mes chers enfants, car c'est parmi

> vous que je désire trouver le lieu de mon repos, si c'est la volonté de Dieu que je sois délivré de la position d'Assistant qui est pour moi une si rude pénitence ; oui chez vous et avec vous avant que Dieu m'appelle à Lui ; ma tombe avec la vôtre, et je suis persuadé que vous ne me refuserez point cette faveur.

Cet amour paternel n'aveugle pas l'assistant qui, à l'occasion de ses visites, n'hésite pas à relever les faiblesses et à rappeler ses « bien chers Frères Directeurs et Inférieurs » à l'observance stricte des Règles de l'Institut, comme en fait foi un long document de 1866. Mais ceux-ci ne peuvent en vouloir à ce supérieur qui est devenu tellement américain d'apparence et de manières que ses confrères français l'appellent affectueusement l'« Assistant iroquois ».

Partiellement paralysé peu après 1871, il réussit à continuer sa correspondance administrative jusqu'au Chapitre général de 1873, grâce à un secrétaire de confiance. En juillet de cette même année, il retourne aux Etats-Unis et vit désormais au noviciat de Westchester. Le 21 mars 1874, il part pour Paris assister au Chapitre général qui élit le frère Jean-Olympe comme supérieur général. Il meurt le matin de Pâques 2 avril 1877 à Marseille. Huit ans plus tard, les frères américains rapatrient ses restes, remplissant ainsi le plus cher désir de leur « Père ».[9]

Le plus grand mérite du frère Facile est peut-être d'avoir compris l'utilité, sinon la nécessité, de nommer des autochtones aux postes de commande en Amérique : c'est lui, par exemple, qui nomme ou fait nommer les premiers directeurs canadiens et américains, de même que le premier visiteur canadien. Le fait est si bien reçu qu'en 1874, le Chapitre général élit le frère Patrick pour lui succéder. Originaire d'Irlande, il est arrivé à

---

[9] Frère Réticius, *Le Latin Aux Etats-Unis*, pp. 54-61, AFECR, EM612-6, 4 ; OS, p. 111-112 ; Brother Angelus Gabriel, *op. cit.*, pp. 120-122 ; G. Rigault, *op.cit.*, V, pp. 268-269, 423-424.

Ottawa à trois ans et, après son noviciat, a enseigné quelques années au Québec avant d'aller œuvrer aux Etats-Unis à la fois comme secrétaire du frère Facile, directeur de diverses maisons puis visiteur à New York. Nous verrons plus loin son travail comme assistant.

III — Les visiteurs

— *Le frère Armin-Victor, visiteur provincial*

Est-ce simple coïncidence? En 1875, le Régime nomme un premier visiteur provincial pour l'Amérique, le frère Armin-Victor. C'est une fonction nouvelle. Le Chapitre général de 1875

12. Le frère Armin-Victor, visiteur provincial d'Amérique et visiteur du district de Montréal. AFECM

établit des visiteurs provinciaux « pour une plus grande uniformité dans les usages et l'administration de l'Institut ». Ils ont comme attribution de « faire la visite, dans leurs circonscriptions respectives, des Noviciats et des maisons de résidence des Visiteurs qui seraient en même temps Directeurs »; s'ils dirigent un ou des districts, d'en « visiter toutes les maisons, au moins une fois l'année »; de « visiter les maisons des autres Districts de leur circonscription, sur l'ordre exprès et la désignation du très honoré Frère Supérieur Général ».[10] En Amérique, veut-on, par la nomination de ce Français qui est en même temps visiteur du district de Montréal, prévenir toute velléité d'émancipation quelconque que pourrait laisser passer ou même favoriser l'assistant « étranger » et au besoin ramener aux prescriptions rigides des Règles et Constitutions des frères qu'un dynamisme conquérant porte à diverses expériences?

Si tel est le cas, on ne pouvait mieux choisir que le frère Armin-Victor (Victor-Nicolas Vigneulle, 1839-1883). Né à Pournoy, dans le département de la Moselle, en 1839, il a reçu une excellente éducation et possède, dit Georges Rigault, « la distinction et la finesse du parfait gentilhomme ». « Physiquement et moralement, il rassemble tous les dons: visage sympathique, aux traits réguliers, au front noble, au regard profond; taille avantageuse; esprit agréable et vif; large et solide instruction; psychologie clairvoyante, jugement net et sûr; de la promptitude à concevoir, de la persévérance à exécuter. Une lumière et une force; malheureusement, l'enveloppe est fragile. La lame usera vite le fourreau ». Il n'a pas encore l'expérience du gouvernement — il est sous-directeur à Longuyon — mais c'est un religieux austère, « accoutumé au cadre, à l'atmosphère, aux usages de la vie lasallienne en France ».

---

[10] *Chapitres généraux de l'Institut des Frères des Ecoles chrétiennes*, p. 130; *Registre des délibérations du Conseil du Régime commencé en janvier 1856*, p. 234, AFECR, EG430-2.

Un premier rapport, qu'il rédige peu de temps après son arrivée, traduit bien sa vision rigide de l'Institut et l'esprit qu'il veut faire régner en Amérique. C'est un compte rendu d'une visite de toutes les maisons de son district, commencée à la fin de l'été de 1875 et terminée en novembre. Cette initiative s'imposait, prétend-il : « Ainsi que les circonstances paraissaient me le commander, & pour donner satisfaction au légitime désir des Frères du Canada, j'ai tenu à faire, dès mon arrivée dans cette région, une courte apparition dans chacune des maisons confiées à ma sollicitude. M'entretenant quelques instants avec chacun des Frères, j'ai pu acquérir en peu de temps une connaissance suffisante de la situation générale & des besoins les plus pressants des Communautés & des individus ». La situation qu'il découvre lui fait aussi remercier le ciel de n'avoir pas tardé à entreprendre son premier voyage.

Tout va mal, assure-t-il, et « il faut en être convaincu, il y a une Réforme à faire ; je ne tiens pas au *terme* ; j'estime que la *chose* est indispensable ». Mais que se passe-t-il qui puisse expliquer un tel jugement ? « Ce n'est pas la Règle qui est la loi ; c'est le caprice. On ne se demande plus, s'il serait possible de mettre d'accord les exigences de la vie religieuse avec telle difficulté qui peut se présenter ; on examine s'il ne conviendrait pas d'abandonner encore tels usages qui ont survécu ; la question n'est pas : Serons-nous contraints de nous affranchir encore de cette obligation en la modifiant toutefois selon l'esprit des Règles ? mais bien : Ne pourrions-nous secouer aussi le joug que nous impose cette obligation ? Est-ce bien une obligation ? Y a-t-il encore des obligations ? ». Bien plus, « cet affaiblissement de l'esprit religieux, [...] loin de donner le bonheur, produit le malaise, crée le besoin de la délation et du dénigrement, porte au mépris de l'autorité, entretient l'esprit frivole du monde, devient l'appui des passions, la ruine de la piété et finit par l'indifférence pour tout devoir et l'abandon de la vocation ».

Tout en donnant de multiples exemples des principales irrégularités relevées, le frère Armin-Victor avance quelques explications de la situation : la rigueur du climat (« un prétexte » !), les pouvoirs trop larges accordés au visiteur, certains malentendus entre le frère assistant et le visiteur, le manque de confiance dans les administrateurs, une trop grande familiarité avec les évêques, une mauvaise connaissance de l'Institut, l'absence de goût pour l'étude, l'inconstance naturelle des Canadiens... Conclusion de ses « impressions personnelles » : « 1° Il y a beaucoup à faire. 2° Je rencontrerai beaucoup de bonne volonté. 3° La bénédiction divine est sur nous, visiblement. 4° Rien, dans ces conditions, n'est de nature à m'effrayer ni à me décourager ».

Car, malgré toute cette déchéance, rien n'est perdu. A cause du secours divin : « Mais ce qui me donne une consolation plus grande encore & un plus ferme espoir, c'est la vue des merveilles que Dieu a daigné opérer par les mains de nos frères, alors même qu'ils étaient indignes et devenaient infidèles. Ils n'avaient plus la grâce personnelle, ils étaient encore revêtus de la grâce de leur état, qui demeurait féconde malgré les obstacles qu'ils lui opposaient. Oui, Dieu a fait son œuvre par ces hommes et en dépit de ces hommes, bien qu'ils fussent déjà rejetés, parce qu'ils s'étaient tournés contre lui & contre nous ». « Malgré tout, conclut-il, notre enseignement est partout goûté, et les frères universellement estimés ».

Devant un tel constat, son devoir est tout tracé : « rétablir la Règle ». Il s'y attelle immédiatement et nous en avons vu quelques résultats lors de l'étude de certaines communautés. Mais si ses absences ne lui permettent pas d'aller aussi en profondeur qu'il le désirerait, il réussit néanmoins à corriger les abus les plus flagrants. C'est lui aussi qui, nous le verrons plus loin, entreprend de régulariser la situation légale de la communauté au Canada : succès complet à Québec, échec à Ottawa. Ces tâches et plus encore les voyages continuels, qui le conduisent des Maritimes à l'Equateur (où l'envoie le frère supérieur en mars 1878), usent prématurément ses forces et l'obligent à retourner en France en 1878. Même s'il reprend de la vigueur et peut se dépenser encore au service de l'Institut, c'est un homme fini qui d'ailleurs s'éteint en 1883 à l'âge de 44 ans.[11]

— *La tâche des visiteurs de district*

Si essentiel que soit le travail du Régime — supérieur général et assistants —, il risque de demeurer lettre morte s'il n'est pas répercuté dans toutes les régions par des administrateurs capables d'en expliquer et défendre la lettre et l'esprit. Ce rôle éminemment important est joué, depuis les jours mêmes de Jean-Baptiste de La Salle, par les visiteurs. « Mandataires du Supérieur général, les frères Visiteurs reçoivent des pouvoirs plus ou moins étendus selon les circonstances, les temps et les distances. A eux revient la mission de traiter avec NN. SS. les Evêques et les autorités scolaires ; ils choisissent et admettent les candidats à la vie religieuse ; ils veillent à la bonne gestion financière des maisons et au sérieux des études ; ils font composer et tenir à jour les ouvrages classiques ; [...] ils proposent encore au Supérieur général les nominations importantes. Leurs pouvoirs ordinaires sont de répartir les Frères dans les maisons de leur juridiction ; de veiller à l'observance des Règles et à la bonne formation religieuse et pédagogique des futurs religieux ; en un mot, de sauvegarder les intérêts de la Congrégation. La façon usuelle d'exercer leurs attributions est la visite canonique des maisons de leur province ».[12]

---

[11] OS, p. 116 ; Rigault, *op. cit.*, IX, pp. 20-22 ; *Rapport Sur le District de Montréal, envoyé au Très Honoré Frère Irlide, Supérieur Général, par le Frère Armin-Victor, Visiteur, après La Première Année*, 30 nov. 1875, AFECR, 411, 6-13.

[12] OS, p. 119.

Dans un territoire aussi éloigné du cœur de l'Institut que l'Amérique du Nord, le choix des visiteurs prend une importance encore plus grande, puisque, en plus des tâches habituelles, il leur incombe de protéger la vie de leurs communautés et leurs règlements séculaires des velléités de changements que suscite l'immersion dans un milieu géographique et culturel tout nouveau. Il ne faut donc pas se surprendre que, pendant longtemps, la plupart des visiteurs du district canadien viennent de France.

Le frère Aidant (1837-1848)

Directeur de la première communauté lasallienne canadienne, le frère Aidant (Louis Roblot, 1796-1866) prend le titre de visiteur dès que se fondent d'autres maisons. Il possède les qualités et l'expérience nécessaires pour remplir cette fonction.

Né à Talmay (Côte-d'Or) le 5 février 1796, il entre au noviciat de Langres le 1er juillet 1817 et commence très tôt à remplir des postes importants: directeur des écoles de Bourbonne-les-Bains, Saint-Médard et Saint-Enfant-Jésus à Paris; visiteur du district français de Nantes à partir de 1831. Le supérieur général envoie donc un frère expérimenté pour implanter l'Institut en Amérique. Il se fait remarquer par « une fidélité indéfectible à l'esprit des Règles et aux traditions de l'Institut » et déjà se révèlent les grandes qualités que soulignera, à sa mort, la notice nécrologique: « son esprit de foi, sa charité fraternelle, son humilité et son amour pour Jésus-Hostie ».

Le peu de correspondance qui nous reste de lui laisse soupçonner un homme prudent, plutôt conservateur, qui tient à référer au supérieur général les projets et les innovations que lui impose le Nouveau Monde. Et cela, même si le frère Philippe lui écrit le 25 avril 1839: « C'est à vous à pourvoir selon les besoins

> **Le faux portrait du frère Aidant**
>
> « La photo que nous présente l'Oeuvre d'un siècle n'est pas celle du frère AIDANT, mais bien celle du frère RIVEIN. [...] Voici ce qui a pu se passer : Les rédacteurs de l'Oeuvre d'un siècle souhaitaient illustrer leur article consacré au frère Aidant ; pensez donc, le Visiteur et directeur fondateur ! Mais on n'a rien sous la main. Alors, comment s'en tirer. Un ingénieux confrère, pas trop scrupuleux sur le détail historique, s'amène avec une composition photographique des participants au Chapitre général de 1875. Entre les 75 visages qui apparaissent, le choix tomba sur le frère RIVEIN qui, dans le bas de la photo, voisinait avec le célèbre frère HERMENEGILDE qui fonda notre pensionnat à Lévis. Un substitut, inconnu de presque tous les frères canadiens de 1937, venait d'entrer glorieusement dans le rôle du frère Aidant pour une durée indéterminée. Saura-t-on un jour retrouver le portrait authentique du frère Aidant notre premier archiviste ? »
>
> Gilles Beaudet, « Une pieuse supercherie : la photo dite frère Aidant », *Sources F.E.C.*, vol.2, no 5 (déc.1979), p. 2.

à ce qui regarde le vestiaire des frères et leurs autres nécessités. Faites le sans gêne et sans scrupule, suivant votre âme et conscience, comme vous pensez que je vous l'accorderais si vous étiez ici ». Il use de ce droit avec parcimonie, prenant soin de noter, dans un cahier spécial, les *Avis & permissions concernant la Communauté des Frères de Montréal*.

Son premier souci demeure le développement de la communauté à Montréal, mais, comme nous l'avons vu, il ne ferme pas la porte à une extension dans la vallée du Saint-Laurent et même aux Etats-Unis. C'est grâce à son insistance pour obtenir un plus grand nombre de frères que peuvent se constituer les communautés de Québec, de Trois-Rivières, de Baltimore et de New York. Il prépare ainsi l'œuvre du frère Facile.

Comme nous aurons l'occasion de le voir d'une façon plus détaillée, c'est dans tous les domaines qu'il doit jeter des bases et innover: noviciat, livres classiques, vêtements... Il peut s'en expliquer plus longuement, à l'automne 1847, quand le frère supérieur le mande auprès de lui. Il revient à Montréal pour un an et reçoit son rappel définitif en Europe le 9 décembre 1848. Son expérience américaine est mise à contribution: de 1849 à 1852, il prend charge d'un autre jeune district, celui d'Orient, avec résidence sur les rives du Bosphore; par après, il devient un des conseillers du frère Philippe dans son travail d'animation et d'administration. Il meurt à Paris le 19 septembre 1866, à 70 ans.[13] Son âge avancé lui permet de voir son successeur immédiat, le frère Facile (1848-1861), et les autres développer de façon exceptionnelle l'œuvre qu'il avait lancée dans des conditions très modestes.

Le frère Turibe (1861-1863)

Quand, en 1861, le frère Facile quitte l'Amérique tout en ne la quittant pas, puisqu'il devient assistant et y revient régulièrement, le choix de son successeur tombe tout naturellement sur quelqu'un qui a déjà plus de onze ans d'expérience en Amérique, le frère Turibe (Cyprien Pommier, 1812-1884). Né à Montélimar (Drôme) en 1812, il entre au noviciat d'Avignon en 1827 et prononce ses premiers vœux triennaux en 1833 et ses vœux perpétuels en 1839. Il enseigne en France

---

[13] François De Lagrave, « Roblot (Roblet), Louis, dit frère Aidant », DBC, IX, p. 752; OS, pp. 66-67; Frère Aidant, *Avis & permissions concernant la Communauté des Frères de Montréal*, AFECM, T41.

à partir de 1828, nommément à Marseille, Nîmes et Rouen, et il arrive à Montréal en décembre 1849. Il passe à New York en 1850 et, après quelques mois à St. Louis, il est de retour à la maison mère de la rue Côté en 1853 à titre de pro-directeur. Il est donc sur place pour entreprendre son travail de visiteur.

Il demeure trop peu longtemps en fonction pour marquer de façon notable le district: aucune fondation canadienne, six aux Etats-Unis. L'historique de son règne tient en une page et concerne les nominations à Montréal et... les visites du frère Facile. On y trouve, cependant, un témoignage chaleureux : « Vers la fin de décembre 1863, le c. F. Turibe, provincial d'Amérique, fut rappelé à Paris par le T. H. F. Supérieur. Ce départ, tout à fait inattendu, causa à tous les Frères la peine la plus vive et leur fit manifester des regrets bien sentis; car tous, en effet, connaissaient la sincère affection que leur avait toujours portée le t. c. F. Turibe et tous aussi avaient su apprécier le bien immense que son zèle éclairé et intelligent ainsi que son dévouement sans bornes pour l'honneur de notre Institut, lui avait fait opérer, pendant les 14 ans qu'il avait passés en Amérique ».

De retour en France au début de 1864, il semble avoir de la difficulté à s'acclimater. Il quitte l'Institut en 1867, mais le réintègre à Pass Christian, Etats-Unis, un an plus tard. Il abandonne de nouveau pendant quelques mois en 1871, est réadmis à St. Louis, puis œuvre à Philadelphie, Chicago, Montréal (1875-1877) et Westchester. Il retourne définitivement en France en 1877 et meurt au pensionnat de Marseille en octobre 1884.[14]

---

[14] *Origine...*, (copie dactylographiée), pp. 56-57, AFECM; OS, p. 120.

Le frère Liguori (1864-1868)

Pour remplacer le frère Turibe, on choisit le directeur du pensionnat de Moulins, le frère Liguori (Jean-Jacques Martin, 1825-1875). Né à Mazeras (Haute-Garonne) en 1825, il a fait son noviciat à Toulouse et prononcé ses premiers voeux triennaux en 1843 et ses voeux perpétuels en 1850 ; il enseigne à Toulouse et Paris avant d'être nommé à Moulins.

Il arrive à Montréal au moment où le Régime parisien vient de décider de diviser l'immense district nord-américain en deux : Canada et Etats-Unis. L'un de ses premiers gestes est donc de régler avec les frères Ambrose, visiteur des Etats-Unis, et Patrick, directeur du pensionnat de Manhattanville, les comptes généraux et l'organisation de la caisse des vieillards de chacun des deux districts. Ces frères et plusieurs autres en profitent pour écrire au frère Philippe une lettre commune « comme gage de l'union et de la bonne intelligence qui ne cesseraient de présider à l'avenir à l'administration des deux nouvelles provinces ».

Lui-même est reçu avec enthousiasme à Montréal où, assure le frère Herménégilde, « Frères et élèves rivalisent de prévenances affectueuses et de démonstrations éclatantes pour fêter l'arrivée du nouveau représentant du Supérieur-Général ». Il en est si touché qu'il en parle longuement avant de commencer l'historique de la maison de Montréal sous son règne. Puis il se met à la besogne en visitant d'abord les écoles de Montréal, ensuite l'ensemble du district où, assure-t-il, il n'a eu qu'à se louer « de ses rapports avec les Autorités ecclésiastiques et civiles ».

Cependant, bien des problèmes se présentent bientôt au nouveau visiteur. Le principal est le manque de sujets qui empêche de répondre aux instances qui viennent de partout : « Halifax, Québec, Chatham, Miramichi, St-Athanase, Hamilton, Acton, Lachine, Les Tanneries, Rimouski firent des demandes. La rareté des sujets venus au Noviciat, dans le courant de 1865, plaçait le Visiteur dans l'impossibilité de répondre à toutes ces demandes ». Il réussit quand même à ouvrir deux communautés à Montréal (Côte-des-Neiges et Saint-Joseph), une à Québec (Saint-Sauveur) et une à Halifax. Le frère Liguori s'intéresse tout particulièrement aux Maritimes : à Arichat, où se posent les premiers problèmes et qu'il doit fermer, mais aussi à Saint-Jean (Nouveau-Brunswick) et Charlottetown, qui doivent attendre des jours meilleurs. Le visiteur doit aussi faire face aux problèmes de Sorel et à l'incendie de Québec qui détruit la communauté de Saint-Sauveur. Dans presque tous les cas, il est obligé de se rendre sur les lieux si bien qu'il est presque toujours en voyage. Sans compter que le frère Facile vient chaque année en Amérique et que le frère Liguori doit souvent l'accompagner ou remplir des missions qu'il lui confie.

Le séjour de l'assistant en 1867 donne lieu à un drame qui frappe durement le visiteur. Le 23 août, le frère Facile prend la route de New York, accompagné du frère Odilard-Marie, directeur de l'école du Faubourg Québec et ami personnel du frère Liguori. « Le voyage avait été heureux jusqu'à l'embranchement de Troy et d'Albany. Là on dut changer de char. Le C. F. Odilard sortit de celui où il était pour passer dans l'autre. Celui-ci était en marche. Le Frère fit un petit mouvement pour se placer sur la plate-forme, glissa et fut précipité entre les chars et l'espace réservé aux piétons. Il eut les côtes brisées. On l'enleva à grand peine, le plaça sur un wagon à bagages. De là il fut transporté vivant à l'hôpital de Troy, vit un prêtre, communia et mourut sous les regards attendris de l'infortuné Frère Assistant ». La nouvelle jette la consternation à Montréal où le frère était tout particulièrement apprécié pour sa piété, son zèle et l'amabilité de son caractère. Dans l'*Historique* du district, le frère Liguori laisse éclater sa douleur : « O Odilard, mon Ami, de là-haut, où toutes tes vertus t'ont placé par la bonté et la miséricorde de Jésus-Christ, prie, intercède pour moi, prie, intercède pour ceux que tu instruisis par tes leçons, édifias par tes exemples, pour ceux que ton trépas plonge dans le deuil et la plus profonde consternation ».

En 1868, il reçoit son obédience comme visiteur du district de Londres. Au dire du frère Réticius, qui écrit vingt ans plus tard, il est la victime d'un complot : « la rumeur parmi les contemporains de ces faits insinue que ce pieux Religieux tomba sous les coups combinés du Séminaire et de quelques-uns des nôtres trop oublieux de leurs devoirs de famille. Le cher frère Assistant Patrick m'a assuré que le rappel de ce pieux et saint religieux dont la valeur offusquait St-Sulpice eut lieu sur les instances de M. [*sic*], curé de Notre-Dame, et les dénonciations du frère Odilard. La main de Dieu s'appesantit bientôt sur les deux coupables : le premier mourut à Montréal de mort subite et le second fut broyé par les chars à Troyes ». Quoi qu'il en soit, le frère Liguori quitte Montréal à regret, non sans laisser dans l'*Historique* l'un des plus beaux témoignages sur le district canadien :

> Avant de m'éloigner du Canada, qu'il me soit permis de consigner ici mes impressions. J'ai passé 4 ans au milieu des cc. ff. Canadiens et Irlandais. Pendant ces 4 années, la Providence a permis que de temps en temps la sainte et adorable croix de J.-C. fût mon partage, je l'en bénis et l'en remercie. C'est dans ces heures d'angoisse que mon âme a le plus ressenti les suaves effets de l'aide et du secours du Seigneur. Je n'ai ni aigreur ni rancune contre personne. Je pardonne de bon cœur à ceux qui, de bonne foi ou autrement, m'ont parfois fait de la peine. J'espère qu'ils prieront pour moi. Je leur promets de prier le bon Dieu pour eux. Je remercie les cc. FF. Directeurs du Canada, du concours qu'ils m'ont prêté et je constate avec joie qu'ils se sont montrés dociles et empressés pour l'expansion du bien. Je remercie les chers Frères de la fidélité qu'ils ont apportée à entrer dans mes vues pour la conduite des classes, surtout pour accroître la piété parmi les enfants. Je les félicite du zèle qu'ils apportent à l'accomplissement de leur noble et difficile mission. Je suis heureux de reconnaître qu'ils se sont

toujours montrés dociles et empressés pour le bien. Puisse le Seigneur les bénir tous et leur rendre en consolations célestes ce qu'ils font pour procurer sa gloire.

Quant aux novices, ils ont été en tout temps pour moi, un sujet d'édification et de consolation, puisse leur nombre s'augmenter de plus en plus et la famille du Vénérable de La Salle, se multiplier dans ces fortunées contrées. J'aime à déposer ici, un témoignage en faveur de la jeunesse qui fréquente nos écoles du Canada. Il me semble qu'il serait difficile d'exiger plus que ce que sont les enfants. L'esprit de famille qui se fait remarquer dans nos classes, pénètrera [sic] toujours ceux qui l'apprécient, des joies les plus pures. Que le bon Dieu répande ses plus chères bénédictions sur le Canada, ses bons habitants et sur le District. C'est là le voeu le plus vif de mon coeur.

Canada, beau pays, pardonne à ma faiblesse!
Mon âme s'attendrit: Il faut que je te laisse!
Mon être t'appartient et jusqu'au dernier jour!
Tu seras, cher Pays, l'objet de mon amour!

Adieux!

Le frère Liguori meurt à Clapham, Angleterre, le 5 janvier 1875. Le frère Facile, qui s'y connaît en hommes d'action, fait de lui un grand éloge: « Nous pourrions résumer la vie édifiante de ce digne Visiteur, en lui appliquant ces paroles de la sainte Ecriture: *Il a passé en faisant le bien*. Rarement pourrions-nous rencontrer un religieux qui eût plus d'amour du travail que n'en avait le frère Liguori! Aussi sommes-nous portés à croire que, à l'exemple de son illustre patron, il avait fait voeu de ne jamais perdre une minute. Quelle activité! on eût dit que la fatigue ne pouvait rien sur lui. Au retour d'une visite quelconque, on le voyait dans les classes de la ville, questionnant les élèves, examinant leurs cahiers, s'informant du nombre de ceux qui apprenaient le saint Evangile, de ceux qui portaient sur eux des objets bénits, qui donnaient pour la

Propagation de la Foi, etc., etc. Toute bonne œuvre recevait ses encouragements ».[15]

Le frère Albanius (1877-1880)

Le successeur immédiat du frère Liguori est un Canadien, le premier à accéder à un tel honneur, le frère Hosea (1868-1875) ; nous en parlerons plus loin. En 1875, il est remplacé par le frère Armin-Victor, qui cumule les titres de visiteur provincial de l'Amérique et de visiteur du district de Montréal jusqu'en 1877 et dont nous avons déjà décrit le travail. Ses nombreux voyages dans toute l'Amérique et la maladie l'obligent à céder la charge de visiteur du district canadien au début de 1877 ; le collaborateur choisi est le frère Albanius (Stanislas-Pierre Gillet, 1829-1897).

Il a déjà une expérience très riche. Né à Lagney, en Lorraine, en 1829, il a fait son noviciat à Paris à partir de 1848 et prononcé ses premiers vœux triennaux en 1850 et ses vœux perpétuels en 1856. Il a enseigné à Nancy, Sedan, Charleville et Paris avant de faire un séjour de quelques mois à Londres. Il arrive à Montréal en 1857 et devient immédiatement directeur à Saint-Thomas de Montmagny ; il le demeure jusqu'en 1871. Ses talents de pédagogue ont laissé de bons souvenirs : « Le frère Albanius enseignait le catéchisme avec un art que savaient apprécier MM. les ecclésiastiques. Laissons la parole à l'abbé Hamelin, curé de Saint-Thomas : « Que de fois je prenais plaisir à m'asseoir sur le balcon de mon presbytère, pendant les belles journées d'été, pour écouter les bonnes instructions religieuses que le C. F. Albanius adressait avec tant d'aisance et de

---

[15] *Origine...*, (copie dactylographiée), pp. 57-76, AFECM ; Frère Herménégilde, *Institut des Frères des Ecoles chrétiennes. District de Montréal. Canada*, AFECR, 432a, 12 ; OS, p. 120 ; Frère Réticius, *St-Sulpice*, 12 oct, 1886, AFECM, T17C26.

persuasion! J'en conserverai un impérissable souvenir, car j'avoue avoir retiré de ces instructions un grand profit personnel ». A partir de 1871, il devient directeur à Saint-Mélier, île Jersey, puis à Liverpool, avant de venir remplir la même tâche à Saint-Sauveur de Québec en novembre 1876, d'où on le rappelle à peine un mois plus tard.

Pendant son court mandat, il contribue à ouvrir quatre communautés : deux à Montréal (Saint-Antoine et Sacré-Coeur), Baie-du-Febvre et Hull. Entrant pleinement dans les vues du frère Armin-Victor, « il avait le culte de la Règle et le prêchait au cours de ses visites canoniques ». Il se fait également le propagandiste efficace du vénérable de La Salle, tant au sein de la communauté qu'auprès de la population canadienne ; il prépare ainsi le terrain pour les fêtes du bicentenaire de la fondation de l'Institut. Son mandat tout provisoire se termine au début de 1880, mais il demeure visiteur auxiliaire du frère Réticius. Il est frappé de paralysie en 1887 et il doit se retirer à l'infirmerie de Montréal ; il y meurt le 22 décembre 1897.[16]

IV — Les frères de France

En plus de ces six vedettes qui remplissent des tâches de première importance, Paris envoie au district de Montréal, de 1837 à 1879, 41 autres sujets, pour un total de 47 frères en 43 ans. C'est une moyenne de 1,09 par année, ce qui est peu. Mais, compte tenu du temps de leur arrivée et des postes qu'ils occupent, leur influence ne se mesure pas à leur nombre.

---

[16] OS, p. 121 ; Rigault, *op. cit.*, IX, pp. 22-23.

La grande majorité de ces frères arrivent de France pendant les deux premières décennies de l'implantation lasallienne en Amérique.

Années	Nombre
1837-1846	9
1847-1856	22
1857-1866	6
1867-1876	3
1877-1879	7

Avec des pointes en 1847 (sept), 1848 (six), 1849 (quatre) et 1853 (cinq), soit 22 (la moitié) en quatre années et dans un intervalle de six ans. Cette arrivée « massive » permet au frère Facile de multiplier les fondations au Canada et aux Etats-Unis.

Car — c'est la deuxième caractéristique de cette migration — la plupart d'entre eux sont choisis à cause de leur capacité pour devenir directeurs. Le frère Aidant l'a bien précisé au frère supérieur : il faut de « bons Maîtres qui fussent en même temps bons Religieux », ce qui veut dire pour lui des « frères de Grand'classes », mais, ajoute-t-il, « nous serions toujours au comble de nos voeux de recevoir des frères de moyennes classes, qui eussent des dispositions non seulement pour faire une grand'classe ; mais aussi sur lesquels on pourrait compter pour être à la tête d'un établissement ».[17] Paris accède à sa demande puisqu'une quarantaine de frères venus de France occupent au moins le poste de directeur de communauté. La plupart des exceptions se rencontrent dans les années 1870 ; les autres s'expliquent bien : le frère Euverte vient prendre charge du temporel dès la fondation de la communauté de Montréal, le frère Alexander, Suédois d'origine qui parle sept langues, a commencé par être secrétaire.

---

[17] Frère Aidant au Frère Anaclet, 22 mars 1838, AFECR, 432a, 11 ; le même au Frère Philippe, 26 avril 1841, *ibid.*

Destinés à fonder les établissements ou au moins à diriger une communauté, ces frères arrivent en Amérique avec une bonne expérience et à un âge moyen de 35 ans 6 mois; ils sont plus jeunes au moment de l'expansion maxima: 1837-1846: 32 ans 8 mois; 1847-1856: 32 ans 3 mois; 1857-1866: 36 ans 2 mois; 1867-1876: 41 ans 5 mois; 1877-1879: 43 ans 4 mois. Un seul — le frère Léopold — a 50 ans quand il arrive en Amérique, mais il a une mission très précise, fonder l'établissement de New York, et il repart après deux ans. Le plus jeune, le frère Gaïen-Jules (Jean-Michel Travers, 1840-s1865), a 23 ans 7 mois et quitte l'Institut un peu plus d'un an après son arrivée. Qu'ils aient une obédience temporaire pour l'Amérique ou qu'ils y terminent leur carrière, les frères venus de France consacrent, en moyenne, 13 ans 11 mois au Nouveau Monde; ceux de la période de 1847-1856 demeurent le plus longtemps: 23 ans 6 mois. Tous ont donc amplement le temps de faire fructifier leurs talents et d'apporter une contribution notable à l'expansion de l'Institut en Amérique. A l'exemple des quatre pionniers qui ont donné le ton.

— *Les pionniers*

Nous connaissons déjà les 11 ans de travail du frère Aidant, premier directeur et visiteur. Désigné le premier par le frère Anaclet, qui lui adjoint le frère Adelbertus, il est invité à recruter lui-même ses autres collaborateurs et son choix tombe sur les frères Rombaud et Euverte.

Né à Saint-Laurent-la-Ronde, dans le Jura, le 28 novembre 1812, le frère Rombaud (Jean-Constant Lucas, 1812-1868) n'a pas encore 25 ans; il a fait son noviciat à Lyon et prononcé ses premiers voeux triennaux en 1836. Peu expérimenté, il est choisi pour la petite classe de Montréal. « Pas très bon maître, mais très bon religieux », au témoignage de son confrère Adel-

13. Le frère Rombaud, premier directeur du noviciat de Montréal. AFECQ

bertus, il y fait aussi la seconde classe avant de diriger le noviciat de 1842 à 1847. C'est là qu'il fait sa marque: il y reçoit 55 postulants; « De ce nombre, en dépit des difficultés inhérentes à toute fondation, seize persévérèrent jusqu'à la mort ». Il passe aux Etats-Unis en 1847 et devient directeur à Baltimore en 1848, avant d'aller à Washington et Philadelphie; il retourne en France en 1857 pour exercer la tâche de portier à la maison mère de Paris. Il meurt le 9 mai 1868 après une vie marquée par l'humilité et la dévotion à l'Eucharistie.[18]

Le frère Euverte (Pierre-Louis Demarquey, 1795-1865) est choisi pour assurer le temporel à Montréal. Né le 20 juillet 1795 à Longueval, il est le plus vieux du contingent et exerce

---
[18] OS, pp. 67-68.

alors la tâche de cuisinier à la communauté du Gros-Caillou de Paris. Sauf pendant quelques mois, où une situation d'urgence l'oblige à diriger une petite classe, il se dévoue toute sa vie dans les plus humbles fonctions, à Montréal d'abord jusqu'en 1858, puis dans la communauté des Foulons à Québec. Il est le modèle même de ces frères effacés que la population connaît à peine, mais qui n'en sont pas moins indispensables à la bonne marche d'une maison. Constatation du frère Philippe: « On peut assurer que pendant les vingt-huit ans qu'il a passés en Amérique, le frère Euverte n'a peut-être pas connu vingt personnes autres que les élèves et les ecclésiastiques de la paroisse ». Il est le seul des quatre pionniers à ne pas remettre les pieds en France. Une pleurésie le terrasse le 21 février 1865. Le curé de la cathédrale de Québec tient à lui faire des funérailles très solennelles et il est inhumé dans l'église Saint-Jean.[19]

Du groupe des pionniers se détache la figure du frère Adelbertus (Pierre-Louis Lesage, 1811-1889) à plusieurs titres: la longueur de sa carrière américaine, près de 52 ans, un record pour l'époque; la diversité des tâches qu'il assume; l'influence qu'il exerce dans son district, au point de se voir décerner le titre de « vénéré patriarche des Frères d'Amérique ». Né le 9 février 1811 à La Puthenaye (Eure), il n'a que 26 ans et vient à peine de prononcer ses vœux perpétuels quand le frère Anaclet lui offre un poste à Montréal, tout en précisant: « Mais comme c'est un pays éloigné et hors de la France, je n'ai pas voulu vous donner des ordres sans vous avoir consulté auparavant ». Le jeune frère n'hésite pas à répondre au désir de son supérieur et se lance dans l'aventure. En Amérique, il a l'occasion de remplir à peu près toutes les tâches d'un frère enseignant: instituteur, sous-directeur, directeur, inspecteur et même procureur, aussi bien au Canada (Montréal, Beauharnois, Québec, Lévis) qu'aux Etats-Unis (Baltimore et Albany). Il est le

---

[19] *Ibid.*, p. 68.

premier directeur de la communauté de la Sainte-Famille ou des anciens à Montréal à partir de 1875. Pédagogue averti, il meuble ses loisirs de vieillard en expliquant et faisant apprendre par cœur les prières et la lettre du petit catéchisme aux enfants les plus arriérés. C'est lui aussi qui rédige les premiers classiques lasalliens au Canada : un *Questionnaire explicatif du Petit Catéchisme* et un *Cours de géographie*, entre autres. Sa vaste expérience et ses qualités foncières (zèle et charité) le font choisir pour des tâches spéciales et importantes : présider les grandes retraites ou remplacer le maître des novices en voyage en Europe. Lui-même est désigné par ses confrères pour assister au Chapitre général de 1874 : c'est la première fois qu'il revoit sa patrie. « A la joie de rencontrer les membres de sa famille et ses anciens confrères s'ajouta, pour le bon vieillard [il a alors 63 ans], celle non moins grande, mais d'un autre ordre, de se rendre compte par lui-même du développement extraordinaire qu'avait pris la Congrégation au cours du précédent généralat [du frère Philippe] ». En novembre 1887, il est la figure centrale des fêtes du cinquantenaire de l'arrivée des lasalliens au Canada, qui se déroulent au Mont-de-La-Salle ; à l'occasion d'une séance récréative, il livre avec précision et humour ses souvenirs qui constituent une des meilleures sources pour connaître les origines du district de Montréal. Commentaire d'un chroniqueur : « Combien furent spontanés et chaleureux les applaudissements qui éclatèrent de toutes parts après que notre vénéré doyen, notre Père à tous, eut terminé sa narration. On ne pouvait assez louer ce bon vieillard pour les bénédictions célestes qu'il avait attirées sur le District, par sa féconde et laborieuse carrière, et pour les mérites qu'il avait accumulés sur lui-même pendant ces cinquante années de son glorieux apostolat ». Moins de deux ans plus tard, à la fin de février 1889, le patriarche est pris d'une fièvre bénigne qui a néanmoins raison de son organisme usé ; il meurt le 2 mars suivant à l'âge de 78 ans. Ses funérailles ont lieu dans l'église Notre-Dame, en présence de l'archevêque de Montréal et d'un nombreux clergé. « La nef et les galeries de la vaste église étaient remplies par la foule qui s'était jointe aux cinq mille élè-

14. Le frère Adelbertus, le patriarche des pionniers français. AFECM

ves des Frères ». Eloge d'un journal montréalais : « Au dire de tous, le cher frère Adelbertus était un vrai disciple du bienheureux de La Salle, par sa régularité, sa piété, sa modestie, son amour de la vie cachée. Toujours édifiant, partout estimé, il ne chercha jamais à entrer en relations intimes avec qui que ce fût. Dieu et son saint état lui suffisaient pour vivre heureux, en faisant tout le bien possible à ses Frères et aux enfants ». On ne pouvait mieux dire d'une des figures les plus marquantes des origines lasalliennes en Amérique. Ce n'est que l'écho fidèle des premiers commentaires de Quiblier, qui concernent tout le groupe, mais plus encore l'instituteur de la grand'classe : « Les quatre Frères qu'il [Anaclet] a envoyés ici sont d'excellents Religieux et des maîtres accomplis. C'est un concert unanime de louange et d'admiration pour eux ».[20]

— *Quelques autres figures*

Plusieurs de ceux qui sont venus appuyer ou remplacer ces pionniers mériteraient d'être mieux connus. Des 47 frères qui viennent de France en Amérique, 18 terminent leurs jours dans leur pays d'adoption. Quelques-uns, d'ailleurs, de façon tragique. Nous connaissons déjà la fin accidentelle du frère Odilard-Marie. En 1853, la fièvre jaune emporte les frères Pipérion (François Audibert, 1807-1853) et Gélisaire. « Le F. Pipérion était parti de St-Louis le 27 juillet pour se rendre à la Nouvelle-Orléans, avec mission d'opérer le déplacement du F. Andronis. De là, il se rendit à la Baie St-Louis. De retour à la Nouvelle-Orléans, il voulait, après avoir rempli sa mission s'embarquer le samedi pour retourner à St-Louis avec le F. Andronis et deux postulants ; il n'y eut pas de départ ce jour-là ; il dut attendre jusqu'au dimanche, 17 août. Il s'embarqua le soir ; mais entre le moment de l'embarquement et celui du départ, il fut tellement frappé de la maladie régnante, — la fièvre jaune, — qu'on fut contraint de le faire débarquer et de le faire porter à la Communauté, où il reçut les soins de M. de La Croix, qui lui administra les premiers remèdes, envoya chercher le médecin et le soigna avec la tendresse d'un père, mais il ne put prévenir le sinistre dénouement prévu. Il mourut le jeudi suivant ». Trois autres frères meurent dans cette maison, qui doit être fermée. Le frère Gélisaire, qui avait fondé l'établissement de Trois-Rivières, est frappé encore plus soudainement. En route vers New York, où il doit s'embarquer pour la France, il est « attaqué

---

[20] *Ibid.*, pp. 68-70 ; *Maison-Mère à Montréal, de 1837-87*, (copie dactylographiée), p. 41, AFECR, 432a, 9 ; Quiblier au Frère Philippe, 23 avril 1839, *ibid.*, 432a, 11.

par la fièvre jaune, il mourut dans un hôtel de Montgomerry [sic], dans l'Etat de l'Alabama, privé de tout secours religieux ». Il avait 42 ans. Le frère Amulwin (Jean Orset, 1819-1847), quant à lui, n'a pas encore atteint ses 28 ans, quand la tuberculose vient le cueillir à Québec (les Glacis), où il était venu « pour le rétablissement de sa santé ».[21]

Cinq frères venus de France abandonnent l'Institut pendant leur séjour en Amérique: Arcisse-Marie (« évadé » à Saint-Boniface, disent les chroniques), Simplicien (Jean-Baptiste-Marius Griou, 1832-s1858), Gaïen-Jules (à 25 ans), Louis-de-Milan (Auguste Larochelle, 1837-s1878) et Paternian; deux autres quitteront après leur retour en France. Un seul est renvoyé, pour des raisons que nous ne connaissons pas.

Comme il était prévu au moment de leur obédience en Amérique, la plupart font leur marque comme directeurs de communauté. Plusieurs sont chargés de fonder des établissements et de les diriger pendant les premières années cruciales; tel est le rôle joué, par exemple, par Zozime (Les Glacis), Arcisse-Marie (Les Foulons), Odilard-Marie (Saint-Sauveur), Herménégilde (Lévis), Gélisaire (Trois-Rivières et Baltimore), Adelbertus (Beauharnois), etc. D'autres sont désignés pour régler les problèmes de certaines maisons: le meilleur exemple est le frère Albanius qui, dès son arrivée au Canada, reçoit la mission d'aller fermer l'établissement de Saint-Thomas de Montmagny, mais manœuvre si bien qu'il sauve la maison et y demeure 14 ans comme directeur et professeur. Plusieurs, comme le frère Adelbertus, deviennent aussi des conseillers utiles pour les questions pédagogiques ou même administratives.

---

[21] *Origine...*, p. 24, AFECM; Frère Herménégilde, *District de Montréal. Communauté de Québec*, AFECR, 454.

En plus de ceux qui ont accédé aux postes les plus élevés, une figure se détache de ce contingent des frères venus de France : le frère Aphraates (Jean-François Dubois, 1822-1901). *L'Oeuvre d'un siècle* le présente comme un « maître en pédagogie », mais il est beaucoup plus que cela. Né à Collemelle, dans le diocèse d'Amiens, le 30 octobre 1822, il fait son noviciat à Paris et prononce ses premiers voeux triennaux en 1847 et ses voeux perpétuels en 1851. Avant de venir en Amérique, il enseigne à Beauvais, Aniane et Gap et agit comme directeur à Aimargues et comme procureur à Marseille. Arrivé aux Etats-Unis en 1853, il s'y révèle immédiatement homme d'initiative et de décision comme directeur à Baltimore et comme fondateur du collège classique de Rock Hill, le deuxième établissement lasallien américain à proposer l'enseignement du latin. C'est une nouveauté qui entraînera d'énormes remous dans l'Institut et mènera à

15. Le frère Aphraates, fondateur de l'Académie commerciale anglaise de Québec et auteur de manuels classiques. AFECM

des décisions très pénibles au tournant du vingtième siècle. Dans un long texte polémique le frère Réticius n'est pas tendre pour le frère Aphraates : « Le nouveau directeur apportait à sa charge multiple l'élan et l'inexpérience de la jeunesse. Son premier soin, ce qui était acte de sagesse, fut d'enlever de Calvert-Hall l'internat récemment établi. A cet effet, il acquit en 1857 une propriété très agréable sise à Rock-Hill, à quelques milles de Baltimore où il le transporta, puis il modifia le programme en élargissant le cercle des études et en établissant l'enseignement classique ». « Voilà donc, ajoute-t-il, nos Frères de Rock Hill nantis d'une charte universitaire, en possession d'un collègue classique. En vertu de leurs titres et de leurs obligations, ils doivent enseigner deux langues qu'ils ignorent et dont l'une est formellement interdite par nos Règles. Véritable impasse, situation inextricable [...] ». En 1884, le frère Aphraates lui-même dit regretter son initiative : « Qu'on sache bien que ce fut moi-même qui, avec l'autorisation du T.C.F. Facile, Visiteur, sollicitai l'agrément de l'Archevêque [Francis] Kenrick en 1859 pour l'enseignement du latin à Rock Hill Académie [*sic*] ; faute que je ne tardai pas à déplorer et que je déplore encore aujourd'hui très amèrement. J'étais jeune et sans expérience, les classiques latins étaient alors enseignés depuis plusieurs années dans notre académie de St Louis, dirigée par le ch. F. Patrick, Rock Hill a été le deuxième établissement où on les ait introduits ; Manhattanville, vers 1860 ou 1861 ».

Le frère Aphraates arrive à Québec en 1861 pour diriger les Glacis et, sauf pour un intervalle de trois mois qu'il passe à New York en 1862, il y demeure jusqu'en 1884. « Chef aux larges conceptions », il a l'énergie suffisante et l'expérience nécessaire pour traduire ses idées dans la réalité et trouver des appuis considérables dans le milieu québécois. Son œuvre principale est l'Académie commerciale anglaise qu'il contribue à fonder avec les abbés Auclair et McGauran. C'est elle qui met la maison de Québec en vedette. Même le sévère Armin-Victor admet que

« nulle communauté n'est plus en vue que celle-ci, à cause du f. Aphraates, son directeur; on doit donc souhaiter qu'elle puisse servir de modèle aux autres ».

Là est le hic: le mode de gestion du directeur ne plaît pas à tout le monde et encore moins au frère visiteur: « Il faut regretter que, malgré son excellent esprit, la discipline religieuse y soit très relâchée. Le f. Aphraates ne croit pas que c'est nécessaire. Je sais que c'est nuisible. Ceux de chez lui qui ont bien le sens religieux se plaignent. J'insiste pour obtenir plus d'ordre ». Le frère n'est pas plus explicite, mais il faut comprendre, sans doute, que ce qu'il dit d'une façon globale dans ses « considérations générales » s'applique, pour une certaine part, à la communauté des Glacis. Par contre, il accuse explicitement le directeur d'une faiblesse notable: « A ma connaissance, le f. Aphraates est le seul directeur qui boive du brandy (eau-de-vie) au point d'avoir à en souffrir. Chargé de prêcher la retraite cette année, il a été retenu au lit cinq jours par suite d'excès de ce genre. Le fait est connu d'assez de gens pour qu'il parvienne à l'être de tous ». Mais la situation n'est pas aussi critique que la pense l'austère visiteur puisque le frère Aphraates demeure à Québec pendant huit autres années.

C'est cependant dans le domaine de la pédagogie que le frère Aphraates fait le plus sa marque. Il contribue beaucoup à renouveler les programmes d'études et à produire des manuels classiques, français et anglais. Il insiste pour donner aux frères une instruction plus avancée et il leur organise des cours donnés par les personnes les plus compétentes, comme nous l'avons vu pour le dessin et la chimie. L'esprit de progrès et de compétence qu'il insuffle se nourrit des meilleurs traditions lasalliennes et s'étend dans l'ensemble du district de Montréal.

Déjà âgé de 62 ans, il quitte Québec en 1884 pour devenir directeur de la communauté Sainte-Famille à Montréal. Puis, à partir de 1886, diverses obédiences l'envoient en Irlande, en

Angleterre et à Manhattanville, où il sert de secrétaire au visiteur, poste qu'il occupe également à Paris, auprès de l'assistant, à partir de 1890. Il meurt le 5 mai 1901 à la maison mère de Paris, regretté de tous. S'étant fait Canadien parmi les Canadiens, il s'était gagné l'estime et la confiance de tous ceux avec qui il était entré en relation. Et l'Académie commerciale de Québec, de plus en plus célèbre, restait un témoignage concret et solide de l'ampleur de sa vision d'éducateur.[22]

* * *

Fort peu nombreux en définitive, les frères venus de France ont joué un rôle capital dans le développement de l'œuvre lasallienne en Amérique. Après en avoir jeté les bases par la fondation de quelques établissements, ils ont occupé pendant longtemps les postes clés qui leur permettaient à la fois d'encourager l'expansion de l'Institut et d'assurer la permanence de son esprit et de ses Règles. Assistants ou visiteurs, ils ont eu foi dans le dynamisme nord-américain et ils ont relevé des défis à la limite même de l'imprudence. D'où, à côté de succès extraordinaires, des échecs (aux Etats-Unis particulièrement et dans les Maritimes) et des frictions (la fameuse question du latin aux Etats-Unis). Plongés dans un univers tout nouveau pour eux, la plupart, et plus particulièrement le frère Facile, ont accepté des accommodements qui ont paru à leurs confrères français des initiatives dangereuses (par exemple, nommer un Canadien ou un Irlandais à la tête d'une maison) ou des accrocs aux *Règles et Constitutions* de l'Institut. Mais, en ce faisant, ils ont permis d'attirer de nombreux sujets et de fonder un grand nombre d'établissements, qui eux-mêmes devenaient des foyers de vocations;

---

[22] OS, pp. 159-160 ; Yves Guillemette, *Nos fondateurs, I: 1837-1887*, pp. 66-69 ; *Rapport sur le District de Montréal, envoyé au très Honoré Frère Irlide, Supérieur Général, par le Frère Armin-Victor, Visiteur, après La Première Tournée*, 30 nov. 1875, AFECR, 411, 6-13 ; Frère Réticius, *Le Latin Aux Etats-Unis*, pp. 9-11, 46-47, *ibid*. EM612, 6-4.

bien plus, ils ont permis aux districts nord-américains de commencer à influencer l'Institut tout entier.

Les directeurs et les instituteurs jouent un rôle tout aussi important dans les diverses régions des Etats-Unis et du Canada. Ils contribuent puissamment à développer divers systèmes d'enseignement catholique et leur compétence pédagogique et leur savoir tranchent souvent sur la grisaille ambiante. Ce n'est pas pour rien que le curé Cooke de Trois-Rivières exige un directeur français chez lui et que, encore en 1875, l'évêque de Montréal demande « deux ou trois Frères de savoir et d'expérience qui auraient enseigné dans nos grands pensionnats de la France [...] parce que, dit-il, les étrangers inspirent toujours une certaine confiance à notre jeune population ».[23] Ils propagent un style et des méthodes que d'autres communautés et des laïcs copieront avec profit.

Enfin, c'est en très grande partie grâce à cette poignée de frères venus de France que l'Institut lasallien demeure au Canada, pendant la période que nous étudions, une communauté française et reconnue comme telle. Et cela, malgré le poids numérique écrasant de la relève canadienne.

---

[23] Frère Hosea au Frère Visiteur, 15 juin 1875, AFECR, 432, 3.

VII

LA RELÈVE CANADIENNE

Nous le savons déjà : pour attirer plus facilement les Frères des Ecoles chrétiennes au Canada, Quiblier et Lartigue font miroiter la possibilité de nombreuses vocations, mais le rêve prend quelques années à se réaliser. Dès mars 1838, le frère Aidant parle des premiers candidats : « Il s'est présenté cinq jeunes gens qui avaient intention d'entrer parmi nous, les trois premiers n'avaient pas d'argent, et par conséquent n'ont pu être admis, le 4e qui avait de quoi en a été détourné par sa mère, et le 5e qui était Irlandais n'a point persévéré dans l'intention qu'il avait d'entrer, de sorte qu'aucun n'a été admis et qu'il ne s'en présente point d'autres pour le moment ». Il n'en attend pas de sitôt, car, explique-t-il, « je crois même remarquer dans le caractère Canadien beaucoup de légèreté et d'inconstance, ajoutez à cela que notre régime est trop dur pour eux, [...] » ;

il conclut donc : « nous ne pouvons pas compter sur les Canadiens, je les crois trop volages et pas assez généreux pour faire des sacrifices ». Les trois candidats, qui se présentent en novembre 1838 et dont nous avons déjà parlé, lui donnent presque raison, de même qu'un bon nombre des premiers postulants qui, par la suite, ne persévéreront pas. Mais le caractère du directeur, qui a aussi le noviciat sous sa responsabilité, joue un rôle non négligeable : « Le frère Aidant, rappelle son confrère Adelbertus, ne manquait pas de vertu, très régulier et un des meilleurs directeurs qu'ait eu le Canada jusqu'aujourd'hui [1887], mais il était trop Français et pas assez expert dans l'enseignement. Des comparaisons qui lui échappaient de temps en temps, choquaient le patriotisme canadien, et l'amour-propre de l'individu seul avec quatre Français, ne contribua pas peu à décourager le novice [Joseph] ». Un quatrième candidat, Narcisse Goulet (1815-s1857), le premier à persévérer plus longtemps, ne se présente pas moins en mai 1839 — il prend lui aussi le nom de Joseph (Josephus of Mary) et fait la troisième classe en attendant l'arrivée des renforts français — et, en novembre 1840, cinq autres s'ajoutent, « dont quatre élèves des Frères ». Le recrutement est alors parti pour de bon.[1]

I — La croissance des effectifs

Malgré le petit nombre de recrues françaises, les effectifs lasalliens ne cessent de grandir de 1837 à 1880, nourris par l'entrée continuelle de sujets canadiens. Les statistiques montrent bien cette progression.

---

[1] *Origine* ...,(copie dactylographiée), pp. 4-6, AFECM ; Frère Aidant au Frère Anaclet, 22 mars 1838, AFECR, 432a ; *Souvenirs du FRERE ADELBERTUS...*, AFECM, T17-2.

Année	Frères	Novices au travail	Total au travail	Novices	Novices toutes catégories
1837	4		4		
1842	9	12	21	13	25
1847	33	16	49	8	24
1852*	42	50	92	25	75
1857*	77	54	131	20	74
1862*	59	56	117	23	79
1867*	94	72	166	72	144
1872*	146	93	239	39	132
1877*	191	99	290	46	145
1879*	218	89	307	26	115

* au Canada seulement

Ces chiffres tiennent compte à la fois des frères qui ont prononcé des voeux (perpétuels, triennaux ou annuels), des novices qui sont employés dans diverses maisons et de ceux qui demeurent au noviciat. Il y a baisse d'effectifs (-7 %) de 1857 à 1862 : il semble bien qu'elle s'explique par le déplacement d'un certain nombre de frères vers les Etats-Unis. Le groupe des frères augmente tout particulièrement de 1852 à 1857 (+83,3 %), de 1862 à 1867 (+59,3 %) et de 1867 à 1872 (+55,3 %); la progression commence à ralentir de 1872 à 1877 (+30,9 %). A partir de 1852, le nombre des frères augmente en moyenne de 6,3 par année.

Bon an mal an, un certain nombre de novices viennent travailler avec eux dans les diverses maisons lasalliennes du Canada. Leur nombre triple entre 1847 et 1852, puis augmente à un rythme plutôt lent, les meilleures années se situant entre 1867 et 1872 (+29,1 %). De 1852 à 1879, une moyenne de 1,4 novice de plus se joint aux frères. Leur arrivée sur le marché du travail permet d'assurer une progression constante et importante de ceux qui sont au travail (1847-1852: +87,8%; 1852-1857: +42,4%; 1862-1867: +41,9%; 1867-1872: +44%). Quant au nombre total des novices, il fluctue peu de 1852 à 1867, passant de 75 à 79, et atteint son sommet en 1867 (144) et 1877 (145).

Pour la période 1837-1880 que nous étudions, François De Lagrave a compilé des statistiques très révélatrices sur l'activité du noviciat de Montréal : elles concernent les entrées et sorties et le nombre des sujets qui persévèrent ; nous ajoutons à son tableau le taux de persévérance pour chaque tranche d'années.

Années	entrées	sorties	persévérants	taux de persévérance
1837-1841	16	14	2	12,5 %
1842-1846	50	32	18	36
1847-1851	150	80	70	46,7
1852-1856	249	144	105	42,2
1857-1861	287	179	108	37,3
1862-1866	214	153	61	28,5
1867-1871	155	115	40	25,8
1872-1876	199	126	73	36,7
1877-1881	143	87	56	39,1
Total	1 463	930	533	36,4 %

Il est bien normal que le nombre le plus considérable d'entrées se situe entre 1852 et 1866 : une fois connu, l'Institut profite des effets du renouveau religieux très fort des décennies 1840-1850 ; c'est aussi la période des nombreuses fondations américaines qui peuvent attirer l'attention des jeunes recrues irlandaises. Le district de Montréal connaît son sommet d'entrées de 1872 à 1876, mais voit immédiatement décroître les vocations : la fermeture des maisons des Maritimes, qui fournissaient plusieurs vocations, y est-elle pour quelque chose, de même que le visage plus austère que veut donner à la communauté le frère Armin-Victor ?

Quant au taux de persévérance, il faut mettre à part la première période de 1837 à 1841 à cause de la nouveauté du noviciat et de l'inexpérience du frère Aidant. Les autres groupes d'années se détachent assez peu du taux moyen de 36,4 % : les années 1842-1851 pour le plus haut niveau (46,7 % et 42,2 %) et les années 1862-1871 pour le plus bas (28,5 % et 15,8 %). La remontée des années 1877-1881 (39,1 %) s'explique-t-elle par la « réforme » prônée par les frères Armin-Victor et Réticius ?[2]

II — La formation des futurs frères

A Montréal, deux institutions contribuent à former les recrues venues de partout : le petit noviciat ou noviciat préparatoire (à partir de 1876) et le noviciat.

— *Le petit noviciat ou noviciat préparatoire*

Le saint fondateur lui-même, Jean-Baptiste de La Salle, avait expérimenté l'utilité d'un petit noviciat où il recevait des jeunes de 13 et 14 ans pour commencer à les former aux règles de l'Institut, mais l'institution n'avait pas duré. C'est le frère Philippe qui reprend l'idée et ouvre un petit noviciat à Paris

---

[2] François De Lagrave, *Frère Réticius, F.E.C., le mandat tumultueux d'un Visiteur provincial, 1880-86*, Québec, Université Laval, thèse de M.A. (histoire), 1977, appendice C.

en 1835 ; celui-ci devient bientôt, comme dit l'historien Rigault, « la source où naît le fleuve » :

> Sans les « petits novices », le recrutement de la Congrégation fût resté difficile ; il eût risqué de s'amoindrir en valeur comme en nombre. Les enfants donnent tôt des marques de vocation : en obtenant le consentement des familles pour les élever au foyer même de la Société lasallienne, les Frères se créent une sorte de filiation directe ; ils transmettent à ces enfants d'adoption l'intégral héritage du Père. Aussi bien une élite considérable d'éducateurs et de chefs est-elle sortie de ce milieu non pas étroitement claustral, mais adapté aux fins religieuses et pédagogiques de l'Institut.

Au Canada, le premier petit noviciat ouvre ses porte le 23 février 1876 à Montréal. Cette année-là, 29 sujets s'y présentent, puis 16 en 1877, 11 en 1878, 16 en 1879 et 19 en 1880. Ils viennent mettre à l'épreuve une vocation possible, s'initier à la pratique des vertus démandées par la vie religieuse et plus encore s'instruire des futures matières à enseigner et des méthodes pédagogiques des Frères des Ecoles chrétiennes. Ou, pour employer le langage ecclésiastique du XIXe siècle, « s'occuper, comme le jeune Jonas, du service de Dieu, et [...] se livrer ardemment à l'étude des matières qu'il devra plus tard enseigner dans les écoles ». L'institution montréalaise diffère-t-elle beaucoup de son modèle parisien ?

> Le Frère directeur les acclimate lui-même, avec bonne humeur. Vite, les voici au courant du règlement, en place pour la prière et l'étude. Leur maître développe à haute voix le thème de la petite méditation matinale, qui les initiera, sans trop de peine, à l'oraison. Il leur inculque une substantielle doctrine catéchistique, une très solide instruction primaire. Il ne tarde pas à les préparer aux tâches futures : Frères des Ecoles chrétiennes, s'ils persévèrent en leurs résolutions, les bonnes méthodes devront les inspirer ; on ne les expose pas devant eux *ex professo*,

mais chaque leçon se conforme aux principes en vigueur dans l'Institut. Lorsque les petits novices liront la *Conduite* de M. de La Salle, les *Douze Vertus* du frère Agathon, ils y retrouveront des idées, des usages bien connus.

Le petit noviciat est donc une sorte d'école normale, ce que reconnaît d'ailleurs le gouvernement du Québec qui, pendant quelques années (1879-1881), accepte de lui verser une minime subvention.

En 1880, le petit noviciat en est encore à ses premières expériences et n'a connu qu'un directeur, le frère Bertulian (Pierre Vézina, 1841-s1880). La plus grande partie des adolescents reçus sont retournés chez eux, faute de vocation ou par insuffisance de santé ou d'aptitudes. Quelques-uns cependant ont rejoint le noviciat.[3]

— *Le noviciat*

Pour les Frères des Ecoles chrétiennes comme pour les autres communautés religieuses, le noviciat est le lieu par excellence pour former la relève. C'était déjà le sentiment de saint Jean-Baptiste de La Salle, qui non seulement mit tout en œuvre pour asseoir cette œuvre de première importance, mais invita souvent ses frères dans la solitude du noviciat pour les retrem-

---

[3] Rigault, *op. cit.*, V, pp. 448-451 ; J.-C. Caisse, *L'Institut des Frères des Ecoles chrétiennes, Son origine, son but et ses œuvres*, Montréal, Chapleau, 1883, pp. 228-237 ; Frère Symphorien-Louis, *Les Frères des Ecoles chrétiennes au Canada, 1837-1900*, Montréal, les Frères des Ecoles chrétiennes, 1921, pp. 94-104.

per dans leur première ferveur. Dans ce domaine aussi, les supérieurs généraux du XIXe siècle s'efforcent de ramener l'Institut à ses pratiques originelles et ils ouvrent plusieurs maisons de formation, autonomes, possédant une chapelle, placées sous un commandement paternel, affectueux et ferme, façonnées sur le modèle des premiers noviciats. Le frère Philippe est un de leurs plus ardents défenseurs, car ces institutions sont plus nécessaires encore au moment des grandes expansions.

L'importance que les autorités lasalliennes attachent à l'institution du noviciat transparaît éloquemment dans les directives qu'y consacrent les Chapitres généraux et la *Règle du gouvernement de l'Institut*. Peu de réunions, en effet, qui ne votent quelques décrets, mais les décisions les plus nombreuses et les plus explicites se rencontrent en 1777. Les *Avis et recommandations* des supérieurs généraux, leurs circulaires et surtout les diverses éditions de la *Règle du gouvernement de l'Institut* les propagent dans les diverses communautés. Au milieu du XIXe siècle, on peut résumer de la façon suivante les principales directives des autorités centrales.

En premier lieu, il faut faire un choix judicieux des postulants. On les accepte, de préférence, entre seize et vingt ans. Ils doivent « appartenir à des familles honnêtes, être nés de légitime mariage; jouir d'une bonne réputation, sous le rapport des mœurs, de la probité et de la piété chrétienne; être recommandés par M. le Curé de leur paroisse, ou, à son défaut, par quelque autre personne respectable, à moins qu'ils ne soient avantageusement connus du Frère Directeur d'une des Maisons de l'Institut ». On recherche, chez eux, « un esprit bon et solide, et un caractère social », qui les rendent aptes à vivre en société. Ceux qui se destinent à l'enseignement doivent posséder « les connaissances nécessaires à cet emploi » ou, à la rigueur, « avoir quelque aptitude pour les acquérir ».

La liste de ceux qui sont exclus est encore plus révélatrice de l'esprit de l'Institut :

> 5. On ne recevra point les Postulants dont les parents seraient grevés de dettes ou qui auraient besoin d'eux pour vivre ; ceux qui auraient exercé un emploi avilissant ; ceux dont le tempérament serait trop faible ou qui auraient quelque infirmité habituelle, comme faiblesse de poitrine, palpitations de cœur, épilepsie, humeurs scrofuleuses, etc., etc. ; ceux qui auraient la vue trop basse, l'ouïe trop dure, etc. ; enfin ceux qui auraient quelque défectuosité ou difformité naturelle trop apparente.
> 6. On n'admettra que très difficilement ceux qui auraient porté l'habit de quelque autre ordre religieux ; on ne recevra les minorés qu'à condition qu'ils n'en feront rien paraître à l'extérieur, et on n'admettra jamais ceux qui auront reçu les ordres sacrés.

Ces règles de 1845 épurent un texte ancien qu'il vaut la peine de rappeler pour noter l'évolution des esprits ; il n'est pas inouï de penser que certains directeurs ont pu encore baser leur jugement sur l'un ou l'autre de ces traits de mentalité.

> 3. L'on n'y admettra point ceux qui auroient des maladies habituelles ; mal-caduc, écrouelles, hernies, foiblesse de poitrine, la vue trop basse, défectuosités naturelles fort apparentes, ou même cachées, qui pourroient les empêcher de s'acquitter des fonctions auxquelles les Frères sont tenus ; ceux qui auroient les cheveux roux, ou qui auroient été laquais ; les nains et les illégitimes, difficilement les nouveaux convertis à la foi ; ceux qui auroient été admis dans quelqu'autre Congrégation, s'il n'apparoît que c'est l'austérité, ou l'irrégularité qui les a portés à en sortir. Pour les hermites, on n'en recevra qu'après de fortes et longues épreuves.
> 4. Les qualités propres et à désirer dans ceux qui se présenteront au noviciat, sont, pour les Frères destinés aux Ecoles, une bonne constitution corporelle, des forces capables de supporter les pénibles fonctions de l'enseignement, une figure honnête, un esprit bon et solide, une aptitude aux sciences, une grande docilité et simplicité chrétiennes, du talent et de l'affection pour l'éducation des enfans, du zèle pour le salut des ames,

et pour procurer la gloire de Dieu. [...] Pour les Frères Servans[4], un corps robuste, une docilité et simplicité chrétiennes, une piété constante, une exemption des passions vives, une exacte fidélité, de l'affection pour le travail et les emplois extérieurs.
On ne recevra aucun Sujet qu'il n'ait des sentiments orthodoxes.

Une fois admis au noviciat, les postulants portent l'habit séculier pendant plusieurs mois — on parlait auparavant de 4-6 semaines — « jusqu'à ce qu'ils aient pris connaissance des règles et des usages de la Société, qu'ils se soient suffisamment éprouvés, et qu'on puisse juger, au moins jusqu'à un certain point, qu'ils sont appelés dans l'Institut ». Après quoi, ceux qui sont acceptés revêtent l'habit et reçoivent un nouveau nom... anglais: « Vous donnerez à vos novices des noms de Saints avec l'Idiome Anglais, ordonne-t-on de France, afin que nous ne les confondions pas avec les noms français sur nos régistres ».[5]

Commence alors la véritable formation, surveillée par le maître des novices et encadrée par un horaire journalier et un règlement détaillé qui ne laissent rien au hasard. La tâche des responsables du noviciat n'est pas des plus faciles. Il leur

---

[4] A cette époque, il y a deux catégories de frères: « Il y aura deux sortes de Frères dans cet Institut; les uns seront destinés aux instructions de la jeunesse, et nommés Frères d'Ecole; les autres, occupés aux emplois extérieurs du temporel dans les maisons où ils seront envoyés, et on les nommera Frères Servans. Ceux-ci seront distingués par leurs robe, bas et calotte, qui doivent être de couleur brune. Pour le reste du vêtir et pour le vivre, ils seront comme les autres » (*Règle du gouvernement de l'Institut des Frères des Ecoles chrétiennes*, Paris, Poussielgue, 1845, pp. 3-4). Cette distinction est disparue quand les frères s'installent au Canada, même si certains d'entre eux se vouent totalement au temporel.

[5] *Règle du gouvernement de l'Institut des Frères des écoles chrétiennes*, Lyon, Fr. Mistral, 1814, pp. 4-5; *Règle du gouvernement...*, 1845, pp. 8-9; Frère Aidant, *Avis & permissions concernant la Communauté des Frères de Montréal*, AFECM, T41.

appartient d'abord de vérifier et de rectifier au besoin la vocation des postulants. Car, à côté des vocations vraies, qui n'en ont pas moins besoin de surveillance et d'appui, il s'en trouve d'« équivoques » qu'un texte de 1786 décrit d'une façon qui peut s'appliquer encore au XIXe siècle : « Quelques jeunes gens » viennent à l'Institut « les uns pour y trouver une vie animale meilleure que ... dans leur famille ; d'autres, pour s'assurer à perpétuité le nécessaire ; ... d'autres,... par imitation, [pour] faire comme leur parent ou leur compatriote ; d'autres prétendent s'affranchir d'un travail manuel pour lequel ils n'ont point de goût ; d'autres, par légèreté et par pure fantaisie, voulant essayer de plusieurs sortes de situations sans trop se mettre en peine de se fixer à rien ; d'autres encore, qui ont senti quelquefois du goût pour la piété, s'imaginent qu'il suffit d'endosser un habit de communauté pour y avoir une sainteté consommée » ; on pourrait ajouter pour le Canada le désir de s'instruire gratuitement ou d'entrer dans la carrière d'enseignant. Ces motifs purement humains ont besoin d'être épurés et le directeur des novices, s'il est habile, « pourra se servir des faiblesses mêmes [du sujet] pour le diriger vers le bien » ; sinon, « seules subsistent en eux des pensées profanes » et leur défection est prévisible : ils ressentent vite la fatigue du métier et les restrictions de la Règle, la tentation de s'évader devient pressante, l'amour de la liberté prend le dessus, le pauvre jeune homme n'en peut plus. Il va chercher fortune ailleurs ».[6]

Le *Règlement journalier pour le grand noviciat*, avec ses alternances de prière et d'étude et la parcimonie des temps de récréation, est conçu pour préparer les futurs frères à une vie austère et humble. Le directeur des novices « les instruira ou les fera instruire des règles et des pratiques de l'Institut, de la manière

---

[6] Frère Paschal, *Idées sur les causes de la désertion de nos jeunes Frères et sur les moyens de les prévenir, du moins en partie*, 1786, cité dans Rigault, *op. cit.*, II, pp. 460-463.

de se comporter dans les différents exercices de la journée, comme études, repas, récréations, etc., etc. » Non seulement il veille à une instruction théorique, mais il « exercera ses élèves dans la pratique des règles communes, et des vertus qui doivent distinguer les Frères des Ecoles chrétiennes. Et pour que son enseignement soit plus efficace, il doit être lui-même un modèle de régularité et de tout ce qu'il doit enseigner et faire pratiquer aux Novices, en sorte que ses exemples soient pour tous des leçons continuelles de ce qu'il est obligé d'exiger d'eux ». Tout un bail! qu'explicitent plusieurs chapitres de la *Règle du gouvernement* aux titres évocateurs: « Qualités du frère directeur des Novices », « Conduite du frère directeur des Novices à l'égard des Postulants », « Conduite du Directeur à l'égard des Novices », « Moyens de former les Novices aux vertus de leur état ».

De ces multiples conseils, ne soulignons que ceux qu'avaient bien définis le Chapitre général de 1777:

> IX. Quand on aura admis les postulants aux exercices du Noviciat, on aura soin d'écarter d'eux tout ce qui aurait un air de contrainte, d'affectation, de singularité. On ne leur doit point souffrir un extérieur guindé, étudié, artificiel; il faut les accoutumer à prendre un maintien aisé, simple, serein, ouvert, honnête et cependant retenu; leur faisant comprendre que la vraie vertu n'est ni sauvage ni évaporée; que, pour être solide et véritable, elle doit être établie principalement dans l'esprit et dans le cœur, et non pas seulement sur des dehors qui peuvent n'être qu'illusoires.
> X. On doit tâcher de découvrir s'ils ne sont pas dissimulés, défiants, inquiets, imaginaires, scrupuleux, murmurateurs, rapporteurs, intrigants, acariâtres, hautains, dédaigneux; s'ils ne sont pas inconstants, irrésolus ou opiniâtres, et capricieux dans leurs dévotions; faciles et prompts à blâmer les autres; difficiles et délicats pour eux-mêmes; pensifs, sombres et mélancoliques, quand on les avertit ou qu'on les reprend; s'ils ne se laissent pas maîtriser par le chagrin, même sans motif, etc. De tels sujets, s'ils ne travaillaient efficacement à s'amender, seraient

des fléaux dans une Communauté ; ils n'y conviendraient sous aucun rapport.

La première tâche des formateurs de novices est d'abord d'ordre psychologique : ils doivent apprendre aux candidats à se connaître eux-mêmes, avant de les instruire des « merveilles de la Rédemption » : l'*Evangile*, l'*Imitation de Jésus-Christ*, le catéchisme... Alors seulement, « se connaissant eux-mêmes et connaissant Dieu, les novices seront à même de comprendre la raison d'être de la Règle, la valeur de l'obéissance religieuse ». Travail qui prend du temps : c'est pourquoi les jeunes doivent séjourner au noviciat « au moins treize mois, à compter du jour de l'entrée du sujet ».[7]

Comment ces normes et conseils sont-ils mis en pratique au Canada ? En 1875, dans un long rapport sur la situation du district de Montréal, le frère Armin-Victor explique, en partie, un certain « affaiblissement de l'esprit religieux » et le grand nombre de sorties des frères par les déficiences du noviciat : « On a dit et répété que, si nous fléchissons, la faute en est à la manière dont se fait ou plutôt ne se fait pas le noviciat ». Et il souligne que les novices ne sont pas suffisamment initiés à la Règle : « D'abord, on donne au noviciat le mauvais exemple en sacrifiant, sans raison apparente ou occulte le règlement journalier tel qu'il est prescrit par la Règle. Ainsi, les novices, en même temps qu'ils prennent connaissance des prescriptions de la Règle, apprennent à n'en pas tenir compte ». De plus, « le Directeur des novices n'est pas assez attentif à la formation de nos jeunes gens ». Enfin, les autorités viennent chercher trop tôt les novi-

---

[7] *Chapitres généraux de l'Institut des Frères des Ecoles chrétiennes. Historiques et décisions*, Paris, Maison-Mère, 1902, p. 34 ; « Regles et Constitutions de l'Institut des Freres des Ecoles chretiennes, Approuvées par Nôtre Saint Pere le Pape Benoist XIII », 1726, *Cahiers lasalliens, Textes, études, documents*, 25, pp. 147-150.

ces pour les lancer dans l'enseignement : « Grâce à Dieu, j'espère être bientôt en situation de ne tirer du noviciat aucun sujet avant qu'il ait accompli son temps suivant les prescriptions de la Règle. Pour le moment, je dois me borner à les laisser au noviciat un an à partir de *leur entrée* et non de la prise d'habit. Nous arriverons à mieux dans peu de temps, je l'espère ». Ses critiques rejoignent celles du frère Pastoris, entre autres, qui, en 1858, est tellement mécontent de voir le frère Facile venir chercher ses novices avant la fin de leur formation qu'il veut absolument abandonner son poste de directeur du noviciat ; il s'attire la colère du frère visiteur : « Frère Pastoris veut retourner en France pensant que tout va crouler sans lui. C'est une marâtre qui après avoir élevé tant d'enfants les abandonne ! » Mais le frère assistant Anthelme ne l'avait-il pas déjà prévenu en 1854 : « Choisissez bien les postulants ; si vous en recevez de convenables, faites en sorte qu'ils se forment à la vie religieuse ; laissez-les un an au noviciat. Si le noviciat ne se fait, plus tard, l'Institut en souffrira en Amérique ».[8] Mais il y avait tellement de besoins criants dans toute l'Amérique...

La situation du noviciat n'est jamais critique et même le frère Armin-Victor le reconnaît en introduisant ses remarques de façon très prudente : « Il se peut que toutes les plaintes ne doivent pas être écartées ». Après le flottement bien compréhensible des premières années, les visiteurs font un choix judicieux des directeurs de la maison de formation : entre autres, l'humble frère Rombaud (1842-1847) qui donne le ton ; l'austère frère Pastoris (1849-1858) qui prend sa mission à cœur au point d'affronter le frère Facile et qui, dit-on, « sut former ses novices canadiens suivant les vraies méthodes traditionnelles » ; le frère Hosea (1858-1861, 1866-1867) qui donne entière satisfac-

---

[8] Rigault, *op. cit.*, pp. 432-435 ; Frère Armin-Victor, *Rapport sur le District de Montréal...*, 30 nov. 1875, AFECR, 411, 6-13 ; François De Lagrave, *op. cit.*, 32.

tion ; le frère Christian of Mary (1867-1878), né à Yamachiche et formé par le frère Pastoris, dont on vante les qualités de cœur et d'esprit qu'il mettra en évidence plus tard comme visiteur du district de Baltimore puis de celui de Montréal. La seule faiblesse au niveau de la direction du noviciat provient probablement de certains changements trop fréquents : quatre directeurs entre 1858 et 1867. Quant aux novices eux-mêmes, ils ne reçoivent au noviciat que le strict nécessaire pour entreprendre leur carrière et ils devront poursuivre inlassablement leur formation intellectuelle et religieuse.

III— Les Frères canadiens

Qui sont-ils ces centaines de frères formés à Montréal qui viennent étayer le travail de la poignée d'instituteurs venus de France ?

— *Nationalité et langue*

Selon une compilation faite par François De Lagrave, sur les 620 frères qui ont travaillé au Canada de 1837 à 1880, un peu moins de la moitié (301) sont nés dans la province de Québec ; le plus grand nombre vient des régions de Montréal, Bellechasse, Beauce, Québec, Kamouraska, Maskinongé, Saint-Maurice et Montmagny. L'Ontario fournit 21 frères qui viennent surtout des régions de Kingston, Toronto et Ottawa. Pendant leur courte présence dans les Maritimes, les frères attirent 25 nouveaux membres : 12 de la Nouvelle-Ecosse, 6 du Nouveau-Brunswick, 5 de l'Ile-du-Prince-Edouard et 2 de Terre-Neuve. Au total, 347 sont donc nés au Canada, soit 56 % . Les 44 % autres viennent en très grande majorité d'Irlande (134), mais aussi de France (78), d'Allemagne (33), des Etats-Unis (19), d'Angleterre (3), d'Autriche, de Suisse, de Belgique, du Luxembourg, de Suède et du Brésil.

Ce qui frappe au premier coup d'œil, c'est évidemment la grande variété des nationalités représentées, ce qui ne peut surprendre dans un pays d'immigration comme le Canada; le même cas se présente aux Etats-Unis. Le frère Facile décrit bien la situation globale pour l'Amérique en 1855 : « L'Institut des frères des Ecoles Chrétiennes en Amérique se compose de 231 frères employés et 29 novices ou postulants aujourd'hui 19 février 1855; répartis dans 25 établissements : 18 frères français; 90 Anglais; 47 Allemands et 105 Canadiens français ». Il ajoute un élément qui montre bien les problèmes que peut causer un recrutement aussi diversifié : « 107 parlent Anglais et Français, 10 parlent français, Anglais et Allemand. 37 parlent Anglais et allemand. 55 parlent seulement Anglais, et 51 parlent français seulement ». La disparité de nationalité et de langue crée parfois des problèmes de relations et de gouvernement. Nous avons déjà noté le mécontentement des autorités religieuses de l'Ontario à propos du noviciat français de Montréal et les problèmes du frère Leo avec l'évêque et deux frères irlandais à Saint-Jean du Nouveau-Brunswick. Certaines communautés des Etats-Unis connaissent également des frictions entre directeurs français et sujets américains.[9]

Autre fait important à noter : le grand nombre de vocations irlandaises. Dès les années 1840, beaucoup de sujets irlandais, nés soit en Irlande même (mais très souvent arrivés jeunes en Amérique), soit au Canada ou aux Etats-Unis, se présentent pour devenir frères. Le frère Romon, qui a déjà travaillé dans les prisons centrales de France avec le frère Facile, le souligne à un confrère de la maison mère de Paris en 1853 : « vous n'ignorez pas l'augmentation du personnel depuis 1848, et il va toujours croissant parmi les irlandais. Surtout il y a de bons sujets, mais ils sont jeunes espérons qu'avec le temps ils le [sic] forme-

---

[9] F. De Lagrave, *op. cit.*, pp. 29-33 et App. A.

ront bien. Surtout si notre cher frère Provincial n'est point entravé dans ses projets et qu'il passe encore de longues années en amérique pour le bonheur de ce pays et l'honneur de l'institut ». Leur importance est si grande qu'on en vient à considérer comme irlandais tous les sujets ou presque de langue anglaise. Dans son premier rapport sur l'état du district en 1880, par exemple, le frère Réticius écrit: « Au point de vue religieux, nous avons trois éléments: le français, l'irlandais et le canadien ».[10] Un tableau, dressé en avril 1888, le montre bien, tout en nuançant le flou des statistiques précédentes; nous le reproduisons tel quel en y introduisant cependant des pourcentages.

« *District de Montréal, Canada. 24 Avril 1888.*

Nombre de Frères actuellement en exercice et d'où ils viennent:

— Canadiens français	233	[74,9 %]
— Français de France	10	[3,2 %]
— Allemands	2	[0,6 %]
— Irlandais	66	[21,2 %]
dont		
Irlandais d'Irlande	12	
Irlandais de N.-Ecosse	12	
Irlandais du N.-Brunswick	2	
Irlandais de l'I.P.E.	3	
Irlandais de T.N et E.-U.	5	
Irlandais du Québec	15	
Irlandais de l'Ontario	17	
— Total des Frères	311	

---

[10] Frère Romon au Frère Léon, 12 mai 1853, AFECR, 432a, 11; Frère Réticius au Frère Irlide, 30 oct. 1880, *ibid.*, 411, 8.

Au scholasticat:

— Canadiens français	8	[80 %]
— Irlandais (Québec)	1	[10 %]
— Irlandais (Ontario)	1	[10 %]
— Total	10	

Au grand noviciat:

— Canadiens français	42	[77,8 %]
— Irlandais (Québec)	5	[9,3 %]
— Irlandais (Ontario)	7	[13 %]
— Total	54	

Au petit noviciat:

— Canadiens français	21	[63,6 %]
— Irlandais (Québec)	5	[15,2 %]
— Irlandais (Ontario)	7	[21,2 %]
— Total	33	

Grand total	408 »

En 1888, les Irlandais constituent donc 26,8 % — et les Canadiens français, 73,2 % — des frères en formation, ce qui marque une légère augmentation par rapport aux frères en exercices (21,2 %), tandis que le pourcentage des Canadiens français demeure stable.

On peut donc considérer les Irlandais comme relativement bien représentés dans les communautés canadiennes. Ils sont aussi bien notés par les autorités, surtout françaises. Le frère Réticius écrit en 1880 : « Trempé par trois siècles d'épreuves et de persécutions, le caractère irlandais est actif, entreprenant, laborieux et généreux ». Mais le nouveau visiteur nuance aussitôt et explique :

> Dans notre famille, les irlandais me paraissent trop isolés, trop à part ; ils forment comme une famille dans la famille ; ceci tient, ce me semble, [à] plusieurs causes qui méritent d'être signalées.
> 1° Leur première éducation religieuse. Malgré le zèle de nos chers frères Directeurs des novices, cette race courageuse n'a pu être, par suite de sa langue, aussi suivie et aussi soignée que celle des jeunes gens canadiens. Le très cher frère Pastoris a cependant formé d'excellents sujets.
> 2° L'ignorance de l'Institut. Jusqu'à ces derniers temps, nous n'avions en anglais que la Règle Commune, celle du Gouvernement, le Recueil et le Souvenir du Noviciat ; la vie du Vénérable, les circulaires instructives des Supérieurs leur étaient pour ainsi dire étrangères.
> 3° Aux retraites annuelles, ils sont à part pour toutes les instructions, le réfectoire, la récréation. Tous ceux de l'Ontario font leur retraite à Toronto et n'ont presque aucune relation avec Montréal. C'est toujours un Directeur, plus ou moins capable, plus ou moins préparé, qui leur fait les conférences, soit ici, soit à Toronto.

Mais la conclusion générale est plus qu'élogieuse : « C'est parmi nos Irlandais que nous trouvons généralement nos maîtres les plus intelligents et les plus dévoués ».[11]

En revanche, le frère Réticius, comme plusieurs de ses compatriotes, trace un portrait peu flatteur des sujets canadiens-français :

> Le Canadien offre moins de ressources. Bon et tranquille par caractère, il se complaît dans un petit milieu où règnent le repos et le confortable. Habitué dès son bas âge à une vie douce et commode, élevé dans une atmosphère chrétienne, il se fait trop

---

[11] *Ibid.*

facilement de la piété un instrument des jouissances naturelles. La rigueur du climat, soit en été, soit en hiver, l'oblige à prendre pour le vivre et le vêtir, des précautions, légitimes dans leurs motifs, mais qui tournent trop souvent au bénéfice de la sensualité, à l'efféminaton du caractère et à la ruine de la vocation. Son amour-propre national, chatouilleux à l'excès, le rend facilement envieux et ridiculement vaniteux. En face des Supérieurs, il est souple, docile ; à l'écart, en petits comités d'amis, il se dédommage de sa révérence d'étiquette, en critiquant, dénigrant les personnes et les actes ; il ne saisit pas le côté sérieux de la vie religieuse ; pour lui, il est religieux comme [il] serait toute autre chose ; le côté surnaturel lui échappe ; enfin, à la plus petite épreuve, il succombe. « Je suis pas capable », telle est sa formule sacramentelle, et alors tout est dit ; il n'y a plus pour lui que l'une de ces deux alternatives : change de poste ou désertion.

Le frère visiteur conclut : « Ce portrait, qui n'est certes point chargé, vous explique, Vénérable Frère, les nombreuses, trop nombreuses infidélités que nous vous signalons chaque mois ».

Infidélités, mais aussi tensions au sein des communautés. Le frère Réticius emploie une image biblique pour en parler : « Assez souvent se renouvelle parmi nous l'histoire de Rébecca : les entrailles maternelles sont déchirées ou du moins endolories par quelques tiraillements d'amour propre ». Que « deux ou trois français » manquent de discrétion et blâment « inconsidérément les usages locaux fondés sur des motifs dont ils ne pouvaient être justes appréciateurs », et le Canadien, « jaloux de sa nationalité », voit « dans ces frères nouveau venus des censeurs importuns ou des sujets qui venaient refaire leur réputation compromise dans la mère patrie ». Que ces étrangers viennent accaparer les postes de direction ne plaît pas à tout le monde et crée une disposition des esprits « que le plus petit incident excite ». Mais, continue le supérieur, « entre le Canadien et l'irlandais, l'animosité est plus vive encore ». Il n'en donne pas d'exemple précis, mais quelques-unes des tensions que laissent soupçonner les archives pourraient bien avoir leur origine dans ces différences de nationalité.

Pour les éviter, les autorités doivent faire preuve de beaucoup de prudence, de discrétion et de compétence: « le Canadien d'aujourd'hui ne se soumet qu'à une incontestable supériorité », note toujours le frère Réticius. Prudence qui est tout particulièrement nécessaire au moment des obédiences pour éviter les heurts et l'éclatement de certaines communautés. C'est particulièrement vrai quand il faut désigner les membres du conseil de l'immense district. Le frère Facile l'illustre bien dans un calepin qu'on a retrouvé de lui. Il y a griffonné puis rayé les lignes suivantes :

« Conseil de la Prov.
1 Prov^{al} ...
3 français   w————
3 Irlandais   w————   Approuvé par le Sup G^{al}
3 Allemands   w————
3 autres   w————
L'un contrôle l'autre: Paul. Pat. Just. James meneurs — intrigues »

Sans être aussi astucieuses ou machiavéliques (« diviser pour régner »), beaucoup de nominations demandent des calculs assez semblables et les hommes en poste doivent toujours être conscients des animosités qui peuvent surgir entre gens de nationalité et de langue différentes. Mais, peut-on dire, ils réussissent bien à les contenir ou les corriger puisqu'elles ne vont guère au-delà des tiraillements notés par le frère Réticius.[12]

---

[12] Frère Facile au Frère Abdon, 19 fév. 1855, AFECR, 400-1; [Calepin du Frère Facile], *ibid.*; « District de Montréal, 24 Avril 1888 », AFECM, T15C15; Frère Réticius au Frère Irlide, 30 oct. 1880, AFECR, 411, 8.

— *Quelques noms à retenir*

Parmi ces centaines de frères irlandais ou canadiens-français qui ont été formés à Montréal pendant la période de 1837 à 1880, plusieurs ont mené une vie si effacée et ordinaire qu'à peine retrouve-t-on leur trace dans les fiches des archives ou les listes d'obédiences. Par tempérament ou vertu, ils ont limité leur ambition à vivre religieusement leur quotidien d'instituteur ou de servant, ce qui leur permet très souvent de mieux acquérir les grandes vertus prônées par le saint fondateur : l'humilité, la soumission et la patience. Leur existence est apparemment sans histoire, même si c'est elle qui, en se multipliant, constitue finalement la trame essentielle de la vie de l'Institut en Amérique.

Quelques personnalités fortes et diversifiées émergent du groupe pour une raison ou pour une autre. Saluons d'une façon toute particulière le frère John the Baptist (Toussaint Dufresne, 1824-1900). Né à Montréal, il entreprend d'abord des études classiques au Séminaire de Saint-Hyacinthe, mais la maladie l'oblige à revenir dans sa famille. Il se tourne alors vers cette communauté de frères dont il a entendu parler ; il entre donc à leur noviciat, prend l'habit le 15 septembre 1841 et deviendra le premier novice canadien à persévérer dans sa vocation jusqu'à sa mort. Après avoir enseigné quelques années à Montréal et dirigé le noviciat pendant quelques mois, il devient, en 1849, le premier Canadien à prendre charge d'une communauté à titre de directeur. Il demeure ainsi à Saint-Thomas de Montmagny jusqu'en 1852, mais la plus grande partie de sa carrière se passe aux Etats-Unis. En 1859, il devient directeur de l'Académie Sainte-Marie de la Nouvelle-Orléans : il y vit des années difficiles assombries par une épidémie de fièvre jaune et les secousses de la guerre de Sécession ; il en est si brisé qu'il demande à être remplacé en 1863, tout en demeurant dans la communauté. En 1865, il devient directeur du nouveau noviciat de Pass

16. Le frère John the Baptist, le premier novice canadien à persévérer jusqu'à sa mort dans l'Institut et le premier Canadien à devenir directeur d'un établissement. AFECM

Christian; dix ans après, quand la maison est fermée, le frère John the Baptist demeure seul sur place pour surveiller la propriété jusqu'à sa vente. On rapporte que tel est son sens du devoir qu'il remplit scrupuleusement tous les exercices communs demandés par la Règle et qu'il ne manque jamais de faire sonner et tinter la cloche exactement comme s'il était entouré d'une communauté. Il termine sa vie au noviciat d'Amawalk, à New York, où, vigoureux jusqu'à la fin, il prend soin des jardins et des vignes, concocte de délicieuses boissons et donne des leçons quotidiennes de catéchisme aux novices. Il meurt le 9 mai 1900 à l'âge respectable de 77 ans.[13]

---

[13] Brother Angelus Gabriel, *op. cit.*, pp. 224-226; OS, pp. 151-152.

Son exemple est suivi par combien d'autres : on a calculé que 280 frères, qui ont fait leur noviciat à Montréal, ont fini leurs jours aux Etats-Unis. Ce qui comprend à la fois un frère Bartholomew (Xavier Beauchamp, 1838-1921) qui se dévoue aux orphelins, un frère Victurnian (Antoine Gélinas, 1834-1910) qui se consacre aux novices, un frère Domnan (Joseph Lavoie, 1841-1929) qui fait la classe pendant plus d'un demi-siècle, mais aussi un frère Paphylinus (Théophile Pépin, 1845-1922), éminent professeur d'éloquence et d'art dramatique dans plusieurs collèges, un frère Fabrician (Félix Pellerin, 1843-1926) qui enseigne la philosophie à Manhattan et devient président du Collège Sainte-Marie en Californie et les frères Theodorus of Milan et Christian of Mary appelés comme directeurs et administrateurs.

Quelques-uns se dirigent vers des missions encore plus lointaines : Indes, Singapour, Malaisie, Hong Kong, Ile Maurice, Equateur... *L'Oeuvre d'un siècle* en a recensé 20 jusqu'en 1880, dont la majorité sont nés en Irlande : par exemple, les frères Gregory (John Connelly, 1820-1863) et Switbert (Patrick Doyle, 1795-1855), partis en 1851 pour les Indes ; Peter (Thomas McAteer, 1826-1864) qui se rend en Malaisie en 1855 et Edwin qu'on envoie à Pulo-Pinang en 1860. Mais il se trouve aussi des Canadiens français : les frères Joshua (Adolphe Barré, 1834-1908) parti pour Singapour en 1855 ; Bonaventure (Joseph Fortin, 1831-1909), Marcian (Venant Martin, 1842-1884) et Dagan (Louis Fournier, 1838-1875) envoyés en Equateur en 1872 ; enfin Edward (Narcisse Regnaud) quittant pour l'Ile Maurice en 1877. La plupart meurent dans leurs missions.

Au Canada même, si plusieurs des frères formés à Montréal font leur marque comme instituteurs exceptionnels ou directeurs, il n'y a que de rares exceptions à atteindre les sommets de la hiérarchie.

Le frère Patrick, assistant

Le frère Patrick (John Patrick Murphy, 1822-1891) est le premier non-Français d'Amérique à se faire élire comme assistant et membre du Régime de l'Institut. Né à Negah, dans le comté de Tipperary, en Irlande, il arrive si jeune au Canada qu'on peut le considérer comme canadien. Il reçoit sa première éducation à Ottawa et prend l'habit chez les frères à Montréal le 15 mai 1844. Après avoir enseigné à Montréal et y avoir été promu inspecteur des écoles, il est nommé secrétaire du frère Facile et commence ainsi sa longue carrière américaine. Il se fait surtout remarquer comme directeur des collèges de St. Louis du Missouri et de Manhattan à New York où il introduit l'étude du latin et cultive de nombreuses vocations sacerdotales. Rigault

17. Le frère Patrick, visiteur du district de New York et assistant du frère supérieur général. AFECM

le décrit ainsi : « Yeux expressifs et traits accentués dans le large ovale du visage, membres puissants, fortes épaules, il donne, au physique, l'impression de ce que l'on peut attendre de sa personnalité morale : beaucoup d'intelligence, beaucoup d'énergie, une robustesse qui semble prête à porter, avec le poids du jour et de la chaleur, tous les soucis de l'administration. Effectivement, il possède les talents de l'organisateur, joints à un rare discernement des esprits, aux dons de Sagesse et de Conseil ; il sait, en particulier, découvrir et fortifier les vocations religieuses ».

En 1866, dans des conditions toutes spéciales que nous verrons plus loin, il remplace le frère Ambrose comme visiteur du district de New York et demeure à ce poste pendant sept ans. Il donne une impulsion nouvelle aux études de tous niveaux (y compris les études classiques) et pousse la traduction en anglais des principaux textes et manuels scolaires de l'Institut. Il doit aussi s'affirmer devant la fronde de certains directeurs.

Appelé, en 1873, à remplacer le frère Facile comme assistant, il en poursuit la politique et déploie une activité digne de son prédécesseur. Au Canada comme aux Etats-Unis, qu'il visite régulièrement, il règle les problèmes de toutes sortes avec une rapidité et un doigté remarquables, comme aux Maritimes par exemple. Mais plus que tout son action porte sur la qualité du personnel lasallien : « Avec rigueur il insistait sur la fidélité aux règles d'enseignement de saint Jean-Baptiste de La Salle, sur la double nécessité de l'étude et de la prière. Les faiblesses spirituelles, les découragements, les dégoûts trouvaient en lui un médecin attentif et très habile ». Lui-même appelle aux exercices du second noviciat un bon nombre de frères prometteurs et il introduit les « Grands exercices » de saint Ignace de Loyola pour ceux qui se préparent à l'engagement des voeux perpétuels.

Besogne astreignante et voyages continuels finissent par ruiner sa santé. Après une attaque de paralysie, il meurt dans la maison de retraite de Fleury-Meudon le 25 avril 1891, âgé d'un peu moins de 71 ans. Il le cède d'assez peu au frère Facile dans la mémoire des frères américains.[14]

Le frère Ambrose, visiteur

Irlandais de naissance comme le frère Patrick, mais lui aussi arrivé jeune au Canada, le frère Ambrose (James Rourke, 1817-1869) devient le premier visiteur du nouveau district de New York en 1864. Il a une longue expérience américaine dans les maisons de Baltimore, Troy, Nouvelle-Orléans, New York et St. Louis; son sens de l'organisation et son humour «irlandais» sont remarquables. Mais il n'a guère le temps de se faire valoir dans sa nouvelle fonction. Il est rapidement emporté par un vent de «séparatisme» qui souffle dans certains quartiers américains et qui pousse des membres du clergé à critiquer les règles et coutumes françaises des frères et à demander des changements plus conformes aux usages américains. De plus, après 1864 s'accélère le processus de nommer des directeurs irlandais dans les maisons américaines. Ce qui nourrit un certain esprit d'indépendance et conduit à la formation de certaines coteries. Lui-même n'entre pas dans ce jeu, mais certains de ses propos humoristiques sont pris dans un mauvais sens. Paris s'inquiète et le frère Facile décide de donner un coup de barre en matant les «séparatistes». Il arrive à New York au printemps de 1866 et fait maison nette: il dépose le visiteur Ambrose et l'expédie à Toronto, déplace le frère John of Mary, directeur de la communauté de la Deuxième Rue, vers La Salle, Illinois et, finalement, retourne à Montréal le directeur du noviciat, le frère Hosea.

---

[14] OS, p.112; Rigault, *op.cit.*, IX, pp. 96-98; Brother Angelus Gabriel, *op. cit.*, pp. 174-176.

Profondément brisé par la sévérité et l'autoritarisme du frère assistant — le visiteur n'a pas eu la possibilité de se défendre des accusations de ses délateurs et il a soutenu jusqu'à son lit de mort qu'elles étaient fausses —, le frère Ambrose connaît de tristes années. Son « exil » torontois dure peu et il est appelé à la Nouvelle-Orléans, mais il y contracte la fièvre jaune en 1867 et y donne l'exemple d'un courage exceptionnel et d'une charité sans limite envers les autres malades. Miné par la tuberculose, il est transféré, par ordre des médecins, à l'infirmerie du Collège des Frères des Ecoles chrétiennes à St. Louis; il y meurt le 13 septembre 1869 à l'âge de 52 ans. L'historien de l'Institut aux Etats-Unis porte sur lui ce jugement : « Le Frère Ambrose était un homme de talents, plein de ressources et habile à se faire des amis fiables. Il sortait de l'ordinaire et était, par nature, un éducateur pratique et un excellent chef ».[15]

Le frère Hosea, visiteur

Le frère Hosea (Ephrem Gagnon, 1833-1928) est le premier et le seul visiteur d'origine canadienne à Montréal pendant la période que nous étudions. Né à Château-Richer, il est le troisième et le plus jeune des frères Gagnon à entrer dans l'Institut. Très vite reconnu par ses supérieurs, il dirige l'établissement de Beauharnois avant de succéder au frère Pastoris à la direction du noviciat de Montréal. En 1861, il part avec 24 novices pour aller fonder et diriger celui de New York ; « Le F. Hoséa ne se montra pas inférieur à ce qu'il avait été à Montréal et le noviciat est aujourd'hui 29 octobre 1861, des plus prospère et surtout très édifiant », assure le chroniqueur.

Limogé en même temps que son supérieur Ambrose, il reprend son poste de directeur du noviciat à Montréal. C'est

---

[15] Brother Angelus Gabriel, *op. cit.*, pp. 170-173.

18. Le frère Hosea, le premier visiteur canadien du district de Montréal. AFECM

de là qu'on le tire en 1868 pour le nommer visiteur du district de Montréal en remplacement du frère Liguori. Une lettre du frère Philippe précise l'étendue de ses attributions : « 1° Ouvrir des établissements aux conditions ordinaires ; 2° Retirer les Frères des quartiers & même des localités, en cas d'urgence ; 3° Nommer les Directeurs, les changer, ainsi que les Sous-Directeurs, *dans les cas pressants*, sous la réserve d'en donner avis au Régime pour obtenir confirmation des nominations par des obédiences régulières, s'il y a lieu ; 4° Présider les chapitres d'admission aux voeux, la Retraite annuelle, ouvrir la visite avant l'arrivée des obédiences spéciales nécessaires ; recevoir de même les voeux ; 5° Autoriser les Frères à renouveler [leurs voeux] dans le cas où la réponse du Régime ne serait pas arrivée à temps » ; on lui adjoint aussi un conseil de quatre frères dont Adelbertus.[16]

---

[16] *Origine...*, (copie dactylographiée), p. 55, AFECM ; Frère Armin-Victor au Frère Irlide, 14 déc. 1875, AFECR, 411, 6-14.

Son administration est très diversement jugée. Deux de ses successeurs français, Armin-Victor et Réticius, la dénoncent vertement. Le premier, dans son rapport de 1875 que nous avons souvent cité et qui fustige « cet affaiblissement de l'esprit religieux, qui, loin de donner le bonheur, produit le malaise, crée le besoin de la délation et du dénigrement, porte au mépris de l'autorité, entretient l'esprit frivole du monde, devient l'appui des passions, la ruine de la piété et finit par l'indifférence pour tout devoir et l'abandon de la vocation », soutient que « la cause du mal pourrait bien être dans la manière dont le district a été administré ». Sans doute ne nomme-t-il jamais le frère Hosea, mais on peut le reconnaître en lisant entre les lignes. Pour le frère Armin-Victor, les visiteurs du Canada ont reçu des pouvoirs trop larges : les premiers en ont usé avec prudence et discrétion, même s'ils ont introduit dans les Règles « des exceptions nécessaires, imposées par le climat ou les mœurs ». Mais l'arbitraire s'est installé par la suite : « Dès que le Visiteur pouvait avoir qualité pour autoriser ou simplement tolérer des pratiques insolites, qui n'étaient peut-être pas impérieusement imposées par les circonstances, chacun se trouvait excité à demander, à demander encore et à peser sur les décisions d'un chef dont les attributions n'avaient pas des limites bien déterminées ». Bien plus, et là on peut reconnaître plus facilement les temps du frère Hosea, « quelques Frères, à tort ou à raison, prétendaient s'être emparés de l'esprit du f. Visiteur pour le diriger. Ils se donnaient hautement pour les inspirateurs de toutes les mesures qu'il prenait. Assurément ils exagéraient beaucoup, si tant est qu'ils aient eu dans sa détermination une part quelconque. Toujours est-il que de tels propos ne pouvaient que l'affaiblir ». Et le nouveau visiteur ajoute : « J'ai trouvé les mêmes hommes animés de la même bonne volonté envers moi, prêts à me rendre les mêmes services. Ils sont venus m'offrir leur protection & leurs lumières. J'ai décliné leurs offres bienveillantes, déclarant que, sans doute, j'étudierais les questions, mais que je dépendrais de mes supérieurs seuls, ne voulant recevoir que de Paris ma direction. J'ai résumé ma pensée en disant: «Je ne serai en tutelle à l'égard de personne parmi ceux qui m'entourent».

Dans son premier rapport de 1880, le frère Réticius est encore plus explicite. Après avoir décrit «cet effondrement qui nous épuise et nous tue», il en attribue une grande partie des responsabilités au frère Hosea: «Voici, à n'en point douter, la cause la plus puissante de notre mal. Huit années durant, l'exemple est venu d'en haut. La lumière a aveuglé, le sel a corrompu, le berger a dévoré le troupeau. La [mollesse] des sens, si alléchante pour notre pauvre nature, était devenue [l'école] de notre personnel; et sauf quelques maisons dirigées par des hommes jaloux de leurs devoirs et de l'honneur de l'Institut, il est peu de Communautés qui n'aient subi quelques atteintes d'une période qu'on peut appeler désastreuse. S'il me fallait préciser toute ma pensée sur le [mot illisible] général des affections créé par une telle situation, je le ferais en trois mots: la table, le parloir et la chapelle. Ces détails vous montrent, Vénérable Frère, combien était ardue la tâche des chers frères Assistants Facile et Patrick qui ne pouvaient saisir de loin toute la profondeur du mal et y appliquer des remèdes vraiment efficaces».[17]

Exagérations que tout cela? Oui et non. Sans doute ces propos sévères viennent-ils de deux étrangers surpris de certaines coutumes locales dérogatoires à la Règle, de nouveaux supérieurs désireux d'asseoir leur autorité, de frères ayant profondément le sens du devoir, un véritable esprit religieux et une volonté de réforme profonde. Que leur souci d'améliorer une situation jugée insatisfaisante ou leur tempérament les aient poussés à noircir involontairement le tableau ne doit pas nous surprendre, ni confondre les autorités de Paris qui, elles-mêmes

---

[17] Frère Armin-Victor, *Rapport Sur le District de Montréal...*, 30 nov. 1875, AFECR, 411, 6-13; Frère Réticius au Frère Irlide, 30 oct. 1830, *ibid.*, 411, 8-1.

à l'époque, soutiennent des tentatives de renouveau. Mais d'autres témoignages viennent appuyer en partie l'analyse des deux visiteurs, corroborer plusieurs points soulevés et souligner un certain malaise. Un seul exemple suffira. En juin 1875, le frère Abban, qui est alors directeur du Collège Saint-Joseph de Chambly, écrit au frère assistant des « réflexions » sur l'état du district de Montréal; lui aussi parle d'une « décadence » de l'esprit religieux, d'une crise d'obéissance et d'une certaine détérioration morale qui sont, dit-il, la cause des nombreuses sorties qu'on déplore. Il conclut: « Il y a d'après mes vues un malaise sous lequel on ne peut rester ». Il considère le frère Hosea plus victime que responsable de cet état de choses: « C'est peut-être la trop grande bonhommie [sic] du C. f. Visiteur qui lui fait perdre l'estime et la confiance d'un nombre de frères », car, ajoute-t-il, « le cher f. V^{teur} me semble se croire incapable de faire face à ce laisser-aller, il a trop lâché les rênes, et maintenant il n'est plus maître de revenir ». Cette lettre, empreinte de sincérité et de franchise, mais somme toute assez nuancée, a été remise au frère Armin-Victor « avant son départ pour le Canada ».[18]

Le frère Hosea lui-même est bien conscient de la critique qu'il soulève et il s'en explique brutalement auprès du frère assistant Patrick. Il reproche amèrement aux autorités centrales de n'avoir d'oreilles que pour les dénonciateurs: « ces sujets médiocres ou presque bons à rien, sont crus sur les rapports qu'ils font à Paris à leur avantage, et sans examen, les Supérieurs, sont humiliés pour l'amour d'eux, etc. » Leur responsabilité s'avère donc grande dans les problèmes qui secouent le district: « Parmi les petites misères qui ont existées [sic] depuis longtemps, ou qui existent encore, soit par rapport à la perte des vocations, mais surtout les mécontents, ou le mauvais esprit de quelques-uns, j'avance que Paris en est la cause principale à dater de l'époque où le frère Facile a été nommé Assistant;

---

[18] Frère Abban au Frère Patrick, 3 juin 1875, AFECM, T28C12-1.

et depuis ce temps, le mal a toujours été en augmentant et finira par devenir à son comble, si vous n'y faites pas attention ». Or, assure le visiteur canadien, « maintenant, mon très cher frère Assistant, vous semblez marcher sur les mêmes traces. Vous avez aussi dit à des frères de vous écrire, de vous dire tout ce qui se passe, de vous tenir au courant de tout, etc. » Cela ne peut durer, continue-t-il : l'autorité est paralysée et le mauvais esprit triomphe ; « [...] nous sommes comme de vrais esclaves. Il y a des Directeurs qui sont fatigués de cette mannie [*sic*], de ne recevoir que des reproches mal fondés, venant des rapports exagérés des inférieurs. Moi-même, je suis de ce nombre ; car vous savez, mon très cher frère Assistant, que dans toutes vos lettres, vous n'avez que des reproches à nous adresser, sans jamais un mot d'approbation, d'encouragement, etc. » Bien plus, « votre visite s'est faite de même presque avec tout le monde, sans rien dire, d'une manière mystérieuse, des permissions accordées sans nous en prévenir [...] ». Autre exemple : Paris a décidé de rattacher Toronto et Kingston au district de New York « d'une manière mortifiante », sans avertir quiconque au Canada ; « on nous a considérés dans cette affaire comme des zéros et des gens à qui il ne valait pas la peine de parler, ni de consulter, etc. »

Le frère Hosea devient plus pathétique encore dans son plaidoyer *pro domo* :

> Vous avez confiance en moi, ou vous n'en avez pas. Si vous en avez, vous devez croire que je ne suis pas un fou, une canaille, un vaurien, un ivrogne, un hypocrite, un homme de bonne chaire [*sic*], un menteur, un grossier, etc. Si vous n'en avez pas et que vous me trouviez coupable de tous les défauts que je viens de mentionner avec bien d'autres encore, vous devriez alors me changer, car dans ce cas, je ne suis pas digne d'être Visiteur, et jamais je ne l'ai été, car je suis aujourd'hui ce que j'ai été par le passé. Ce serait bien alors fâcheux pour l'Institut de m'avoir laissé presque 10 ans D^{teur} des Novices, et bientôt 8 ans Visiteur sans m'en avoir jugé digne. Dans ce cas, on aurait été bien plus aveugle que moi pour ne pas y voir claire avant

aujourd'hui. Ce serait aussi bien étonnant, que les Supérieurs ce [sic] seraient trompés de cette manière ou que j'aurais pu réussir à les tromper depuis 25 ans que je suis frère en cachant tant de défauts par une hypocrisie de si longue durée.

Conclusion aussi brève que percutante : « Tâchez donc, mon très cher frère Assistant, de nous traiter comme vous aimeriez être traité vous-même si vous étiez à notre place » ![19]

Cette franchise brutale, qui ne peut que scandaliser la haute direction parisienne, ne porte pas chance au frère Hosea. Appelé à participer au Chapitre général de 1875 à Paris, il est contraint de démissionner et, « sans revoir son cher Canada, sans rien demander de ce qu'il avait pu laisser à son usage, dans sa dernière résidence », il s'exile en Californie où il devient en 1876 le directeur des novices du nouveau district de San Francisco, à Oakland. Après avoir rempli diverses autres fonctions, il se retire à Martinez où il meurt en 1928 « dans la 95e année de son âge, la 78e de religion et la 70e de profession perpétuelle ».

L'historiographie officielle lasallienne insiste pour sa part sur plusieurs des qualités maîtresses du frère Hosea : « Dans sa charge de premier Visiteur d'origine canadienne, le frère Hoséa écouta la voix du devoir, non celle du sentiment, ce qui n'empêchait pas ses visites d'être fort agréables aux Frères. Il avait en partage le bon sens, la droiture de jugement, le discernement des caractères, les lumières de l'expérience et une profonde philosophie naturelle ». Mais on y est peu loquace sur son travail concret. En revanche, la notice nécrologique insiste avec raison sur ce qu'il a été avec zèle, constance et bonne humeur, direc-

---

[19] Frère Hosea au Frère Patrick, 24 mars 1875, AFECR, 412, 11.

teur de novices. Il faut attendre la thèse de maîtrise de François De Lagrave pour entendre parler d'une « semi-disgrâce ».[20]

Tragique sous divers aspects, ce destin du frère Hosea illustre certaines limites de la « canadianisation » de la communauté lasallienne.

IV— Directeurs et sans grade

Venus implanter une communauté française en terre d'Amérique et y répandre les méthodes d'enseignement et de vie religieuse développées par leur fondateur, les premiers frères ont tout naturellement tenu à confier les postes clefs du nouveau district à des confrères formés dans l'esprit de l'Institut et capables d'appliquer et d'expliquer ses Règles, si importantes dans une congrégation aussi centralisée. Pendant la première décennie d'existence en Amérique, il ne serait venu à l'esprit de personne de confier la fondation et la direction d'un établissement à un autre qu'un Français. Seules la pénurie de sujets et les nécessités du moment incitent les visiteurs à tenter l'expérience de confier des établissements à des Canadiens.

— *Les frères directeurs*

On ne s'en surprendra pas : c'est le frère Facile qui franchit le Rubicon. Ayant saisi la situation avec l'acuité qui le caractérise et déjà tout aussi « américain » que les natifs du Nouveau Monde, il choisit le frère John the Baptist pour aller fonder et diriger l'établissement de Saint-Thomas de Montmagny. Son

---

[20] OS, pp. 129-131 ; F. De Lagrave, *op. cit.*, p. 46 ; « F. Hoséa », *Notices nécrologiques*, 118(1928), pp. 96-106.

geste cause tout un émoi dont se souvient encore le responsable en 1863 : « [...] vous voyez que nous sommes bien loin de ce que nous étions en 1849. Alors on trouvait bien surprenant que je voulusse placer un Canadien Directeur. Je me souviens du rire et de la surprise du F. Alexandre [Alexander] qui ne pouvait croire qu'un Canadien put obtenir l'obéissance des Frères ». Le visiteur persiste dans sa décision et récidive l'année suivante en nommant le frère Ambrose directeur de la communauté Saint-Vincent à Baltimore — c'est le premier Irlandais à atteindre ce niveau — et en envoyant le frère Domitian fonder l'établissement de Kamouraska.[21]

L'élan est donné et, désormais, on ne se surprendra plus de voir des Canadiens diriger des communautés non seulement aux États-Unis et au Canada anglais, où les Français pourraient avoir des problèmes de langue, mais tout aussi bien au Québec. Ce qui ne signifie pas, loin de là, que les Français ne continuent pas à être favorisés, très souvent d'ailleurs à cause de leur compétence supérieure. A Montréal, par exemple, ils occupent le prestigieux poste de directeur de l'école Saint-Laurent et de prodirecteur de la communauté de Saint-Laurent (jusqu'en 1875, c'est le visiteur qui en est le directeur); il faut attendre 1867 pour voir un Canadien (le frère Hosea, toujours!) y accéder. Même chose à Québec : pendant la période que nous étudions, aucun Canadien de naissance n'y dirige les Glacis (y compris l'Académie commerciale), en partie sans doute à cause du long règne du frère Aphraates (1861-1884); le seul non-Français est le frère John of Mary, un converti américain d'une très grande valeur qui dirige la communauté de Québec de 1856 à 1859. Mais il n'en reste pas moins qu'à partir des années 1850, de plus en plus de frères formés à Montréal peuvent espérer des promotions, s'ils en ont les capacités.

---

[21] Frère Facile au Frère Patrick, 1863, Frère Réticius, *Le Latin Aux Etats-Unis*, pp. 54, AFECR, EM612, 6-4.

Bien plus, ne craignons pas de voir les choses en face, la multiplication rapide des établissements aux Etats-Unis et au Canada, de même que la nomination de plusieurs excellents sujets canadiens aux Etats-Unis, entraîne au Canada une pénurie d'administrateurs qualifiés et par conséquent le choix de directeurs moins compétents. Dans son « testament » de 1863, le frère Facile peut encore se louer presque sans nuance de ses initiatives prises comme visiteur : « Vous savez que nous avons partout des hommes d'élite ; est-il possible de trouver des hommes plus aimables et plus capables que ceux qu'on trouve chez les Allemands et chez les Canadiens ? Qui pourrait faire mieux qu'un Edward [Thomas Whitty], qu'un Abban ? Et parmi les Irlandais, les hommes éminents en vertu sont innombrables, vous le savez. Je puis le dire ainsi car c'est la vérité ». Et il peut même se permettre des propos qui ont bien scandalisé le frère Réticius : « [...] il vous faut marcher seuls. Il est temps de vous émanciper et de n'être plus gouvernés par des étrangers. Ceci je le considère comme la perfection de ma mission chez-vous. Sans cela elle serait incomplète. Autrement peut-être seriez-vous gouvernés par des hommes inaptes à la direction, incapables de comprendre vos besoins, n'étant point au courant de votre langage et de l'esprit de votre pays ». Ces remarques concernent prioritairement les Etats-Unis et contribuent sans doute à y favoriser le grand nombre de nominations irlandaises, surtout après la séparation de 1864. Mais le nouvel assistant n'oublie pas le district canadien et ajoute : « Il est vrai que nous avons encore un Français, mais cela parce que nous ne pouvions trouver aucun autre pour y mettre. Il était nécessaire de changer le F. Turibe parce qu'il pouvait être un obstacle pour les autres étant trop nouveau ».[22] Les autres, ce sont les Canadiens qui eux aussi peuvent s'attendre à se voir confier certaines directions. La nomination du frère Hosea comme visiteur se prépare...

---

[22] *Ibid.*, pp. 55-57.

Ce bilan triomphal commence à s'assombrir quelques années plus tard et, au dire du frère Armin-Victor, la situation aboutit à une espèce de Babel où les directeurs, « fort au dessous de leur mission à tous égards », « ne dirigent pas ». Ils seraient en bonne partie responsables du laisser-aller général que dénonce le nouveau visiteur. Mais quand il fait l'analyse de chacune des communautés, des nuances apparaissent. Certains directeurs échappent à ses remarques et peuvent donc être considérés comme acceptables. D'autres sont jugés d'une façon très générale : à L'Islet, par exemple, le directeur « paraît le type du brave homme. Ce n'est pas un aigle ». Ailleurs, les bonnes notes s'accompagnent de quelques reproches : à Ottawa, « le F. Andrew est capable, bien estimé, facile à désarçonner, et plus jeté hors de la Règle que je n'aurais voulu. [...] Il paraît comprendre qu'il s'est peut-être aventuré ». Quelques-uns sont vertement dénoncés : à Longueuil, « le Directeur [Bertulian] est un homme de peu de tête. Il paraît bien intentionné ; mais il est tellement au dessous de sa tâche qu'il se déclare impuissant à faire une conférence. Depuis plus de deux ans, il n'a pas dit un mot d'édification à ses frères. Il ne faisait pas de reddition, et, souvent, ne recevait pas la coulpe » ; à Yamachiche, « le Directeur [Sallustian, Elzéar Bossé, 1842-1911] n'est pas à la hauteur. Je crois que c'est un digne homme et même un religieux assez recommandable. A la tête d'un quartier, il ne ferait pas mal ». En revanche, quelques directeurs s'attirent des remarques flatteuses : à Saint-Thomas de Montmagny, le frère Theodorus of Milan est « excellent directeur, jeune, bien doué » ; à la communauté Saint-Laurent à Montréal, « le Directeur [Flamian, Jean Routhier, 1844-1911] est sérieux, capable & bon religieux. Quoique jeune, il est à la hauteur de sa position ». Au total, il y a beaucoup moins de cas litigieux que ne le laisseraient croire les « considérations générales » du document.

Mais le district canadien n'en souffre pas moins d'une pénurie de frères capables de prendre les diverses maisons en charge. Le frère Réticius saisit bien la situation en 1880 et touche du doigt les causes principales du problème:

> L'extension trop rapide de la colonie américaine. On s'est plus préoccupé d'étendre que de consolider; on a tenu au nombre des maisons plus qu'à leur valeur; on a compté et non pesé les hommes. Le Canada, pépinière de toute la colonie, s'est vu maintes fois mis à contribution d'hommes et d'argent par les Etats qui, plus pauvres encore à tous égards, ne lui ont jamais payé aucun retour. C'est ainsi que l'enlèvement de nos meilleurs sujets canadiens a obligé de mettre à la tête de nos maisons ou des enfants ou des hommes incapables ou indignes qui, trahissant leur mandat, sont devenus plutôt des causes de scandales que les soutiens de leurs Communautés.

De plus, ajoute-t-il, plusieurs souffrent du manque d'instruction religieuse, car, « peu, très peu de nos chers frères ont une année entière de probation; quelques-uns n'ont vu qu'une seule prise d'habit, la leur ».[23]

D'autres témoignages de l'époque corroborent en bonne partie l'analyse des deux visiteurs. A Toronto, par exemple, l'archevêque Lynch rappelle que l'exode des meilleurs sujets canadiens-irlandais vers les Etats-Unis entraîne la stagnation des Frères des Ecoles chrétiennes en Ontario et des plaintes contre les frères canadiens-français qui les remplacent; il en profite, nous l'avons vu, pour exiger l'ouverture d'un noviciat dans sa ville. Dans les historiques qu'il rédige, le frère Herménégilde a quelquefois l'occasion de noter la faiblesse de certains directeurs. D'autre part, la situation canadienne n'est pas inédite: elle se retrouve aussi aux Etats-Unis, mais également dans l'ensemble de l'Institut qui entreprend une série de réformes lors du Chapitre général de 1874.

---

[23] Frère Armin-Victor, *Rapport Sur le District de Montréal...*, 30 nov. 1875, AFECR, 411, 6-13; Frère Réticius au Frère Irlide, 30 oct. 1880, *ibid.*, 411, 8-1.

Il ne faudrait pas partir de ce « triste tableau » — l'expression est du frère Réticius — pour abominer les directeurs canadiens et les considérer tous comme des incapables. A part quelques exceptions notables, que les autorités ont vite repérées et mutées, ils ont rempli leurs tâches sans scandale et avec bonne volonté. Pour parler comme le frère Armin-Victor, certains ne sont pas des aigles, mais, dans beaucoup de cas, le bon sens, le dévouement, la charité, la piété compensent des faiblesses et attirent la considération des subordonnés et de la population. Beaucoup des plus doués, il faut le rappeler encore, sont envoyés aux Etats-Unis ou dans des maisons plus importantes, dès qu'ils ont fait la preuve de leurs capacités. Mais il en reste quand même un bon nombre dont les qualités de chefs et d'administrateurs ont permis non seulement la survie mais le progrès de l'Institut au Canada pendant la période que nous considérons.

Plusieurs mériteraient même de sortir d'un oubli trop injuste. Qu'on pense au frère Chrysostom (Charles-Séraphin Gagnon, 1829-1893), un des frères du frère Hosea ; après avoir enseigné à Trois-Rivières, Kamouraska, Montréal et Lévis, il demeure directeur à L'Islet de 1858 à 1889, 31 ans ! « vénéré de la population et chéri des enfants » ; « il n'épargnait rien pour assurer un heureux avenir aux jeunes gens dont plusieurs suivaient ses cours jusqu'à l'âge de vingt ans et au delà. Ils ne se lassaient pas d'entendre ses catéchismes et surtout l'explication de l'Evangile dominical. Le frère Chrysostome [sic] parlait alors avec tant d'onction et d'abondance, qu'il semblait participer aux qualités étonnantes du grand docteur dont il portait le nom ». C'est lui qui façonne pour ainsi dire le collège et le pensionnat. Pas mal pour quelqu'un qui n'était pas un aigle![24]

Et le frère Hierom, autre frère du frère Hosea, dont nous avons déjà parlé et qui fait sa marque comme directeur à Sainte-

---

[24] OS, p. 159.

Marie de Beauce pendant 15 ans ; un simple accident de parcours l'oblige à quitter brusquement en janvier 1876, mais n'enlève pas l'estime qu'on lui vouait. Et le frère Sallustian qui, malgré ce que dit de lui le frère Armin-Victor, demeure directeur à Yamachiche pendant 14 ans. *L'Oeuvre d'un siècle* trace la silhouette de plusieurs frères qui commencent leur carrière avant 1880 et qui sont déjà ou deviendront des personnalités remarquables. Mentionnons le frère Cantian (François-Xavier Boucher, 1840-1921), fervent de la dévotion au Sacré-Coeur, longtemps directeur à la Côte-des-Neiges, à Sainte-Anne d'Ottawa et à Oka, entre autres ; le frère Andrew (Louis Laberge, 1837-1906), seize ans à Ottawa avant de venir fonder le Mont-Saint-Louis à Montréal ; le frère Cyril (Georges Pomerleau, 1844-1878), qui se fait apprécier dans le faubourg Saint-Roch de Québec, comme professeur et directeur de l'école (quartier des Glacis) ; «Toute la paroisse Saint-Roch le vénérait, mais nul autant que le saint curé Charest, qui disait en chaire, au

19. Le frère Hierom, longtemps directeur à Sainte-Marie de Beauce. AFECM

retour des Frères de la retraite: «Tout ira bien, cette année, dans nos écoles, puisque mon bon frère Cyrille [*sic*] reste avec nous»; il meurt prématurément en 1878, à l'âge de 34 ans. Et le frère Moderatus (Dominique Lescaut, 1855-1914), tenace et «excitateur d'énergies», qui enseigne à Québec et à Montréal, et prend en charge Sainte-Cunégonde avant de passer ses vingt-deux dernières années à Saint-Roch comme directeur. Et le frère Narcissus-Denis (James Ling, 1848-1912) qui passe dix ans au collège d'Halifax, puis dirige l'Académie de l'archevêché pendant dix autres années; un de ses anciens élèves, Mgr Edward Joseph McCarthy, archevêque de Halifax, donne ce témoignage: «Je n'ai point connu d'hommes possédant, comme le frère Denis, l'art de nous faire lutter avec constance contre nos défauts, de développer les talents naturels qui dormaient en nous, et d'abreuver nos jeunes esprits à des sources toujours saines». Et le frère Elphinian (Jean Labrecque, 1833-1915) qui enseigne d'abord à Sorel et à Québec et devient par la suite directeur de Saint-Jean d'Iberville, de Saint-Henri et de Saint-Sauveur; il «fit le bonheur de ses Frères par son égalité d'humeur et sa sollicitude paternelle. L'ordre extérieur et la propreté exquise qu'il entretenait autour de lui plaisaient autant que son visage toujours calme». Et même un frère musicien, Bardomian (Georges Labrecque, 1836-1906), dont le *Canada musical* écrivait: «Sorel a l'avantage de posséder dans la personne du Révérend Frère BARDOMIAN, Directeur de l'Académie, un musicien de grand mérite. Nous avons eu l'occasion d'importer des Etats-Unis plusieurs de ses œuvres, publiées par la maison Ditson de Boston et nous apprenons qu'à Noël, à la messe du jour, le chœur de l'église paroissiale de Sorel a exécuté avec un excellent effet un *Gloria*, un *Credo* et un *Sanctus* extraits de la messe de St-Joseph, composée par le Révérend Frère». Combien d'autres mériteraient des mentions aussi élogieuses![25]

---

[25] OS, pp. 149-163; Frère Gilles Beaudet, «Un frère musicien tombé en oubli», *Sources F.E.C.*, vol. 1, no 2 (mars-avril 1978), pp. [3-4].

Faisons une place à part à deux figures exceptionnelles. D'abord, le frère Abban (François Gendreau, 1837-1895), ce « Canadien errant » qui résume dans sa propre existence presque toutes les possibilités des frères du pays. Son biographe tient à le présenter comme un religieux « très ordinaire » qui ne brille pas par une intelligence exceptionnelle ou des productions intellectuelles remarquables, ni par des dons particuliers d'administrateur ou des qualités supérieures de leader ; tout au plus lui accorde-t-il une vie religieuse d'une grande qualité. Mais ne nous laissons pas leurrer ! Quelle carrière riche et variée ! Né à Saint-Thomas de Montmagny en 1837, il entre au noviciat de Montréal en septembre 1851, prend l'habit le 8 décembre de la même année et, dès mai 1852, commence à enseigner dans une école de Montréal. Il apparaît déjà comme « un jeune Frère qui promettait beaucoup ». Au début de 1854, on l'envoie comme professeur d'anglais au pensionnat Godefroy de Bouillon, du district de Clermont, en France ; il peut en même temps s'initier à la méthode pédagogique lasallienne et au fonctionnement d'un grand pensionnat. Dès 1855, cependant, commence la série d'obédiences qui illustre mieux que tout la mobilité et l'obéissance du frère Abban :

1855	instituteur au Collège Saint-Joseph à Londres
1861	directeur de l'école élémentaire Wolverphampton de la même ville
1862	instituteur au Collège Saint-Joseph à Londres
1863	directeur du même collège
1865	directeur de l'école industrielle Saint-George à Liverpool
1868	directeur de l'école Saint-Thomas à Jersey
1869	retour au Collège Saint-Joseph à Londres
1870	directeur à l'école Saint-Thomas à Jersey
1871	séjour à Québec
1871	directeur de l'école Saint-Joseph à Chambly
1875	sous-directeur du Collège Saint-Joseph à Londres

1877 procureur à New York (Deuxième Rue)
1878 directeur de la même communauté
1880 directeur des novices à Summerhill, Irlande
1881 directeur des novices à Casteltown, Irlande
1888 séjour au noviciat de Colombo, Ceylan
1889 directeur du Collège Saint-Joseph à Hong Kong
1893 visiteur du district de l'Extrême-Orient
1894 visiteur du district de Colombo, Ceylan
1895 mort à Alexandrie, Egypte.

Cette sèche nomenclature laisse au moins soupçonner un des points forts de la carrière de ce frère canadien : ses qualités de pionnier. Fondateur à Chambly, il participe aussi à l'implantation des Frères des Ecoles chrétiennes à Londres et subit lui-même les conséquences de la mauvaise orientation des premières années, mais il contribue à remettre les choses en place ; il aide aussi à l'établissement et au progrès de l'Institut en Irlande ; enfin, il donne une impulsion nouvelle au district d'Extrême-Orient. Ce qui ne l'empêche pas de donner un coup de main au Canada comme aux Etats-Unis. Il se fait aimer partout : on raconte qu'à son départ de Chambly, « trois cents chefs de famille vinrent lui exprimer leur reconnaissance et l'accompagner jusqu'à la sortie de la ville ». Dans tous ses postes, il se donne totalement et met à profit ses talents variés. La mission d'Extrême-Orient l'use rapidement à cause du travail exigé et du climat difficile. On le rappelle donc à Marseille pour l'y faire reposer, mais il meurt en chemin, à Alexandrie (Egypte), le 23 décembre 1895, « entre les mains de confrères qui avaient appris bien vite à l'aimer et à l'estimer ».[26]

---

[26] *Origine...*, (copie dactylographiée), p. 26, AFECM ; OS, pp. 149-163 ; Brother Clair Stanislas, *Brother Abban*, Rome, Lasallian Publications, 1950, 138 p ; F. Lucius, « Un Canadien errant : Frère Abban, 1837-95 », *Les études*, XIII(1948-1949), pp. 35-36.

Plus célèbre encore est le frère Potamian (Michael Francis O'Reilly, 1847-1917). Né en Irlande mais arrivé très jeune à New York, il fait son noviciat à Montréal et enseigne au Canada — Lévis et Québec où il est un des frères fondateurs de l'Académie commerciale anglaise — avant de faire une illustre carrière scientifique.

Jeune instituteur, il apprend le français, l'allemand et l'espagnol, mais se donne surtout une base solide en sciences : mathématiques, physique, chimie, astronomie et géologie. Pendant un séjour en Angleterre, il obtient les titres de bachelier (1878), de maître (1880) et de docteur ès-sciences (1882) de l'Université de Londres; il entre aussi en contact avec les sommités scientifiques britanniques.

Après des années d'enseignement en Angleterre et en Irlande, le frère Potamian revient aux Etats-Unis en 1896. Il y fait, au Manhattan College de New York, une brillante et fructueuse carrière de professeur, de chercheur, d'administrateur (doyen de la Faculté de génie), de conférencier et d'écrivain. Il jouit d'une renommée internationale, tout en demeurant un religieux d'une simplicité et d'une amabilité exemplaires. Sa mort en 1917 soulève tout un concert d'éloges et de regrets. Son prestige et sa renommée au sein de l'Institut ne sont pas sans influencer le plus célèbre des frères canadiens, Marie-Victorin.[27]

— *Les sans grade*

La situation de pénurie fait qu'on repère rapidement la plupart des frères qui ont du talent ou des succès et qu'on leur

---

[27] Brother Angelus Gabriel, *op. cit.*, pp. 422-428; W. J. Battersby, *Brother Potamian, Educator and Scientist*, Londres, Burns Oates, [1953], XI, 182 p.

confie des tâches de direction. Mais il ne faut pas en conclure trop rapidement que tous les autres sont des incapables ou des minus. Même pendant cette période, des frères de grande qualité continuent à se dépenser dans des tâches secondaires. Il y a d'abord ceux qui ont la responsabilité du temporel ou frères servants. « Ils sont religieux comme les Frères enseignants ; ils émettent les mêmes voeux. Ils ne sont point, comme on le croit trop facilement dans le monde, des rejetés du siècle, mais bien des réalisateurs doués de talents parfois remarquables, qui les auraient fait briller parmi leurs concitoyens. Ils ne sont point dans l'apostolat actif tout simplement parce que leurs dispositions ou les circonstances dans lesquelles ils ont vécu les ont mieux préparés à un autre rôle ». Ils sont portiers, cuisiniers et économes, surveillants, infirmiers... et, la plupart du temps, demeurent inconnus en dehors de la communauté. Les *Historiques* demeurent ordinairement muets sur leur compte, sauf de rares exceptions à propos, par exemple, du frère Euverte ; du frère Chrispinian (Louis Lavoie, 1828-1869) : « De Montréal, où le frère Chrispinian a exercé [de] longues années l'emploi du temporel, les Supérieurs l'envoient à Québec ; il emporte l'estime, l'affection et les regrets de tous ses confrères » ; et du frère Richard-Taddeus (Camille Perrault, 1845-1922) : « Le frère Isaiah, Visiteur de la Nouvelle-Orléans écrit au frère Hosea pour lui demander un frère pour gérer le temporel au Collège de la Pass-Christian. Comme le besoin est pressant le frère Richard-Thaddeus, cuisinier du faubourg Québec y est envoyé ».[28]

Mais il y a aussi ceux qui demeurent instituteurs toute leur vie, ordinairement dans les basses classes, et qui y deviennent parfois des sommités méconnues. Tel est, par exemple, le frère Salomon (Georges Damphousse, 1845-1913) qu'on a appelé le « Frère des petits » et qui a passé sa vie avec les bam-

---

[28] OS, p. 141 ; Frère Herménégilde, *Institut des Frères des Ecoles chrétiennes. District de Montréal. Canada*, AFECR, 432a, 12.

bins de Saint-Roch, de Saint-Henri, du Mont-Saint-Louis et de Nicolet. Mieux que tout autre, il sait les gagner par l'affabilité de son caractère et ses procédés bienveillants et il les stimule par des moyens d'émulation qui obtiennent d'étonnants résultats. Quand il devient trop vieux pour enseigner, il offre ses services comme infirmier bénévole à Montréal. Tel aussi le frère Stanislas (Arthur Bayard, 1854-1886) qui pousse à fond des études de mathématiques, littérature et musique, tout en s'intéressant au dessin et aux sciences naturelles. « A vingt-cinq ans, c'était un érudit ; à trente ans, son entourage chuchotait le mot de savant. Mieux encore : « un savant doublé d'un saint ». On le nomme inspecteur des écoles des frères à Montréal, mais, frappé par la tuberculose, il meurt à l'âge de 32 ans.[29]

Cette disparition prématurée d'un sujet d'élite nous rappelle un des problèmes chroniques de la période étudiée : la perte constante d'effectifs par les sorties ou par les décès de jeunes frères.

V— Les sorties et les décès

Dans son sévère rapport de 1875, le frère Armin-Victor se plaint de la « perte des vocations », non seulement chez les novices qui quittent ou qui ne veulent pas prononcer de voeux, mais également chez les membres de l'Institut qui « s'affranchissent trop facilement de leurs engagements ». Il n'élabore pas sur ce sujet précis, se contentant d'en attribuer la cause principale au manque de régularité des communautés. Quelle situation réelle se cache derrière cette discrétion ?

---

[29] OS, pp. 152-154.

— *Les sorties*

Nous savons déjà que seulement 36,4 % des jeunes qui entrent au noviciat le terminent et qu'ainsi 930 novices quittent les lieux de 1837 à 1881. Ces départs entrent pour une bonne part dans le sombre tableau que tracent les deux frères visiteurs en 1875 et en 1880. Mais il y a plus : les autorités déplorent également les sorties de plusieurs frères qui avaient déjà prononcé des voeux perpétuels (P) — on appelle ces frères des profès —, des voeux triennaux (T) ou des voeux annuels (A), ce qui est permis à partir de 1858.

Des statistiques, faites à la maison mère de Paris au début du XXe siècle, donnent les résultats suivants :

Sorties des frères

Années	P	T	A	Total
1837-1841		4		4
1842-1846		8		8
1847-1851	7	24		31
1852-1856	1	21		22
1857-1861	2	11		13
1862-1866	1	1	1	3
1867-1871*	1	2	2	5
1872-1876	6	7	2	15
1877-1881	5	2	2	9
Total	23	80	7	110

* Les données de 1870 manquent

Ces chiffres comprennent ceux qui sortent de leur plein gré et ceux qui sont renvoyés pour diverses raisons. Le nombre absolu (110) peut paraître peu élevé, mais il faut voir que ces sorties frappent une communauté relativement peu nombreuse encore et que beaucoup d'entre elles surviennent dans la décennie 1847-1856, au moment où les frères poussent leur expansion dans toute l'Amérique du Nord. Cette dispersion et des problèmes de toutes sortes peuvent expliquer l'augmentation subite des départs, de même sans doute que la difficulté d'adaptation des premières générations de vocations canadiennes. Mais la même période possède le plus haut taux de persévérance des novices...

Nous n'avons que peu de renseignements sur les sorties des frères. Ceux qui n'ont fait que des voeux annuels ou triennaux quittent au lieu de les renouveler: ils n'ont pas à demander de dispense. S'ils s'aperçoivent qu'ils ne sont pas dans leur vocation ou s'ils connaissent des insuccès dans l'enseignement, ils décident tout simplement de changer d'orientation. Il s'en trouve cependant qui n'attendent pas l'échéance de leurs voeux temporaires et qui doivent requérir la dispense nécessaire. Tel est aussi le cas des 23 profès qui sortent pendant la période. C'est une perte plus grande pour la communauté, puisqu'ils sont plus vieux et qu'ils ont une expérience dont pourrait profiter l'Institut. Quelques-uns s'orientent vers le sacerdoce, mais la plupart retournent dans le monde. Sur eux aussi, nous manquons de renseignements.

La documentation est, en effet, presque totalement muette sur ce sujet. Le frère Armin-Victor est encore une fois notre principal informateur. Pour reprocher aux évêques canadiens d'être « trop faciles », de sorte qu'ils « s'entremettent facilement pour obtenir les dispenses, et, sans y prendre garde, s'offrent même quelquefois à les accorder de leur chef »; c'est le cas, nous l'avons vu, de Mgr Connelly de Halifax. Pour citer un exemple, à ne pas suivre, le drame de la communauté de Saint-Sauveur de Québec. Là, un frère « a donné à toute une paroisse où son habit lui avait attiré du respect, le scandale de relations inavouables avec une créature que peut-être il avait rencontrée alors qu'il portait encore nos livrées »; bien plus, huit des dix membres de la communauté quittent définitivement. « Cependant, assure le visiteur, la paroisse s'est contentée de couvrir de l'opprobre de son mépris une telle infamie; elle est restée groupée autour des Frères qui, aujourd'hui, ont pris la place des renégats [...]. Les enfants ont confiance, le clergé n'a que des bénédictions et des prières pour notre Institut, et la communauté est aujourd'hui comme un petit paradis ». Quelques historiques de communautés parlent aussi de certains départs, mais d'une façon très discrète. Les archives des diocèses ne sont guère plus loquaces, mais elles laissent filtrer certains renseignements intéressants. A Montréal, en 1866, Mgr Bourget demande et obtient une dispense des vœux pour un frère qui a quitté la communauté parce qu'il « se rendait coupable de fautes contre la chasteté, et donnait ainsi du scandale aux enfants confiés à ses soins » et que « son Supérieur refusait de condescendre à sa demande ». Trois autres cas se présentent entre 1873 et 1880. Les documents ne donnent aucun renseignement sur les deux premiers, sauf leur nom. Quant au troisième, en 1880, un problème se présente: le frère a fait les vœux de pauvreté, de chasteté, d'obéissance, d'enseignement gratuit et d'association, mais le document venu de Rome ne parle que des trois premiers; à ses craintes, le chanoine Télesphore Harel, chancelier de l'évêché de Montréal, répond: « Si besoin est, Monseigneur [Fabre] vous dispense des vœux de « stability, to teach gratuitously and by association » dont vous parlez dans votre lettre du 12 courant ». Aucun des documents ne parle des raisons de la sortie. Toutes les suppositions sont bonnes, mais valent ce que valent des suppositions, c'est-à-dire presque rien.[30]

---

[30] ACAM, 515-101, *Les Frères des Ecoles chrétiennes*.

— *Les décès*

Les effectifs diminuent également par les décès qui arrivent parfois à un âge bien jeune. D'après les calculs faits par François De Lagrave, 205 Frères (y compris les novices) sont décédés entre 1837 et 1880, dont 83 étaient nés au Québec. Quant à l'âge, ils se répartissent de la façon suivante :

Couches d'âge	Frères du Québec	Autres	Total
5-14 ans	0	0	0
15-24	50	51	101
25-34	23	25	48
35-44	9	21	30
45-54	1	13	14
55-64	0	7	7
65-74	0	4	4
75-84	0	1	1
85-94	0	0	0
Total	83	122	205

Ce qui donne, à la mort, une moyenne d'âge de 29,3 ans pour l'ensemble des frères et de 25,3 pour ceux qui sont nés au Québec et 30,2 pour les frères d'origine irlandaise, mais 52,3 ans pour ceux qui sont venus de France.

Les chiffres sont sans doute un peu faussés du fait que la communauté canadienne est jeune encore et que les « patriarches » sont encore vivants. Mais il n'en reste pas moins que les frères du Canada (et plus encore ceux du Québec) meurent jeunes, plus jeunes que la moyenne générale des membres de l'Institut : 32,8 ans de 1837 à 1857 et 35,1 ans de 1857 à 1873.

Comment expliquer une telle hécatombe dans les rangs des frères canadiens de 15 à 34 ans? Le phénomène tient sans doute, pour une part, à l'état de santé général, aux conditions économiques difficiles et au manque d'hygiène de l'ensemble de la société canadienne et québécoise, qui font que certaines épidémies et maladies, la tuberculose par exemple, font une ponction grave dans la jeunesse du pays. Mais il faut aller plus loin. Le régime de vie des frères est très sévère et permet difficilement d'équilibrer la nourriture (qu'on pense aux pénitences de l'Avent et du Carême) ou même le travail et le repos; l'horaire de la journée, de 4h30 à 21h15, ne ménage guère de vrais temps de détente. « A quel moment les frères pouvaient-ils récupérer, si l'on excepte les deux courtes récréations, durant lesquelles, toutefois, ils ne pouvaient pas encore pratiquer un sport? Et, entre les divers exercices de la journée, tout s'enchaînait à un rythme constant, sans pratiquement d'intermèdes. Le religieux, de plus, vivait presque constamment en communauté, dormant même dans des dortoirs. Des frères qui vivaient dans un tel cadre horaire et qui, par surcroît, pour un bon nombre, recherchaient ardemment la ferveur religieuse ainsi que la compétence dans leur profession étaient plutôt des proies faciles pour la tuberculose, le surmenage, la dépression nerveuse, voire la folie en certains cas ». Si tous n'en meurent pas, il n'en reste pas moins que plusieurs décès prématurés peuvent s'expliquer par ces conditions de vie. Surtout chez des sujets que des conditions d'enfance difficile peuvent déjà prédisposer à certaines maladies.[31]

Dans le but de pallier cette hémorragie chronique, les frères mettent de l'avant une politique de recrutement. Très tôt, ils impriment un prospectus et le distribuent partout, mais surtout dans leurs propres écoles qui deviennent une des pre-

---

[31] F. De Lagrave, *op. cit.*, pp. 33-34 et App. D.

mières sources de vocations. En 1879, pour corriger la pénurie de sujets de langue anglaise et aussi « préparer les voies » à l'ouverture d'un noviciat à Toronto, deux frères parcourent l'Ontario, « avec l'agrément et des lettres de recommandations de sa Grandeur Mgr Lynch, Archevêque de Toronto ainsi que des Evêques de cette province. Cette visite fit un grand bien. Partout le Clergé reçut les Frères avec une grande cordialité et prêcha à peu près dans toutes les nombreuses paroisses visitées en faveur de notre sainte vocation ». Le manque de sujets n'en persiste pas moins pendant longtemps.[32]

Tous ces départs causés par les sorties ou les décès n'empêchent sans doute pas la relève canadienne de participer d'une façon brillante à l'expansion de l'Institut au Canada et même aux Etats-Unis. Mais, ajoutés à une certaine forme de « fuite des cerveaux », ils ne sont pas sans freiner les élans de la jeune communauté : les sujets manquent, particulièrement du côté de l'Ontario mais aussi ailleurs, pour consolider le réseau des établissements ; ceux qui restent sont surchargés et doivent accepter de commencer à enseigner ou d'occuper des postes de commandement sans la formation et l'expérience qu'on aimerait qu'ils aient. Toute la vie des maisons s'en ressent comme se sont plu à le rappeler les deux visiteurs Armin-Victor et Réticius. Ne voit-on pas se produire en Amérique ce que Rigault décrit en France ? « La multiplication des établissements demande un recrutement intensif ; on risque d'y admettre des postulants de qualité médiocre, afin de maintenir le personnel enseignant au niveau des besoins scolaires. Une préparation sans hâte suppléerait à quelques lacunes d'instruction première ; une pleine année de noviciat serait la période au minimum requise pour éclairer de jeunes consciences sur tous leurs devoirs, pour assu-

---

[32] *Institut des Frères des Ecoles chrétiennes* [...] — *Prospectus*, AFECM, T11C56-11 ; *Origine...*, (copie dactylographiée), p. 123, AFECM.

rer aux vocations une base inébranlable ». Mais on ne se sent pas capable d'assurer cette formation minimale et les jeunes recrues succombent facilement, « pédagogues obligés de s'instruire en tenant leurs classes, enfants d'hier que l'oraison rebute, que la nostalgie envahit, auxquels le joug de l'obéissance et les heurts de l'existence paraissent insupportables... » S'ils ne quittent pas l'Institut, ils peuvent s'ancrer dans une vie spirituelle et professionnelle médiocre : « Les conditions dans lesquelles le travail scolaire s'exécute, les horaires et les surcharges imposés aux maîtres, les fatigues d'un enseignement distribué à cinquante et soixante écoliers, ne facilitent guère, pour certains, l'observance des Règles. Des Frères directeurs se laissent déborder par les soucis administratifs; leurs subordonnés se voient distraits de la méditation et de la prière par la leçon à préparer, l'examen qu'ils devront eux-mêmes subir ».[33] Pour ne pas tomber dans la voie facile d'appliquer tel quel ce diagnostic à la situation canadienne, essayons de voir comment les frères du Nouveau Monde vivent leurs engagements d'instituteurs et de religieux.

---

[33] Rigault, *op. cit.*, V, pp. 432-435.

VIII

DES MAÎTRES COMPÉTENTS

« Le frère est tout à la fois instituteur et religieux », aime à répéter le frère Réticius, reprenant en termes différents le premier paragraphe de la *Règle du gouvernement* : « L'Institut des Frères des Ecoles chrétiennes est une association, ou Congrégation, dont la fin est de donner à ceux qui la composent des moyens particuliers pour travailler à leur propre perfection, et pour élever chrétiennement la jeunesse, spécialement les enfants des artisans et des pauvres, en tenant des écoles gratuites ».[1] Depuis les jours de saint Jean-Baptiste de La Salle et sous la gouverne de ses successeurs, la communauté a tenu à former des maîtres compétents qu'elle envoie dans les petites

---

[1] *Règle du gouvernement de l'Institut des Frères des Ecoles chrétiennes*, Paris, Poussielgue, 1845, p. 1.

écoles munis d'une méthode pédagogique éprouvée et de manuels classiques novateurs. Ses membres sont des professionnels de l'enseignement élémentaire et plus tard du primaire supérieur.

Tels ils apparaissent aussi en Amérique du Nord et particulièrement au Canada. Nul ne l'a mieux souligné que le frère Marie-Victorin en 1937 : « Les Frères des Ecoles chrétiennes ont donc dressé à Montréal, suivant des méthodes apportées de France, les cadres de l'éducation des garçons de la classe populaire », en instaurant une discipline appropriée, en composant et diffusant des manuels scolaires et en créant un type d'enseignement primaire dit commercial. C'est ce qui fait de leur arrivée en 1837 un « événement capital », selon l'expression d'André Labarrère-Paulé.[2]

I — La pédagogie lasallienne

Créateur de l'école populaire moderne, Jean-Baptiste de La Salle est aussi, dans le domaine de la pédagogie, un innovateur qui a « rompu les routines, poussé à la perfection des méthodes qu'on avait employées avant lui » ; il devient ainsi « le fondateur de la science pédagogique élémentaire : il en a découvert les pratiques et formulé les lois ». Car, au contraire de ses prédécesseurs, il a su construire une synthèse qu'il a transmise à ses disciples.[3]

Génial éducateur, il a d'abord enseigné ses principes et ses méthodes à ses premiers compagnons, joignant au besoin l'exemple à l'exposé, mais, « pour qu'il n'y eût rien d'impro-

---

[2] OS, p. 34-35 ; A. Labarrère-Paulé, *Les instituteurs laïques au Canada français, 1836-1900*, Québec, Presses de l'Université Laval, 1965, p. 107.
[3] Rigault, *op. cit.*, I, p. 541 ; L. Riboulet, cité dans Louis-Philippe Audet, *Histoire de l'enseignement au Québec*, I, p. 72.

visé, d'inadapté, d'approximatif, d'incomplet dans les leçons de ses disciples », il leur a fourni des ouvrages pédagogiques — par exemple, les *Exercices de piété pour l'usage des Ecoles chrétiennes*, les *Règles de la Bienséance et de la Civilité chrétienne*, les *Devoirs d'un Chrétien* —, une véritable bibliothèque qu'il complète par un gros manuel de pédagogie et d'enseignement élémentaire, la *Conduite des écoles chrétiennes*.[4]

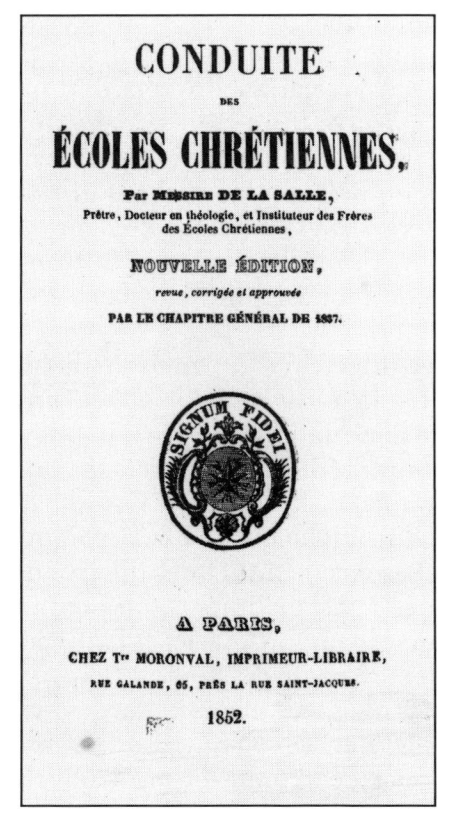

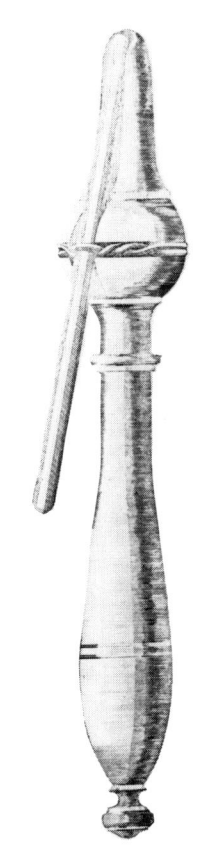

20. Page titre de la *Conduite des écoles* et un exemple de « signal ».

---

[4] Rigault, *op. cit.*, I, p. 541.

« Livre fondamental du Frère en tant que pédagogue, la « Charte » qui lui dictait tous ses devoirs, qui lui interdisait les fantaisies individuelles, les essais aventureux, la moindre velléité d'arbitraire en matière d'éducation et d'enseignement », la *Conduite* « a pour fin: 1° de préciser, de déterminer les méthodes et les procédés en usage dans les classes des Frères; 2° d'indiquer aux maîtres les moyens éprouvés par l'expérience et dont ils peuvent avantageusement se servir dans l'exercice de leur emploi; 3° d'établir l'uniformité dans toutes nos écoles, afin que l'enseignement s'y donnant partout et toujours de la même manière, les élèves n'éprouvent aucun retard d'un changement de maître ou du passage d'une classe dans une autre ». Son contenu est d'une certaine façon stable et permanent et le fondateur fait à ses frères un précepte de s'y conformer: « Ils enseigneront tous les Ecoliers selon la méthode qui leur est prescrite, et qui est universellement pratiquée dans l'Institut; ils n'y changeront et n'y introduiront rien de nouveau ». [5]

D'abord distribuée aux directeurs des maisons lasalliennes sous forme manuscrite, la *Conduite* est publiée une première fois en 1720 — donc, après la mort de Jean-Baptiste de La Salle — et connaît de multiples éditions par après. Même si le fond demeure toujours le même, la fidélité à l'esprit du fondateur n'exclut pas des modifications qui tiennent compte des nouvelles expériences, des besoins inédits et des progrès de la pédagogie. Tel est le sens des révisions importantes entreprises par les supérieurs généraux Agathon, Anaclet et Philippe. Le premier n'a pu publier son texte à cause des bouleversements de la Révolution française, mais ses idées inspirent largement une nouvelle édition de la *Conduite* en 1811. En 1834, le frère Anaclet lance un nouveau projet de refonte et en confie la

---

[5] *Ibid.*, I, p. 562; Frère Philippe, « Avant-Propos », *Conduite à l'usage des écoles chrétiennes*, Versailles, Beau, 1870, p. V; *Règles et constitutions de l'Institut des Frères des Ecoles chrétiennes*, Versailles, Beau, 1852, p. 16.

responsabilité à un comité. Celui-ci, « entrant dans les pensées du Supérieur général, juge qu'il y a lieu de procéder à « des changements assez considérables ». L'ouvrage est examiné chapitre après chapitre, et, à maintes reprises, remis sur le métier ». Le Chapitre de 1837 entérine le travail après avoir fait de légères modifications et ordonné de « présenter une nouvelle édition, mais d'abord à titre d'*essai*, nous réservant de lui donner une forme déterminée après un temps suffisant d'épreuves, et lorsque nos Frères auront pu nous communiquer leurs remarques tant sur les moyens que nous indiquons, que sur ceux que nous aurions omis et qu'ils jugeraient devoir être mentionnés ». Le frère Philippe, qui est le maître d'œuvre de l'édition de 1838, en présente une nouvelle en 1870, en précisant lui aussi qu'« un livre de cette nature ne peut recevoir une forme dernière ». Commentaire de Rigault: « Voilà une théorie nettement « évolutionniste », qui respecte sans doute le *Magister dixit*, qui ne touche pas, en vérité, aux principes fondamentaux, aux conceptions morales, religieuses, voire psychologiques, de M. de La Salle, mais sous réserve des apports de ses disciples, sous bénéfice de tous les développements de l'instruction populaire ».[6]

De tous ces écrits, et plus précisément de la *Conduite des écoles*, découlent des principes généraux que Louis-Philippe Audet résume en ces termes:

> l'ignorance est la source de tous les maux; chaque enfant a des talents et des aptitudes que le maître doit découvrir et mettre en valeur; le maître doit être paternel et bon; les sens étant là base de la vie intellectuelle, il faut les maintenir en bon état et les cultiver; il faut aussi habituer l'enfant à agir par devoir, former son caractère et sa volonté et lui donner de fortes convictions religieuses préparant ainsi l'homme et le chrétien. [...] Les habitudes intellectuelles les plus importantes à faire

---

[6] Rigault, *op. cit.*, II, pp. 599-601; V, pp. 492-500; *Conduite...*, p. VII.

acquérir sont l'attention et la réflexion. Le but final de l'école est moins d'instruire que de faire son éducation. On ne s'improvise pas éducateur. Il faut intéresser les parents à la conduite et au travail de leurs enfants à l'école. La religion est la base de l'éducation morale et le fondement de toutes les vertus chrétiennes.[7]

Moins théorique que pratique, la *Conduite* applique concrètement les principes aux situations de fait. Dès le début, par exemple, elle énumère les comportements à choisir pour être « méthodique » et « obtenir des succès convenables »; il faut, dit-elle,

1° Se bien mettre à la portée des enfants;
2° Aller du simple au composé, du facile au difficile;
3° Appuyer beaucoup sur les éléments de chaque spécialité [matière à enseigner], n'aller en avant que lorsque les élèves possèdent ce qui précède, revenir fréquemment sur ce qui est le plus important ou le plus difficile, prescrire souvent des répétitions ou des récapitulations;
4° S'assurer que les enfants ont l'intelligence des mots dont ils se servent;
5° Expliquer les leçons et, autant que le comporte le développement intellectuel des élèves, les leur faire comprendre avant de les donner à étudier de mémoire;
6° Bien employer tout le temps consacré à chaque spécialité;
7° Vérifier, par soi-même ou par des moniteurs, tout devoir écrit, le faire corriger avec soin, comme aussi reprendre exactement les fautes que les élèves font en lisant ou en répondant;
8° Donner peu de principes à la fois, mais les bien expliquer et surtout en faire faire de nombreuses applications;
9° Parler beaucoup aux yeux des élèves, et autant que le comporte l'ordre de la classe, se servir du tableau noir, pour expliquer les leçons, donner des exemples, etc.;
10° Bien préparer chaque leçon;

---

[7] L.-P. Audet, *op. cit.*, I, pp. 71-72.

11° Ne rien placer d'incorrect sous les yeux des enfants, leur parler constamment raison, comme aussi s'exprimer toujours en bon français, avec netteté et précision ;
12° N'employer que des définitions exactes et des divisions bien faites [le texte donne en note les « caractères principaux » d'une bonne définition et d'une bonne division] ;
13° Compter beaucoup plus sur une règle suivie, un travail continu, que sur des efforts momentanés ;
14° Ne poursuivre que des résultats réellement avantageux pour les élèves ;
15° Tirer le plus grand parti possible d'un exercice, non-seulement pour la spécialité que l'on enseigne dans ce moment, mais encore pour les autres ; tenir, par exemple, à ce que les élèves s'appliquent à l'écriture tout en rédigeant leurs devoirs de français, ou encore ne fassent aucune faute d'orthographe en copiant leur modèle d'écriture, ou en transcrivant des problèmes, etc. ;
16° S'appliquer, autant que la spécialité le comporte, à faire réfléchir l'enfant, à leur faire observer les faits et à exercer toutes leurs facultés intellectuelles ;
17° Ne rien dire que de très-certain, surtout s'il s'agit de faits, de définitions ou de principes ;
18° Faire fréquemment usage de l'enseignement par demandes et par réponses, et se conformer aux règles qui seront exposées dans l'article III ci-après.[8]

Comme le laisse entendre cette dernière phrase, la *Conduite* reprend la plupart de ces conseils et les applique à des situations concrètes : « Des leçons de mémoire », « Des leçons de lecture », « De l'écriture », « De l'arithmétique », « Du dessin et de la géométrie », « Du catéchisme », etc. Une deuxième partie traite de façon plus élaborée « des moyens particuliers pour obtenir des élèves l'ordre et le travail ».

Même s'il ne saurait être question d'analyser tous les points forts de cette synthèse pédagogique, il faut souligner

---
[8] *Conduite...*, pp. 9-10.

certains aspects qui ont beaucoup influencé les écoles européennes et canadiennes.

— *La priorité de la langue maternelle*

Grande nouveauté au temps de Jean-Baptiste de La Salle, où les enfants apprenaient à lire dans le psautier latin, l'utilisation de la langue maternelle est devenue normale dans les petites écoles et n'a plus été remise en question. Elle peut poser certains problèmes quand les frères sont appelés à enseigner en dehors de la France. Elle entraîne surtout, chez les lasalliens, des règles précises sur l'usage et l'enseignement du latin.

Dès le départ, le fondateur défend à ses frères d'accéder au sacerdoce, ce que confirment les Règles: « Ils ne pourront être Prêtres, ni prétendre à l'état ecclésiastique, ni même chanter, ni porter le surplis, ni faire aucune fonction dans l'Eglise, sinon servir une messe basse ». Et pour qu'il n'y ait pas de glissement graduel vers les études théologiques (faites en latin) et la prêtrise, l'Institut se donne des règlements minutieux et sévères sur la langue latine:

> 1. Les Frères qui auront appris la langue latine, n'en feront aucun usage dès qu'ils seront entrés dans la Société, et ils s'y comporteront comme s'ils ne le [*sic*]savaient pas; ainsi il ne sera permis à aucun Frère d'enseigner la langue latine à qui que ce soit, soit dans la Maison, soit dehors.
> 2. Il ne sera pas permis aux Frères de lire aucun livre latin, ni de dire un seul mot de latin, sans une nécessité absolue et indispensable, et par ordre du Frère Directeur; comme, par exemple, lorsqu'il se présentera quelque occasion de parler à un étranger, qui ne saurait pas la langue vulgaire, et qui saurait la latine.
> 3. Il n'y aura, dans aucune des Maisons de l'Institut, aucun livre purement latin, sinon des livres d'office; il n'y en aura même aucun qui puisse servir à apprendre la langue latine;

et s'il y en a de latins traduits en langue vulgaire, où le latin soit d'un côté et le vulgaire de l'autre, il ne sera permis de les lire, excepté dans une lecture publique, qu'à ceux qui auront l'âge de trente ans, et en qui on ne remarquera aucune affection pour le latin; et ils n'y liront que le vulgaire.[9]

Cette insistance sur les détails les plus minimes manifeste bien l'importance qu'on attache à l'utilisation constante de la langue vulgaire et la peur qu'on a du latin et des espérances qu'il pourrait faire naître. Mais que de débats violents en perspective quand certains frères voudront ouvrir des collèges et y enseigner les langues classiques!

— *La méthode simultanée d'enseignement*

Jean-Baptiste de La Salle est aussi l'initiateur de la méthode simultanée d'enseignement, qui a créé une véritable révolution dans les petites écoles. Avant lui, en effet, n'existait que le mode individuel où «le maître [...] instruit ses élèves en donnant à chacun d'eux en particulier des leçons sur chacune des branches de l'enseignement». Efficace dans le cas d'une éducation particulière, cette méthode ne peut guère s'appliquer aux groupes le moindrement considérables: «elle a été bannie des écoles publiques, à cause de la perte de temps qu'elle occasionne».

Comme nous l'avons déjà vu, apparaît au XIXe siècle un mode mutuel où «le maître [...] divise ses élèves en un certain nombre de sections et leur fait donner les leçons par d'autres élèves plus instruits, appelés *moniteurs*, se bornant, en ce qui le concerne, à surveiller l'ordre général». Propagée en Europe et en Amérique par Lancaster et ses disciples, cette méthode prend

---

[9] *Règles et constitutions...*, p. 71.

racine au milieu de débats idéologiques et aboutit à un affrontement avec la méthode simultanée de Jean-Baptiste de La Salle.

Pour contrer la méthode « libérale » de Lancaster, les milieux catholiques misent sur le mode simultané qui a fait ses preuves depuis près de deux siècles et que les autres congrégations enseignantes adoptent et répandent partout. La *Conduite des écoles* la décrit ainsi : « Le maître qui réunit ses élèves de même force, en sections, et qui donne la leçon à une de ces sections, pendant que ceux des autres étudient, et réciproquement, suit le mode *simultané* ».[10] La clé de cette méthode est la division des élèves en groupes (classes, sections) de capacité semblable :

> Toute école tenue par les Frères des Ecoles chrétiennes est divisée au moins en deux classes : la première pour les élèves les plus avancés et la seconde pour les commençants ; la plupart le sont en trois et même en quatre, quelques-unes en cinq, d'où il résulte que les enfants de force et de capacité trop inégales ne se trouvent jamais ensemble dans la même classe, ni sous la direction du même maître, ce qui est un précieux avantage sous tous les rapports. Si, nonobstant cette classification, les élèves d'une même classe se trouvaient de forces inégales, on les diviserait encore en plusieurs sections pour qu'ils pussent concourir ensemble.

Admis comme élèves par le frère directeur ou son représentant, les enfants sont ensuite « examinés et classés suivant leur capacité et leur âge ». Il arrive parfois qu'en cours d'année, on descende ou monte un élève d'une section à une autre pour lui éviter de perdre du temps ou d'en faire perdre aux autres.[11]

A tout prendre, et au-delà des querelles idéologiques, bien peu de choses séparent les méthodes simultanée et mutuelle,

---

[10] *Conduite...*, pp. 10-11.
[11] *Ibid.*, p. 1.

sinon la philosophie de base et l'importance accordée au maître. Lancaster délègue aux élèves moniteurs les prérogatives du maître et celui-ci a parfois peu de rapports directs avec ses élèves. Jean-Baptiste de La Salle laisse toute la responsabilité de la classe au maître, qui peut demander la collaboration de sous-maîtres ou de moniteurs (qu'on appelle longtemps des répétiteurs). Le frère est toujours en contact direct avec tous les élèves et il a ainsi «les moyens de développer leurs facultés intellectuelles, d'étudier leurs caractères et leurs inclinations, et de former ainsi les cœurs à la vertu». Mais il y a encore moyen de rendre son enseignement plus efficace par une méthode mixte.

Très tôt, en effet, les frères s'aperçoivent que tout n'est pas mauvais dans le mode mutuel ou lancastérien et ils en empruntent les meilleurs éléments; c'est le mode simultané-mutuel ou mixte, que la *Conduite* décrit ainsi: «Le maître qui, ayant divisé sa classe en sections, comme il a été dit pour le mode simultané, donne la leçon alternativement à chaque division, mais qui, au lieu de faire seulement étudier les autres, leur fait donner des répétitions, ou même des leçons, par des moniteurs, suit le mode *simultané-mutuel* ou *mixte*». Cette méthode a l'avantage «d'occuper plus sûrement et plus utilement les élèves» et elle devient officielle dans l'Institut; après 1837, c'est elle que véhicule la *Conduite* «pour toutes les leçons qui en sont susceptibles».[12]

— *La discipline*

Pour être efficace, la méthode simultanée ou mixte exige un découpage strict du temps et des matières — c'est ce que fait la *Conduite* — et une discipline rigoureuse. Sinon, c'est le brouhaha et la pagaille. Voilà pourquoi le compendium

---
[12] *Ibid.*, p. 11.

pédagogique contient de nombreuses pages sur les « Moyens d'établir & de maintenir l'Ordre dans les Ecoles ». Tributaires des idées de leur temps, les premières éditions mettent un accent particulier sur les moyens extérieurs : « Il y a neuf choses principales qui peuvent contribuer à établir & maintenir l'Ordre dans les Ecoles. 1. La vigilance du Maître 2. Les signes. 3. Les Catalogues. 4. L'assiduité des Ecoliers & leur exactitude à venir à l'heure. 5. Le Règlement des jours de congés. 6. Les récompenses. 7. Les corrections. 8. L'établissement de plusieurs Officiers & leur fidélité à bien s'acquitter de leur devoir. 9. La structure, la qualité & l'uniformité des Ecoles & des Meubles qui y conviennent ». On ne s'étonnera pas d'y trouver un long chapitre sur les corrections qui, dans le système lasallien, doivent être rares et faites « d'une manière douce & ferme en même tems ».[13]

Dans la période que nous étudions, l'esprit est passablement changé : c'est l'émulation qui devient le premier « des moyens particuliers pour obtenir des élèves l'ordre et le travail » ; les punitions demeurent, mais on prend soin de préciser qu'« on entend par punitions, non point des peines afflictives, puisque l'usage en est absolument défendu et constitue un délit qui placerait le maître sous le coup de la loi, mais les autres moyens coercitifs ou répressifs, propres à porter l'élève à se corriger de ses défauts ». La doctrine et les conseils de Jean-Baptiste de La Salle sont repris et s'intègrent facilement à la nouvelle ambiance. De plus, on met un accent particulier sur des conseils — 23 moyens généraux ! — pour conserver l'ordre sans recourir aux punitions.[14]

Il faut faire une place toute spéciale au silence. Silence des enfants, d'abord : « ne pas laisser les enfants causer ou jouer

---
[13] *Conduite des écoles chrétiennes divisée en deux parties*, Avignon, Chastanier, 1720, pp. 115-179.
[14] *Conduite...*, 1870, pp. 100-114.

dans la classe en aucun temps, non pas même en des moments libres, et cela afin de les habituer à la respecter », mais plus encore silence du maître :

> Le silence consiste à ne parler que lorsque le devoir y oblige, à ne dire que ce qui est nécessaire et de la manière la plus convenable.
> Cet usage discret de la parole, si utile à la conservation de la santé du maître, lui est absolument indispensable pour obtenir l'ordre et les progrès.
> En effet, s'il parle beaucoup, les écoliers parlent de même. Ils font indiscrètement des questions et des réponses, ils s'ingèrent dans ce qui ne les regarde point, ils se justifient et veulent justifier les autres : ce n'est plus qu'un bourdonnement général dans la classe.
> Egalement tout succès devient impossible, car il est d'expérience que le maître qui parle beaucoup est peu écouté, et qu'on fait peu de cas de ce qu'il dit ; tandis que s'il parlait peu, bien et à propos, les élèves se rendraient attentifs à sa parole, en raison même qu'ils l'entendraient moins souvent, et dès lors, ils la retiendraient et profiteraient de ses leçons.

Les 14 règles qui suivent permettent de mettre en pratique, à chaque occasion, ce grand principe du silence. Par exemple, « pour donner au maître la faculté de parler peu dans la classe, on a établi un grand nombre de signes qui, dans beaucoup de circonstances, pourront remplacer la parole ». Il y en a un pour chacun des exercices et des actions qui se font ordinairement dans les écoles ; la plupart se font avec le « signal ». Tous les maîtres doivent se servir des mêmes signes que la *Conduite* décrit minutieusement. Inutile d'ajouter que le silence que la Règle exige des frères les aide à faire un usage discret de la parole en classe.[15]

L'émulation, qui prend de plus en plus d'importance dans la méthode lasallienne et que le fondateur avait traitée de

---
[15] *Ibid.*, pp. 147-148 ; *Règles et constitutions...*, pp. 54-56.

façon plutôt diffuse, est aussi très réglementée. Elle a des buts précis : « L'émulation a surtout pour objet d'exciter dans l'élève les sentiments qui sont de nature à le porter à l'accomplissement de ses devoirs ; les principaux avantages qu'elle procure sont de faire produire beaucoup en peu de temps et sans trop de fatigue, de rendre les punitions rares et de faire aimer la classe et le maître ». Pour éviter que « les enfants s'y habituent et finissent par n'en être que très-peu stimulés », il faut avoir tout un arsenal de moyens ; la *Conduite* en propose plus d'une douzaine : « les avancements de place, les compositions et les examens, les changements d'ordre ou de section, la formation de deux camps rivaux ou, encore, la division de la classe en différents groupes concourant entre eux, les conférences, les privilèges ou bons points, les billets hebdomadaires, les mentions honorables ou billets mensuels, les bureaux d'honneur, les croix d'honneur, l'inscription sur des tableaux placés en évidence, les récompenses, la distribution des prix ». Les directeurs et les maîtres n'ont donc que l'embarras du choix et ils peuvent même en établir d'autres qui leur paraîtraient plus efficaces, « pourvu qu'ils soient d'une facile application et n'entraînent dans aucun inconvénient ». Mais en évitant toujours à la fois « la prodigalité et la parcimonie ».[16]

— *L'éducation chrétienne*

Le but premier et ultime que poursuivent les frères, c'est d'initier avec soin leurs élèves à la vie chrétienne. Il faut rappeler une fois encore le texte des Règles : « La fin de cet Institut est de donner une éducation chrétienne aux enfants : et c'est pour ce sujet qu'on y tient les écoles, afin que les enfants y étant sous la conduite des maîtres depuis le matin jusqu'au soir, ces maîtres leur puissent apprendre à bien vivre, en les instruisant des

---

[16] *Conduite...*, pp. 78-100.

mystères de notre sainte Religion, en leur inspirant les maximes chrétiennes, et ainsi leur donner l'éducation qui leur convient ». Toute la pédagogie et la conduite des écoles sont donc orientées vers cet objectif.

L'horaire de la journée, par exemple, comprend un grand nombre d'exercices religieux : messe, prières du matin et du soir, chapelet, *Angelus*, prières aux heures et aux demies, chant de cantiques... Tout l'enseignement et même les classiques utilisés sont imprégnés d'une atmosphère religieuse. La lecture, par exemple. Le premier livre de lecture ou syllabaire fait une large part aux conseils moraux et aux devoirs envers Dieu ; le deuxième ou lectures courantes est un peu plus diversifié, mais une bonne moitié des textes portent sur des thèmes religieux comme l'histoire sainte et les « maximes principales du saint Evangile » ; le troisième est le *Traité des Devoirs du Chrétien envers Dieu*, qui est une explicitation du catéchisme et un manuel de théologie pour les laïcs, comme le souligne sa préface : « Chacun y trouvera les motifs de sa créance et de ses destinées futures solidement établis, et il verra par les exemples qui accompagnent l'explication des vérités de foi et des devoirs religieux que rien n'est impossible à celui qui veut, à celui qui correspond à la grâce, aux secours que Dieu donne à la bonne volonté ».

Mais, on ne s'en étonnera pas, c'est le catéchisme qui est le pivot de l'éducation chrétienne :

> C'est dans cette partie essentielle de l'instruction qu'un Frère zélé doit spécialement se montrer digne du saint emploi qu'il exerce. Le silence qui lui est imposé pendant la classe semble ne lui avoir été enjoint que pour donner plus de force à ses paroles pendant le catéchisme.
> Un Frère rempli de l'esprit de son état regardera toujours le catéchisme comme la plus noble de ses fonctions [...].
> Il pensera souvent que c'est là l'enseignement le plus essentiel ; que c'est à cause du bien que par lui nous pouvons faire aux âmes, que les autres spécialités ont été introduites dans nos

> classes, que nos écoles ont été fondées ou établies, que notre Congrégation a été instituée, que l'Eglise l'a approuvée et que les souverains Pontifes nous ont accordé les précieuses faveurs dont nous jouissons dans notre Institut.
> Il considérera aussi quel besoin ses élèves ont d'être instruits de notre sainte religion pendant qu'ils viennent à l'école, puisque, hélas! la presque généralité d'entre eux n'en entendront plus parler, une fois sortis des classes, et n'auront, pour moyen de persévérer dans le bien, que le souvenir des catéchismes qui leur ont été faits par les Frères chargés de leur éducation.

Le maître lasallien est donc un spécialiste du catéchisme qui n'a de cesse d'en approfondir la doctrine, de développer des méthodes d'enseignement adéquates et de faire aimer sa matière; la *Conduite* lui prescrit de faire une demi-heure de catéchisme par jour, sans compter les séances plus longues (« une heure et demie ») des dimanches et fêtes. Il doit enseigner le catéchisme du diocèse, même s'il peut faire usage des catéchismes explicatifs « pour donner à celui du diocèse tous les développements nécessaires ». Mais il ne doit jamais excéder sa compétence: membre de « l'Eglise enseignée » plutôt que de « l'Eglise enseignante », n'étant ni théologien ni directeur d'âmes, il ne doit ni disserter sur le dogme, ni trancher des cas de conscience, mais plutôt se faire l'écho des auteurs les plus solides: « Le maître ne dira rien, dans les catéchismes, dont il ne soit très-certain: réponses, interprétations, faits cités,... tout doit être pris dans des livres approuvés et authentiques; il ne décidera pas non plus le cas où un péché est mortel ou véniel; il lui suffira de dire: « C'est un grand péché, c'est une faute très-grave... »[17] L'humilité n'est-elle pas l'une des douze vertus principales d'un bon maître?

Mais, malgré son importance exceptionnelle, l'enseignement du catéchisme s'inscrit dans un programme d'études global bien structuré.

---
[17] *Ibid.*, pp. 60-67.

II — Le programme d'études

En plus d'une pédagogie bien adaptée à l'école populaire, saint Jean-Baptiste de La Salle fournit à ses disciples un programme d'études qui, si simple soit-il au début — lire, écrire, compter, apprendre sa religion —, n'en est pas moins révolutionnaire pour son époque. Bien plus, il s'enrichit tout au long des ans et de façon cohérente pour demeurer à l'avant-garde du progrès, « afin que les Ecoles chrétiennes [lisez: dirigées par les frères] ne soient en rien inférieures aux autres, et que les parents qui leur donneraient la préférence pour la morale et la religion, n'aient pas à regretter de n'y point trouver tous les avantages qu'ils pourraient désirer pour l'instruction de leurs enfants ». C'est ainsi qu'au XIXe siècle, les frères doivent donner, en plus de l'enseignement religieux toujours prioritaire, « les connaissances nécessaires aux usages de la vie, comme la lecture, l'écriture, l'orthographe et l'arithmétique », mais aussi « quelques notions d'histoire, de géographie et de dessin linéaire aux enfants qui seront assez avancés dans les autres branches de l'enseignement, *surtout si les autorités le demandent* ». Cette clausule, que nous avons soulignée, permet même des améliorations (et pourquoi pas ?), des programmes nouveaux selon les besoins et les demandes.[18]

— *La lecture*

Le programme comprend d'abord l'apprentissage de la lecture en langue vernaculaire, subdivisé en six ordres bien gradués :

1er ordre : étudier les lettres ;

---
[18] *Ibid.*, p. 8.

2ᵉ ordre : épeler, syllaber et lire des mots formés « d'une consonne suivie ou précédée d'une voyelle, ou d'une voyelle entre deux consonnes » ;

3ᵉ ordre : étudier les sons simples « autres que les voyelles, les consonnes composées et les diphtongues » ; épeler, syllaber et lire des « mots quelconques » ; — dans les classes de débutants, les élèves des trois premiers ordres utilisent des tableaux ou cartes d'alphabet où ils retrouvent les lettres, les syllabes ou les mots des leçons ; le tableau principal est fixé au mur, à la portée du maître ; les autres sont « des cartes portatives ou fixées dans les différents coins de la classe, afin d'occuper, sous la conduite des moniteurs, les ordres auxquels le maître ne donnerait pas actuellement la leçon » ; les élèves des 2ᵉ et 3ᵉ ordres possèdent en plus un syllabaire — ;

4ᵉ ordre : épeler, syllaber et lire dans un manuel de lectures courantes ;

5ᵉ ordre : lire dans les *Devoirs du chrétien* ;

6ᵉ ordre : lire le latin et les manuscrits ; on n'enseigne la lecture du latin qu'aux enfants « qui sauront suffisamment le français » ; pour celle des manuscrits, on se procure des « cahiers lithographiés et uniformes » qui présentent « plusieurs espèces d'écritures disposées en allant du facile au difficile ». Règle ordinaire, l'enseignement du latin et des manuscrits se rencontre dans les grand'classes.

Les élèves de même capacité se retrouvent dans le même ordre, étudient le même livre et suivent ensemble pendant tout le temps de la lecture. Et la *Conduite* de souligner : « Il ne faut jamais faire passer un élève à une leçon [ou un ordre] supérieure, qu'il ne sache bien la précédente ».

Les objectifs de cet apprentissage de la lecture sont d'obtenir des élèves :

1° Qu'ils prononcent bien toutes les syllabes et sans les répéter ;
2° Qu'ils conservent leur ton de voix ordinaire ; lisant assez haut pour être entendus de tous ceux qui suivent la même leçon, mais pas trop cependant, afin de ne pas déranger ceux des autres sections ;
3° Qu'ils ne chantent pas en lisant, et ne fassent aucun mouvement de la tête ou du corps ;
4° Qu'ils observent la ponctuation ;
5° Qu'ils fassent bien les liaisons, évitant néanmoins celles qui seraient dures ou affectées ;
6° Qu'ils lisent sentimentalement, mais sans emphase et simplement sur le ton de la conversation ;
7° Qu'ils s'exercent à comprendre ce qu'ils disent.

La *Conduite* insiste beaucoup sur ce dernier point « parce que c'est un puissant moyen de leur faire acquérir des idées ».[19]

— *L'écriture*

L'apprentissage de l'écriture débute lorsque les enfants « commencent à lire passablement dans le syllabaire », mais les écoliers « d'un certain âge » et ceux qui n'ont « que peu de temps à venir à l'école » s'y astreignent plus tôt.

Le programme général comprend quatre genres d'écriture : la cursive, la bâtarde, la ronde et la coulée, mais les frères doivent enseigner aux enfants « la plus usitée dans le pays ». La *Conduite* subdivise l'écriture en douze ordres :

1er. — 4 exercices.	—	Etude des lettres à jambage.
2°. —	—	Etude des lettres à rondeur.
3°. —	—	Etude des grandes lettres non bouclées.

---
[19] *Ibid.*, pp. 22-29.

4°.	— 6 exercices.	— Etude des lettres bouclées.
5°.	— Demi-grosse.	— Alphabet, mots et chiffres.
6°.	— Moyenne.	— Etude des majuscules.
7°.	— Fine.	— Phrases détachées.
8°.	— Expédiée.	— ,, ,,
9°.	— Ronde.	— Etude des lettres minuscules et majuscules.
10°.	— Bâtarde.	— ,, ,, ,, ,,
11°.	— Gothique.	— ,, ,, ,, ,,
12°.	— Ecrit. variées.	— Application des quatre genres d'écriture.

L'enseignement se fait par l'observation et l'imitation successives d'une « série de modèles bien faits et gradués » et par l'application, par le maître, d'une méthode éprouvée : « qu'il connaisse bien les principes de l'art, qu'il les explique au tableau, qu'il corrige avec constance et intelligence, soit les travaux exécutés, soit la tenue des élèves ». Car tout doit être enseigné et corrigé, aussi bien la position générale du corps et du papier que la « tenue de la plume » et la présentation des cahiers. De plus, souligne la *Conduite*, un bon maître « s'applique lui-même à avoir une belle écriture » et exige de ses écoliers « qu'ils s'appliquent aussi bien que possible, non seulement sur leur cahier d'écriture, mais aussi sur ceux d'orthographe, de devoirs écrits et de calcul ».

En définitive, l'objectif principal de cet apprentissage est d'amener les enfants « à avoir dans la suite une expéditive très-lisible, ferme et élégante ».[20]

— *Le français*

Une bonne lecture contribue déjà à l'apprentissage du français, si on fait « souvent épeler dans les classes inférieures »,

---

[20] *Ibid.*, pp. 29-41.

DES MAÎTRES COMPÉTENTS

mais on apprend la langue davantage par une série d'exercices faits « avec constance et intelligence ». Certains sont oraux : « 1. La récitation de la grammaire, avec explications et interrogations. 2. La conjugaison par propositions. 3. L'analyse grammaticale. 4. L'invention ». Les autres sont écrits : « 1. La copie de mots et le relevé, au net, des textes corrigés. 2. La conjugaison. 3. Les transformations de phrases et l'achèvement de mots donnés incomplets. 4. La dictée proprement dite ».

La leçon de grammaire, qui précède celle d'orthographe, consiste à faire « réciter les numéros de grammaire » et à s'assurer « par des questions variées, que les élèves les comprennent ; il [le maître] fait faire ensuite, autant que possible, au tableau noir, l'exercice oral placé avant la dictée dans le livre des *Exercices orthographiques* ». La même méthode s'applique, *mutatis mutandis*, à l'analyse grammaticale, à la conjugaison et à l'invention. Plus encore que pour les autres matières, il faut aller du facile au difficile — « Il faut n'aborder les exceptions à la règle que lorsque les enfants possèdent bien cette règle » — et il faut viser davantage la compréhension que la quantité : « L'important n'est pas que les élèves connaissent beaucoup de règles, mais qu'ils comprennent très-bien celles qui sont les plus utiles, et qu'ils en fassent de nombreuses applications ». De même faut-il « attacher le plus d'importance à ceux des exercices oraux qui, de leur nature, sont les plus propres à développer les facultés intellectuelles ».

La leçon d'orthographe qui suit immédiatement comprend ordinairement « la correction des devoirs écrits, la dictée du jour, l'explication des devoirs pour le lendemain et la vérification des corrections ». On met beaucoup d'accent sur la correction : « les élèves épellent à tour de rôle et chacun corrige à mesure les fautes qu'il a faites » ; le maître vérifie le travail par la suite. La dictée, qui est « l'exercice le plus ordinaire des leçons d'orthographe », doit éviter toute monotonie et parfois viser à l'utilité : ainsi, on peut, dans les grand'classes, « dicter aux élèves, des promesses, des quittances, des marchés d'ouvriers, et autres actes dont ils pourraient avoir besoin dans la suite, afin de leur apprendre la manière d'en faire de semblables ». Pour une efficacité plus grande, le maître fait son possible « pour que les enfants s'appliquent à l'orthographe non-seulement dans les dictées et les exercices qui les accompagnent, mais encore dans tout ce qu'ils auront à écrire : lettres, problèmes, pages d'écritures, etc. »

Le premier objectif de cet apprentissage de la langue est d'amener l'écolier à bien posséder la première partie de la grammaire et une bonne connaissance de l'orthographe, mais, une fois cette base acquise, on peut initier les plus avancés à la rédaction : « on peut leur donner pour devoirs à écrire des résumés, des lettres, de petites narrations ; en un mot, leur faire faire quelques exercices propres à développer leur imagination, former leur jugement, épurer leur goût et leur faire acquérir un style correct, naturel et même élégant ».[21]

— *L'arithmétique*

« A cause du peu de temps que les élèves peuvent y consacrer », l'apprentissage de l'arithmétique est très limité : le calcul et la résolution intelligente des problèmes. « La définition de chacune des opérations fondamentales, la table de multiplication, la nomenclature du système métrique sont presque tout ce qu'il faut faire apprendre de mémoire aux jeunes gens ; quant aux autres éléments, ils les apprendront par l'usage, la réflexion, et aussi par les explications du maître ».

Comme pour les autres matières, l'étude de l'arithmétique se divise en huit ordres, « dont cinq ont surtout pour objet

---

[21] *Ibid.*, pp. 42-48.

le mécanisme des quatre opérations fondamentales, et les autres, la numération des nombres décimaux, la résolution des problèmes sur les quatre premières règles, le système métrique et les opérations subséquentes ». Ceux qui peuvent atteindre le dernier ordre « étudieraient la théorie des proportions et résoudraient les problèmes des règles de trois, tantôt par la méthode d'égalité des rapports ou des proportions, tantôt par celle de l'unité ; ils passeraient ensuite aux opérations les plus avancées ».

Pour les leçons, le maître utilise, « selon que le demanderont l'objet à enseigner et l'ordre de la classe », les exercices suivants : « 1° le calcul à tour de rôle fait au tableau noir ; 2° le calcul à tour de rôle fait sur les cahiers ; 3° le calcul ordinaire fait en particulier par chaque élève ; 4° le calcul de mémoire ; 5° les démonstrations et la récitation des principes ; 6° le raisonnement des problèmes, leur mise en solution et leur résolution ; 7° la copie, au net, des problèmes vérifiés ».[22]

— L'histoire, la géographie et le dessin

Aux connaissances usuelles nécessaires comme le catéchisme (sur lequel nous ne revenons pas), la lecture, l'écriture, la langue et l'arithmétique s'ajoutent, au gré des ans, quelques matières plus « culturelles ». Leur acceptation ne se fait pas sans heurt — « les Frères, qui craignent jusqu'à l'ombre de la présomption et de l'orgueil, témoignent peu d'enthousiasme pour une extension de leurs programmes », souligne Rigault — et il faut tout le poids d'un comité spécial, formé en 1834, pour ébranler les conservateurs : « [Nous appuyant] sur l'exemple de M. de La Salle... qui, afin d'attirer les enfants dans ses écoles pour leur procurer l'instruction religieuse, voulût qu'on y

---

[22] *Ibid.*, pp. 49-56.

enseignât tout ce qu'on enseignait alors dans les [établissements] du même genre, et considérant que, vu les circonstances et le peu de zèle de la plupart des parents pour ce qui concerne la religion, il est nécessaire [que nous procurions à nos élèves] tous les avantages temporels qu'ils peuvent trouver ailleurs », nous déclarons qu'il faut « tolérer » l'enseignement de ces trois « spécialités » : le dessin linéaire, la géographie et l'histoire ». Ce premier pas fait, les nouvelles matières sont rapidement intégrées au programme et analysées dans la *Conduite des écoles*.[23]

On donnera donc « quelques notions » d'histoire sainte à partir des secondes classes et d'histoire du pays dans les grand'classes. La matière de la leçon peut être lue aux élèves dans un livre ou racontée par le maître, mais, dans l'un et l'autre cas, il faut « bien distinguer ce qu'ils doivent apprendre par cœur d'avec ce dont ils devront seulement reproduire le sens » ; il faut également « exercer les élèves à montrer, sur les cartes géographiques, les lieux où se sont passés les faits objets de la leçon ».

L'enseignement de la géographie comprend « la démonstration sur la carte, la lecture des textes avec interrogations, les indications topographiques sans le secours des cartes, l'orientation, la confection des cartes lorsque les élèves sont très-avancés et que l'on a suffisamment de temps à leur donner ». Dans ce dernier cas, qui ne concerne que quelques élèves, le maître « ne les autoriserait à les emporter chez leurs parents qu'autant qu'elles seraient exactes, propres, tracées avec assurance et délicatesse, et que les indications et les titres seraient très-bien écrits ».

Le dessin enseigné dans les écoles des frères comprend surtout le tracé géométrique et les projections ; les élèves l'apprennent par observation et reproduction de modèles expliqués par

---

[23] Rigault, *op. cit.*, pp. 137-139.

le maître. La *Conduite* conseille fortement d'exercer les écoliers « à faire, à main levée, le croquis des principaux objets qui sont sous leurs yeux, tels que tables, bureaux, croisées, portes... ; c'est là, pour les ouvriers, un travail réellement avantageux ». De même pour le dessin d'ornement selon la méthode des cahiers modèles : « l'élève aurait d'abord en entier la figure qu'il doit copier, puis cette figure esquissée suffisamment sur son cahier, pour que la reproduction en soit facile ; viendrait ensuite une esquisse plus légère encore... et, pour travail, il aurait toujours à reproduire le modèle, en s'aidant des ébauches qui lui seraient données et qu'on rendrait de moins en moins complètes ».

Enfin, on étudie la géométrie en même temps que le dessin : « il faut, dans cette spécialité, ne pas tenir trop longtemps les élèves aux démonstrations, mais les exercer beaucoup aux problèmes, soit graphiques, soit numériques ».[24]

Fruit des réflexions d'un pédagogue génial et des expériences variées d'enseignement, ce programme s'adresse avant tout aux innombrables enfants qui ne demandent à l'école que les connaissances nécessaires pour réussir dans la vie. Mais il n'est pas statique ou fermé sur lui-même et il permet tout autant l'addition de matières nouvelles — les rudiments d'une seconde langue ou la musique, par exemple — que sa transformation en un programme d'enseignement spécial (commercial, entre autres) ou d'un niveau plus élevé. De plus, on l'aura sans doute remarqué, au contraire de l'enseignement mutuel qui veut faire l'économie des manuels classiques, le mode simultané ou mixte des Frères des Ecoles chrétiennes utilise beaucoup les livres comme instruments d'apprentissage et d'enseignement. C'est ce qui explique cette production massive de manuels lasalliens dans les disciplines les plus diverses.

---

[24] *Conduite...*, pp. 56-60.

III — Les manuels classiques

En prescrivant de suivre à la lettre « la méthode qui leur est prescrite et qui est universellement pratiquée dans l'Institut », les Règles mêmes incitent tout naturellement à produire des manuels pour les différentes matières, car comment assurer l'uniformité requise sans les mêmes livres de base ? Aussi, dès que les progrès de l'imprimerie le permettent, circulent dans toutes les écoles lasalliennes des classiques rédigés par les meilleurs pédagogues de l'Institut qui font ainsi profiter leurs confrères de leurs talents et de leurs expériences. Tels sont, entre autres, l'*Abrégé des principes de la grammaire française, à l'usage des écoles chrétiennes* et le *Traité d'arithmétique à l'usage des pensionnaires et des écoliers des Frères des Ecoles chrétiennes* publiés peu de temps avant la Révolution française.

C'est cependant sous l'impulsion des frères Anaclet et Philippe que la production des classiques prend, au XIXe siècle, son extension la plus considérable. Ils partent de ce qui existe déjà et qui est considérable ; les frères de Rouen en font une bonne description quand ils répondent, en 1832, à un comité qui leur reproche de placer entre les mains des écoliers des livres « exclusivement consacrés aux matières religieuses » : « A la réserve de l'Evangile, du Catéchisme, d'un livre d'offices et des *Devoirs du chrétien* », aucun volume ne rentre dans la catégorie des textes spécifiquement religieux : « c'est une grammaire, un exercice d'orthographe, une arithmétique avec le toisé, une géographie, un cours de dessin linéaire, enfin, depuis peu, un extrait de l'histoire universelle, autographié, pour former à la lecture des manuscrits ». Mais les pédagogues veulent rajeunir la présentation et le contenu et ils publient des « petits volumes accessibles aux jeunes esprits, bien faits pour aider le raisonnement et la mémoire, et qui tiennent compte des changements survenus dans les formes extérieures de l'éducation ou dans les données de l'enseignement ». En 1833 paraissent un *Nouveau traité d'Arithmétique*, un *Abrégé de Géographie* et un *Abrégé de Géométrie pratique, appliquée au dessin linéaire* ; en 1836, une *Civilité chrétienne, revue et corrigée* et une *Histoire de France, précédée de l'Histoire sainte et suivie de notions sur les anciens et les nouveaux peuples*. Les ouvrages, qui deviendront célèbres, sont publiés sous les initiales L. C. [Louis Constantin (frère Anaclet)] et F. P. [Frère Philippe]. Commentaires de Rigault : « Chez l'un et l'autre, une claire intelligence, un remarquable sens de la mesure, une vaste expérience de l'école ordonnent les rapports d'un long et fructueux travail. Le Supérieur général [Anaclet] s'est plus spécialement consacré aux sciences ; on lui doit même un appareil de cosmographie qui, en son honneur, s'appelle la *Constantine*. Quant au Frère Assistant [qui deviendra lui aussi supérieur général], c'est le maître capable de rédiger, à lui seul, un manuel, aussi bien que d'assembler et diriger ces équipes de professeurs dont les pages anonymes, souvent remaniées, ne cesseront — durant plus d'un demi-siècle — de s'adapter à l'âge et au degré de culture des élèves, de se tenir au courant des progrès de l'instruction ».[25]

Au niveau local et conformément aux Règles, un frère est chargé de distribuer « les livres, papiers, plumes, etc. à l'usage des Ecoliers [...] sans exiger d'eux quoi que ce soit pour cela ». Mais la coutume s'établit de vendre les livres et les autres effets d'école au prix courant, tout en continuant à les donner gratuitement aux pauvres. Le Régime l'entérine et, en 1787, « pour conserver l'uniformité », le Chapitre général accepte de « tolérer encore dans l'Institut la distribution des effets d'école, pour les procurer aux enfants, meilleurs et à meilleur marché » ; il assortit cependant sa permission de règles précises :

> Mais, pour parer aux abus, le Frère supérieur, conjointement avec son Conseil, déterminera le prix de chacun de ces effets, et on ne pourra le passer. C'est pourquoi il y aura dans chaque maison un livre destiné à la comptabilité des effets classiques ; on y inscrira les livres, papiers, plumes et autres objets qu'on

---
[25] Rigault, *op. cit.*, V, pp. 135-137.

procurera aux écoliers ; on y marquera le prix d'achat, celui d'emballage, de voiture, les ports de lettres et autres frais, s'il y en a ; et le prix auquel on délivrera chacun des dits effets. Sur le même cahier, on écrira les dépenses qui seront faites pour les écoles, soit en récompenses données aux écoliers, soit en livres distribués aux pauvres, ce qui ne doit pas être porté sur le livre de la dépense de la maison. S'il survient quelque difficulté à ce sujet, elle sera exposée au Frère Supérieur, pour la décider.

Les Visiteurs mettront leur *vu* sur le cahier, et informeront tous les ans le Frère Supérieur si on est exact à ne pas passer le prix fixé.[26]

Mais, notons-le bien, chez les Frères des Ecoles chrétiennes, la publication des manuels et autres imprimés est strictement contrôlée, comme le rappellent les Chapitres généraux. Celui de 1844, par exemple :

> X. Aucun Directeur ne doit faire imprimer ni brochures, ni feuilles détachées, ni têtes de lettres, ni billets de contentement, etc., et surtout ne rien faire insérer dans les feuilles publiques, sans la permission du très cher Frère Supérieur. Le modèle de la liste des prix et celui des lettres d'invitation, si on les fait imprimer, doivent également lui être soumis.

Ou celui de 1849 encore plus explicite :

> VI. La Commission a reconnu qu'il est tout à fait contraire au bon ordre et à l'obéissance de faire imprimer des ouvrages sans autorisation préalable ; en conséquence, elle recommande fortement l'exécution du XIe [= X^e] arrêté de 1844, et renouvelle pour cela la défense de faire imprimer quoi que ce soit sans une permission spéciale du très cher Frère Supérieur.

Le Chapitre de 1874 renouvelle les mises en garde et précise les sanctions :

---

[26] *Chapitres généraux de l'Institut des Frères des Ecoles chrétiennes — Historique et décisions*, Paris, Maison-Mère, 1902, pp. 45-46.

> À cette occasion [on vient de parler des manuels classiques], le Chapitre croit devoir rappeler l'arrêté X de l'Assemblée Générale de 1844, et IV [= VI] de celle de 1849, qui interdisent à tous les Frères de notre Institut de publier, faire publier ou mettre en circulation quelque ouvrage particulier, sans une permission écrite du Régime. Toute contravention sur ce point est toujours une faute plus ou moins grave, blessant à la fois l'obéissance et la pauvreté religieuse; c'est un cas dont l'appréciation et la répression sont réservées au Frère Supérieur Général de l'Institut.

C'est d'ailleurs le même Chapitre qui apporte les éclaircissements les plus précis sur l'uniformité des livres classiques et l'obligation d'adopter les manuels de l'Institut :

> II. Le Chapitre, voulant remédier à quelques abus qui lui ont été signalés, et désirant assurer aux maîtres et aux élèves de nos écoles les précieux avantages qui résultent de l'uniformité des livres classiques employés parmi nous;
> Considérant que cette uniformité a toujours été fortement recommandée dans l'Institut, et que l'obligation de la maintenir résulte des dispositions du chapitre VII, art. 9, de nos Règles, combinées avec le XXe arrêté du Chapitre Général de 1787, et les mesures prises par le Comité de 1834, pour l'enseignement de quelques spécialités :
> Arrête :
> 1° On n'emploiera dans nos écoles élémentaires que les livres édités par notre Institut, à moins que dans certaines localités, et pour des motifs graves, on n'obtienne une permission écrite du très honoré Frère Supérieur Général, pour introduire tel ou tel ouvrage déterminé.
> 2° Dans les écoles où l'enseignement des matières facultatives est nécessaire et autorisé par le Régime, on emploiera de préférence les livres classiques déjà édités par notre Institut, pour les cours auxquels ils suffisent. Il en sera de même, à mesure qu'ils seront publiés, pour les ouvrages nouveaux dont la rédaction sera confiée aux diverses commissions nommées, à cet effet, par le très honoré Frère Supérieur Général.[27]

---
[27] *Ibid.*, pp. 83, 89, 132-133.

Mais déjà à ce moment les frères d'Amérique ont connu les difficultés de se conformer à la politique générale de l'Institut.

IV — L'école lasallienne au Canada

Ce sont cette pédagogie novatrice et ces moyens d'enseignement éprouvés que les premiers Frères des Ecoles chrétiennes apportent avec eux en 1837 et qu'ils font connaître dans une grande partie de l'Amérique du Nord. L'impact de ces nouveautés est d'autant plus fort que les disciples de Jean-Baptiste de La Salle traversent l'Atlantique au moment même où l'Institut renouvelle sa pédagogie et sa *Conduite des écoles* et rajeunit ses programmes et ses manuels classiques et que, d'autre part, ils arrivent dans un pays, le Canada, qui prend de plus en plus conscience de l'état lamentable de l'instruction élémentaire et qui veut mettre sur pied un réseau d'écoles publiques. Ces spécialistes des petites écoles ne pouvaient demander une meilleure conjoncture pour «vendre» leur compétence et influencer toute l'organisation scolaire, particulièrement au Québec.[28]

L'école qu'ils implantent exige d'abord des locaux bien aménagés et hygiéniques, où «les maîtres et les écoliers puissent facilement s'y acquitter de leurs devoirs»; le *Prospectus Pour Un Etablissement de Frères des Ecoles chrétiennes* précise qu'il faut «des classes contiguës à double courant d'air, et bien éclairées».

---

[28] «Au lendemain de l'Union, la situation scolaire dans le Bas-Canada est catastrophique. [...] Ainsi, sous l'Union, les bases du système scolaire québécois sont jetées, mais malgré d'impressionnants progrès accomplis, il reste beaucoup de lacunes à combler et de déficiences à corriger» (Paul-André Linteau et al., *Histoire du Québec contemporain*, I: *De la Confédération à la crise*, Montréal, Boréal Express, [1979], pp. 239-240). Voir aussi: Audet, *op. cit.*, II, pp. 1-165.

DES MAÎTRES COMPÉTENTS

Autant que possible, celles-ci doivent respecter les plans précis suggérés dans la *Conduite* quant aux dimensions, à l'orientation et aux conditions hygiéniques («Il faut que les classes aient un beau jour et un bon air»). Si ces exigences sont plus faciles à faire respecter quand il s'agit d'une construction nouvelle, il faut très souvent accepter certains accommodements et se satisfaire de ce qui existe en demandant certaines améliorations; les frères, par exemple, tiennent beaucoup à ce que les classes ne soient séparées «que par des cloisons et des portes vitrées; au moins faut-il que la porte de communication soit vitrée, et que l'on ménage des ouvertures dans les murs ou cloisons de séparation, afin que les maîtres puissent se voir facilement de leurs places». Doivent aussi être conformes aux normes lasalliennes la tribune du maître, les tables, bureaux et pupitres, les tableaux et l'ornementation générale (crucifix, images pieuses, portrait de Jean-Baptiste de La Salle, les fameuses six sentences[29]...). Mêmes les cabinets et latrines sont minutieusement décrits dans la *Conduite*.[30]

Pour la période qui nous occupe, l'école Saint-Laurent de Montréal se révèle le modèle par excellence d'une institution lasallienne. Construite précisément dans ce but et selon les exigences des frères, elle illustre déjà les progrès suscités par l'arrivée de la communauté et elle permet surtout l'application stricte des méthodes lasalliennes. Ce n'est pas pour rien qu'on

---

[29] «Dans chaque classe, il y aura six sentences qui serviront au maître pour faire connaître aux écoliers leurs principaux devoirs et pour les leur rappeler, par un seul signe, lorsqu'ils y manqueront. Ces six sentences seront exprimées dans les termes suivants: 1° Il faut s'appliquer dans l'école à étudier sa leçon. 2° Il faut toujours écrire sans perdre son temps. 3° Il ne faut ni s'absenter de l'école, ni y venir tard sans permission. 4° Il faut écouter attentivement le catéchisme. 5° Il faut prier Dieu avec piété dans l'église et dans l'école. 6° Il faut faire attention aux signes.» (*Conduite...*, pp. 117-118).

[30] *Ibid.*, pp. 142-144.

la fait visiter par les personnages de marque qui passent par Montréal. Inutile de dire que, sans être une exception, cette construction exemplaire ne se retrouve pas dans toutes les localités où s'installent les frères. Règle ordinaire, ils doivent se contenter de locaux qu'on réaménage pour les rendre plus ou moins conformes à leur modèle ; la plupart sont acceptables. Dans quelques cas, cependant, les frères enseignent dans des classes qui ressemblent davantage à des taudis qu'à une école ; le meilleur exemple en est l'école Saint-Joseph à Montréal.

Mais, dans tous les cas, l'école et les classes sont des endroits quasi sacrés qui exigent silence et respect. On y entre et on s'y tient presque comme dans une église :

> [Les élèves] qui arriveront avant l'ouverture de l'école attendront à la porte, rangés en haie et dans un grand ordre, sous la surveillance d'un élève désigné à cet effet. En entrant dans la classe, les écoliers doivent marcher posément et l'un derrière l'autre, prendre de l'eau bénite, faire le signe de la croix, saluer le crucifix, l'image de la très-sainte Vierge et le maître s'il est présent, ensuite aller à leur place. Pendant tout le temps qui précède le commencement de la classe, les élèves garderont un profond silence, s'occupant à étudier, à réciter ou à écrire, suivant qu'il est prescrit dans le règlement.

Même componction chez les maîtres qui font des gestes identiques en entrant et qui, « en attendant la prière du commencement de la classe », veillent « sur tout ce qui se passera, afin de maintenir le bon ordre ». Puis, « le maître étant arrivé à sa place, ne la quittera pas sans une grande nécessité ; il s'y tiendra d'une manière grave et modeste, évitant tout ce qui ressentirait la légèreté, comme serait de rire ou de faire quelque chose qui pût y exciter les écoliers ». Quant à ceux-ci, ils « se tiennent ordinairement debout durant la récitation ; pendant les leçons de lecture, ils sont assis et un peu tournés du côté du maître ; ils doivent tenir leur livre avec les deux mains et l'appuyer légèrement sur le bord de la table ; avoir le corps droit, les pieds rangés, et ne pas balancer la tête en lisant ».[31] De vraies images, quoi !

Il est malheureusement impossible de savoir avec précision comment les écoliers se conforment à ce modèle idéal. Cependant, tous les témoignages concordent pour assurer que l'arrivée des frères améliore beaucoup le comportement des enfants. Témoins, ces propos de l'inspecteur F.-X. Valade en 1854 :

> Le maintien sage et réglé de ces enfants de la ville et des faubourgs, leur attitude modeste, le bon ordre qu'ils observent à la sortie des classes, les tâches qu'ils remplissent à la maison, leur assiduité à l'école, l'attachement, l'affection même qu'ils portent à leurs maîtres, les talents qu'ils déploient et les succès dont ils sont couronnés, parlent éloquemment en faveur des frères des écoles chrétiennes et proclament combien Montréal doit s'estimer heureux de voir sa jeunesse studieuse, morale, et promettre un bel avenir.
> Si l'on se rappelle un souvenir du passé, on voit, avant l'époque de l'institution des frères à Montréal, la cité, les faubourgs, les places publiques, les rives du fleuve encombrées d'enfants, de jeunes gens, puisant dans l'oisiveté les leçons de la démoralisation ; puis, par une étrange transition, ces mêmes lieux, naguère si fréquentés, bientôt déserts et la foule compacte de la jeunesse réunie en masse dans de nombreuses maisons d'écoles dirigées par les vénérables frères.[32]

Témoignage semblable pour Québec :

> Mais le plus beau résultat, [...] c'est leur bonne tenue, leur décence, leur propreté ; c'est la réforme qui s'est opérée tout à coup dans les faubourgs auxquels ils appartiennent pour la

---

[31] *Ibid.*, pp. 5-8.
[32] Cité dans J.-C. Caisse, *L'Institut des Frères des Ecoles chrétiennes, Son origine, son but et ses œuvres*, Montréal, Chapleau, 1883, pp. 101-102.

plupart, et dans lesquels, au lieu de ces longues files d'enfants proprement vêtus, disciplinés comme des soldats, et marchant en silence, on ne rencontrait autrefois que des attroupements de gamins en haillons qui jouaient bruyamment ou se battaient ou obstruaient les rues.

De même, à Trois-Rivières, « il n'y a pas encore trois mois que l'école est ouverte et déjà on ne reconnaît plus les enfans, tant ils sont changés : ils sont devenus pacifiques, pieux, amateurs de l'étude ». Le succès est encore plus grand à Ottawa, comme on l'a vu plus haut. Ailleurs, ce sont les rapports des inspecteurs d'écoles qui répètent à l'envi : « L'ordre est très bon ».[33]

Mais il ne faut pas oublier non plus que certains frères ne réussissent pas à contrôler l'exubérance des jeunes frimousses. Il arrive souvent que des nouveaux maîtres, frais émoulus du noviciat, ne parviennent pas à mettre en application les règles pédagogiques de la *Conduite* ou à imposer leur discipline ; dans la plupart des cas, ils quittent rapidement l'Institut (ils n'ont ordinairement pas prononcé de voeux), même en cours d'année, ou tout au moins sont-ils déplacés dans une autre institution. Même les frères les plus expérimentés ne sont pas à l'abri des sautes d'humeur et de l'indiscipline des écoliers : à Beauharnois, le frère Adelbertus, qui n'est pas un manchot et qui dirige la communauté tout en enseignant dans la grand'classe, doit affronter des élèves « fortement indisposés » contre lui ; seule sa longue expérience lui permet de terminer l'année. Règle générale, c'est l'intervention du directeur (quand il n'est pas en cause) et le remplacement des frères impliqués qui permettent de corriger la situation. Sauf, évidemment, quand c'est tout le climat de l'école ou de la communauté qui est contaminé. Comme à Saint-Sauveur, par exemple, en 1874-1875. Nous l'avons déjà signalé, huit frères sur dix sortent de communauté en un an :

---

[33] *Historique de la Communauté de Québec*, AFECQ, *Les Glacis*, B-7 ; Thomas Cooke au Frère Supérieur, 21 déc. 1844, AFECR, 436 ; témoignages des inspecteurs dans Caisse, *op. cit.*, pp. 61-82.

d'abord, trois qui n'ont pas renouvelé leurs voeux et qui quittent dès le début de l'année, leurs remplaçants qui tombent malades ou ne réussissent pas (on doit même, à quelques occasions, confier une classe à un élève), un frère « qui passa l'année à fabriquer des chapelets en classe » et finalement le directeur lui-même qui entretient des relations équivoques avec deux « cousines », obtient une dispense de ses voeux et, dit un historique, « consomme son apostasie au scandale de toute la paroisse ». Le Frère Armin-Victor fulmine, mais n'en convient pas moins que « la paroisse [...] est restée groupée autour des Frères ». Cette réaction est la meilleure preuve de la considération que se sont gagnée les Frères des Ecoles chrétiennes, malgré de rares cas de faiblesse humaine ou d'insuccès. »[34]

Un de ceux-là entraîne un procès que les frères perdent. La version du chroniqueur Herménégilde se lit ainsi :

> Dans la matinée de ce jour [6 novembre 1878], le frère Severus-Hector (Napoléon Millette) [Severinus-Hector, 1857-1880], chargé de la petite classe de St-Jacques, punit un de ses élèves nommé Alfred Labelle, âgé de neuf ans en lui infligeant deux ou trois coups de baguette sur la jambe afin de l'obliger à tendre la main qu'il frappe aussi de deux ou trois autres coups avec la même baguette. Le lendemain soir l'enfant se plaint d'un grand mal de reins et de coeur. Le Médecin est appelé et questionne l'enfant qui dit n'avoir pas reçu de coups. Le Docteur s'étant retiré sans pouvoir constater la nature de la maladie, la mère alors interroge l'enfant qui avoue avoir été battu par le frère de la petite classe. Il meurt le Dimanche suivant vers midi. Le Coroner J. Jones qui en est informé ordonne une enquête, et l'autopsie qu'elle prescrit a lieu le lundi 11 Novembre. Les Docteurs J. P. Rollos et N. Fafard en sont chargés et leur verdict est « Alfred Labelle est mort d'une complication de fièvre typhoïde et de variole ».

---

[34] Frère Victorian-Peter, *L'historique de la communauté St-Sauveur, 1874 & 75*, AFECQ, *Saint-Sauveur*, A-5 ; Frère Armin-Victor, *Rapport sur le District de Montréal...*, 30 nov. 1875, AFECR, 411, 6-13.

Le père de l'enfant attaque d'abord les frères en dommages pour la somme de 1 000 $, mais ils refusent de répondre à la sommation de l'avocat du plaignant. Quelques jours plus tard, Pierre-C. Labelle poursuit le frère Severinus-Hector en cour criminelle. Le 16 novembre, « deux élèves de la petite classe témoignent contre leur maître ». Les plaidoyers ont lieu le lendemain et le juge J.-A. Dugas prononce la sentence le 21 novembre : condamnation à 5 $ d'amende et aux frais de la cour.[35] Ce cas, qui nous semble unique pendant la période que nous étudions, montre bien à la fois le manque de contrôle de certains frères et la justesse des Règles de l'Institut qui défendent d'employer les châtiments corporels « tels que seraient des coups donnés avec la main, le pied, la baguette, le signal ou tout autre objet ».[36]

Outre la discipline, bien des aspects contribuent à la popularité de l'école lasallienne au Canada. Il y a d'abord les services qu'elle rend à la population. Les pensionnats, par exemple. Le prototype en a été l'établissement de Saint-Yon à Rouen, mais leur multiplication en a fait le plus beau fleuron de l'Institut en Europe et particulièrement en France où ils sont devenus les compléments et les prolongements des écoles élémentaires. La loi scolaire de 1833 en France leur donne un nouvel élan et c'est dans leurs murs, assure Rigault, que « la plus complète extension des programmes scientifiques et littéraires [...], la préparation des maîtres, les sollicitations des familles, l'influence dévolue aux milieux industriels et commerciaux, la propagande exercée sur l'opinion publique conduiront à imaginer — ou à réinventer — un enseignement secondaire spécial ». Leur qualité même oblige à en restreindre le nombre : Béziers, Toulouse, Lyon, Thonon, La Motte-

---

[35] Frère Herménégilde, *Institut des Frères des Ecoles Chrétiennes. District de Montréal. Canada*, AFECR, 432a, 12.
[36] *Règles et constitutions...*, p. 21.

Servolet, Nantes... et l'incomparable Passy à Paris. Rien de semblable encore au Canada, assure le frère Facile :

> Les pensionnats au Canada ne ressemblent en rien à nos pensionnats de France [...], ils consistent à faire coucher seulement les enfants dans la maison et à les surveiller pendant les heures d'étude, ils vont prendre leurs repas dans le village aux heures qui leur sont indiquées.

Il explique qu'il « en faudrait dans presque toutes les localités », car, dit-il,

> Les paroisses étant très grandes et les maisons très éloignées les unes des autres souvent de 4 à 5 lieues, il serait impossible que ces enfants vinssent tous les matins et s'en allassent le soir. Pour obvier à cet inconvénient, les communes font bâtir des locaux assez grands pour avoir un grand dortoir à la maison d'école, où leurs enfants puissent coucher, ils leur apportent ensuite à manger chez leurs amis ou parents. Les frères n'ont aucune charge pour ces enfants qui suivent la classe ordinaire et rien de plus, un frère seul est chargé de veiller sur leur conduite et on place les appartements où se trouvent ces enfants assez près de la chambre des exercices pour que le Directeur puisse surveiller les élèves et le frère.

Les pensionnaires paient le chauffage et l'éclairage et « fournissent tout ce qui concerne le lit et le linge, en un mot les frères n'ont rien à faire ».[37] Dans certaines maisons, cependant, l'amélioration des programmes attire une clientèle des paroisses voisines.

Comme nous l'avons vu en racontant la fondation des diverses maisons, entre 1837 et 1880 les Frères des Ecoles chrétiennes ouvrent plus de 15 pensionnats au Canada. Aucun, pensons-nous, ne peut prétendre encore au titre de « grand pen-

---

[37] Rigault, *op. cit.*, V, p. 257 ; Frère Facile, *Un mot touchant les Pensionnats au Canada* [...], s.d., AFECR, 432b, 11.

sionnat ». Trois-Rivières, L'Islet, Sainte-Marie de Beauce et quelques autres dépassent sans doute le niveau décrit par le frère Facile, mais pas assez pour prendre le titre si convoité en France. Même avec leur programme enrichi, Lévis et Halifax ne durent pas assez longtemps pour s'affirmer. L'Académie commerciale de Québec brille par son enseignement que développe avec opiniâtreté le frère Aphraates, mais l'organisation matérielle n'est pas encore à la hauteur. L'Académie de l'évêché à Montréal propose un programme intéressant, sans réussir à s'affirmer suffisamment pour distancer l'école laïque du Plateau. A Toronto, sous l'impulsion du frère Arnold of Jesus, le De La Salle Institute devient un établissement prestigieux, mais il se débat dans des difficultés financières qui freinent son élan. Ces collèges ou académies, s'ils sont plus que des « petits pensionnaires », n'ont pas encore atteint le calibre d'un Passy ou d'un Béziers.

Comme autre service, les établissements lasalliens offrent des activités appelées aujourd'hui para-scolaires. Peu nombreuses encore, elles attachent les enfants à leur école et à leurs maîtres et permettent des manifestations qui mettent à l'avant-scène les institutions des frères. Saynètes et déclamations agrémentent les soirées de fêtes et les distributions de prix. Les chorales contribuent à solenniser des cérémonies liturgiques. Plusieurs écoles possèdent une fanfare (qu'on appelle une « bande » à l'époque) invitée aux défilés et aux événements extraordinaires. Le De La Salle Institute de Toronto semble le seul à avoir un orchestre. La musique instrumentale et vocale fait d'ailleurs partie du programme de certaines écoles, mais, pour la plupart, c'est une activité para-scolaire. Des associations pieuses, comme la congrégation Saint-Michel, jouent un rôle semblable. Quant aux sports, nous n'en avons pas trouvé de mention pour la période étudiée.

Il y a donc un effort évident pour dépasser les cadres restreints des exigences des programmes, mais ceux-ci n'en sont pas moins la pierre angulaire de toute école lasallienne. Même si d'autres institutions et particulièrement les réseaux publics d'enseignement améliorent considérablement le contenu de leurs programmes, les frères s'efforcent toujours de les devancer et de demeurer ainsi des leaders incontestés. C'est vrai déjà pour l'élémentaire, leur spécialité de toujours. Dans les campagnes, un peu moins dans les villes (où il y a quand même des instituteurs laïques d'une certaine qualité), dès les premières années le programme lasallien tranche par son riche contenu, la graduation de toutes ses parties et la formule pédagogique qu'il suppose. Et quand les pouvoirs publics imposent un contenu bien proche de celui de leur programme, non seulement les frères s'y adaptent facilement, car ils enseignent déjà les matières exigées, mais ils sont encore capables d'y ajouter des éléments de leur cru. C'est particulièrement vrai dans les écoles modèles qui « offrent un enseignement primaire plus complet ». Depuis 1846, on doit y enseigner « outre la lecture et l'écriture, la grammaire française et la grammaire anglaise par principe et d'une manière analytique, la géographie et les rudiments de l'histoire, ceux de l'art épistolaire, l'arithmétique dans toutes ses parties, le dessin linéaire et la tenue des livres en parties doubles ». Le surintendant de l'Instruction publique recommande aussi d'exercer les enfants « au dessin, au tracement des routes, au calcul, à l'orthographe, à l'analyse grammaticale et logique et à la construction des phrases » et même à l'art épistolaire, à la tenue des livres, à l'agriculture et à l'horticulture » ! Mais quand, en 1855, le Dr Meilleur suggère d'y ajouter l'enseignement de la géométrie, de la trigonométrie, du dessin linéaire et du mesurage, n'étend-il pas à l'ensemble du réseau public ce qui se fait dans plusieurs écoles lasalliennes ?[38]

Mais, tout le monde le reconnaît, le plus grand apport des Frères des Ecoles chrétiennes se situe au niveau des académies ou collèges, où ils implantent un nouvel enseignement pratique.

---
[38] Louis-Philippe Audet, *op. cit.*, II, pp. 126-127.

Sans doute les matières commerciales y sont-elles privilégiées — d'où le nom très répandu de cours commercial —, mais on y retrouve aussi l'enseignement d'une langue seconde, des sciences, des techniques (mesurage, arpentage...) et parfois de la musique. Les exemples sont nombreux. Mettons dans une catégorie à part le De La Salle Institute de Toronto qui offre un cours d'humanités et un cours commercial. Contentons-nous de rappeler les efforts, couronnés de succès, du frère Aphraates pour développer, à l'Académie commerciale anglaise de Québec, le dessin et les sciences « appliquées aux arts, à l'industrie, etc. » A l'Académie commerciale de l'évêché à Montréal, on offre deux cours: préparatoire et commercial. Celui-ci comprend:

1. une seconde classe: « Instruction religieuse, Lecture sentimentale [i.e. avec expression], Grammaire, Orthographe, Style, Histoire du Canada (Domination anglaise), et Histoire d'Irlande, Géographie, Arithmétique commerciale, Algèbre, Mensuration, Géométrie, Dessin Linéaire et d'Ornement, Tenue des Livres et Musique vocale ».

2. une première classe: « Ce qui précède, mais plus développé, et Composition, Correspondance commerciale, Tenue des Livres, en partie simple et en partie double, selon les meilleures méthodes employées dans les maisons de commerce, Histoire (Moderne et Ancienne), et usage des Globes ». On y ajoute aussi des « Spécialités facultatives: Rhétorique, Physique, Chimie, Trigonométrie, Arpentage, Navigation, Télégraphie et Sténographie ».

A la campagne, le pensionnat de L'Islet, qui devient collège industriel en 1873, offre trois cours: élémentaire, moyen et supérieur. Les matières y sont ainsi réparties:

1. Cours élémentaire: « Catéchisme et Histoire sainte; Français et Anglais; Arithmétique et Calcul mental; Histoire nationale et Géographie; Ecriture et Dessin ».

2. Cours moyen: «Toutes les spécialités du cours élémentaire, et de plus: Style épistolaire; Eléments de toisé, de Commerce et de Sténographie».

3. Cours supérieur: «Toutes les spécialités des deux cours précédents et de plus: Littérature; Histoire et Géographie; Loi commerciale; Comptabilité et Affaires de Banque; Géométrie; Algèbre; Physique et Chimie; Agriculture; Clavigraphie et Télégraphie; Marine». On souligne également que « la langue anglaise fait partie essentielle du programme d'étude ».

A l'Académie commerciale de Yamachiche, on s'en tient davantage aux matières commerciales. On y enseigne:

1. Instruction morale et religieuse: «Prières — Catéchisme — Histoire sainte — de l'Eglise — Notions d'Histoire ancienne — Bienséances — Lecture latine».

2. Langues française et anglaise: «Lecture — Diction — Grammaire — Analyse gr. et log. — Orthographe — Rédaction — Style épistolaire».

3. Mathématiques: «Calcul mental — Arithmétique — Algèbre — Géométrie — Toisé».

4. Commerce: «Correspondance commerciale — Sténographie — Géographie comm. — Lois commerciales, Affaires de Banque». On y ajoute l'histoire, la calligraphie, le dessin et le chant et des matières facultatives dont la musique: piano, violon. L'enseignement est également réparti en trois cours: élémentaire, modèle et académique.

Ce qui domine dans ces programmes, ce sont les points communs, mais il y a place pour des spécialités locales, comme la navigation à L'Islet qui permet la formation du célèbre capitaine Joseph-Elzéar Bernier. Néanmoins, les frères publient en 1876 un *Règlement général pour les collèges commerciaux et industriels des Frères des Ecoles chrétiennes, en Canada* qui en précise à la fois l'objet et le contenu. Ces collèges veulent préparer les jeunes « aux carrières industrielles, commerciales, et au génie civil », mais ils tendent « principalement à former des hommes *d'affaires* ». Leurs programmes sont bâtis en conséquence. En plus de l'enseignement religieux qui est « la base et le couronnement de toute éducation », le plan d'étude répartit les matières profanes en quatre cours : préparatoire, élémentaire, moyen et supérieur. « Chacun de ces cours peut comprendre plusieurs classes ». La « spécialisation » commence au cours moyen avec l'étude de l'arithmétique commerciale, de la mensuration et de la tenue des livres ; elle est davantage accentuée au cours supérieur et peut se poursuivre avec un cours spécial où on approfondit encore les mathématiques (algèbre, trigonométrie et surveying) et les sciences (physiques, chimiques et naturelles), avec comme supplément l'initiation à la philosophie. A un « fonds commun d'instruction religieuse et de connaissances générales » qu'on retrouve même au cours classique, on ajoute donc « une instruction spécialement adaptée au but que l'on poursuit ». Mais chaque institution garde une certaine autonomie : « Dans chaque collège, on établit un plan d'étude, qui détermine à l'avance le nombre d'heures que l'on consacrera chaque semaine à l'enseignement de chacune des branches que les élèves doivent étudier. Le temps de l'étude est réparti entre toutes les spécialités proportionnellement à l'Importance accordée à chacune d'elles dans l'enseignement ». Les manuels suggérés sont presque tous des classiques lasalliens.[39]

Remarquons enfin que ces programmes — et c'est là leur grand mérite — s'enrichissent et évoluent « en se moulant sur

---

[39] *Règlement général pour les collèges commerciaux et industriels des Frères des Ecoles chrétiennes, en Canada*, Montréal, J. Chapleau, 1876, 29 p. La brochure comprend une section en langue anglaise.

les contours des besoins matériels et spirituels du populaire de nos villes et de nos villages », selon la belle expression du frère Marie-Victorin.[40]

Malgré leur valeur intrinsèque, ces programmes ne valent que ce que valent les maîtres qui enseignent aux enfants. Héritiers d'une longue tradition pédagogique et formés selon des règles éprouvées, les Frères des Ecoles chrétiennes se révèlent capables de diriger avec succès tout autant les petites écoles que les écoles modèles, les académies et collèges qu'on leur offre ou qu'ils ouvrent eux-mêmes. Sans doute ne font-ils pas l'unanimité : « Ici, on accuse les Frères de viser trop haut, et de sortir du cadre de leur programme primitif; là, on les taxe d'incapacité et on déclare qu'ils doivent se restreindre à enseigner le B A BA aux jeunes enfants et laisser à de plus doctes la direction des Pensionnats, des Académies et des Collèges commerciaux ». Sporadiquement, aussi, des commissaires peuvent dénoncer tel ou tel frère qu'ils jugent incompétent. Mais, dans l'ensemble, pendant cette période, les maîtres lasalliens se classent parmi les premiers, non seulement ceux qui viennent de France, dont nous avons déjà dit les qualités, mais aussi une bonne partie de la relève canadienne, dont particulièrement les Irlandais qui se révèlent, assure le frère Réticius, « nos maîtres les plus intelligents et les plus dévoués ». Sans doute ne sont-ils pas tous des Adelbertus ou des Aphraates, mais le système lasallien permet de connaître et d'employer les capacités de chacun et, par le jeu des obédiences, de rétrograder un frère qui ne réussit pas dans une classe ou une école et de le remplacer par quelqu'un de mieux adapté. De plus, les incompétents notoires sont renvoyés ou quittent d'eux-mêmes l'Institut; ceux qui ont du talent, mais ne réussissent pas, sont rappelés à Montréal où l'on

---

[40] Frère Herménégilde, *District de Montréal. Communauté de Québec*, AFECR, 454; *Académie Commerciale de l'Evêché*, AFECM, T35C9-3; *Pensionnat Saint-François-Xavier, L'Islet*, AFECQ, *L'Islet*, A; *Académie Commerciale Sainte-Anne, Yamachiche*, ibid., *Yamachiche*, A-4; OS, p. 34.

tâche de les « réformer » selon l'expression du frère Armin-Victor. Ajoutons le souci constant d'une « éducation permanente », pour employer le vocabulaire actuel : les premiers frères français suivent des cours d'anglais ; en 1869, des frères suivent des leçons de physique données par leur savant confrère Ogérien, venu de France ; nous avons déjà parlé des cours de dessin et de sciences donnés à Québec ; il faudrait penser aussi aux études de catéchisme, de français, d'arithmétique... faites de façon régulière pendant les vacances.

Dans l'ensemble, les frères sont donc compétents et c'est ce qui explique les témoignages élogieux qui viennent des autorités religieuses, des commissaires et des inspecteurs d'écoles. Mais cette compétence risque toujours de déchoir ou de sombrer dans la routine. Si l'on en croit les frères Armin-Victor et Réticius, leurs confrères du Canada n'ont pas totalement échappé à un certain fléchissement. Le premier l'attribue avant tout à l'affaiblissement de la vie religieuse et à l'incompétence des directeurs, mais il n'en établit pas moins des cours réguliers pour relever le niveau intellectuel de ses sujets ; en plus du catéchisme, chaque frère doit choisir un cours parmi quelques-uns et subir un examen : la crainte que suscite cette mesure chez un certain nombre laisse songeur... Après quelques années, les sujets sont partagés en quatre cours pour chacune des deux langues ; cette classification nous donne au moins une idée du jugement qu'on a porté sur chacun :

	langue française	langue anglaise
1er cours	34 sujets	13 sujets
2e cours	43	18
3e cours	41	17
4e cours	23	18

Tout en corroborant l'analyse de son prédécesseur, le frère Réticius est plus explicite :

> nous avons peu de sujets cultivés ; quelques individualités percent dans la sphère des mathématiques ; pour les autres spécialités, tous demeurent dans la médiocrité ou au-dessous ; le niveau de la culture intellectuelle est inférieur à celui de nos frères Français. Ce n'est pas manque d'intelligence chez les Canadiens ; non, c'est plutôt défaut de culture, de travail intellectuel.

Ce diagnostic paraît juste et raffermit l'impression qui se dégage du lot d'historiques laissés par les directeurs des maisons. Il ne tient pas compte, cependant, de l'« exportation » de certains sujets d'élite.

Le jugement du frère Réticius sur les écoles est tout aussi sévère. A part le « collège classique » de Toronto —l'expression est du visiteur —, les « Académies de Québec, de l'évêché (Montréal), d'Ottawa et les collèges commerciaux de Trois-Rivières, d'Yamachiche et de Kingston » qu'il présente comme « excellentes écoles », « partout ailleurs » il trouve « généralement un ordre et une discipline convenables ; mais qui sont plutôt un effet du caractère des petits canadiens, que de l'habileté des maîtres ; un travail matériel bien satisfaisant, mais rien ou presque rien pour l'intelligence. Interrogez un enfant sur son devoir, sa lecture, son catéchisme ; demandez-lui le sens de tel mot, le pourquoi de telle chose, son silence ou sa balourdise vous donne la valeur professorale du maître ». Conclusion : « nos classes, quoique les meilleures, sont néanmoins fort médiocres ». Oui, sans doute, si on les mesure à l'aune des meilleures écoles françaises et de l'idéal de la *Conduite des écoles*, mais ne faut-il pas rappeler d'où l'on est parti et combien le milieu est encore peu favorable à une école primaire de qualité? Qu'on songe aux salaires dérisoires des instituteurs et surtout des institutrices.

Quelles sont les causes de la situation dénoncée par les deux visiteurs? Déjà, en 1875, le frère Armin-Victor pointe du doigt le manque de goût pour les études chez les frères: « n'ayant pas de maison où les études soient plus sérieuses que dans les écoles communales ordinaires, les sujets qui se sentent des dispositions pour l'étude n'ont pas le courage de travailler pour acquérir des connaissances dont ils n'auront pas à tirer parti ; c'est ce qui fait qu'ils s'abandonnent au *farniente* ». Le frère Réticius insiste davantage sur le manque de science pédagogique : pour lui, elle « est nulle ; cependant, toutes nos Communautés possèdent la Conduite des Ecoles, les Douze Vertus, le Traité de l'Education de Mgr Dupanloup ; malheureusement, ces ouvrages sont lettres mortes ». L'un et l'autre avancent le même remède, la fondation d'un ou deux « grands pensionnats » qui inciterait les frères à reprendre le chemin de l'excellence.[41]

Même s'ils ne sont pas parfaits partout et en tout temps, les Frères des Ecoles chrétiennes n'en contribuent pas moins considérablement aux progrès pédagogiques du pays. Leur méthode est vite considérée comme supérieure à toute autre ; déjà, en 1845, Auguste-Norbert Morin le signale dans une conférence sur « l'éducation élémentaire ; ce qu'elle est et ce qu'elle devrait être » :

> La meilleure méthode, que je crois être composée de celle individuelle et simultanée, doit être celle des Frères des écoles chrétiennes, si on en juge par le nombre et les progrès de leurs élèves, par l'attachement à leurs études que ces élèves manifestent, sans compter les idées religieuses et morales infusées dans des populations souvent irréfléchies sous ces importants rapports. [...] Leur enseignement, certes, s'élève assez haut pour toutes les exigences de ceux qui voudraient voir dans chaque comté une école d'un ordre supérieur.

En l'absence d'écoles normales — elles n'apparaissent au Québec qu'en 1857 —, les frères contribuent à la formation de maîtres et maîtresses pour l'enseignement élémentaire. Du

---

[41] Frère Armin-Victor, *Rapport Sur le District de Montréal...*, 30 nov. 1875, AFECR, 411, 6-13 ; Frère Réticius au Frère Irlide, 30 oct. 1880, *ibid.*, 411, 8.

1er juillet au 24 août 1844, à la fin de décembre 1844 et au début de 1845, par exemple, deux religieuses des Soeurs des Saints Noms de Jésus et de Marie viennent suivre, à l'école dite de l'évêché, des cours pratiques de pédagogie auprès d'un des deux frères qui y enseignent. Dans les autres communautés religieuses féminines, on peut déceler l'influence des principes et des directives pédagogiques développés par Jean-Baptiste de La Salle et ses continuateurs; se base-t-on sur la *Conduite des écoles* que les frères ont libéralement distribuée aux couvents ou suit-on davantage des modèles vivants? En janvier 1842, Mgr Bourget écrit à tous les curés de son diocèse:

> Les Frères des Ecoles Chrétiennes sont prêts à donner des leçons à tous ceux que l'on jugera à propos de leur envoyer, et ils se feront un devoir de les mettre au fait de leur méthode d'enseignement, autant qu'elle peut être applicable à des écoles où il n'y a qu'un seul précepteur. Plusieurs écoles à la campagne sont à ma connaissance maintenant dirigées d'après cette excellente méthode, et obtiennent un succès qui fait désirer que toutes les autres soient mises sur le même pied. Ne vous serait-il pas possible d'envoyer quelques-uns de vos instituteurs passer à Montréal tout le temps suffisant pour être bien formés, en suivant le cours d'instruction de nos bons Frères et en les voyant opérer dans leurs classes? Pour faciliter l'exécution de ce projet, vous pourriez faire donner maintenant les vacances à vos écoles, et engager les marguilliers à payer sur les deniers de l'Eglise, les pensions de ceux qui seraient trop pauvres pour le faire, en faisant telles conditions que vous jugeriez convenables, pour que ces avances ne fussent pas perdues. S'il s'en trouve un nombre suffisant, qui veuillent venir en cette ville, je prendrai des arrangements pour qu'ils soient tous en pension dans la maison d'école qui est sur le terrain de l'évêché, et sous la surveillance d'un prêtre qui donnera à ceux qui sont susceptibles d'y être formés, des leçons de plain-chant et des exercices de cérémonies, afin qu'ils puissent vous aider à former vos choeurs et à les rendre dignes de la Divine Majesté.

Le 2 avril suivant, il annonce «qu'un certain nombre de bons sujets se décident à se rendre à mon invitation» et «que nous serons prêts à recevoir tous ceux que vous nous adresserez, le 1er mai prochain». Le surintendant de l'Instruction publique lui-même donne un conseil semblable aux maîtres. «A Montréal, dit le Dr Meilleur, les bons Frères des Ecoles chrétiennes voulurent bien se prêter à la chose, en admettant dans leurs classes les instituteurs qui en demanderaient l'entrée pendant au moins le temps de leurs vacances, suivant l'avis que je leur avais donné autrement. Cet excellent ordre religieux, dont le noviciat est une véritable *école normale*, a contribué à former ainsi, tout en même temps, bon nombre d'instituteurs laïques».

Le frère Réticius, qui rapporte les propos du surintendant, ajoute :

> Ce que les Frères faisaient à Montréal, ils le faisaient à Québec, aux Trois-Rivières et ailleurs. Et ces cours normaux, pour être moins éclatants que ceux qui les ont remplacés, n'en étaient pas moins utiles. «L'instruction que les Frères donnent, continue le Dr Meilleur, pour être plus modeste, plus *économique* et plus *religieuse*, n'en est pas moins *solide* et *pratique*».

Les deux auteurs restent dans le vague sur le nombre de ces étudiants en pédagogie et nous n'avons rien trouvé de plus précis jusqu'à maintenant. A ceux-là il faut ajouter — et le frère Réticius ne l'oublie pas! — les nombreux sujets qui quittent le noviciat des frères après un certain temps ou même ceux qui sortent de l'Institut, «soit parce qu'ils ont laissé éteindre en eux l'amour du sacrifice, soit parce qu'ils ont été l'objet de mesures exigées par la discipline religieuse. Dans ce double cas, ils prennent généralement place parmi les maîtres laïques où ils se font bientôt une honorable position et disposent en faveur de l'éducation des connaissances et de l'expérience qu'ils ont acquise [*sic*] dans l'état religieux». Le visiteur en nomme quatorze «universellement connus»!

Enfin, André Labarrère-Paulé a bien démontré, dans sa thèse sur les *Instituteurs laïques au Canada français, 1836-1900*, comment l'arrivée des frères en 1837 va établir « une concurrence sur le *marché du travail* » et, par le défi qu'ils doivent relever s'ils veulent conserver leurs postes, obliger les maîtres laïques à acquérir une vraie compétence et à s'organiser pour faire reconnaître leurs droits et leur profession. Il est vrai que cette concurrence et cet éveil aboutissent à des « polémiques violentes entre partisans des instituteurs religieux et défenseurs des instituteurs laïques », mais c'est une autre histoire qui nous occupera plus tard. Quant aux frères eux-mêmes, ils se rendent bientôt compte qu'ils ne sont plus les seuls compétents et que, s'ils veulent demeurer « les meilleurs », ils doivent se renouveler et reprendre la tête du mouvement pédagogique. Ce que proposent avec insistance les frères Armin-Victor et Réticius.[42]

L'école lasallienne se caractérise aussi par l'emploi de bons manuels classiques qui sont le fruit d'une expérience deux fois séculaire. Ainsi, quand ils viennent à Montréal en 1837, les frères apportent des ouvrages de France, à la fois à cause de l'obligation qu'ils ont d'utiliser les ouvrages de l'Institut et plus encore en raison de l'absence de manuels canadiens convenables. Très tôt, cependant, sur l'insistance des sulpiciens et à cause des adaptations qu'il faut faire — par exemple, les

---

[42] A. N. Morin, « De l'éducation élémentaire ; ce qu'elle est ce qu'elle devrait être », J. Huston, *Le répertoire national ou recueil de littérature canadienne*, T. III, Montréal, Lovell et Gibson, 1848, pp. 213-214 ; Gilles Beaudet, « Deux filles de la bienheureuse Marie-Rose Durocher à l'école des Frères des Ecoles chrétiennes », *Sources F.E.C.*, vol 5, no 3, pp. 1-2 ; Claudette Lasserre, « La pédagogie (1850-1950) », Micheline Dumont et Nadia Fahmy-Eid, *Les couventines*, Montréal, Boréal, [1986], pp. 113-140 ; Mgr Bourget, « Circulaire au clergé du diocèse de Montréal », 5 janv. 1842, MEM, I, pp. 180-181 ; « Circulaire à Messieurs les curés, missionnaires et autres prêtres du diocèse de Montréal », 2 avril 1842, *ibid.*, p. 210 ; Frère Réticius, *Aux Honorables Membres du Comité catholique du Conseil de l'Instruction publique*, 14 sept. 1884, pp. 15-16, 22 ; A. Labarrère-Paulé, *Les instituteurs laïques au Canada français, 1836-1900*, Québec, Presses de l'Université Laval, 1965, 471 p.

mesures d'ici ne sont pas les mêmes qu'en France —, il faut éditer les manuels au Canada, les remanier et au besoin en faire de nouveaux; dès 1841, le frère Aidant prend les mesures nécessaires :

> Nos Bienfaiteurs [les sulpiciens] désirent que nous prenions, autant que possible, nos livres à Montréal, ainsi que la plupart des choses que nous faisons venir de France, tant pour laisser l'argent ici, que pour faire vivre les ouvriers. Il y a un imprimeur en ville qui va imprimer tous nos livres classiques; déjà le Devoir [du chrétien] est achevé et il travaille actuellement après l'histoire sainte, suivie du précis de l'histoire de France et du Canada. Lorsque cet ouvrage sera terminé et que je trouverai une occasion, je vous en ferai parvenir un exemplaire. L'Imprimeur m'a promis 300 francs pour mon petit manuscrit de l'histoire du Canada. Je me propose aussi de lui donner mon manuscrit sur la Géographie lorsqu'il sera achevé, avec la permission du Très honoré frère Supérieur, car la Géographie de France n'est pas assez détaillée sur les contrées de l'Amérique pour nous en servir; nous serons obligés d'en faire imprimer une nouvelle ici.[43]

Comme prévu, l'imprimeur Louis Perrault met en vente, en 1841, le *Nouveau traité des devoirs du chrétien envers Dieu* par L. C. et F. P. B. d'après l'édition française de 1839 et avec l'approbation de Mgr Bourget. Il annonce, par la même occasion, comme étant « sous presse », d'autres ouvrages des mêmes auteurs : *Civilité chrétienne, revue et corrigée*; *Grammaire française à l'usage des écoles chrétiennes*, *Dictées*, *Corrigé des exercices et Analyses grammaticales*, *Exercices orthographiques mis en rapport avec la Grammaire*, *Manuscrit autographié, in-12*, ainsi que les manuels « canadiens » annoncés par le frère Aidant et préparés selon tous les témoignages (même si le directeur parle de « mon petit manuscrit de l'histoire du Canada » et de « mon manuscrit sur la Géographie » : c'est en effet le supérieur qui est responsable des

---
[43] Frère Aidant au Frère Assistant, 12 avril 1841, AFECR, 432a, 11.

> NOUVEAU TRAITÉ
> DES
> **DEVOIRS DU CHRÉTIEN**
> ENVERS DIEU,
> DANS LEQUEL CHAQUE CHAPITRE ET CHAQUE ARTICLE
> SONT SUIVIS DE TRAITS HISTORIQUES ANALOGUES
> AUX VÉRITÉS QU'ON Y TRAITE.
>
> *Par L. C. et F. P. B.*
>
> APPROUVÉ PAR Mgr. L'ÉVEQUE DE PARIS,
>
> PREMIÈRE ÉDITION DU CANADA,
> PUBLIÉE AVEC L'APPROBATION DE
> MONSEIGNEUR DE MONTRÉAL.
>
> MONTRÉAL:
> IMPRIMÉ ET SE VEND CHEZ LOUIS PERRAULT,
> RUE SAINTE THÉRÈSE.
> CHEZ E. R. FABRE, RUE ST. VINCENT.

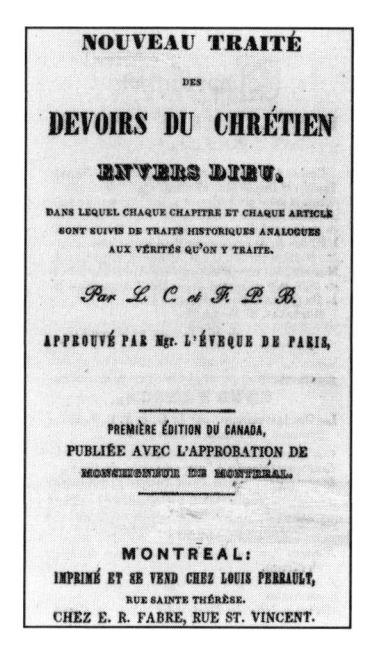

21. Manuel de lecture imprimé au Canada. AFECM

publications) par le frère Adelbertus: *Nouveau Traité d'Arithmétique à l'usage des écoles chrétiennes*, *Nouvelle Géographie Méthodique à l'usage des écoles chrétiennes*, *Abrégé de l'Histoire Sainte et de l'Histoire du Canada*.[44]

Ces trois ouvrages ont-ils été publiés en 1841 ou 1842 comme le laisse entendre cette annonce? Ou seulement en 1843, comme l'écrivent tous les auteurs sur la foi d'un paragraphe de l'*Historique* du district de Montréal qui dit: «Dans les années 1843 et suivantes, les Frères ayant composé pour l'utilité de leurs

---

[44] *Nouveau traité des Devoirs du chrétien envers Dieu, dans lequel chaque chapitre et chaque article sont suivis de traits historiques analogues aux vérités qu'on y traite*, par L. C. et F. P. B. Approuvé par Mgr. l'évêque de Paris, Première édition du Canada, publiée avec l'approbation de Monseigneur de Montréal, Montréal, Louis Perrault, p. [I].

élèves un traité d'arithmétique, un abrégé d'histoire du Canada et un abrégé de Géographie, prirent pour s'en assurer la propriété un privilège au Bureau du Registrateur de la Province ». La première demande est de 1844 et concerne un *Traité D'Arithmétique*, imprimé par Lovell et Gibson. Deux autres demandes suivent, en 1845, pour un *Abrégé de L'Histoire Sainte, de L'Histoire de France, et de L'Histoire du Canada* et pour un *Abrégé de géographie Commerciale et Historique*. A propos de ce dernier titre, on souligne qu'il s'agit d'une deuxième édition, mais nous n'avons aucune preuve d'une première édition canadienne. En revanche, la bibliothèque de l'Université Laval possède un *Cours d'histoire contenant 1° l'abrégé de l'histoire sainte* [...] qui est probablement l'un des volumes annoncés par le frère Aidant. C'est le seul indice que nous avons trouvé pour le moment à propos de ses premiers projets.[45]

Les manuels des frères connaissent un succès rapide, même en dehors des écoles lasalliennes. Les *Mélanges religieux*, par exemple, vantent les mérites des *Devoirs du chrétien* et proposent de les répandre partout : « Nous ne connaissons réellement pas de livre de lecture qui puisse mieux convenir à la jeunesse de notre pays ; aussi est-il beaucoup à désirer que ce traité soit introduit dans toutes les écoles et les familles chrétiennes ». Ce qui se produit rapidement : en 1855, le surintendant de l'Instruction publique, Pierre J. O. Chauveau, en parle comme du « livre le plus répandu » qui « paraît être lu dans 193 municipalités ». Les manuels d'histoire, de géographie et d'arithmétique sont aussi populaires et donnent lieu à des éditions pirates en 1847 et 1848. « Un avocat ayant été consulté sur ce qu'il y avait à faire dans cette occasion, répondit que la loi ne pouvait protéger les privilèges, à cause que ceux-ci étaient faits au nom des Frères des Ecoles chrétiennes, lesquels n'étaient pas reconnus légalement dans la Province. Les privilèges auraient dû être pris

---

[45] [*Extracts of the Records of the Provincial Registrar's Office*], 1845, AFECM, T58C71.

sous le nom d'un Frère quelconque, et que ce Frère fût sujet britannique ou au moins naturalisé ». Ce qui sera fait pour les productions suivantes.

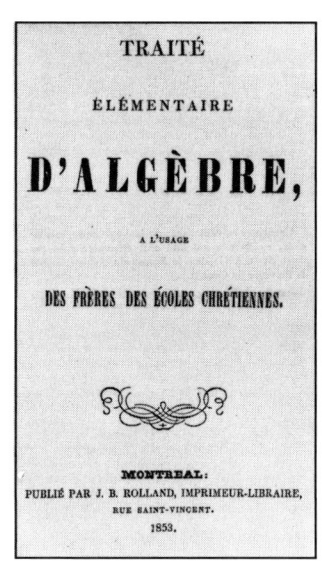

22. Manuel lasallien édité par un imprimeur-libraire laïque. AFECM

Car très rapidement les frères sont en mesure de présenter une série complète de « livres d'école, appropriés au pays », aussi bien en lecture qu'en français, arithmétique, géographie, histoire... De même que des séries semblables en anglais. En 1855, ils sont les leaders incontestables du manuel classique, comme le reconnaît le surintendant :

> Il y a actuellement plusieurs séries [de livres d'école] bien connues, et quatre, entr'autres, jouissent d'une grande réputation : ce sont, en français, celle des Frères de la Doctrine Chrétienne et celle de l'Abbé Gautier ; en anglais, les livres des écoles nationales d'Irlande et ceux de Parley. [...] Les livres des Frères se publient maintenant en anglais. La série complète des livres des écoles nationales d'Irlande, que le Haut-Canada

a adoptée, paraîtrait être en usage dans 67 municipalités du Bas-Canada, et celle des Frères, dans 25. L'une et l'autre ont déjà fait un très grand bien. Tout ce qui traite des sciences exactes, de la tenue des livres et du dessin linéaire, est excellent dans ces deux collections.

Le précis de la doctrine chrétienne dans le syllabaire, et les premiers chapitres du *Devoirs du chrétien*, dans la collection des Frères, sont de véritables chefs-d'œuvre d'analyse, écrits avec une touchante simplicité, et bien propres à graver dans la mémoire des enfans des vérités et des préceptes dont les fruits croîtront avec eux. La géographie de la même collection a le rare mérite d'être correcte, en ce qui concerne l'Amérique et le Canada; elle est un moyen terme entre l'excellent traité de M. Holmes, destiné aux hautes écoles, et les petits catéchismes géographiques, qui devraient être en usage dans toutes les écoles élémentaires.

[...]

Le cahier de manuscrits des Frères forme une petite encyclopédie des arts et métiers et des inventions modernes, bien calculée pour développer l'intelligence des enfans dans une direction conforme à l'esprit de progrès de notre époque. Plusieurs passages de l'édition de 1851 laissent cependant quelque chose à désirer.

L'article sur l'agriculture est aussi bien écrit que sagement pensé, et devrait être lu et appris par cœur dans toutes nos écoles de campagne, afin de donner aux fils de nos agriculteurs la haute opinion, qui leur manque quelquefois, du noble état exercé par leurs pères.

La grammaire française de cette collection est, dans l'opinion de beaucoup d'instituteurs et de plusieurs inspecteurs, trop compliquée et scientifique pour les écoles primaires, et quelques-uns lui préfèrent la vieille grammaire de Lhomond.

Les dictées orthographiques contiennent des extraits copieux des meilleurs auteurs.[46]

---

[46] *Origine...*, (copie dactylographiée), p. 11; « Bibliographie », *Les Mélanges religieux*, vol. 1, no 14 (23 avril 1841), p. 218; P.-J.-O. Chauveau, *Rapport sur l'instruction publique dans le Bas-Canada, pour l'année 1855*, pp. 14-15.

Ce succès n'arrête pas la production régulière de nouveaux manuels. Si l'on en croit les demandes de privilèges, les trois frères Adelbertus, Aphraates et Hosea sont les plus prolifiques. Le premier fait enregistrer huit titres, le deuxième dix et le troisième onze. Il faut noter, cependant, que ces trois frères ne sont pas nécessairement les auteurs de tous les livres qu'ils font enregistrer auprès de l'administration gouvernementale. La plupart de ces manuels sont approuvés par le Conseil ou le Comité catholique du Conseil de l'Instruction publique, mais ils ne sont pas les seuls comme en fait foi une liste publiée en 1884.[47]

Leaders incontestés dans le domaine des livres classiques depuis leur arrivée à Montréal et pendant quelques décennies, les frères voient poindre des menaces à l'horizon, à partir de 1875 tout particulièrement. D'abord, ils ont fait école et des prêtres de collège et surtout des laïques — parmi les plus sérieux, A. N. Montpetit et Jean-Baptiste Cloutier avec leurs séries de livres de lecture — ont produit des manuels de bonne qualité qui peuvent concurrencer désormais les classiques lasalliens. Bien plus, une loi sur le dépôt de livres, votée en décembre 1876, veut corriger la grave confusion qui existe dans la collection des manuels scolaires, ce qui est demandé depuis longtemps ; mais elle ouvre la voie à l'uniformité des livres (une seule série approuvée par matière), qui peut, au pis aller, conduire à « l'uniformisation de l'enseignement derrière lequel se profile le spectre de l'école neutre et anticléricale »(Labarrère-Paulé). Comme elle menace aussi les intérêts des éditeurs, dont les frères, la loi, telle qu'interprétée par le surintendant Gédéon Ouimet,

---

[47] [Actes notariés de Mre Amable Archambault], 18-25 sept. 1876, AFECM, T8C18f-21 ; *Liste des livres approuvés par le Conseil de l'Instruction publique depuis sa formation jusqu'au 1 février 1876 et par les Comités Catholique et Protestant du Conseil de l'Instruction Publique depuis le 1 février 1876 jusqu'au 1 mai 1884*, 20 p.

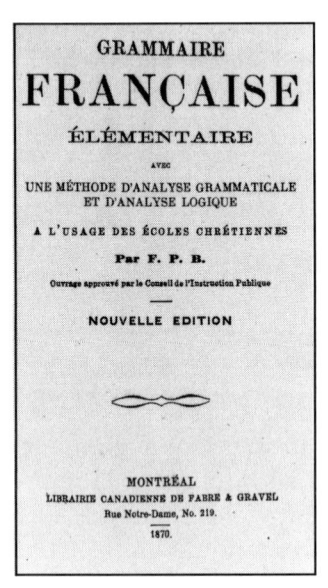

23. Manuel de français enregistré sous le nom du frère Aphraates. AFECM

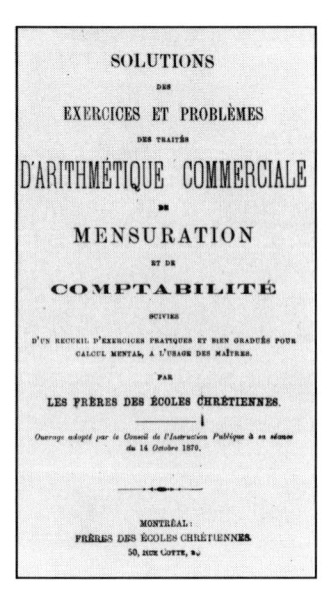

24. Manuel d'arithmétique enregistré sous le nom du frère Hosea. AFECM

soulève un tollé général et le gouvernement doit abolir le dépôt des livres en 1880. Mais l'alerte a été chaude et les frères voient toujours une épée de Damoclès suspendue au-dessus de leur tête. Car, prétendent-ils, les fonctionnaires du Conseil de l'Instruction publique et même certains membres laïques du Comité catholique sont prévenus contre leurs manuels. La preuve? L'impossibilité de faire approuver leur *Cours de dessin*. Ils le présentent pour approbation en 1878, mais les membres du Conseil des Arts et Manufactures, qui en font l'analyse, lui préfèrent le *Manuel de dessin industriel* édité par Oscar Dunn, rédacteur du *Journal de l'Instruction publique*. Le Comité catholique entérine ce choix, mais Mgr Jean Langevin fait adopter une résolution compensatoire: « Que ce Comité recommande au Conseil des Arts et Manufactures d'approuver, pour l'enseignement dans les écoles tenues par les Frères des Ecoles chrétiennes, la méthode aujourd'hui en vigueur dans ces écoles, et que le Surintendant fasse connaître les vues du comité à ce sujet, au Conseil des Arts et Manufactures à sa prochaine séance ». Elle demeure lettre morte et, en 1884, le frère Réticius explose:

> Ce qu'il y a de certain [...]
> C'est que, de par la loi et depuis huit ans, le « Manuel de dessin industriel », dont le mérite paraît avoir été grandement rehaussé par la réédition qu'en a faite M. Oscar Dunn, est encore le seul approuvé et recommandé dans toutes les écoles de la Province de Québec, malgré les prescriptions impossibles de M. le Surintendant et du Conseil des Arts et Manufactures, malgré une stérilité constatée de mieux en mieux chaque année par MM. les Inspecteurs primaires;
> C'est que, de par la loi et depuis huit ans, notre « Cours de dessin » tant de fois couronné, si hautement loué par tous les maîtres compétents, est encore interdit dans toutes les écoles de la Province de Québec, même dans les nôtres, sous peine, pour l'école qui en fait usage, de perdre sa subvention, et cela malgré la recommandation du Comité présidé par Mgr de Rimouski et acceptée par le Conseil de l'Instruction publique dans sa séance du 15 mai 1878!...

Et le fougueux visiteur cite d'autres exemples qui datent des années 1880. Que de débats en perspective!

C'est d'autant plus grave qu'aux yeux du même Réticius, qui a tendance à exagérer, certains manuels lasalliens commencent à dater: « Nos classiques, composés par les chers frères Aphraates et Adelbertus, sont ce qu'étaient, il y a 20 ans, nos classiques français; les meilleurs quand ils étaient seuls, ils restent aujourd'hui au-dessous de ceux en usage dans les écoles laïques; et sous peine de rester en arrière, nous devons les revoir et les mettre au courant des progrès de la méthodologie ». Mais seront-ils approuvés, surtout si l'uniformité des livres est établie?[48]

Cette influence des frères si visible sur la pédagogie, les programmes, les manuels classiques et en fin du compte sur tout le système scolaire du Québec se remarque sans doute moins dans les provinces anglaises du Canada où ils s'installent avant 1880, c'est-à-dire l'Ontario et les Maritimes. L'explication en est simple: ils restent trop peu longtemps aux Maritimes; en Ontario, comme nous l'avons signalé, le manque de sujets et des problèmes financiers les empêchent de s'affirmer comme ils le voudraient; enfin, ils sont en position de minorité face à un réseau public de mieux en mieux organisé. Mais ils n'en contribuent pas moins à créer et consolider des écoles séparées catholiques, françaises et surtout anglaises, qui seront plus tard l'assise d'un réseau complet; ils y apportent aussi, à quelques nuances près, la même compétence et les mêmes instruments pédagogiques éprouvés qu'au Québec. Pour être moins globale, leur influence n'en existe pas moins. Il va sans dire qu'elle sera plus importante après 1880.

---

[48] Frère Réticius, *Aux honorables membres du Comité catholique du Conseil de l'Instruction publique*, 14 sept. 1884, pp. 1-6, AFECM, T17C19; le même au Frère Irlide, 30 oct. 1880, AFECR, 411, 8.

IX

DES RELIGIEUX AUSTÈRES

Jean-Baptiste de La Salle ne sépare pas la vie professionnelle de la vie religieuse : « Bonne règle de conduite de ne point faire de distinction entre les affaires propres de son état et l'affaire de son salut et de sa perfection, et s'assurer qu'on ne fera jamais mieux son salut, et qu'on n'acquerra jamais plus de perfection qu'en faisant les devoirs de sa charge, pourvu qu'on les accomplisse en vue de l'ordre de Dieu. Il faut tâcher d'avoir toujours cela en vue ».[1] Il en a donné la meilleure illustration dans sa vie personnelle en étant, tout à la fois et à la perfection, homme de Dieu et instituteur. Et, en plus de donner l'exemple,

---

[1] Cité dans Frère Miguel Campos, éd., *Méditations pour le temps de la retraite*, Rome, Maison généralice, 1976, p. 36.

il a laissé à ses disciples des règlements, des conseils et des textes spirituels qui, repris et médités par eux, éclairent leurs règles de vie et alimentent leur piété. On en peut même tirer le portrait du frère des Ecoles chrétiennes idéal.[2]

I — Le modèle lasallien

Deux pôles orientent toute la vie des frères et constituent l'âme de l'Institut, «qui doit animer toutes leurs actions, et donner le mouvement à toute leur conduite»: ce sont l'esprit de foi et le zèle pour instruire les enfants. Le premier consiste «à n'envisager rien que par les yeux de la Foi, à ne rien faire que dans la vue de Dieu, et à attribuer tout à Dieu». Cet esprit de foi se nourrit de l'Ecriture Sainte: les frères «porteront toujours sur eux le nouveau Testament, et ne passeront aucun jour sans en faire quelque lecture». Il se manifeste dans toutes les actions de la vie qu'ils doivent toujours faire «en la sainte présence de Dieu» et en gardant «en vue les ordres et la volonté» du Seigneur. Ce qui exige «une grande retenue des sens» et une «continuelle vigilance sur eux-mêmes, pour ne pas faire, s'il leur est possible, une seule action naturellement, par coutume, ou par quelque motif humain».

D'autre part, vivre dans un esprit de zèle pour l'instruction des enfants, c'est s'efforcer «par la prière, par les instructions, par leur vigilance et leur bonne conduite dans l'Ecole, de procurer le salut des enfants qui leur sont confiés, en les élevant dans la piété et dans un véritable esprit chrétien: c'est-à-dire

---

[2] Parmi ces écrits du fondateur, notons, entre autres, les *Règles communes de l'Institut des Frères des Ecoles chrétiennes*, les *Méditations pour les Dimanches et les principales fêtes de l'année*, les *Méditations pour le temps de la retraite*, l'*Explication de la méthode d'oraison*, etc.

selon les règles et les maximes du saint Evangile».[3] Plusieurs chapitres des *Règles et Constitutions* viennent préciser ce devoir primordial des maîtres lasalliens :

— Chapitre VII : « De la manière dont les Frères doivent se comporter dans les écoles à l'égard de leurs Ecoliers », où se trouvent des directives pédagogiques (reprises plus longuement dans la *Conduite des écoles*) et des conseils moraux : aimer « tendrement tous les Ecoliers », mais sans familiarité ; témoigner « une égale affection » à tous, « plus même pour les pauvres que pour les riches » ; donner un « exemple continuel » de modestie ;[4]

— Chapitre VIII : « De quelle manière les Frères doivent se comporter, lorsqu'ils sont obligés de punir leurs élèves », où l'on prône la « rareté des punitions » et le respect des écoliers : ne pas les tutoyer, ni les rudoyer ;[5]

— Chapitre IX : « De quelle manière les Frères doivent se comporter dans les écoles à l'égard d'eux-mêmes, à l'égard de leurs Frères et à l'égard des personnes externes », où l'on appuie particulièrement sur la gravité et la retenue du maintien, le silence, la « surveillance » et l'appui mutuels.[6]

Car, faut-il le rappeler ? les frères ne sont pas des êtres juxtaposés, travaillant individuellement ; ils forment une « Société », une communauté. Ils poursuivent une fin primordiale : « donner une éducation chrétienne aux enfants » en se vouant corps et âme et collectivement aux écoles chrétiennes. Religieux laïques — nous avons déjà dit combien Jean-Baptiste de La Salle insiste pour que ses frères ne puissent « être Prêtres,

---

[3] *Règles et constitutions...*, pp. 4-5.
[4] *Ibid.*, pp. 16-19.
[5] *Ibid.*, pp. 19-21.
[6] *Ibid.*, pp. 22-26.

ni prétendre à l'état ecclésiastique » —, ils s'engagent par des « Voeux simples et perpétuels de chasteté, de pauvreté, d'obéissance », mais aussi « de stabilité dans l'Institut, et d'enseigner gratuitement les pauvres ». Les trois premiers, qui sont communs à toutes les communautés religieuses, disposent parfaitement une âme, disent les commentateurs, « à acquérir l'union avec Dieu et lui en ôtent les trois plus grands empêchements ; car le voeu de pauvreté éteint la convoitise des richesses ; celui de chasteté, la concupiscence de la chair et des plaisirs sensuels ; et le voeu d'obéissance détruit l'amour de l'indépendance et de la liberté ». Ce dernier est particulièrement cher à Jean-Baptiste de La Salle, car il suppose « humilité, soumission, patience », ces « forces essentielles, sans quoi l'on recule ou l'on piétine » ; bien plus, dit-il, « ce qui sanctifie les actions d'un religieux est l'obéissance ».[7]

Les *Règles et Constitutions* précisent les obligations des deux autres voeux propres aux lasalliens :

> 4. Par le Voeu de stabilité, on s'engage à demeurer stable dans ladite Société pendant tout le temps pour lequel on aura fait les Voeux ; et on ne peut, durant ledit temps, ni sortir, ni vouloir absolument sortir de soi-même, ni vouloir obliger à être renvoyé, sous quelque prétexte que ce soit, sans violer son Voeu.
> 5. Par le Voeu d'enseigner les enfants gratuitement, et de tenir les écoles par association, on s'engage à apporter tous ses soins pour bien instruire les enfants, et pour les élever chrétiennement, à bien employer tout le temps destiné pour ce sujet ; et à n'exiger, ni recevoir quoi que ce soit, des écoliers ou de leurs parents pour rétribution, soit par présent, soit pour quelque autre raison que ce puisse être ; à ne point employer les parents des écoliers à quelque travail, dans l'espérance qu'ils le feront sans demander leur récompense.
> 6. Par le même Voeu, on s'engage encore à tenir les écoles par association avec les Frères qui se sont assemblés pour ce

---
[7] Cité dans Rigault, *op. cit.*, I, p. 441.

sujet, en quelque lieu que ce soit que l'on puisse être employé, ou à faire toute autre chose à quoi on pourra être employé par ses Supérieurs, ainsi qu'il est exprimé dans la formule des Voeux.[8]

Depuis le Chapitre général de 1858, les voeux sont annuels (18 ans, deux ans de communauté), ou triennaux (23 ans, cinq ans de communauté, avoir renouvelé les voeux annuels deux fois) ou perpétuels (28 ans, huit ans de communauté et avoir renouvelé les voeux triennaux deux fois).

Les religieux vivent en communauté 24 heures sur 24, pour ainsi dire ; « Tous les exercices s'y feront en commun depuis le matin jusqu'au soir » : prières, repas, travail, récréations. Et même le sommeil : « tous coucheront dans un même dortoir, ou dans des dortoirs communs, s'il en est besoin de plusieurs ». Pour protéger l'esprit de communauté, « on n'admettra aucune personne de dehors dans aucun exercice, non pas même au réfectoire, pendant que les Frères y mangent ».[9]

L'oraison est le centre de leur vie de prière : « Les Frères de cet Institut doivent beaucoup aimer le saint exercice de l'Oraison, et ils doivent le regarder comme le premier et le principal de leurs exercices journaliers, et celui qui est le plus capable d'attirer la bénédiction de Dieu sur tous les autres. Ils seront exacts à la faire tous les jours dans le temps, et autant de temps que la Règle l'ordonne ». Ils doivent s'efforcer d'acquérir et de conserver l'esprit d'oraison — là-dessus, saint Jean-Baptiste de La Salle a multiplié les conseils dans ses écrits — et, au besoin, retourner au noviciat d'eux-mêmes ou sur les ordres du directeur pour s'y renouveler. Les frères doivent aussi avoir « une affection toute particulière pour la Sainte Communion », se confesser ordinairement « toutes les semaines » et vouer une dévotion

---
[8] *Règles et constitutions...*, p. 48.
[9] *Ibid.*, pp. 6-7.

particulière à Marie : chapelet quotidien, *Ave Maria* fréquents... En revanche, « il ne sera permis à aucun Frère d'avoir des pratiques de piété particulières ; ils ne seront d'aucune Confrérie ni Congrégation, quelque pieuse qu'elle soit ».[10] A noter que l'Institut développera une dévotion particulière à saint Joseph et à Jésus enfant.

L'austérité caractérise la vie des frères. Non pas tant par des pratiques extraordinaires de pénitence : « il n'y aura aucune mortification corporelle qui soit de règle dans cet Institut ». Il y a cependant abstinence de viande « les Samedis, depuis Noël jusqu'à la Purification, aussi bien que le Lundi et le Mardi avant le Carême, excepté dans les voyages » ; de même, « les Frères jeûneront tous ensemble un jour de la semaine, qui sera le Vendredi ». C'est davantage dans le quotidien de la vie et dans l'exercice de leur profession qu'ils doivent se faire « un cœur nouveau et un esprit nouveau » (Ezéch. XVIII, 31). Vie modeste et humble d'abord : « On peut dire en général qu'il faut que les Frères fassent paraître dans toutes leurs actions extérieures, une grande modestie et humilité, jointes à une sagesse qui convienne à leur Profession ». Il faut lire le chapitre XXIII des *Règles et Constitutions* sur les pratiques conseillées afin d'acquérir « la modestie qui leur convient » et même le précédent sur le silence pour avoir une idée du contrôle de soi exigé de chacun. On prévoit aussi des exercices d'humiliation : coulpe « une fois par jour, des fautes extérieures » commises, avertissement des défauts une fois par semaine, reddition de compte « de leur conduite par rapport à l'observance et à l'emploi » une fois par semaine...[11]

Vie de pauvreté aussi, qui commence par le dépouillement personnel : « Les Frères n'auront rien en propre, tout sera en commun dans chaque Maison, *même les habits* [nous

---

[10] *Ibid.*, pp. 7-9.
[11] *Ibid.*, pp. 10-13, 54-58.

soulignons], et autres choses nécessaires à l'usage des Frères ». A leur usage personnel : un *Nouveau Testament*, une *Imitation de Jésus-Christ*, un chapelet et un petit portefeuille. Leur habillement doit être simple et uniforme : « Les Frères porteront toujours sur eux des marques de la pauvreté dans leurs habits, pourvu qu'ils soient honnêtes, c'est-à-dire non déchirés ; et ils ne porteront point de chapeau, de robe, de capote [ou redingote] et de souliers, qu'ils ne soient conformes à la Règle ». Voilà un sujet qui a fait couler beaucoup d'encre dans l'Institut depuis sa fondation jusqu'à nos jours !

Pour comprendre la signification de certains débats, parfois acerbes, sur des sujets aussi triviaux que le manteau, le chapeau et les bas (tricotés ou non), il faut remonter encore une fois au fondateur. Dans une méditation pour le VIIe dimanche après la Pentecôte, il rappelle que « cet habit simple et grossier donne un air de piété et de modestie, qui édifie le monde, et qui engage à une certaine retenue extérieure ceux qui le portent. C'est un habit saint, parce qu'il est une marque extérieure de l'engagement que ceux qui en sont revêtus ont contracté, de mener une vie sainte ». Il aide à acquérir un extérieur « édifiant », par lequel « vous devez être si recueillis, si modestes et retenus, qu'il paraisse véritablement que Dieu est en vous, et que vous n'avez que lui en vue dans votre conduite ». De plus, cet habillement — et c'est un élément très important — a été choisi comme « un habit qui ne fût ni ecclésiastique ni séculier » ; le changer ne ferait-il pas glisser vers l'un ou l'autre état ? Surtout, dans un *Mémoire sur l'habit* rédigé vers 1689, Jean-Baptiste de La Salle nous livre sa pensée sur « le changement en général », aussi bien dans les règles que dans l'habit ; il vaut la peine d'en donner des extraits, car ces remarques serviront longtemps d'arguments aux partisans du statu quo :

> Il y a peu de changements qui ne soient préjudiciables à une communauté particulièrement en choses qui sont tant soit peu de conséquence.

Les changements sont toujours une marque d'inconstance et de peu de stabilité. Cependant la stabilité dans les pratiques, usages et points de règles paraît un des principaux soutiens d'une communauté. Un changement en communauté donne occasion et ouverture à d'autres et laisse ordinairement de mauvaises impressions dans l'esprit de tous ou au moins d'une partie des sujets. La plupart des désordres et dérèglements qui sont arrivés dans les communautés ne sont venus que d'une trop grande facilité à admettre des changements.

C'est pourquoi c'est une maxime reçue de toutes les personnes qui ont expérience des communautés que, avant d'introduire quelque première chose dans une communauté, il faut beaucoup y penser et examiner avec soin les suites bonnes et fâcheuses qu'elle peut avoir. Mais, après l'y avoir établie, il faut être très circonspect pour ne la pas détruire que par une espèce de nécessité indispensable.

Peut-on s'étonner que, dans les discussions à propos de l'habit, plusieurs fassent ressortir « la nécessité de conserver dans l'Institut les règles primitives et les traditions : si l'on accordait ce changement, on créerait un précédent fâcheux »?[12]

Enfin, même si c'est parfois difficile, les frères doivent vouer « une estime toute particulière pour tout ce qui concerne la régularité, de quelque peu de conséquence qu'il paraisse » ; en conséquence, « chacun des Frères s'appliquera particulièrement à ne rien faire qui soit ou qui puisse être contre la régularité et le bon ordre de la Maison ». Quant à l'horaire journalier, par exemple, qui doit être le même dans tout l'Institut :

Règlement pour les exercices journaliers

4 h 30 : lever
4 h 45 : lecture de l'*Imitation de Jésus-Christ*

---

[12] « VIIe dimanche après la Pentecôte », *Méditations de S. Jean-Baptiste de La Salle à l'usage des Frères des Ecoles chrétiennes*, Paris, Procure générale, 1922, p. 204 ; *Mémoire sur l'habit*, cité par Rigault, *op. cit.*, I, pp. 163-164 ; *Registre C contenant les Procès-Verbaux des Chapitres Généraux* [...], 1874-1901, p. 128, AFECR, ED227.

5 h :   prières vocales (un quart d'heure), puis oraison
6 h :   messe, écriture, lecture
7 h 15 :   petit déjeuner (lecture de la *Conduite des écoles*) puis, à l'oratoire, récitation des litanies de l'Enfant Jésus
8 h :   classe (trois premières dizaines du chapelet)
11 h :   fin de la classe, étude du catéchisme
11 h 30 :   examen particulier, dîner (lectures), récréation
13 h :   récitation des litanies de saint Joseph et des trois dernières dizaines du chapelet (celui-ci a six dizaines)
13 h 30 :   classe
16 h :   enseignement du catéchisme (une demi-heure par jour)
16 h 30 :   prière du soir, cantiques
17 h :   fin de la classe, petit examen à l'oratoire, étude
17 h 30 :   lecture spirituelle, coulpe
18 h :   oraison
18 h 30 :   étude du catéchisme, *Sub tuum*
19 h :   souper (lectures), récréation
20 h 30 :   prière du soir
21 h :   dortoir
21 h 15 :   couvre-feu

Il y a des dispositions spéciales pour les dimanches et fêtes, pour les congés et vacances et pour le temps de la retraite annuelle. Ce cadre général de la journée d'un frère — nous avons suivi l'édition de 1852 des *Règles et Constitutions* : il a pu y avoir de petites modifications par après — ne laisse donc rien au hasard ou à l'initiative personnelle. Et, pour que chacun puisse se rappeler rapidement les exigences qu'il suppose, les *Règles et Constitutions* proposent une espèce de résumé facile à mémoriser des « choses [...] les plus essentielles de leur Institut » :

    1. *Quatre soutiens intérieurs* :

        L'oraison
        La présence de Dieu
        L'esprit de foi
        Le recueillement intérieur

2. *Quatre soutiens extérieurs* :

> La reddition de compte de conduite
> La coulpe journalière
> L'avertissement des défauts
> La manière de bien passer la récréation

3. *Dix commandements propres aux Frères des Ecoles chrétiennes*
« qu'ils doivent toujours avoir dans l'esprit pour les méditer, et dans le cœur pour les pratiquer, et qui doivent faire le sujet de leur examen »

> 1. Dieu dans votre Chef honorez,
>   Lui obéissant promptement.
> 2. Tous vos Frères vous aimerez,
>   En tout temps cordialement.
> 3. Les enfants vous enseignerez,
>   Très-bien et gratuitement.
> 4. Par esprit de Foi vous ferez
>   Tout, et pour Dieu uniquement.
> 5. A l'Oraison vous emploierez
>   Tout le temps prescrit fervemment.
> 6. A Dieu présent vous penserez,
>   Souvent intérieurement.
> 7. Votre esprit vous mortifierez,
>   Tous vos sens aussi fréquemment.
> 8. Le silence vous garderez,
>   Dans le temps, très-exactement.
> 9. Chaste vous vous conserverez,
>   Par un très-grand recueillement.
> 10. La pauvreté vous chérirez,
>   N'ayant rien volontairement.[13]

---

[13] *Règles et constitutions de l'Institut des Frères des Ecoles chrétiennes*, Versailles, Beau, 1852, xvi, 134 p ; voir aussi Rigault, *op. cit.*, I, pp. 435-539.

Tels doivent être les Frères des Ecoles chrétiennes: « Des pédagogues animés d'une foi intense, travaillant pour Dieu, ouvrant les âmes à l'action de la grâce, parce qu'elle les gouverne eux-mêmes tout entiers », et manifestant dans leur existence et leur extérieur austères la vie intérieure qui les anime.[14] C'est un idéal sublime que tous ne peuvent réaliser au même degré, il va sans dire.

II — Vivre la Règle au Canada

Malgré leur caractère rigide indéniable, les *Règles et Constitutions* n'en permettent pas moins certaines adaptations aux us, coutumes et climat des contrées nouvelles. Le frère Philippe le reconnaît quand il écrit au frère Aidant: « C'est à vous à pourvoir selon les besoins à ce qui regarde le vestiaire des frères et leurs autres nécessités. Faites-le sans gêne et sans scrupule, suivant votre âme et conscience, comme vous pensez que je vous l'accorderais si vous étiez ici ». Au début, le premier directeur du Canada n'utilise guère cette permission, puisqu'il écrit en 1842: « Jusqu'ici nous n'avons encore rien changé à notre régime; nos deux Américains suivent entièrement nos usages et ne parlent de rien; en conséquence, je suis résolu, de ne rien changer à moins d'une nécessité absolue ».[15] Mais la situation change avec l'augmentation des recrues canadiennes et américaines et la multiplication des maisons; le frère Aidant et encore moins le frère Facile n'hésitent plus à accepter des changements aux règlements de l'Institut, comme en fait foi

---
[14] *Ibid.*, VII, p. 76.
[15] Frère Philippe au Frère Aidant, 25 avril 1839, cité dans Frère Armin-Victor, *Rapport Sur le District de Montréal...*, 30 nov. 1875, AFECR, 411, 6-13; Frère Aidant au Frère Assistant, 1ᵉʳ déc. 1842, *ibid.*, 434, 1-3.

un document longtemps inconnu intitulé *Avis & permissions concernant la Communauté des Frères de Montréal*.[16]

D'ailleurs, ces deux supérieurs n'ont-ils pas été les premiers à reconnaître le bien-fondé de certains ajustements ? Sur le navire qui le transporte en Amérique, le frère Aidant accommode le règlement journalier aux circonstances : « nous nous levions au point du jour et ensuite nous faisions, dans notre chambre, la prière du matin, l'oraison, et nous entendions intérieurement la messe, puis nous récitions le chapelet, et faisions lecture spirituelle &... Après quoi nous nous promenions sur le pont, quand le temps le permettait. Dans l'après-dîné, nous faisions nos exercices comme le matin dans la chambre et après nous prenions encore un peu l'air sur le pont. Nous avons eu soin de ne lier conversation avec aucun passager, mais seulement de répondre en peu de mots aux personnes qui nous parlaient ». Il propose ces mêmes règles à tous les frères qui traversent en Amérique : « Il est inutile de leur donner le règlement que l'on donnât aux chers frères Zozime & Gélisaire, qui parle de la conduite que les frères doivent tenir dans les voyages d'outre-mer ; ces instructions sont probablement bonnes sur les navires français qui traversent la ligne ; mais je puis vous assurer qu'elles sont tout-à-fait inutiles sur les navires Américains ». Il conseille aussi aux frères de s'habiller « en séculier » ; les quatre pionniers de 1837 avaient gardé leurs habits religieux — du moins rien ne nous laisse supposer le contraire —, mais le visiteur connaît les inconvénients de la robe dans les milieux anglophones protestants et il voyage désormais « en séculier », aux Etats-Unis et au Canada anglais.[17] Rappelons aussi que, dès leur arrivée à Montréal en 1837, les frères doivent abandonner leur tricorne : « Les troubles récents qui agitent encore le pays portent Mgr. l'Evêque et Mr. Quiblier à inviter les frères à ne point porter

---

[16] Frère Aidant, *Avis & permissions concernant la Communauté des Frères de Montréal*, AFECM, T41.
[17] *Loc. cit.* ; Frère Aidant au Frère Assistant, 22 août 1843, *ibid.*, 434, 1-5.

25. L'habit. Photo de groupe prise à Longueuil en 1901, montrant bien la tenue obligatoire des frères, y compris le tricorne. AFECQ

leur tricorne jusqu'à ce que les esprits soient calmes. Les frères se rendent aux raisons alléguées par les Supérieurs ecclésiastiques : la crainte d'effaroucher les protestants, l'exemple du Clergé qui ne le porte pas encore, etc. les déterminent à agir ainsi ». Ils le reprennent en 1842.[18]

Durant la période qui nous occupe, les principales dérogations qui s'installent et qui scandalisent parfois certains visiteurs français concernent particulièrement l'habit, le manger, les « personnes du sexe » et le règlement journalier. Le climat rigoureux et le contexte anglo-saxon obligent les autorités à

---

[18] Frère Herménégilde, *Institut des Frères des Ecoles Chrétiennes. District de Montréal. Canada*, AFECR, 432a, 12.

accepter certaines modifications dans l'habit. Même après le retour définitif du tricorne, « le chapeau à haute forme, ou mieux le bicorne, est toléré provisoirement dans les Provinces maritimes et le Haut-Canada, à l'exception d'Ottawa, en attendant qu'il devienne possible d'y porter le tricorne »; partout, en hiver, on a un casque noir, simple mais convenable. Le manteau « en drap ou en serge » à manches pendantes se révèle beaucoup trop froid; on commence par le doubler pour finalement le remplacer par « un Capot en drap, ouaté » fourni par la maison de Montréal. Les bas tricotés, « en coton pour l'été et en laine pour l'hiver », éliminent définitivement ceux en étoffe et le Chapitre général de 1882 reconnaîtra aux provinces d'Angleterre et d'Amérique un droit de coutume acquis dans ce domaine. Des « brodequins lacés » remplacent les gros souliers à boucle. De plus, « on portera, en hiver, et par les temps pluvieux, des *Claques* en caoutchouc simples; s'il est nécessaire, on les prendra doubles; mais toujours dépouillées d'ornements et de ce qui les rendrait élégantes ». Enfin, on permet de porter le costume séculier. Il comprend, « outre le pantalon, qui ne doit pas être en drap fin, mais en drap semblable à peu près à celui de nos robes: a) Un gilet ou veste en drap, à collet montant; cette veste se boutonne jusqu'en haut. b) Un collet semblable au collet romain; seulement le col sera formé de deux morceaux, qui laisseront entre eux, sur le devant, un intervalle d'un demi-pouce environ. c) Une capote ou redingote, à collet montant, se boutonnant jusqu'en haut, comme celle portée par le clergé d'Amérique. Elles seront à manches pendantes, afin de pouvoir être portées par plusieurs, pour les divers voyages. Elles descendront au moins jusqu'au genou ». Mais les autorités prennent bien soin de rappeler que « le vêtement séculier n'est nécessaire, *tout au plus*, que dans les voyages; pour aller faire des courses en ville et pour les promenades hebdomadaires, on n'a besoin, *nulle part*, du vêtement séculier ». Bien plus, « toutes les fois qu'il est possible de faire un voyage en habit religieux, il n'y a pas à hésiter. Chacun doit faire les plus sérieux efforts pour nous délivrer de cette servitude et de ces dépenses ». Les frères, dans l'ensemble, se conforment assez bien à ces directives sur l'habit.[19]

Au dire de quelques-uns, il y a davantage d'accrocs à propos du manger. On sait que les *Règles et Constitutions* exigent la frugalité en tout temps et déterminent de donner, pour les jours de jeûne de la communauté, « six onces de pain à chaque Frère à la collation, avec du dessert » et, pour les jeûnes de l'Eglise, « quatre onces de pain à la collation, avec du dessert en petite quantité ». Le frère Aidant est le premier à constater que ces coutumes de l'Institut concordent mal avec le genre de vie en Amérique. Après le départ de cinq jeunes gens en 1838, il note : « notre régime est trop dur pour eux, étant habitués à prendre tous les matins le thé ou le café » et il juge les Canadiens « pas assez généreux pour faire des Sacrifices ». La même année, il souligne à un confrère : « La boisson ordinaire pendant les repas est le thé ou le café. On boit aussi le vin d'Europe, mais il est bien cher [déjà!]. Les ouvriers boivent ou du cidre ou de la petite bière et s'enivrent avec le rhum ou avec d'autres liqueurs fortes ». Si l'on en croit certains livres de compte, les frères eux-mêmes en viennent à boire de la bière au lieu du vin.

Le frère Facile se montre encore plus attentif aux différences alimentaires et à la difficulté de prendre à la lettre les prescriptions des Règles, surtout pour le jeûne. Il écrit à Paris : « Dans l'Amérique les frères n'ont pas de vin ni aucune boisson fortifiante, de l'orge grillée et bouillie compose leur boisson du matin et du soir, à midi de l'eau pure. Les jours de jeûne la collation ne paraît pas suffisante en suivant la règle, les 4 onces de pain n'étant rien vu la qualité inférieure du pain qui est mal fait, puis l'absence de boisson et en troisième lieu la rigueur du climat qui creuse beaucoup l'estomach [*sic*]. Je demande qu'il soit ajouté une tasse de café ». Il consulte les autorités religieuses

---

[19] *Vêtement*, s.d., AFECM, T27C16.

de Québec et promulgue les directives suivantes : « Pour les jours de jeûne soient [[*sic*] d'église ou autres ceux qui peuvent jeûner sans rien prendre ne prennent rien le matin et font la Collation à Midi un peu plus forte [dans un autre texte, il précise : « un dessert pour leur Collation et à la maison une soupe »] s'ils en sentent le besoin, puis ils dinent le soir, tout est régulier, mais il faudrait que toujours même ceux qui jeûnent allassent prendre une tasse de Café et quelques bouchées de pain le matin suivant la recommandation du Supérieur ; car nos frères ne sont pas assez forts pour tenir sans rien du tout sur la poitrine ; puis il leur faut un bon diner ». Car, dit-il « nous sommes dans un climat sévère et nous n'avons ni bon pain ni bonne viande en un mot nous avons peu de substitut ». De plus, il insiste pour que « ceux qui n'ont pas l'âge [ailleurs : « et peut-être aussi plusieurs de ceux qui l'ont »] [ne] jeûnent sous aucun prétexte, nous userons assez vite les santés sans cela ». Ils doivent donc avoir « leur repas le matin à l'ordinaire et ainsi de suite ».[20]

Profite-t-on de ces règles de bon sens pour s'accorder des aises, non seulement en temps de pénitence mais tous les jours ? C'est ce que prétendent les frères Abban et Armin-Victor. Le premier, qui a vécu plusieurs années en Europe (France et Angleterre), écrit en 1875 :

> Je suis effrayé de la bonne chère qui existe dans plusieurs de nos communautés, la Maison-Mère (Montréal) en tête. Une nourriture trop abondante et j'ajouterai trop recherchée : de la bière (je ne sais si on a cessé dernièrement) de très-gros desserts, des portions choisies aux goûts de tout le monde, c-à-

---

[20] Frère Aidant au Frère Anaclet, 22 mars 1838, AFECR, 432a, 11 ; le même à un Frère Directeur, 21 mai 1838, AFECM, T17C2 ; Frère Facile, *Un mot touchant les Pensionnats. Sur la boisson. Sur le Vestiaire. Sur les Orphelinats, sur la liste des Voeux*, s. d., *ibid.* ; le même au Frère Romon, 15 sept. 1854, AFECR, 454 ; le même au même, 27 fév. 1855, *ibid.* ; [Note sur le carême], s. d., *ibid.*

> d. de la viande pour celui-ci, du lait pour celui-là, du beurre pour un 3ème & &. De là l'abolition du jeûne en communauté, et je dirai presque de celui de l'Eglise, car sous prétexte que Nos chers Frères travaillent on obtient des dispenses et on fait jusqu'à 3 repas en gras par jour. On semble blâmer ceux qui se croient en conscience obligés d'observer les jeûnes. [...] N'est-ce pas ridicule de donner de la bière à des jeunes gens qui venant de la campagne n'en ont jamais bu, et qui connaissaient à peine le nom de cette boisson si funeste dans ses résultats. Ajoutez à ceci, les marinades & &. Avons-nous besoin qu'on nous excite à la gourmandise?

Le frère Armin-Victor est encore plus horrifié par ce qu'il voit et entend lors de sa première visite:

> Quant aux repas, on en a changé l'heure et l'ordre. On soupe le matin & l'on déjeune le soir. La raison en est que l'estomac des frères est trop chargé quand ils mangent de la viande le soir; le sommeil est troublé. Or, dans certaines communautés, il arrive, comme on pouvait le pressentir, qu'après avoir soupé le matin, on soupe encore le soir, mais par une raison d'économie; on prévient la perte de restes de viande qui menacent de se gâter. Il paraît que si l'on a ainsi dressé son intention, pourvu que d'ailleurs on ait soupé le matin, l'estomac devient tout à coup complaisant, et nul ne se plaint de la moindre insomnie.

Heureusement, dit-il, « trois communautés ont maintenu, malgré tout, nos usages ». Mais, continue-t-il, « les directeurs n'en sont pas mieux vus. Ils passent pour les tenants d'un régime bien déchu, tout au plus bon pour la France ».

Malgré un certain fond de vérité, les propos de ces deux censeurs sont trop alarmistes. Mais ils s'expliquent facilement. Le Régime vient de rappeler, en 1874, la frugalité exigée par « les Règles et les Circulaires des Supérieurs » et le Chapitre de 1875 dénonce lui aussi des « abus dans les repas, qui sortent parfois de la simplicité religieuse, par le nombre des plats et la variété des vins ». Le frère Irlide répète les mêmes mises en garde dans ses *Recommandations aux Frères Directeurs* en 1878 : « Bannir tout extraordinaire dans la nourriture, spécialement l'eau-de-vie et les liqueurs, en quelque circonstance que ce soit. Pour les Frères voyageurs et les parents des Frères, ajouter seulement un plat de viande, un ou deux desserts ». Quant au frère Armin-Victor, nommé pour corriger les séquelles de l'administration du frère Hosea, il se proclame lui-même homme de réforme — « en réalité, je m'appelle « La Réforme » — , attaché à la Règle et, nous l'avons vu, il soutient tout au long de son premier rapport qu'il « y a une Réforme à faire ». Pas surprenant qu'il déniche et condamne ce qu'il appelle « des pratiques insolites, qui n'étaient peut-être pas impérieusement imposées par les circonstances ». Une meilleure connaissance du district lui permet, par la suite, de nuancer ses premières impressions qui semblent avoir été influencées par les dénonciations du frère Abban.[21]

Le visiteur paraît sur un terrain plus sûr quand il parle des femmes employées dans la cuisine de quelques maisons. Les *Règles et Constitutions* sont claires : « On n'y [l'école] laissera entrer ni fille, ni femme, pour quelque cause que ce soit, à moins que ce ne soit pour visiter les enfants pauvres, et qu'elles ne soient accompagnées de M. le Curé de la Paroisse, ou de quelque autre Ecclésiastique chargé du soin des pauvres de la Ville ». Or, que voit-il dans certaines communautés ?

> On n'avait pas de frère pour faire la cuisine ; on disait que les hommes ne savaient pas préparer convenablement & avec éco-

---

[21] Frère Abban au Frère Assistant, 3 juin 1875, AFECM, T28C12-1 ; Frère Armin-Victor, *Rapport Sur le District de Montréal...*, 30 nov. 1875, AFECR, 411, 6-13 ; *Registre des délibérations du Conseil du Régime commencé en janvier 1856*, séance du 4 août 1874, p. 192, AFECR, EG430-2 ; *Registre C contenant les Procès-Verbaux des Chapitres Généraux...*, p. 78, ibid., ED227 ; *Recommandations du Très-Cher Frère Irlide, aux Frères Directeurs*, août 1878, AFECM, T27C55 ; Frère Armin-Victor au Frère Irlide, 17 janv. 1876, AFECR, 411, 7-3.

> nomie les aliments ; en conséquence, on admit d'abord des femmes âgées à la cuisine, puis il y en eut de plus jeunes, puis on les fit coucher dans quelque chambrette voisine de la cuisine, puis elles pénétrèrent tout à fait, même pour la nuit, à l'intérieur des appartements occupés par les Frères. Elles étaient si pieuses! si réservées! si honnêtes!... Peu à peu elles s'immiscèrent dans les affaires de la Communauté et se firent le centre des informations. Elles savaient les petites contrariétés, survenues entre les Frères & le Directeur ; elles s'informaient des avertissements du Vendredi, et parvenaient à entretenir, sinon à provoquer la discorde. Quelques-unes, lors du passage du Visiteur, durent opiner dans le règlement des affaires. Il eût fallu les entendre en reddition. [...] Pourtant les choses devinrent plus graves. Il y eut des Frères qui abandonnèrent la communauté avec ces femmes & ne reparurent plus. D'autres eurent avec elles des relations nocturnes du caractère le plus grave.

« Abus si criants, dit-il, que les protestants en étaient scandalisés ».

Dès sa première visite de 1875, le frère Armin-Victor rappelle la Règle et exige qu'on s'y conforme. La plupart obtempèrent immédiatement « devant l'énergique affirmation d'une volonté qui ne fléchirait pas ». Dans deux ou trois cas, il permet une dérogation temporaire, « le temps de chercher autour d'eux des hommes capables de faire le service ». C'est le cas d'Ottawa, par exemple, où le visiteur doit rappeler ses exigences. Mais, conclut-il triomphalement, « le principe est admis, l'exécution sera prochaine ». Il doit néanmoins avouer, plus tard, que « les femmes ont encore une porte d'entrée dans nos maisons. On me dit qu'il est impossible de faire laver les planchers, sinon par elles. Certains directeurs les regrettent pour la cuisine. J'ai besoin de l'appui et des lumières du Régime ». Il ne parle plus de scandale, cependant.[22]

---
[22] *Règles et constitutions...*, p. 26; Frère Armin-Victor, *Rapport Sur le District de Montréal...*, 30 nov. 1875, AFECR, 411, 6-13; le même au Frère Patrick, 26 avril 1876, *ibid.*, 412, 11.

En sera-t-il de même pour le règlement journalier qui « a subi des modifications profondes, & qui ne sont marquées ni au coin de la sagesse ni à celui de l'esprit religieux » ? Dans ce domaine, les reproches du visiteur peuvent se résumer en un seul énoncé : des dérogations à l'horaire entraînent le désordre dans les communautés et l'oubli d'importants exercices de piété. Le début de la classe constitue le nœud du problème : dans certaines écoles, assure-t-il, « la classe commence à 9 heures » et elle se termine, « suivant le caprice de chacun », à 11 h 30, 12 h ou 12 h 15. Dès lors, tout est chambardé. Le matin, « on se débarrasse des offrandes en l'honneur de la Sainte Enfance [il s'agit d'une prière] et du *Credo* immédiatement après la messe », pour ne pas avoir à revenir à la chapelle. Aussi, au moment d'aller enseigner, « la communauté présente assez bien l'image d'une classe en désordre. Chacun s'en va comme & quand il veut ». Le retour se fait « à peu près comme on est parti ». Il faut par conséquent déplacer l'heure de l'examen particulier : « plusieurs communautés le font vers midi ; d'autres à huit heures du matin, d'autres à 4 1/2 de l'après-midi ; quelques frères, dits des pensionnaires, à 9 heures du soir ». Ce n'est pas mieux dans l'après-midi : « Le Quicumque [prière à saint Joseph] est dit après l'examen, ce qui dispense de se rendre à la chapelle avant de partir pour la classe. Pas de récréation. *Vers* une heure, après avoir vagué et divagué à la maison, à la guise de chacun, on commence la classe ».

Des coutumes et prières disparaissent : « nul ou à peu près ne lit dans le nouveau Testament avant l'école », on y perd son temps, sans se soucier « des imprudences, pour ne rien dire de plus ». On escamote le chapelet le matin et, le midi, « comme certains quartiers sont éloignés de la maison, on a dispensé les Frères de réciter le chapelet en se rendant en classe à une heure. On a dit qu'il faut à ces frères du temps pour la récréation, dont tous les autres, d'ailleurs, sont affranchis. Comme ces frères ne disent pas de chapelet à une heure, ils n'en disent guère non plus dans les autres moments, et voilà que la porte est ouverte à la destruction de cet usage ». Le frère Abban, pour sa part, prétend qu'on « ne fait plus de pénitences publiques, plus d'exercices de mortifications extérieures, ni d'humiliations » ; mais le visiteur ne retient pas ce reproche.

A ces considérations générales, qui laissent supposer que ces faiblesses se rencontrent dans plusieurs communautés, le frère Armin-Victor ajoute des détails sur certaines maisons. A Saint-Jean, Nouveau-Brunswick, « toute vie était suspendue. On m'attendait, voulant savoir si la Règle existait encore ». A Ottawa, avec la meilleure volonté du monde, le frère Andrew bouscule l'horaire : « Sans rien dire à personne, il a imaginé de faire lever ses frères à 4 h 1/4, de dire le chapelet à 5 h du matin, avant l'oraison, de commencer les exercices, le soir, à 4 h 1/2, et de donner de la viande trois fois par jour ». Mais c'est la communauté de Québec, dirigée par le frère Aphraates, qui le déçoit le plus : alors qu'elle brille tant au point de vue intellectuel et qu'elle devrait « servir de modèle aux autres », « la discipline religieuse y [est] très relâchée. Le f. Aphraates croit que c'est nécessaire. Je crois que c'est nuisible ». Des « frères légers » de Trois-Rivières ne se plaignent-ils pas, « en rappelant les douceurs des autres Régimes, notamment celui du F. Aphraates à Québec » ? Et, au noviciat, ne donne-t-on pas « le mauvais exemple » en ne respectant pas le règlement journalier ?

Cette « déficience » dans la formation des futurs frères, le visiteur ne la retient pas comme une cause importante de l'irrégularité généralisée ; il accuse plutôt le climat, qui a servi de prétexte, et l'administration locale. La rigueur de l'hiver a nécessité, nous l'avons vu, une délégation de pouvoirs quant au vestiaire ou autres nécessités. « Soit que l'on ait considéré cette parole comme une délégation assez générale pour autoriser d'autres dispenses, soit pour toute autre considération, toujours est-il qu'on a laissé s'introduire successivement divers abus très graves, trop universels pour n'avoir pas été autorisés au moins verbalement, trop contraires aux Règles pour avoir été sanctionnés par les Supérieurs ». Voilà, aux yeux du frère Armin-Victor, l'origine de la détérioration de la situation. Les premières années, on a fait un usage « prudent et discret » de ces pouvoirs, « mais ce qui était bon, indispensable même pour le début, devenait dangereux pour la suite. Il est peut-être regrettable que l'on n'ait pas, dès lors, consacré les exceptions nécessaires, imposées par le climat ou les mœurs, pour rentrer ainsi dans le droit. En diminuant l'arbitraire du visiteur, on eût consacré la Règle et les usages particuliers, et l'autorité, plus contenue, eût été même sauvegardée ». Car l'arbitraire des visiteurs a poussé les directeurs à « faire également de l'arbitraire... Et pourquoi les inférieurs auraient-ils tant hésité à secouer le joug à leur tour ? »

Cette situation devient critique pendant l'administration du frère Hosea, par les « dissentiments graves » qui éclatent entre lui et le frère assistant et qui « se traduisaient publiquement devant les Frères assemblés, & pour le malheur de tous ». On a perdu confiance : « Il était admis, qu'en l'absence du f. Visiteur, ses lettres étaient ouvertes par le Directeur de la maison [de Montréal], qui répondait, et prenait les mesures administratives qui lui paraissaient convenables. Les autres directeurs et les Frères ne se sentaient pas enclins à exposer ainsi les affaires délicates de leurs maisons ni leurs affaires personnelles aux regards et peut-être aux indiscrétions de ceux qui n'avaient pas le droit d'en connaître ». Résultat : « Et comme pourtant il faut se décharger d'une peine, on écrivait à des amis au lieu d'écrire au Chef. De là, une démangeaison d'écrire, telle que tout ce qui se dit ou se fait à une extrémité du district est connu à l'autre extrémité au bout de quelques jours ». On oublie le principe hiérarchique : les frères traitent directement avec le visiteur, sans passer par leurs directeurs qui eux-mêmes s'adressent à l'assistant par-dessus la tête de leur supérieur immédiat. C'est la pagaille : « De même que les Directeurs se flattaient (sans doute plus que la vérité ne l'aurait souffert) d'avoir, par leurs plaintes à Paris, fait changer le Visiteur [Hosea], les inférieurs auraient de la tendance à demander le remplacement de leurs directeurs ou, tout au moins de les supplanter sur place ». Ce n'est guère surprenant, car « la plupart des Directeurs, qui déjà sont fort au dessous de leur mission à tant d'égards », sont mal préparés à leur tâche : « On ne leur a fait depuis longtemps aucune conférence pour leur rappeler leurs devoirs spéciaux. Comment pourraient-ils remplir leur charge avec zèle ? » Voilà pourquoi, conclut le frère visiteur, « ce n'est pas la Règle qui est la loi ; c'est le caprice ».

Ce sombre tableau est celui d'un homme hanté par la Règle et qui croit profondément, comme plusieurs de ses confrères, à la justesse des paragraphes 2, 3 et 4 du chapitre sur la régularité :

> 2. Les Frères donc auront une estime toute particulière pour tout ce qui concerne la régularité, de quelque peu de conséquence qu'il paraisse, la regardant comme étant pour eux le premier moyen de sanctification ; parce que c'est en cela qu'ils trouvent le principal secours pour leur faire observer les Commandements de Dieu, et le principal appui contre toutes les tentations des démons, quelque violentes qu'elles soient, et parce que Dieu y attache particulièrement ses grâces.
> 3. La régularité est aussi le premier soutien des Communautés, qui est tel qu'elle les rend inébranlables tant qu'elle subsiste ; et l'irrégularité est la première source de leur destruction, et de la perte des sujets qui en sont les membres. [...]
> 4. Chacun des Frères s'appliquera particulièrement à ne rien faire qui soit ou qui puisse être contre la régularité et le bon ordre de la Maison. Et pour cet effet, tous feront cas de manquer à un petit point de régularité ; voulant faire en tout, et très-exactement, la volonté de Dieu, qui leur est marquée par les Règles et les Pratiques de leur Institut.

En dénonçant les irrégularités, qu'il a constatées ou dont on lui a fait part, et en exigeant une réforme, il se situe donc dans le droit fil de la spiritualité de son Institut et des rappels du Chapitre général de 1874. C'est ce qui explique son insistance à dénoncer tout ce qui s'éloigne le moindrement des *Règles et Constitutions*.

Mais, comme d'ailleurs les frères Abban et Réticius, il laisse poindre des lueurs d'espoir dans ce ciel si sombre. A plusieurs reprises, il souligne la bonne volonté qu'il rencontre partout — seul le Directeur de Charlottetown se montre « peu convenable » à son égard — et il assure même avoir rencontré « *dans toutes les maisons* [nous soulignons], des hommes dans lesquels habite l'esprit de Dieu, nourri du suc de la vraie doctrine, qui ont les regards tournés vers le ciel & vers ceux qui doivent les aider à y parvenir, n'attendant qu'un signe pour courir à l'accomplissement de leurs desseins ». Non seulement est-il assuré « du concours de tout ce que nous avons d'hommes sérieux, *et ils sont encore nombreux* [nous soulignons], Dieu merci », mais « les tièdes eux-mêmes paraissent désirer de revenir à la Règle, se rappelant le bonheur dont ils ont joui alors qu'ils l'observaient ». C'est aussi le sentiment du frère Abban qui note : « Il reste encore un désir véhément au fond du cœur des bons ff. et surtout des plus anciens. [...] Je crois que si on consultait sur ce point-ci [d'une Règle plus stricte], on aurait l'assentiment de la majorité qui gémit de se voir aller en déroute, et qui n'attend que le signal pour se rallier au Drapeau du devoir ». En 1880, après avoir rappelé les efforts de ses prédécesseurs Armin-Victor et Albanius, le frère Réticius écrit : « grâce à Dieu, notre cher et bien-aimé District compte un nombre relativement considérable d'excellents sujets qui, j'en ai la douce confiance, deviendront les instruments de notre restauration et de notre salut. Ces enfants du Vénérable de La Salle, disciples fidèles et reconnaissants des chers frères Facile, Pastoris et Liguori, de sainte mémoire, seront le levain mystérieux qui, sous la motion de Dieu, échauffera la masse et communiquera la vie surnaturelle et l'esprit religieux, à tous les membres de notre humble Famille ». Il se fait alors l'écho et le continuateur du frère Armin-Victor qui conclut son rapport en disant espérer que le district de Montréal « doit et peut devenir le modèle des autres par la Régularité ». D'ailleurs, « malgré tout », l'enseignement lasallien n'est-il pas déjà « partout goûté, et les frères universellement estimés » ? Comme on est loin de l'apocalypse que laissent soupçonner certains paragraphes de leurs rapports!

Que nos trois censeurs n'en continuent pas moins de parler de «laisser-aller» généralisé, de «décadence de l'esprit religieux» et d'«effondrement qui nous épuise et nous tue» ne doit guère nous surprendre. Vivant eux-mêmes toute la rigueur de la Règle de l'Institut, ils n'acceptent pas qu'on puisse s'en écarter d'un iota et ils veulent convaincre les autorités de Paris de les aider à entreprendre une réforme nécessaire. D'ailleurs, le frère Armin-Victor n'est-il pas déjà perçu, avant son arrivée, comme un réformateur? «On avait surtout cette idée avant que je vienne. On commence à me dire que l'on avait redouté un gouvernement plus rude». (Il est vrai qu'à ce moment le frère Patrick, assistant, lui a conseillé discrètement de mettre la pédale douce et d'agir *fortiter et suaviter*!) Enfin, ils veulent, par des mesures adéquates, endiguer les défections de frères et prévenir une détérioration morale.[23]

Ces deux derniers points méritent considération. Le visiteur Armin-Victor constate que «les Frères qui ont des voeux s'affranchissent trop facilement de leurs engagements» et il recherche «à quoi tiennent un si grand nombre de défections parmi les Frères qui ont des voeux». Une bonne partie de son rapport n'est qu'une réponse à cette question, mais il n'est jamais explicite sur le nombre de sorties qu'il déplore. Le frère Abban s'interroge lui aussi sur les «pertes des vocations [...] très nombreuses»: «D'où cela provient-il? [...] Comment se fait-il que beaucoup de sujets autrefois marquants et sur lesquels on pou-

---

[23] *Règles et constitutions...*, pp. 42-43; Frère Abban au Frère Assistant, 3 juin 1875, AFECM, T28C12-1; Frère Armin-Victor, *Rapport Sur le District de Montréal...*, 30 nov. 1875, AFECR, 411, 6-13; Frère Réticius au Frère Irlide, 30 oct. 1880, *ibid.*, 411, 8; Frère Armin-Victor au Frère Assistant, 26 avril 1876, *ibid.*, 412, 11.

vait compter, désertent aujourd'hui nos rangs ? » Sa réponse est la même : « on ne tient pas à l'observance de la règle » et les frères plus vieux « ayant fait leur devoir [...] se croient dépréciés et moins considérés que des jeunes gens qui parfois ne sont que des sources de peine et de tracas dans les communautés ». Mais la lettre du directeur de Chambly ne contient aucun chiffre ni détail concret. Le frère Réticius est encore plus vague.

Ont-ils raison de s'alarmer et le mouvement de sorties des frères est-il aussi grand qu'ils le laissent soupçonner ? Seuls les chiffres peuvent nous aider à répondre ; nous les avons trouvés dans un document conservé aux archives de Rome et déjà cité.

LES SORTIES DE FRERES, 1837-1880

Années		Frères		
	P	T	A	total
1837-1846	0	12	0	12
1847-1856	8	45	0	53
1857-1866	3	12	1	16
1867-1876*	7	9	4	20
1877-1880	3	2	2	7
	21	80	7	108

Pendant les termes des frères Facile et Hosea

| 1848-1861 | 10 | 55 | 0 | 65 |
| 1868-1875* | 4 | 7 | 2 | 13 |

* Les chiffres pour 1870 manquent
P = avec voeux perpétuels (profès)
T = avec voeux triennaux
A = avec voeux annuels

Si l'on ajoutait les 930 sorties de novices (y compris celles de l'année 1881) recensées par François De Lagrave, le grand total serait beaucoup plus impressionnant.

S'il y a des sorties « massives », elles se situent entre 1848 et 1856, avec une moyenne de 5,3 par année et des pointes de 9, 11 et 9 en 1849, 1850 et 1852; en 1850, il y a même 4 profès qui sortent, ce qui ne se verra plus avant 1893. Et pourtant on ne s'en inquiète que peu alors. Pourquoi? Le district en est encore à ses débuts, plusieurs frères ne peuvent s'adapter aux conditions parfois difficiles d'une fondation de maison et, plus encore, nous l'avons vu, plusieurs ont reçu une formation déficiente. Ces raisons, bien connues des autorités, les empêchent de prendre panique.

La décennie suivante se caractérise par une stabilité plus grande — moins de 2 sorties par année — qui se prolonge jusqu'en 1872 (1 sortie par année). Le nombre augmente en 1873-1875, mais assez peu: 4, 3 et 4, mais comme ce sont surtout des profès (4 dont 3 en 1873) et des frères à voeux triennaux (5) et qu'ils quittent dans les années les plus difficiles de l'administration du frère Hosea, on peut comprendre certaines craintes des réformateurs, mais elles sont quand même exagérées. Les sorties ne sont qu'un argument de plus pour accabler le visiteur déjà sur la sellette.[24]

En revanche, nos témoins sont d'une grande discrétion quand il s'agit de la détérioration morale, notamment dans le domaine de la chasteté, qu'ils semblent néanmoins redouter. Avant tout, il faut rappeler les prescriptions sévères du chapitre XX des *Règles et Constitutions* : « Les Frères qui auront fait Voeu

---

[24] Frère Armin-Victor, *Rapport Sur le District de Montréal...*, 30 nov. 1875, AFECR, 411, 6-13; Frère Abban au Frère Assistant, 3 juin 1875, AFECM, T28C12-1; *District de Montréal, Historique*, AFECR, 432a,1.

de chasteté, et ceux qui se disposent à le faire, doivent être persuadés que l'on n'en tolérera aucun dans l'Institut en qui il ait paru ou en qui il paraisse quelque chose d'extérieur contre la pureté ». On leur recommande donc instamment la sobriété dans le manger et le boire, « surtout à l'égard du vin, ennemi de la chasteté » ; une grande pudeur ; beaucoup de prudence dans leurs relations avec leurs confrères et les écoliers :

> 6. Ils ne se toucheront point l'un l'autre, même par jeu ou par quelque chose de familiarité ; ce qui est très-indécent, et contre le respect qu'ils se doivent, aussi bien que contre la pudeur et la modestie.
> 7. Ils ne toucheront pas leurs Ecoliers par badinerie ou par familiarité ; ils ne les toucheront point au visage.

On retrouve un écho de ces règles sévères dans une directive du frère Armin-Victor à un frère de Québec : « Vous avez dû comprendre en lisant ma lettre que je ne voulais pas vous reprocher *des fautes*, mais vous signaler des imprudences. Aimez vos élèves selon Dieu, c'est votre devoir, ne leur permettez pas de se trop rapprocher de vous, et ne leur donnez ni caresses ni autres marques analogues de tendresse ». Le visiteur s'inquiète aussi des petits pensionnats qui, lui a-t-on dit, occasionnent « la perte des vocations ». Il tient à les conserver, car ils sont très populaires et ils fournissent des postulants à la communauté, mais il reconnaît qu'ils « manquent d'organisation, ce qui explique les dangers que courent les frères des pensionnats ». Il conclut donc « qu'il faut conserver en améliorant », mais il n'a pas l'occasion de revenir sur le sujet. Le supérieur général Irlide se range à son avis quand il écrit au frère Albanius, en 1879, de donner « un personnel et plus nombreux et plus vertueux » aux pensionnats et qu'il ordonne :

> 4° Vous ne devez jamais placer dans un internat des Frères qui aient laissé à désirer sous le rapport de la prudence et de la réserve, dans leurs relations avec les élèves.
> 5° Soyez très-exact à renvoyer de l'Institut, tout sujet qui tombe dans le cas prévu par nos Saintes Règles, chap. XX. n° 1.

Armin-Victor n'en est pas moins l'un des seuls, avec le frère Réticius, à parler, quoique discrètement, des fautes contre la chasteté. Nous avons déjà vu comment il dénonce à Saint-Sauveur un « renégat » qui a donné « le scandale de relations inavouables avec une créature que peut-être il avait rencontrée alors qu'il portait encore nos livrées » et ailleurs « des Frères qui abandonnèrent la communauté avec ces femmes [travaillant à la cuisine] & ne reparurent plus ». Le remède à ces fautes commises avec les « personnes du sexe » réside pour lui dans le respect total de la Règle. Son rapport et sa correspondance font connaître quelques cas de fautes avec les enfants. Le meilleur exemple, qui révèle d'ailleurs que le visiteur est beaucoup plus souple dans ses actes que dans ses écrits, concerne ce directeur de maison (avec petit pensionnat) qu'il doit déplacer parce qu'il est accusé « de fautes contre les mœurs ». Celui-ci est dénoncé par un témoin sûr et le vicaire de la paroisse, dont le visiteur détruit les lettres et les documents comme il l'avait promis. Le frère Armin-Victor va visiter le coupable au début de janvier 1876 et le ramène à Montréal où, assure-t-il, il le traitera « avec beaucoup de bonté », car il est « un peu affecté ». Il fait le déplacement d'une manière si discrète qu'un frère lui écrit pour lui demander le sens de ce mystère ; le visiteur lui répond :

> il n'y a rien de mystérieux dans tout cela, tout bonnement, j'ai fait un acte administratif dont je n'ai rendu compte à personne si ce n'est aux supérieurs. Le c. f. [...] qui a inspiré si justement une très sympathique estime à ses élèves, aux familles et au clergé n'a subi aucune condamnation ni dégradation. Il est ici, jouissant de beaucoup de considération, assuré d'affection et de respect. Je ne crois pas qu'il se plaigne. Si pourtant vous avez quelques recommandations à me faire à son sujet, je les recevrai avec plaisir et reconnaissance. Elles ne détourneront aucune trame dont je connaisse l'existence, mais elles pourront servir à empêcher d'en ourdir dans le cas où les mauvaises langues voudraient répandre leur venin sur un homme dont la réputation et la popularité sont si bien établies.

Dans un autre rapport d'avril 1876, le visiteur cite plusieurs autres cas: deux frères, dont « ce français de Liverpool qui est à Longueuil », à qui il a fait « de grosses miséricordes » comme à celui dont il est question plus haut; un frère d'Halifax « que nous n'avons pas poussé dans ses derniers retranchements »; un autre « qui, dans ses fonctions d'infirmier, il y a quelques mois, a mal édifié un postulant, mais qui a réparé; deux postulants, mais qui se sont fait connaître eux-mêmes, par ordre du confesseur ». Il commence à douter de son indulgence et il demande au frère assistant « si, en cela, j'ai manqué de sagesse ou de fermeté ».[25]

Nous n'avons pas la réponse de Paris, mais le frère Albanius continue la même politique. Au grand désespoir du frère Réticius qui le juge sévèrement: « Sur ce point, mon très vénérable Frère, nous différons, le ch. f. Visiteur et moi, complètement de principe et de conduite; [...] Sous prétexte que nous avons besoin de sujets, il a reçu des jeunes gens inaptes, conservé des religieux indignes. Pour lui, c'est le nombre qui est principal; la qualité ne semble que secondaire ». Il faut donc une « épuration » et le frère Réticius la commence en appliquant « à sept sujets — cinq profès — l'art. 1 chap. XX » sur la chasteté. « Or, dit-il encore, il n'est guère possible que ces malheureux n'aient été connus du ch. f. V., d'autant plus qu'il a fait une enquête spéciale sur trois d'entre eux. En 1879, il sollicitait l'admission aux voeux triennaux d'un sujet qui avait commis les plus graves imprudences, qui n'avait rien de religieux; mais c'était, disait-il, un bon maître ». Cette tolérance, assure-t-il, est « la

---

[25] *Règles et constitutions...*, pp. 50-52; Frère Armin-Victor au Frère Nivard, 7 déc. 1875, *Correspondance du Frère Armin-Victor*, p. 13, AFECM; le même à un Directeur, 4 janv. 1876, *ibid.*, p. 115; le même au Frère Stephen, 11 janv. 1876, *ibid.*, pp. 124-125; Frère Irlide au Frère Albanius, 21 avril 1879, AFECM, T28C21-4; Frère Armin-Victor, *Rapport Sur le District de Montréal...*, AFECR, 411, 6-13; le même au Frère Assistant, 26 avril 1876, *ibid.*, 412, 11.

raison — une des raisons — de nos difficultés » et il prône donc en principe que « nous devons […] renvoyer impitoyablement tous les indignes ».

Malgré tout, dans ce domaine comme dans celui de l'obéissance et de la régularité, on ne saurait, sans exagération ou figure de style, parler de « décadence » ou d'« effondrement ». Qu'il y ait des frères fautifs, tous le reconnaissent, tout en appliquant des remèdes différents: avec sévérité dans le cas des visiteurs Armin-Victor et Réticius, avec tolérance (sinon un peu de mollesse) chez les frères Hosea et Albanius. De là un certain malaise, puisque, dans les communautés mêmes, il y a des partisans du tout ou rien, ou de la tolérance. Dans les dernières décennies, a-t-on dégénéré par rapport aux années du début? On ne reconnaît plus l'esprit d'il y a 20 ans, prétend le frère Abban. Il faut se garder de prendre à la lettre ces comparaisons faciles avec le temps des origines: les communautés religieuses ont naturellement tendance à regarder la période des « saints fondateurs » à travers un miroir déformant. Dans le cas des frères, il est sûr qu'après 1865 environ, où le district de Montréal se stabilise, n'existe plus le même élan créateur et l'enthousiasme utopique qui faisaient accepter, avec leurs dangers et leurs difficultés, des fondations éparpillées d'un bout à l'autre de l'Amérique. Mais ces « temps héroïques » ont connu eux aussi leurs faiblesses: sorties très nombreuses, ajustements plus ou moins licites à la Règle (ceux mêmes que dénoncera le frère Armin-Victor plus tard…).

Stabilisation ne signifie pas tiédeur. Nous l'avons vu: à son départ de Montréal en 1868, le frère Liguori vante encore le concours empressé des directeurs et le zèle que les frères « apportent à l'accomplissement de leur noble et difficile mission ». Et il ajoute: « Je suis heureux de reconnaître qu'ils se sont toujours montrés dociles et empressés pour le bien ». Que pendant l'administration de son successeur Hosea les choses se détériorent un peu, il faut bien l'admettre, mais ne parlons pas de catastrophe ou de désastre. Le frère Armin-Victor lui-même est bien nuancé, quand il n'écrit pas à ses supérieurs, mais à un ami de Rouen : « Je me suis applaudi d'avoir mis ma mission sous la protection de notre vénérable Père. Il me semble que ce n'était pas sans besoin, et j'ai lieu de croire que ce n'a pas été sans beaucoup de fruit. [...] Nos Frères ont très bon esprit ; ils jouissent de l'estime du Clergé et des populations, mais ils sont si jeunes ! [...] Il y a eu de l'improvisé et il reste une dose plus que raisonnable d'inexpérience ».

Voilà la note la plus juste de ce Caton moderne : la jeunesse, l'inexpérience, nous ajouterions une formation parfois insuffisante et l'isolement dans des centres éloignés expliquent des faiblesses, peu nombreuses à la vérité, puisqu'elles ne transpirent même pas en dehors de la communauté. C'est pourquoi les Frères des Ecoles chrétiennes conservent encore leur image de religieux austères, qu'une Règle sévère tient retirés du monde et confinés dans leurs écoles. Mais la régularité n'est pas toujours facile et il ne faut pas s'étonner de voir certains d'entre eux vivre le paradoxe énoncé par saint Paul : « le bien que je voudrais, je ne le fais pas ; et je commets le mal que je ne veux pas » (Rom. VII, 19).[26]

---

[26] Frère Réticius au Frère Irlide, 30 oct. 1880, *ibid.*, 411, 8 ; Frère Abban au Frère Assistant, 3 juin 1875, AFECM, T28C12-1 ; *Origine...*, (copie dactylographiée), pp. 75-76, AFECM.

X

PAUVRETÉ ET BIENS MATÉRIELS

C'est Eugène de Mazenod, le fondateur des Oblats de Marie Immaculée, qui a le mieux exprimé la différence entre la pauvreté personnelle des religieux et les conditions économiques nécessaires à l'apostolat d'une communauté : « quoiqu'on ne soit pas exigent [sic] pour des ouvriers evangeliques, il faut néanmoins qu'ils soient a l'abri du besoin. Les sujets ne doivent pas s'occuper de cela parce qu'ils doivent se plaire dans la pauvreté, mais la sollicitude des Superieurs [...] doit précisément a cause de cela, s'en occuper pour que tout soit toujours bien ordonné ».[1]

---

[1] Mgr de Mazenod à Mgr Bourget, 13 avril 1842, cité dans Gabriel Dussault, *Charisme et économie*, Québec, Université Laval, Département de sociologie, 1981, p. 64.

On retrouve le même esprit chez les autorités lasalliennes. Depuis toujours, elles insistent sur la nécessaire pauvreté des membres; saint Jean-Baptiste de La Salle est le premier à noter que «l'étroite observance du voeu de pauvreté est un des plus grands avantages qu'on puisse procurer aux maisons religieuses. Nos Frères, ajoute-t-il, ne se soutiendront dans la voie du salut et ne feront le bien parmi les enfants qu'autant qu'ils seront pauvres: ils perdront, au contraire, l'esprit de leur état et ils penseront à rentrer dans le monde dès qu'ils travailleront à se procurer les choses non nécessaires à la vie».[2] Après lui, supérieurs et prédicateurs rappellent régulièrement que «le religieux [lasallien] qui a l'esprit de pauvreté n'a rien en propre, rien qui soit à lui, rien qui lui appartienne personnellement. Il a renoncé à tout ce qu'il possédait ou pourrait posséder dans le monde. Et si, par permission de ses Supérieurs, il est encore de fait propriétaire, de quelque héritage, etc., il est toujours prêt à se dessaisir de tout, si la congrégation à laquelle il appartient lui en faisait un devoir».[3] Et la *Règle du gouvernement* inclut, parmi «les moyens pour conserver cet institut dans son esprit primitif», «une grande estime pour la pauvreté, la regardant comme l'un des pricipaux soutiens de la vie religieuse, et les défauts qui lui sont opposés comme sa perte et sa ruine. Pour la rendre parfaite, les Frères doivent la faire éclater généralement en tout ce qui peut être à leur usage. Ils ne posséderont rien en propre, et ils ne recevront aucune rétribution des écoliers ni de leurs parents. Ils ne pourront user d'aucune chose temporelle sans permission». Mais avec la même régularité et insistance, les autorités ordonnent de «n'accepter aucun établissement s'il n'offre le nécessaire aux Frères suivant les usages de l'Institut» et elles détaillent ces exigences minimales dans un chapitre de la *Règle du gouvernement* et dans le *Prospectus Pour*

---

[2] Cité dans Frère Albanius, *CONFERENCES données à la retraite de 1878, à Montréal*, 2ᵉ cahier, p. 18, AFECM.

[3] *Ibid.*, p. 35.

Un Etablissement de Frères des Ecoles chrétiennes dont nous avons déjà parlé plusieurs fois.[4] Les frères peuvent dire comme le père Etienne Champagneur, des Clercs de Saint-Viateur: « Pour faire le bien, il faut des moyens ».[5]

Ces moyens, ils les reçoivent sans cesse des sulpiciens de Montréal et de la plupart des autres employeurs. Et grâce à une administration prudente et à une vie frugale et pauvre, ils affichent régulièrement un surplus des recettes sur les dépenses qui ne les classe pas parmi les grands propriétaires — en fait, ils ont peu de propriétés —, mais les met à l'abri des problèmes financiers. Même si, en 1880, le frère Réticius trouve moyen de juger catastrophique la situation du district de Montréal.

I — A Montréal, des fondateurs généreux

Au point de vue financier, la fondation montréalaise commence sous les meilleurs auspices malgré des engagements plutôt flous au début:

> Art. 4. La pension des frères sera payée d'avance et par trimestre et fixée au prorata de la valeur des denrées &ᵃ, prenant Paris et la pension que les frères y reçoivent pour terme de comparaison. [...]
> Art. 5. La somme pour le trousseau sera également fixée d'après le prix des toiles, étoffes, meubles, &ᵃ &ᵃ comparé à celui de Paris [...]

Les employeurs paieront également « les frais de voyage des frères pour revenir en France et ceux de leurs remplaçants ».

---

[4] *Règle du gouvernement de l'Institut des Frères des Ecoles chrétiennes*, Paris, Victor Goupy, 1875, pp. 18-25; *Prospectus Pour Un Etablissement de Frères des Ecoles chrétiennes*, AFECR, 432a, 10.
[5] E. Champagneur à J. Duhaut, nov. 1866, cité dans Dussault, *op. cit.*, p. 79.

Comme partout ailleurs, le logement et les meubles des maisons des frères leur sont également fournis par les sulpiciens.

Fidèle à sa promesse de 1836 — « Leur temporel entier reposeroit sur nous » —, Quiblier se charge de toutes les dépenses d'installation des premiers frères et va même au-delà des engagements pris. Ainsi, non seulement il paie les dépenses de voyages et l'indemnité de 600 francs (100 $) par frère, et fournit le logement (au Séminaire, puis dans une maison de la rue Saint-François-Xavier, enfin à la rue Côté), mais, décide-t-il, « tout ce que le Séminaire a fourni jusqu'au 12 Novembre 1838, ne sera point compté, excepté la pièce de vin reçue les 1ers jours de Novembre » ; de plus, « quant aux effets que le Séminaire à [sic] payés à Paris et à Montréal, le tout sera pour faire un fonds d'avance aux frères. A l'égard de la caisse qui est en route, le Séminaire paiera à Paris le montant qui est de 802 fr. [133 $] ainsi que les droits d'entrée à St-Jean ». Même dans ce dernier cas, Quiblier « fait don de cette Caisse », pourvu que les frères fournissent les prix donnés en récompense en 1839. Le même arrangement prévoit un traitement annuel de 1 000 francs (166 $) par frère. Les largesses du supérieur — qu'on songe à l'achat de *Près-de-Ville* au prix de 21 600 $ — inquiètent même les confrères de Paris et Joseph Carrière écrit en 1840 : « Toutefois pour cela [le grand séminaire], comme pour les Frères, j'ai toujours engagé M. Quiblier à ne pas se lancer dans des dépenses, avant d'avoir de quoi y faire face ; sans quoi on peut se trouver dans de grands embarras ». Ces conseils de prudence ne semblent pas diminuer la générosité du supérieur, même si les frais se stabilisent autour de sommes et d'articles précis.[6]

---

[6] *Prospectus Pour Un Etablissement de Frères des Ecoles chrétiennes*, 4 nov. 1837, AFECR, 432a, 10 ; Quiblier au Frère Anaclet, 28 avril 1836, *ibid.* ; Frère Anaclet à Joseph Carrière, 12 janv. 1838, *ibid.*, 11 ; « ARRANGEMENT pris entre le frère Directeur et Messieurs du Séminaire de St-Sulpice, pour le traitement des quatre Frères », *Compte courant avec les Frères des Ecoles, 1839* [-1909], ASSM, T46, 41c ; Carrière à Sauvage, 30 mars 1840, *ibid.*, *Corr. Carrière*.

Dans un ouvrage récent consacré au Séminaire de Montréal en tant qu'institution d'affaires, Brian Young a dressé un tableau des principales dépenses des sulpiciens de 1805 à 1876; on y retrouve les sommes versées pour les Frères des Ecoles chrétiennes:

Dépenses des sulpiciens pour les FEC, 1838-1876[7]

1838	2 544 $
1839	5 103
1840-41	37 712*
1842	5 752
1843	3 616
1844	3 216
1845	10 956*
1846	14 140*
1847	4 504
1848	4 032
1849	6 138
1850	4 988
1851	4 972
1852	4 892
1853	4 608
1854	5 284
1855	13 088*
1856	11 728*
1857	6 044
1858	5 500
1859	6 364
1860	6 628
1861	6 044
1862	6 887
1863	9 926

---

[7] Brian Young, *In Its Corporate Capacity, The Seminary of Montreal as a Business Institution, 1816-1876*, Montreal, McGill-Queen's Press, [1986], pp. 214-217.

1864	7 864
1865	11 341
1866	11 370
1867	10 613
1868	12 261
1869	12 187
1870	15 287
1871	15 895
1872	22 515*
1873	29 011*
1874	15 106
1875	16 114
1876	16 836

* comprend des dépenses d'investissements

Ces chiffres comprennent à la fois certaines dépenses d'investissements (pour les quelques années marquées d'un astérique), les frais de transport ou de voiturage, les indemnités pour les frères venus d'Europe, l'argent versé pour les récompenses scolaires (10 $ par année par classe), le coût de l'entretien des établissements (écoles, résidences, noviciat) et, enfin, seul argent touché par les frères, le traitement ou la pension des membres de la communauté. Fixé d'abord à 166 $ par frère, le traitement annuel a tendance à diminuer : 140 $ à partir de 1845 (les frères installés à l'école de la rue Saint-Félix reçoivent même 120 $), puis il remonte à 160 $ à partir de 1868 et à 180 $ plus tard. En revanche, le nombre des « pensionnés » augmente continuellement : 10 frères en 1841, 25 en 1846, 33 en 1859, 56 en 1875, 46 en 1880 (car certaines écoles sont passées sous le contrôle de la Commission des écoles catholiques de Montréal). Quelques frères touchent également un traitement de l'évêché et certains, plus tard, de la Commission des écoles catholiques de Montréal (200 $).

Nous l'avons vu, les visiteurs se plaignent quelquefois des traitements reçus, mais il n'est pas évident qu'il en résulte des difficultés financières; et les sulpiciens, qui le savent bien, se contentent de promettre de combler le déficit avant de consentir de légères augmentations. Or, dès le début, la maison mère de Montréal affiche des surplus, qui ne se démentent guère pendant la période et qui lui permettent d'aider les autres établissements, surtout aux Etats-Unis.

Quelles sont les principales sources de revenus? D'abord et avant tout, le traitement des frères. Il ne représente jamais moins de 60 % des revenus (83 % en 1840, 84 % en 1850 et encore 67 % en 1877). Le noviciat est une autre source stable: il représente 14 % des revenus en 1840, 15 % en 1850 et 13 % en 1877. Ces sommes comprennent la pension payée par les novices (mais dont l'importance semble diminuer après 1850), les indemnités versées par les maisons en compensation pour la formation des frères reçue à la maison mère et aussi, selon un pourcentage difficile à établir, le prix de la pension des frères pendant la retraite annuelle. Il faut noter également que la plupart des dons que reçoit la communauté pendant les premières années sont versés pour la pension des novices. Enfin, parmi les autres ressources de la maison mère, il y a certains montants tirés des pensionnats (2 % en 1870 et 13 % en 1877) et les intérêts de l'argent placé ou avancé à d'autres maisons.

Car l'état des finances de la maison de Montréal lui permet de prêter certaines sommes aux autres établissements: par exemple 2 000 $ pour acheter à New York la maison de Canal Street, plus de 6 500 $ à Baltimore pour achat et construction à Ellicott's Mills, 25 000 $ pour le noviciat de New York, etc. En 1851, l'établissement de Troy doit 2 800 $ à Montréal et, en 1855, Washington est dans une situation semblable pour un montant indéterminé. Ces avances portent théoriquement intérêts pour la plupart, mais elles sont souvent des prêts à fonds perdus, tel ce don de 5 000 $ au noviciat de la Nouvelle-Orléans. Les frères de Montréal peuvent également se permettre de faire la charité. D'une façon régulière à la Propagation de la Foi ou à l'occasion de sinistres : par exemple, ils versent au-delà de 3 400 $ au diocèse et aux victimes de l'incendie de Montréal en 1852.

Deux sources de financement peuvent remettre en question la gratuité des écoles lasalliennes et leur engagement de ne recevoir « ni des Ecoliers, ni de leurs parents, ni argent, ni présent, quelque petit qu'il soit, en quelque jour, et en quelque occasion que ce soit ».[8] Le fondateur et ses continuateurs donnent une interprétation stricte de cette règle et le Chapitre général de 1822 précise encore : « Il ne pourra être toléré que les écoliers soient obligés de payer la moindre rétribution ; on supprimera plutôt les établissements où l'on voudrait établir un tel abus ».[9]

En Amérique du Nord, les frères sont d'abord à l'emploi des sulpiciens, puis des commissions scolaires (ou Boards of Education) et des *trustees*. Règle générale, ils n'ont donc pas à se préoccuper du financement des écoles, mais ils insistent quand même sur le caractère gratuit de leur enseignement. Les pionniers poussent même le scrupule jusqu'à s'interroger sur un don de bois fait par une personne qui a un petit cousin dans une école ; le Régime répond : « Vous pouvez faire usage des com-

---

[8.] *Règles et constitutions...*, p. 18. Cette règle éclaire cette conclusion de Gabriel Dussault et de son équipe : « Les dons notamment, contrairement à ce qu'on pourrait attendre, occupent une place plus que modeste, ne dépassant jamais 9 % du revenu annuel total à Montréal (poste H) et 8 % à Québec (poste D). Il reste cependant légitime de se demander s'il est vraisemblable que la communauté n'ait reçu, en aumônes, que $477.83 en 43 ans à Montréal et $206.00 en 27 ans à Québec ! » (Dussault, *op. cit.*, p. 87) Ajoutons que les recherchistes nous semblent avoir placé au mauvais poste des dons faits pour la pension de novices.

[9] *Chapitres généraux...*, p. 65.

bustibles qui vous ont été donnés, car la personne qui a donné une partie de ces combustibles et qui a un petit cousin dans l'école, ne peut être considérée au nombre des parents proprement dits dont parle la règle ; car la règle entend particulièrement les pères et mères des enfants ; cependant, selon moi [frère Nicolas] on peut mettre au rang des pères & mères, les oncles et tantes, les cousins & cousines, les tuteurs & tutrices & même les personnes qui ne sont pas parentes aux enfants, si toutefois ces derniers demeurent chez eux ». Paris donne un autre éclaircissement en 1846 quand le frère Anthelme écrit au frère Aidant : « Les enfans qui fréquentent nos classes ne doivent point y être reçus, s'ils sont forcés de payer pour l'école ».[10]

Il faut cependant composer avec la réalité nord-américaine. Quand les autorités scolaires ou gouvernementales imposent une rétribution mensuelle, les frères se soumettent, en posant une double condition : qu'ils n'aient pas à la percevoir eux-mêmes, qu'ils puissent recevoir gratuitement dans leurs écoles les enfants pauvres incapables de la payer. De plus, les frères font payer par les parents la pension des enfants dans les pensionnats et même l'enseignement spécial de niveau supérieur (en gros, dans les académies ou collèges). Ils le font avec la bénédiction du Chapitre général de 1854 convoqué pour discuter d'un décret de Napoléon III à propos d'une rétribution mensuelle obligatoire ; l'historique du district précise :

> Les délibérations du Chapitre Général du 2 mars [1854] n'ont pas été publiées, n'ayant rien définitivement statué ; il a seulement été adopté une mesure en faveur des établissements d'Amérique, afin de régulariser une décision prise sans autorisation sous le F. Urbis, à Baltimore et qui était contre la gratuité totale de l'enseignement. Il a donc été décidé que les établissements d'Amérique, étant en général des établissements de mission,

---

[10.] *Avis & permissions...*, AFECM, T41.

ne peuvent pas être considérés comme ceux de France ; et qu'une demande de dispense serait adressée à notre Saint-Père le Pape, afin que les Frères d'Amérique pussent recevoir une rétribution de la part des élèves dans les écoles désignées sous le titre d'Académies.[11]

Avec le temps, et notamment à Montréal à partir de 1878, la permission est étendue à l'ensemble des écoles et les frères en viennent même à percevoir l'argent : « Jusqu'ici nos élèves de Montréal avaient tous été reçus gratuitement dans nos écoles soutenues par le Séminaire de St-Sulpice, mais en septembre, ces MM. jugèrent opportun d'imposer à chaque élève, non reconnu pauvre par eux, la rétribution scolaire. Nos Supérieurs consultés, agréèrent que nos chers Frères dans toutes nos Communautés soutenues par le Séminaire fussent chargés de collecter de chaque élève, au nom du Séminaire, la somme annuelle de deux piastres ».[12]

Même souplesse d'interprétation quant aux manuels classiques. Ce sont les autorités parisiennes elles-mêmes qui demandent aux frères de Montréal de les vendre avec un certain profit : « Vous pouvez faire un bénéfice quelconque sur les effets que vous vendez aux Sœurs & autres étrangers, parce que vous encourez tant de risques ; et même sur les écoliers, il faut aussi que vous ayez un bénéfice pour parer aux dépenses, avaries, pertes, &^{a} qui peuvent arriver ». D'autre part, pour ne pas casser les prix et faire une concurrence déloyale aux libraires et marchands laïques, les frères calculent leur prix de vente d'après la loi du marché plutôt que sur le coût réel des marchandises, comme le voudrait la Règle. Ainsi, à L'Islet, entre 1853 et 1855, ils font 54 % de profit sur l'ensemble des ventes de volumes et de fournitures scolaires. La marge de bénéfice varie beaucoup d'un objet à l'autre : 100 % sur les crayons, 66,6 % sur les *Grammaires anglaises* et les *Carpenter's Spelling Books*, 55,6 % sur les livres

---

[11] *Origine...*, (copie dactylographiée), p. 27.
[12] *Ibid.*, p. 121.

de cantiques, 33,3 % sur les *Paroissiens*, mais 12,15 % sur les ardoises et 12 % sur les géographies. Il va sans dire qu'elle peut varier d'une année à l'autre et même au cours d'une même année scolaire. Ainsi, pour le *Syllabaire*, par exemple : 14,2 % en 1853, 28,5 % en 1855, 25 % en 1863, et 41,6 % en 1873. On reproche parfois aux frères de profiter de leur situation de monopole pour gonfler leurs profits, surtout à la campagne ; en revanche, dans les villes, les libraires concurrents les accusent de couper les prix.

En 1876, par exemple, Jean-Baptiste Rolland vient porter à l'école Saint-Laurent un feuillet imprimé dirigé contre le commerce des frères et il dit « que dans un temps qui lui semble peu éloigné, un procès pourrait être intenté contre les frères parce qu'ils vendent sans *licence* des objets de librairie. Les frères, dit-il, constituent une société *enseignante* et non une société de libraires et partant commerçante. Il voit dans le feuillet [...] un avertissement propre à nous faire réfléchir. Les frères, ajoute-t-il, font tort aux libraires de la ville de Montréal en faisant de leur Procure une librairie publique, et cela d'une manière injuste, puisqu'ils n'y sont pas autorisés par l'Etat ». Mêmes critiques à Québec, que l'archevêque Taschereau, qui les reçoit, repousse du revers de la main : « Il n'y a dans votre plainte que des assertions vagues, sur lesquelles il n'y a pas moyen d'instituer une enquête. Il faut citer en détails [*sic*] les faits que vous avez l'intention de prouver, afin que les intéressés puissent être mis en demeure de se défendre ». Et quand le libraire Drouin revient deux fois à la charge, il réfute une à une ses objections et prouve le bien fondé du commerce des livres par les communautés religieuses. *In cauda venenum* : « Vous trouvez peut-être que la librairie ne vous enrichit pas au gré de vos désirs, mais ce n'est pas une raison pour que les élèves et leurs parents soient forcés à aller acheter chez vous ou chez quelqu'autre libraire ».[13]

---

[13] Frère Herménégilde, *Institut des Frères des Ecoles Chrétiennes. District de Montréal. Canada*, AFECR, 432a, 12 ; Mgr Taschereau à M.-L. Drouin, 11 oct. 1880, AAQ, *Registre des lettres*, 33, p. 124 ; le même au même, 27 oct. 1880, *ibid.*, p. 134s. ; le même au même, 18 nov. 1880, *ibid.*, p. 159s.

Dans les établissements ordinaires, les profits de la vente des classiques servent normalement aux classes (manuels gratuits aux pauvres, récompenses scolaires, prix de fin d'année, etc.) et non à la communauté, mais certains directeurs ne se gênent pas pour employer l'argent qui reste à éponger des dettes générales ; quelques-uns ne se font pas payer comptant, à l'encontre de la recommandation de Paris de « ne vendre rien à crédit ». Au fil des ans, la Procure centrale de la rue Côté se voit attribuer des objectifs plus généraux : « trouver les ressources nécessaires pour les malades, les vieillards, les sujets en formation, les supérieurs, et les missionnaires » sans compter les diverses œuvres diocésaines ou nationales qui font appel à la générosité des frères.[14]

Parmi les principales dépenses de la maison mère, il faut mettre à part les frais du vestiaire et la prise en charge des « anciens ». Dès le début de son noviciat et jusqu'à sa mort, le frère reçoit ses habits de la communauté. Cette charge financière commence à grever le budget de Montréal quand les novices et les frères augmentent le moindrement en nombre. La situation devient critique vers 1850 et nécessite une décision rapide :

> L'extension de l'Institut dans le Canada faisait peser sur la maison de Montréal depuis deux ans un surcroît de dépense pour le vestiaire qui augmentait d'une manière considérable. Paris ne voulant pas se charger du dépôt en habits, le T. C. F. Supérieur chargea le F. Facile, d'aviser au moyen de dégrever Montréal de cette lourde charge. En conséquence, le C. F. Facile fit faire un relevé des dépenses que la communauté avait supportées en excédent. Ce travail donna le résultat suivant pour l'année 1847-48, la dépense avait excédé de 1 032 francs [172 $] ; pour l'année 1848-49, elle s'est trouvée à excéder de 1 623 francs 70 [270 $] ; enfin pour celle de 1849-50, à 2 591 frs 70 [431 $]. Avec ce document, il exposa donc aux Directeurs de

---

[14] *Avis & permissions...*, AFECM, T41 ; OS, p. 248.

cette partie de la Province qu'avant peu d'années la pension des Frères de Montréal suffirait à peine à couvrir cet excédent de charge.

L'assemblée des directeurs consent volontiers à un arrangement équitable:

> Ce-jourd'hui, 11 juillet 1850, Nous Directeurs des Frères des Ecoles chrétiennes, réunis à Montréal pour la réception aux voeux des Frères qui y aspirent et sur l'invitation du C. F. Facile, Dir.-Visiteur, avons délibéré sur les pertes que la Maison de Montréal éprouve chaque année sur les habits qu'elle fournit aux Novices et autres Frères, nous avons résolu que chaque année, il sera fait le relevé de la somme que ces habits auront coûté [sic], laquelle somme sera répartie par part égale sur chaque Frère en exercice. Le quotient sera la part que chacun des dits Frères paiera annuellement pour son vestiaire.

C'est encore à cette réunion qu'on prend la décision « de ne délivrer des habits, en Amérique, que sur le vu d'un BON signé par le F. Visiteur. Cette mesure a été prise pour parer à deux abus. Le premier venait que plusieurs Frères prenant peu de soin de leur robe, etc. étaient incessamment en instance pour en obtenir de nouveaux; le deuxième, pour éviter le contraire: certains Directeurs faisant porter les mêmes habits jusqu'à ce qu'ils fussent trop usés ».

C'est une décision sage que celle de faire partager les frais du vestiaire par l'ensemble des frères, mais elle n'a pas tout l'effet escompté, parce que plusieurs directeurs négligent ou oublient de payer ce qu'ils doivent à la Procure de Montréal, qui gère le vestiaire. Si bien qu'en 1880, les maisons ont des arrérages de 35 000 $ envers elle (ce qui comprend aussi des dettes pour les classiques). Mais, assure le frère Réticius, « pour solder le vestiaire, la plupart des Communautés ont les arrérages de leur traitement ou des pensions d'élèves ».[15] Encore faut-il mettre un peu d'ordre dans tout cela.

Autre dépense importante : la prise en charge des vieillards. Pour assurer « une retraite ou repos honnête » aux frères vieillis sous le harnais, le Chapitre général de 1777 avait décrété la création d'une caisse dite du Dépôt pour les vieillards et infirmes et pour les autres besoins généraux de l'Institut et celui de 1849 en avait étendu l'obligation à tous les districts :

> Il sera établi dans une maison de chaque District hors de France, et à l'instar de celle qui existe au Régime, une caisse dite *du Dépôt pour les vieillards, les infirmes et les autres besoins généraux de ce District.* […]
> Les contributions imposées à chaque Frère pour les vieillards, les infirmes et les autres besoins généraux de l'Institut continueront à être envoyées, pour la France, au Frère Procureur Général ; mais pour les provinces hors de France elles seront versées, à dater du 1er janvier de l'année courante, 1849, dans la caisse du dépôt de la province. […]
> Les comptes relatifs à ces fonds seront vérifiés au moins une fois l'an, à l'époque de la retraite, en présence des Frères Directeurs qui s'y trouveront, et envoyés immédiatement au Régime, conformément aux dispositions du Chapitre Général de 1777, arrêté III.
> On prendra pour le mode de placement l'avis du Frère Supérieur Général.

Pour se conformer à ces directives, l'assemblée des directeurs d'Amérique décide, le 11 juillet 1850, « 1° qu'une caisse à l'instar de celle qui existe au Régime, serait établie à Montréal ; 2° que la dite caisse serait pour les fins et dans les conditions énoncées dans l'article 5 de la Commission générale de 1849 ;

---

[15] Frère Herménégilde, *Institut des Frères des Ecoles Chrétiennes. District de Montréal. Canada*, AFECR, 432a, 12 ; Frère Réticius au Frère Irlide, 30 oct. 1880, *ibid.*, 411, 8.

3° que chaque Communauté y verserait annuellement dix-huit francs ou trois piastres par Frère employé; 4° que chaque directeur y verserait les épargnes de chaque année une ou plusieurs fois l'an ». C'est la maison mère de la rue Côté qui reçoit les vieillards et les malades. Les premiers peuvent continuer à rendre certains services tant qu'ils en sont capables; les autres sont soignés avec toute l'attention possible. Après la retraite de 1875, ces frères et ceux qui s'occupent d'eux constituent désormais la communauté de la Sainte-Famille.[16]

A Montréal (comme dans l'ensemble des établissements), les dépenses ordinaires du vivre et du manger semblent bien adaptées aux revenus annuels, ce qui permet d'afficher, bon an mal an, de légers surplus: par exemple, 224 $ en 1840, 244 $ en 1850, 597 $ en 1860; la progression augmente d'année en année pour atteindre 3 679 $ en 1877, dernière année où les livres nous donnent quelques précisions.

Les vérifications des comptes, faites par les visiteurs chaque année ou lors de leur départ, nous permettent de voir une augmentation presque constante de l'avoir net de la communauté à Montréal:

20 janvier 1844	4 596 $
16 mars 1846	6 150
25 août 1846	6 572
15 août 1847	7 338
10 avril 1848	9 003
12 avril 1849	8 126
20 juin 1850	7 784
14 mars 1851	7 628
14 mars 1852	8 381
1 avril 1853	10 420

---

[16] *Chapitres généraux...*, pp. 31-33, 88-89; Frère Herménégilde, *Institut des Frères des Ecoles Chrétiennes. District de Montréal. Canada*, AFECR, 432a, 12.

2 février 1854	11 164
16 février 1855	11 538
5 avril 1856	14 301
28 mars 1857	43 007 *
6 mars 1858	45 183
13 mai 1859	51 000
4 avril 1860	56 354
27 mars 1861	40 575 **
25 octobre 1861	44 121
25 juillet 1862	44 244
7 juin 1863	51 069
5 novembre 1863	54 872
5 mars 1864	21 900 ***
31 juillet 1865	28 628
15 mars 1866	28 977
15 mars 1867	35 140
16 mars 1868	52 043
9 juillet 1869	50 566
9 avril 1870	53 273
25 mars 1871	47 931
1 avril 1872	54 221
1 avril 1873	45 331 ****
1 mars 1874	42 518
1 avril 1875	50 959
6 mars 1876	58 062
27 janvier 1877	78 630
31 janvier 1878	74 071
1 février 1879	82 711
1 février 1880	98 833

* à partir de cette année, on inclut les dettes des maisons (25 997 $) et les avances pour le vestiaire
** 25 000 $ pour l'achat d'une maison de noviciat à New York
*** cession de 39 366 $ à New York
**** « L'actif de 1872 a été diminué de 25 % sur le compte du magasin afin de réduire ce compte au prix comptant au lieu du prix de vente qu'il représente ».

Pour mieux comprendre ce que représentent ces sommes, il vaut la peine de reproduire tel quel l'acte de visite de 1880 :

« Nous soussigné, en acte de visite de cette Maison, en vertu d'une obédience du Très-Honoré Frère IRLIDE, Supérieur Général de notre Institut, en date du 31 X^{bre} 1876 dont lecture a été faite à la Communauté assemblée au son de la cloche, après avoir examiné les Comptes, avons reconnu que les Recettes depuis la dernière visite y compris l'actif de l'an dernier se sont élevées à la somme de $106.949,75 et les dépenses à $8 806,04, d'où il résulte que les Recettes surpassent les dépenses de $98 143,71. Somme à trouver. Or il y a en

Caisse	$ 9 883,87
Effets aux magasins et à la Lingerie	28 694,62
Terrain d'Hoche[laga] et Maison Lantier	15 596,62
Reliure et clichés	12 899,10
Dû par nos Comm^{tés} et Divers	53 210,20

Avoir			$ 120 284,04
La Maison doit à Paris	9 743,47		
d° Divers	12 506,86		22 250,33
Total	Actif à prendre		$ 98 033,71
Il y a des provisions pour			800,00
Actif réel			$ 98 833,71

Fait à Montréal, le 1er Février 1880.
[signé]F. Adelbertus   F. Albanius »

Deux faits sont particulièrement à noter : depuis l'incorporation de 1875, dont nous parlerons plus loin, la communauté possède désormais des terrains ; les maisons doivent d'énormes sommes pour le vestiaire et les livres classiques.[17]

---

[17] Tous les renseignements sont tirés du [*Livre des recettes et des dépenses, 1838-1880*], AFECM.

II — Les finances des autres communautés

Première communauté ouverte après celle de Montréal, Québec connaît un mode de financement assez semblable à celui de la maison mère, moins l'argent versé pour le noviciat. Le traitement des frères en constitue la base principale et le tarif suit de très près celui de la maison mère. Conjugués avec les revenus du pensionnat (Glacis et Lévis) et des livres — on accuse le frère Aphraates de se constituer une procure —, ces versements permettent d'afficher des surplus continuels, pas toujours considérables mais néanmoins constants ; en 1871, par exemple, l'actif net est de 3 446,91 $.[18]

Quant aux autres maisons, elles doivent théoriquement faire leurs frais, y compris les contributions à la maison mère. Le traitement des frères, qui est là plus qu'ailleurs la grande source de revenus, varie selon les endroits et les années d'ouverture. Dans les villages de campagne, comme Kamouraska, L'Islet, Montmagny et Yamachiche, il est ordinairement de 120 $, avant d'être augmenté comme plusieurs autres en 1867 (Montmagny : 140 $) et en 1876 (Montmagny : 160 $). A son ouverture, Ottawa donne 150 $ par frère, Longueuil, 160 $, Hull, 200 $. Mais, faut-il le rappeler, à plusieurs endroits, les paiements se font difficilement.

Or, au dire du frère Réticius dans son rapport de 1880, certains directeurs ne se soucient pas de « faire rentrer les créances » : « Chose étrange ! Nous avons plusieurs Communautés qui se laissaient charger d'intérêts à la procure et attendaient patiemment, pendant des années et sans intérêts, le traitement de M.M. les Commissaires ». D'ailleurs, continue-t-il, il n'y a eu, pendant longtemps (en fait, jusqu'à l'arrivée du frère Armin-Victor),

---

[18] *Les Glacis. Recettes et Dépenses, 1843 à 1878*, AFECQ, A-12.

aucune surveillance des finances des maisons : « leurs comptes sont un fouillis où nul ne voit goutte. Dans cette confusion, les frères Directeurs recevaient, achetaient, vendaient, dépensaient sans se rendre compte de rien ; quand les finances étaient à sec, on prenait à crédit chez les fournisseurs ou à la procure ; assez souvent on mettait à contribution les classiques pour fournir aux besoins d'une Communauté dont chaque membre touchait un traitement de 1.000 francs (166 $) ». Autre cause de dettes : le défaut de demander certaines compensations (pour le noviciat, par exemple) lors de la fondation. « En maintes circonstances, lorsqu'il s'est agi d'établir une Communauté, on n'a demandé aucune indemnité pour le mobilier, les frais d'installation ; la maison fondée sur des dettes, demeurait dans les dettes, s'y plongeait chaque jour davantage ». Enfin, et nous revenons aux jugements sur le respect de la Règle, le frère Réticius dénonce certains « achats de meubles » faits sans permission et des « réparations mobilières ou locatives faites par celui-ci, défaites, puis refaites par celui-là », et, surtout, le manque d'austérité dans le train de vie : « dans le logement, le vêtir et le vivre, un confortable qui s'écarte des règles de la pauvreté et de la sobriété religieuses, un luxe qui blesse la simplicité ; des voyages, des parties de plaisir où l'on ne respire pas toujours la bonne odeur de Jésus-Ch., des abonnements à des journaux politiques, même à des feuilles protestantes ». Le frère visiteur prend bien soin de dire que ces remarques ne s'appliquent pas à toutes les communautés. Néanmoins, hormis les faits que nous avons déjà signalés, il est assez difficile de préciser sur quoi se fonde son analyse ; notre impression est plutôt qu'il généralise facilement et qu'il n'a pas encore compris que le train de vie en Amérique du Nord est différent de celui de la France. On le voit bien quand, parlant des remèdes, il emploie un vocabulaire beaucoup moins alarmiste : les maisons vont pouvoir assez facilement payer leurs dettes et une gestion plus saine des finances, jointe à un appel à la sobriété de vie, permettra « de solder nos dettes à bref délai » ; car, conclut-il, « ce qui nous manque, ce sont moins les ressources qu'une bonne direction financière ».[19] Or, n'était-ce pas précisément ce qu'avait déjà entrepris le frère Armin-Victor par l'incorporation de la communauté en 1875 ?

III — La reconnaissance civile de la communauté

Dès son arrivée au Canada, le visiteur commence les pourparlers pour faire reconnaître sa communauté par le gouvernement du Québec. Il en parle d'abord au frère assistant Patrick, qui lui donne le feu vert, mais il ne demande pas la permission au Régime de Paris. Il s'abouche avec le sénateur François-Xavier-Anselme Trudel, « ultramontain bien caractérisé », qui lui trace les grandes lignes du texte à présenter et lui donne les conseils nécessaires, et il confie la présentation du « bill » privé à Gédéon Ouimet, député devenu par après surintendant de l'Instruction publique. Appuyé fortement par les autorités religieuses (évêques, sulpiciens...), le projet de loi est définitivement approuvé le 24 décembre 1875.

Au dire du frère Armin-Victor, l'incorporation corrige « la situation d'infériorité qui nous était faite par la seule privation d'une reconnaissance officielle ». L'Institut, en effet, ne pouvait rien posséder, « sinon par l'association, comme pour une entreprise commerciale, de quelques-uns de ses membres, qui, alors, se faisaient reconnaître en qualité de *Corporation politique* ». Or, ce système possède plusieurs inconvénients « surtout dans des régions où l'esprit séparatiste a quelquefois été porté si loin » : les établissements ont tendance à s'administrer indépendam-

---

[19] Frère Réticius au Frère Irlide, 30 oct. 1880, AFECR, 411, 8. Or, n'était-ce pas précisément ce qu'avait déjà entrepris le frère Armin-Victor par l'incorporation de la communauté en 1875 ?

ment de la maison mère; même les individus, les auteurs de manuels, par exemple, ou ceux qui les représentent, peuvent vouloir conserver les profits des ventes (comme le frère Aphraates à Québec); surtout, il n'y a pas moyen de posséder «pour et au nom de la Congrégation». Conséquence importante: «si nous ne possédons pas, nous ne fondons pas des œuvres sur des bases solides: témoins nos petits collèges, d'où les Commissaires, s'ils ont un jour mauvais esprit, peuvent nous exclure sans autre avis que l'invitation de vuider [sic] les lieux». Mgr Bourget, qui le presse d'agir, lui aurait résumé ainsi la situation:

> 1° Tant que les Communautés ne sont pas attachées au sol par des propriétés, elles n'ont aucune force, et le premier vent contraire qui s'élève dans une société plus ou moins imprégnée d'esprit libéral, protestant et révolutionnaire, les fait emporter sans qu'elles laissent même un vestige de leur passage; 2° Les communautés qui ne possèdent pas sont dépendantes; or Monseigneur veut que toutes les communautés de son diocèse tendent à se mettre si bien chez elles qu'elles n'aient pas même à dépendre de l'évêque en ce qui touche leur maison d'habitation et leurs autres moyens d'existence. Il croit que les communautés ne font bien leur œuvre qu'autant qu'elles s'administrent elles-mêmes, sans autre contrôle que celui qu'établissent les Règles et les Canons.

Semblant même ignorer que les Frères des Ecoles chrétiennes sont déjà incorporés en Ontario (1873) et en Nouvelle-Ecosse, le visiteur agit d'abord à Québec avant de demander une reconnaissance officielle à Ottawa pour l'ensemble du Canada, seul moyen d'éviter un morcellement si dangereux «au point de vue de la Centralisation». Le document québécois, qui doit servir de base à la demande à faire au Parlement central, spécifie les buts de l'Institut: «l'éducation chrétienne de la jeunesse et diverses œuvres de charité chrétienne», la direction de maisons d'éducation «dans les principales villes de cette province»; le désir de «donner à son enseignement des développements plus étendus, améliorer les conditions matérielles de ses maisons d'éducation, et en établir de nouvelles, destinées à donner un enseignement supérieur, en matière de commerce, d'industrie et d'agriculture, et jouissant des droits civils et politiques ». Le texte précise que « les Frères des Ecoles Chrétiennes » forment un corporation « avec tous les droits civils et politiques, privilèges, immunités et pouvoirs ordinaires des corporations », particulièrement « de celles qui ont une fin spirituelle, religieuse ou morale » ; qu'ils peuvent donc « s'agréger d'autres membres et les établir en un ou plusieurs lieux » ; qu'« en tout temps et lieu, par achat, donation, legs, cession, prêt », ils pourront « acquérir, posséder, hériter, prendre, avoir, accepter et recevoir tous biens meubles et immeubles quelconques, pour les usages et fins de la dite corporation, comme aussi les hypothéquer, vendre, louer, affermer, échanger, aliéner et enfin en disposer légalement, en tout ou en partie, pour les mêmes fins ». La corporation devra se donner un sceau commun et désigner un conseil d'administration composé du frère visiteur pour le Canada, du frère directeur de la maison principale de Montréal, du frère directeur du noviciat de Montréal et du frère directeur de la maison principale de Québec.

Mis devant le fait accompli, le Régime de Paris fait plusieurs objections. Il aimerait que « la dépendance à l'égard de l'Administration centrale soit mieux marquée » ; impossible, répond le visiteur : le premier projet était plus explicite, mais l'honorable Ouimet lui a dit « que les termes trop clairs de cette rédaction pourraient soulever de l'opposition » ; il a donc fallu « garder la pensée, et la voiler un peu sous des termes généraux ». Mais toutes les « sûretés désirables » existent, car les directeurs doivent agir « conformément aux *Règles en usage dans l'Institut* » et il ne peut y avoir aucune confusion entre la corporation, qui se voit attribuer des pouvoirs bien précis, et l'administration supérieure de la congrégation, qui agit « conformément aux constitutions alors en usage dans ledit Institut » et a de ce fait priorité. Tout cela est affaire de stratégie : « d'après les jurisconsultes de l'école catholique ultramontaine, on devrait pouvoir marquer nettement la dépendance de la Corporation à l'égard de son Supérieur Général, où qu'il soit; mais [...] l'école libérale catholique, laquelle a l'influence, n'admet pas cela, et se croit obligée de cacher un peu aux protestants les principes catholiques, et d'accepter un *modus vivendi* qui ne froisse pas l'ennemi ». Il faudrait, dit-on, faire entrer le frère assistant dans le conseil d'administration de la corporation; « ce serait sans doute très-désirable; mais je n'en vois guère la possibilité, à moins de ne pas lui attribuer de domicile, et, dans ce cas, on s'exposerait peut-être à lui faire contester l'exercice de ses droits, comme introduits subrepticement; car, me dit l'hon. Trudel, avocat, on n'admettrait pas dans une corporation canadienne une personne qui résiderait à l'étranger ». La rédaction est bien « barbare »! « Nous avions fourni les idées, en français, on nous les a translatées [traduites] en *style officiel* »; certains articles (2 et 6) « sont imposés par le gouvernement ». En définitive, assure le frère Armin-Victor, c'est un texte qui est meilleur que celui de l'incorporation des jésuites et des Frères du Sacré-Coeur et il n'y aurait qu'à changer peu de choses pour le faire accepter par le Parlement d'Ottawa.

Nanti cette fois-ci d'une permission de son supérieur général, obtenue grâce aux explications données à propos de la loi de Québec, le frère visiteur annonce son intention dans la *Gazette du Canada*. C'est aussitôt une levée de boucliers dans certains journaux protestants, le *Witness* de Montréal et le *Freeman* de Saint-Jean (Nouveau-Brunswick), notamment. Ayant convaincu les journaux catholiques de ne pas riposter, le frère Armin-Victor songe à faire parrainer son projet par un membre du gouvernement libéral. Le premier nom qui se présente est celui de Joseph Cauchon, président du Conseil privé à Ottawa, dont le fils a fait ses études à l'Académie commerciale de Québec; le frère Aphraates se charge de l'approcher et il accepte. Mais le visiteur a bientôt des scrupules:

Catholique très avarié et homme politique médiocrement estimé du clergé et des honnêtes gens [on sait que ce ministre a appuyé les procès pour « influence spirituelle indue » des libéraux et qu'il est intervenu à Rome pour dénoncer les attaques des évêques contre le parti libéral], Mr Cauchon entrevoyait dans cette affaire un moyen de se refaire un honneur. Il dit à l'un de ses amis qui vint le voir au moment où le frère Aphraates se retirait : « Vous voyez que tout le clergé ne me méprise pas ». J'avoue que j'ai appris cela avec quelque peine. Il m'en coûtait de penser que, sans le vouloir, nous allions contribuer à réparer un homme qui a rendu parfois de mauvais services à la Religion et qui n'est pas prêt à se corriger. D'autre part, pour le succès de cette affaire spéciale, le concours d'un Ministre semblait plus que désirable. Celui-ci n'avait aucune sorte de scrupule constitutionnel, et d'ailleurs il avait accepté ; on ne pouvait plus reculer.

Mais « Dieu disposa les choses différemment ». Joseph Cauchon se désiste de lui-même quand Edward Blake, ministre de la justice, lui déclare « qu'un tel acte ne pouvait être proposé ni surtout accepté ». On conseille alors aux frères de s'adresser d'abord au Sénat où « on obtient plus facilement la remise des déboursés et la suppression de quelques formalités ». Après une neuvaine à saint Joseph, neuf messes à l'intention des âmes du purgatoire et la promesse de « perpétuer le souvenir de la sanction de ce bill, si nous l'obtenions, par une neuvaine de messes du purgatoire, à célébrer chaque année dans la chapelle du Noviciat », le frère Armin-Victor rencontre un certain nombre de sénateurs et de députés « qui nous promirent leur concours ; ils prirent des moyens pour amener les protestants à s'unir à eux ». L'un d'entre eux trouve même un précédent : « Un bill analogue avait été obtenu en 1872 par « The Missionary Society of the « Wesleyan Methodist Church in Canada ». Consulté, John A. Macdonald, chef de l'opposition, commence par s'objecter, mais devant le précédent concède : « Je n'ai plus d'objection ».

Le 10 mars 1876, le sénateur Joseph-Hyacinthe Bellerose, « catholique d'excellent renom, homme d'esprit, d'honneur et de piété », présente le « bill » au sénat. « Dans toutes les parties de la salle, on vit les protestants se lever pour faire opposition », mais le « Bill concédé aux Wesleyans » leur cloue le bec et le principe de l'incorporation est voté le 13 mars. La bataille reprend devant le comité chargé d'étudier les modifications de détails demandées, mais le sénateur Bellerose balaie toutes les objections. Néanmoins, ce n'est qu'un sursis. Le 4 avril, le sénat décide de consulter la Cour suprême du Canada sur la constitutionnalité de la demande des frères ; les juges répondent majoritairement (trois contre un) qu'il s'agit d'une matière qui est de juridiction provinciale selon l'article 93 de l'*Acte de l'Amérique du Nord britannique* de 1867. Le sort en est jeté : l'incorporation est refusée et les frères s'en tirent avec une facture de 250 $ à payer au sénateur Bellerose. Le frère Armin-Victor accepte la décision avec philosophie, non sans noter « que cette résolution [a] été empêché par le fanatisme, surtout quand on considère que le bill analogue des *Wesleyans* n'a pas été annulé ». Et il en tire une double leçon pour l'avenir : « 1° On ne peut songer à une incorporation unique ; 2° Nous n'avons rien à attendre des protestants, ni des catholiques sans principes nets ».[20]

A défaut de reconnaissance pour l'ensemble du Canada, les incorporations provinciales, nommément celle de Québec, suffisent pour les besoins du district. Le conseil d'administration, prévu par l'acte du Parlement de Québec, se réunit une première fois le 30 juillet 1876 ; il comprend les frères Armin-

---

[20] Frère Armin-Victor au Frère Irlide, 14 déc. 1875, AFECR, 411, 6-14 ; le même au même, 17 janv. 1876, *ibid.*, 7-3 ; le même au même, 23 janv. 1876, *ibid.*, 7-4 ; le même au même, 30 janv. 1876, *ibid.*, 7-5 ; Frère Armin-Victor, *Rapport adressé au Très-Honoré Frère Irlide, sur l'Acte d'Incorporation demandé au Parlement fédéral d'Ottawa par l'Institut des Frères des Ecoles chrétiennes dans le Canada*, 27 avril 1876, *ibid.*, 7-6 ; *Act to Incorporate « The Brothers of the Christian School »*, 29 mars 1873, AFECM, T17C5 ; Acte pour incorporer les « Frères des Ecoles Chrétiennes », 24 déc. 1875, *Registre du district*, I, pp. 1-2, *ibid.*, T135.

Victor, visiteur, Flamian, directeur de la maison mère de Montréal, Aphraates, directeur de la principale maison de Québec, Christian of Mary, directeur du noviciat à Montréal. Il décide du sceau : « les armes de l'Angleterre, du Bas-Canada, de Montréal et de l'Irlande, avec les armes privées de l'Institut au centre (une Etoile). L'écusson est surmonté des emblèmes de la Foi, de l'Espérance et de la Charité (Croix, Ancre et Coeur), avec les mots : Fides, Spes, Charitas ». Il nomme le frère Adelbertus procureur et le frère Armin-Victor, sous-procureur, et détermine les pouvoirs de chacun, ainsi que du conseil lui-même.[21]

IV — Les propriétés des frères

La principale conséquence de l'incorporation concerne la possession de propriétés. Jusqu'en 1876, les Frères des Ecoles chrétiennes du district de Montréal n'ont pas acquis de propriétés, sauf de rares exceptions ; ils logent et enseignent dans des établissements appartenant soit aux sulpiciens, aux évêchés, aux paroisses ou aux corporations scolaires ou autres organismes similaires. Ils semblent bien s'accommoder de cette situation et le frère Patrick, en se fondant sur l'expérience américaine, pense même que « les propriétés sont funestes à la discipline religieuse ». Mais il y a des inconvénients : certains propriétaires ne se soucient pas suffisamment de l'entretien de leurs maisons et les frères doivent débourser pour les réparations ou vivre dans des conditions insupportables. « En principe, ce sont les paroisses qui devaient entretenir l'immeuble, en fait, c'est nous ; cela se fait mesquinement, et les maisons sont généralement mal

---

[21] « Règles et Statuts pour l'exercice des droits conférés à la Corporation des Frères des Ecoles Chrétiennes, établie par un Acte du Parlement de Québec, 39 Victoria, Chapitre XXX », 30 juillet 1876, *Registre du district*, I, pp. 3-6, AFECM, T135.

aménagées ». Le frère Armin-Victor profite de l'incorporation pour lancer la politique de « demander aux Commissaires des localités où nous avons des pensionnats, de nous faire don de l'immeuble, à des conditions douces ». Car, assure-t-il, « si elles [les maisons] étaient à nous, nous craindrions moins de dépenser, quand ce serait possible, puisque nous aurions l'assurance de jouir ; d'ailleurs, on nous viendrait largement en aide. Je sais des volontés qui n'attendent que la possibilité d'agir pour nous fournir des moyens de nous améliorer ». Il ne faut donc pas se surprendre que, parmi les premiers actes du conseil d'administration de la corporation, se trouvent les acceptations de la maison d'école de Sainte-Marie de Beauce (8 novembre 1876) et de la maison d'école de Saint-Sauveur de Québec (13 novembre 1876).[22]

Une transaction, que le frère Armin-Victor fait le 16 juin 1876 et que le conseil de la corporation « sanctionne, approuve et ratifie » le 16 décembre 1878, a moins de succès et entraîne certaines difficultés. Dans l'espoir de construire un collège commercial « si ardemment demandé », le visiteur accepte de Charles-Henri Letourneux, « qui avait acheté d'immenses terrains s'étendant des rives du St Laurent à Mile-End », « 85 lopins de terre [...] à condition de payer l'hypothèque de trois *cents* par pied carré dont ces lopins sont grevés en faveur des héritiers Bourbonnière » et « 280 lopins [...] à condition d'y bâtir un collège commercial ». Nous avons vu comment la crise économique et le manque de rigueur de l'abbé Villeneuve jettent par terre la loterie du Sacré-Coeur, lancée par le procureur de l'évêché, et laissent les frères avec la dette acceptée, c'est-à-dire l'hypothèque de 15 771 $ et l'obligation de construire le collège, à défaut de quoi les terrains reviendraient à l'évêché. Il faudra toute l'habileté du frère Réticius pour sortir la corporation de cette impasse.

---

[22] *Ibid.*, I, pp. 6-9.

En 1880, les Frères des Ecoles chrétiennes ne possèdent guère de propriétés, comparés aux autres communautés religieuses masculines ou féminines. Les principales sont, outre les deux maisons de Sainte-Marie de Beauce et de Saint-Sauveur de Québec, « la propriété située au Numéro trente-un (31) de la rue Cotté, Montréal, et formant le coin de ladite rue Cotté et de la rue Vitré », acquise au montant de 11 000 $ en 1877 ; les terrains d'Hochelaga grevés d'une pesante hypothèque, plus des lopins « sis au territoire d'Hochelaga, et cédés par l'honorable F. X. Trudel à la condition d'y bâtir en cet endroit un collège commercial ». Les frères se sont même débarrassés d'une propriété acquise à Beauharnois pour la somme de 2 000 $.[23]

V — Les craintes du frère Réticius

Dans son premier rapport sur le district de Montréal, que nous avons déjà si abondamment cité, le frère visiteur provincial consacre quelques pages à la situation financière. Il la trouve très mauvaise : « Notre avoir est médiocre », assure-t-il, et « nos dettes passives sont colossales », voire « monstrueuses ». Elles totalisent, à son avis, la somme de 117 771 $, ainsi répartie :

Maison de Toronto à divers	56 000 $
Procure de Montréal à Paris	11 000
Affaire d'Hochelaga	15 771
Communautés à Procure	35 000
	117 771 $

C'est évidemment la dette de Toronto qui gonfle le passif et noircit la situation financière de l'ensemble du district.

---

[23] *Ibid.*, pp. 9-14 ; Frère Réticius au Frère Irlide, 30 oct. 1880, AFECR, 411, 8.

26. Le frère Réticius, visiteur provincial d'Amérique et visiteur du district de Montréal. AFECM

Mais, assez curieusement, le frère Réticius compte encore sur le responsable, le frère Arnold of Jesus, pour l'éteindre: « La collecte que fait actuellement le cher frère Arnold [...] produira, selon toute apparence, de 10 à 15 mille piastres avec lesquels nous pourrions satisfaire les créanciers les plus menaçants et conjurer ainsi le péril d'une vente forcée qui nous menace sans cesse. Si, comme tout le laisse espérer, les propriétés reprennent de leur ancienne valeur, avec votre autorisation, nous vendrons la Duke Street, qui vaut de 70 à 80 mille piastres. Avec le produit de cette vente, nous solderons toute la dette, et, avec le restant, nous pourrons établir une Académie commerciale qui fera plus de bien et sera plus en rapport avec l'esprit de notre Institut que le collège classique actuel ». Même si tout ne marche pas comme prévu — si l'on en croit le frère Herménégilde, les collectes de Toronto rapportent 905,45 $ et un bazar tenu dans les mêmes buts produit 2 400 $ —, le visiteur peut noter dans l'historique du district en novembre 1881 : « liquidation de la dette de Toronto $58.500.00 ».[24]

Comme nous l'avons déjà noté, les autres dettes lui causent encore moins de soucis. La Procure de Montréal paiera rapidement son dû à celle de Paris: « tout sera soldé au jour de l'an ». Le règlement de l'affaire d'Hochelaga dépend en partie des succès escomptés à Toronto — « il me viendra de cette vente de 11 à 12 mille piastres » —, mais le frère Réticius n'hésite pas à écrire: « nous éteindrons facilement cette dette ». Quant aux communautés du district, « elles ne doivent rien ou peu ailleurs qu'à la Procure du District; mais, ici, elles ont une dette énorme, 35.000 piastres. Cette dette comprend le vestiaire et les classiques; or, pour solder le vestiaire, la plupart des Communautés ont les arrérages de leur traitement ou des pensions d'élèves; quant aux classiques, ils se soldent d'eux-mêmes ».

Ces remarques somme toute optimistes n'empêchent pas le visiteur de suggérer de nettes améliorations pour la gestion des biens du district. C'est ce qu'il assure au supérieur général: « Mais, Vénérable Frère, pour arriver à cette liquidation [des dettes], il faudra améliorer notre système financier, réformer certains abus qui occasionnent des dépenses inutiles, et entrer résolument dans la voie des économies. Je suis heureux, Vénérable Frère, de vous informer que tous nos chers frères Directeurs à qui j'ai soumis, pendant la retraite, de sérieuses réflexions à ce sujet, m'ont promis le concours le plus empressé et le plus généreux ». Parmi les moyens « les plus prompts et les plus efficaces » qu'il suggère, il y a: « 1° Demander régulièrement les

---

[24] Frère Herménégilde, *Institut des Frères des Ecoles Chrétiennes. District de Montréal. Canada*, AFECR, 432a, 12; *Origine…*, (copie dactylographiée), p. 135, AFECM.

comptes trimestriels; 2° Dans les visites régulières, contrôler exactement les entrées et les sorties financières; 3° Ne pas permettre de dépenses inutiles pour achats, réparations, voyages, etc. 4° Amener toutes nos Communautés à se fournir exclusivement à la Procure, soit en vestiaire, soit en classiques; 5° Ne pas trop laisser d'argent aux mains des Directeurs; à chaque trimestre, faire verser le 1/4 des économies annuelles, soit à la Procure pour l'extinction des dettes, s'il y a lieu, soit à la caisse de secours du District; 6° Enfin, retirer la gestion du temporel aux sujets qui, par incapacité ou incurie, n'apporteraient pas à l'accomplissement de leurs charges toute la sollicitude qu'on doit attendre d'un religieux responsable aux yeux de Dieu et de l'Institut de l'administration qui lui est confiée. Cette mesure extrême, il va de soi, ne serait prise qu'après l'emploi infructueux des moyens que le zèle et la charité peuvent suggérer ».[25]

Ces remarques et suggestions rejoignent d'assez près les « avis et recommandations » des circulaires des supérieurs généraux; qu'on en juge par ce texte sur la pauvreté:

> 1. — Nos chers Frères directeurs doivent éviter toute superfluité dans la dépense, tant dans les objets d'ameublement ou de décoration, que dans la nourriture et le vêtement, non-seulement afin de ne s'écarter en rien de la sainte pauvreté dont nous faisons profession, mais aussi, afin de pouvoir faire honneur à leurs affaires. Si la Bulle de Benoît XIII porte que la dissipation des biens de l'Institut est une raison suffisante de déposer un Supérieur-Général, à combien plus forte raison, un Directeur qui dissipe les biens de sa maison, mérite-t-il une semblable peine!
> 2. — Un Directeur qui s'engagerait imprudemment dans des dépenses arbitraires, [...] soit pour ameublements de luxe, soit pour procurer à la Communauté une nourriture qui s'éloigne de la simplicité prescrite par la Règle du gouvernement, soit

---

[25] Frère Réticius au Frère Irlide, 30 octobre 1880, AFECR, 411, 8.

en faisant des achats extraordinaires d'objets classiques, de récompenses, etc., se rendrait grandement coupable, perdrait sa réputation aux yeux de ses successeurs, en leur laissant des dettes et une maison dépourvue de provisions et peut-être de linge.
Nous ne pouvons comprendre comment quelques Frères directeurs ne voient pas qu'ils font un tort réel à l'Institut, et que toutes les fois qu'ils dépensent au delà des revenus annuels de leurs maisons, ils s'éloignent de la Règle et des intentions des Supérieurs, outrepassent leur pouvoir, et chargent leur conscience d'une terrible responsabilité, en violant leur voeu de pauvreté. Cet abus, qui semble aller en augmentant, nous forcera de remettre, quoique à regret, dans le rang d'inférieurs, des Frères auxquels il ne manque, pour être d'excellents Directeurs, d'autres qualités que celle d'être *éminemment économes*. Nos chers Frères directeurs sont donc fortement invités à régler tellement leurs dépenses, qu'il n'y en ait aucune de tant soit peu inutile, et que, tout en accordant à leurs Frères ce que la Règle et leurs besoins réclament, ils ne soient jamais réduits à la nécessité de contracter des dettes envers qui que ce soit, ni de demander à l'autorité des secours supplémentaires, ce qui pourrait faire naître ou réveiller l'idée de la rétribution scolaire.[26]

Enfin, l'analyse de l'état financier du district de Montréal, assortie de remarques sur l'administration et la vie religieuse, constitue un bon révélateur de la situation des diverses communautés lasalliennes au Canada. Pendant les premières décennies de la présence des frères en Amérique, la générosité générale des fondateurs et l'enthousiasme ambiant permettent de bien asseoir les finances du district et de passer l'éponge sur certaines difficultés et même quelques imprudences de directeurs. Mais, dès les années 1860, avec la multiplication des maisons augmentent les problèmes: commissaires d'écoles ou *trus-*

---

[26] *Avis et recommandations extraits des circulaires des Supérieurs des Frères des Ecoles chrétiennes*, Versailles, Beau, 1860, pp. 19-20.

tees qui ne paient pas les traitements, directeurs qui font preuve d'incurie ou de manque de talents dans leur administration, endettement de certaines maisons, mauvaises tractations financières... Et tout cela, ne l'oublions pas, est amplifié par la grave crise économique qui sévit dans le pays à partir de 1874-1875. S'ajoute aussi, parfois, un certain relâchement qui diminue l'austérité de vie et occasionne des dépenses jugées inutiles. L'Institut s'en va vers un désastre, concluent avec sévérité les visiteurs Armin-Victor et Réticius. Le premier donne le coup d'envoi d'une réforme qu'il veut globale, même s'il privilégie la régularité et l'austérité, mais il appartiendra au second de mettre en place les correctifs administratifs, intellectuels, disciplinaires et religieux qui relanceront les communautés sur la voie du succès et aboutiront aux années d'apogée des Frères des Ecoles chrétiennes au Canada.

Conclusion

Quarante-trois ans dans la vie d'un institut bicentenaire, qui de surcroît doit affronter de nouveaux défis et apprivoiser tout un continent, c'est très peu, trop peu même pour risquer un bilan qui ne soit pas réducteur ou échevelé. Il nous paraît donc plus pertinent de rappeler quelques faits qui nous ont frappé davantage.

D'abord, la grande mobilité des frères. L'établissement de Montréal voit le jour grâce à l'élan missionnaire qui pousse les lasalliens vers tous les continents et qui fera du frère Philippe « le géant des fondations », comme on l'a parfois appelé, et « un véritable chef d'empire »[1]. La nouvelle communauté se nourrit du même esprit et envoie ses membres dans les principaux

---

[1] Frère Leon de Marie Aroz, *L'expansion missionnaire de l'Institut des Frères des écoles chrétiennes depuis ses origines jusqu'à la promulgation de la Constitution « Sapienti Consilio » (29 Juin 1908). Le fait historique. Ses causes*, Rome, Scuola Tipografica Lasalliana, 1955, pp. 35-36.

centres du Canada d'alors, mais aussi partout en Amérique. On voit donc bientôt des frères, venus de France, ouvrir et diriger des maisons, aussi bien dans le Bas et le Haut-Canada que dans les provinces maritimes et plusieurs Etats américains. Puis, les sujets formés à Montréal, canadiens-français ou irlandais, prennent très tôt la relève et vont travailler eux aussi dans toute l'Amérique du Nord, mais aussi en Europe (Angleterre, Irlande et même en France et en Italie où ils enseignent l'anglais) et dans les pays de missions (Equateur, Malaisie anglaise, Hong Kong...). Combien ont suivi les traces du frère Abban, ce « Canadien errant » qu'on retrouve en France, en Angleterre, en Irlande, à Québec, à Chambly, à New York, au Ceylan, à Hong Kong et qui meurt en Egypte! Le repliement sur soi n'est pas un défaut lasallien.

Ce qui nous frappe aussi, c'est le souci constant de demeurer fidèles à l'esprit de l'Institut et, en même temps, de s'adapter à la réalité nord-américaine. Ce qui ne va pas sans difficultés ni tiraillements. Certaines autorités parisiennes et plusieurs frères, qui ont le culte de la Règle, auraient plutôt tendance à vouloir reproduire en Amérique les règlements et le genre de vie des maisons françaises. En revanche, plusieurs visiteurs et directeurs prennent l'exemple des pionniers Aidant et Facile pour adopter des changements sans trahir l'esprit des *Règles et Constitutions*: qu'on songe à l'assouplissement des règlements du jeûne, à l'interprétation de la gratuité scolaire et même à la fameuse question du latin, dont nous parlerons plus amplement dans le prochain volume. Les frères nord-américains dans l'ensemble prennent des initiatives qui font peur parfois, mais qu'ils expliquent et défendent avec assez d'habileté pour recevoir la bénédiction du Régime ou des Chapitres généraux dans la plupart des cas. Ils contribuent ainsi, nous semble-t-il, à aider l'Institut à mieux faire face à des circonstances nouvelles sans sacrifier les objectifs et les volontés de son saint fondateur.

Enfin, les Frères des Ecoles chrétiennes apportent, dès leur implantation en Amérique, une contribution exceptionnelle à l'éducation populaire. Rompus aux méthodes d'enseignement mises de l'avant par Jean-Baptiste de La Salle et ses continuateurs, ils se révèlent, partout mais plus encore au Québec, des pionniers de la pédagogie progressive, de remarquables producteurs de manuels et d'instruments classiques, des innovateurs dans le domaine des écoles du soir et des activités para-scolaires, en un mot des instituteurs de première valeur. Ils lancent aussi ou contribuent à lancer des programmes d'études mieux adaptés aux conditions changeantes des sociétés en voie d'industrialisation. On les reconnaît volontiers comme les véritables maîtres de l'enseignement primaire, même s'il se trouve parmi eux des sujets moins brillants et moins compétents et même si l'abbé Hospice-Anthelme Verreau, principal de l'Ecole normale Jacques-Cartier et défenseur des maîtres laïques, peut riposter au frère Réticius en décembre 1880 : « [Le Cher Frère] ne doit pas oublier que si leur Institut obtient des succès bien mérités, d'autres maisons en obtiennent ».[2]

Néanmoins, les plus grandes œuvres des Frères des Ecoles chrétiennes au Canada sont encore à venir. Sans doute l'esprit pionnier s'estompe-t-il à la fin des années 1860 et les réformateurs Armin-Victor et Réticius ont tendance à broyer du noir, mais l'Institut est capable de traverser sans trop de séquelles des crises internes et un début de contestation extérieure. Bien plus, ces difficultés serviront de tremplin pour une « ère de prospérité »[3] et un nouveau départ vers l'expansion et l'apogée de la communauté au Canada.

---

[2] Cité dans Labarrère-Paulé, *op. cit.*, p. 337.

[3] Joseph Grenier, s.j. à Mgr Louis-François Laflèche, 12 oct. 1885, AFECR, 411, 9.

SIGLES ET ABRÉVIATIONS

AAQ	Archives de l'archevêché de Québec
AAT	Archives de l'archevêché de Toronto
ACAM	Archives de la chancellerie de l'archevêché de Montréal
ACL	Archives du Collège de Lévis
AFECM	Archives des Frères des Écoles chrétiennes du district de Montréal
AFECQ	Archives des Frères des Écoles chrétiennes du district de Québec
AFECR	Archives de la maison généralice des Frères des Écoles chrétiennes à Rome
AFECT	Archives des Frères des Écoles chrétiennes du district de Toronto
ANQ-MTL	Archives nationales du Québec à Montréal
ASQ	Archives du Séminaire de Québec
ASSM	Archives du Séminaire de Saint-Sulpice de Montréal
ASSP	Archives du Séminaire de Saint-Sulpice de Paris
B.C.S.	Brothers of the Christian Schools
c. (ch.) f.	cher frère
cc. ff.	chers frères
DBC	*Dictionnaire biographique du Canada*
Dr	Directeur

F.E.C.	Frères des Écoles chrétiennes
f. (fr.)	frère
ff. (FF)	frères
F.S.C.	Fratelli Scuole Cristiane
m.c.f.	mon cher frère
MEM	*Mandements des évêques du diocèse de Montréal*
ms.	manuscrit
OS	*L'œuvre d'un siècle*
RCD	Registres et cahiers divers
RLB	*Registre des lettres de Mgr Bourget*
RLL	*Registre des lettres de Mgr Lartigue*
s	sorti
SCHEC	Société canadienne d'histoire de l'Église catholique
t.c. (ch.) f.	très cher frère
T.H.F.	Très Honoré Frère (supérieur général)
7bre	septembre
8bre	octobre
9bre	novembre
X^{bre}	décembre

ORIENTATIONS BIBLIOGRAPHIQUES

I — SOURCES

Notre étude repose essentiellement sur une analyse, aussi complète que possible dans les circonstances déjà rappelées, des archives religieuses, surtout celles de l'Institut des Frères des Ecoles chrétiennes.

A — *SOURCES MANUSCRITES*

1 — Les archives de la communauté

a) Archives de la maison généralice des Frères des Ecoles chrétiennes à Rome (AFECR)

Nous avons d'abord vu les séries qui portent sur l'administration générale de l'Institut, entre autres:

ED 227 — *Registre C contenant les Procès-Verbaux des Chapitres Généraux, des Elections des Supérieurs Généraux et de leurs Assistants, et autres documents relatifs au gouvernement de l'Institut des Frères des Ecoles chrétiennes, 1874-1901.* 511 p.

EG 430 A1 — *Registre Contenant les délibérations du Régime Commencé en 1824 et autres actes.*

EG 430 A2 — *Registre des délibérations du Conseil du Régime commencé en janvier 1856.* 482 p. Se termine en 1904.

Mais, pour notre propos, nous avons surtout puisé dans les séries portant sur le *District de Montréal* (432 et 432a), le *District d'Ottawa* (433), le *District de Québec* (434), le *District de Toronto* (435), le *District de Trois-Rivières* (436), ainsi que dans la série *Documents régionaux et locaux — Canada* (440-463) où les documents sont regroupés sous le nom de chaque communauté. C'est là qu'on y retrouve, quand il y a lieu, l'*Historique* de la communauté par le frère Herménégilde.

b) Archives des Frères des Ecoles chrétiennes du district de Montréal (AFECM)

On y retrouve à la fois des séries d'ordre général comme

T 17 : *L'Institut au Canada — Chronologie*
T 27 : *Visiteurs, assistants, etc.*
T 28 : *Relations extérieures*
T 34 : *Maisons fermées*
T 38 : *Etudes, manuels classiques*

et des séries sur chacune des maisons du Canada.

Il faut mettre à part des documents conservés dans des armoires spéciales comme

— *Origine de l'établissement des Frères des Ecoles chrétiennes, dans la ville de Montréal, au Canada — 1837-1904.* C'est un historique écrit, au fil des jours, par les visiteurs. Le manuscrit contient beaucoup de ratures faites ultérieurement. Nous avons utilisé une copie dactylographiée, très fidèle, qui restitue, quand c'est possible, le texte raturé.

— *Correspondance du frère Armin-Victor.* Cahier contenant une copie manuscrite des lettres envoyées par le frère Armin-Victor. Le texte est presque illisible, mais a été reconstitué et dactylographié avec patience par les frères Gilles Beaudet et Félix Blondin.

c) Archives des Frères des Ecoles chrétiennes du district de Québec (AFECQ)

Nous y trouvons des documents de première main non seulement sur les maisons de ce district, formé en 1927, mais également sur les établissements des autres districts. Ils sont classés sous le nom des maisons.

d) Archives des Frères des Ecoles chrétiennes du district de Toronto (AFECT)

Nous y avons trouvé plusieurs textes manuscrits sur l'histoire du district de Toronto et sur les maisons des Maritimes, ainsi qu'une documentation sur les établissements de Toronto, Kingston et St. Catharines.

2 — Les autres archives religieuses

a) les archives diocésaines

Les archives des diocèses où se sont établis les Frères des Ecoles chrétiennes possèdent des séries spéciales sur l'Institut. Par exemple,

— Archives de la chancellerie de l'archevêché de Montréal (ACAM): *Les Frères des Ecoles chrétiennes* (515.101).

— Archives de l'archevêché de Québec (AAQ): *Les Frères des Ecoles chrétiennes.*

— Archives de l'archevêché de Toronto (AAT): *The Christian Brothers.*

b) Les archives des sulpiciens

À cause des relations spéciales des Frères des Ecoles chrétiennes avec les sulpiciens, nous avons consulté plusieurs séries aux archives de Saint-Sulpice.

— Archives du Séminaire de Saint-Sulpice de Montréal (ASSM)

Nous avons consulté, entre autres séries,

— T46, 41ᶜ *Compte courant avec les Frères des Ecoles 1839-[1909]*

— T46, 43 *Rapport sur les Ecoles. Réforme demandée par Mʳ de Charbonnel vers 1846*

— *Registre Des Délibérations des Assemblées du Séminaire de Sᵗ-Sulpice de Montréal, commencé le 27 Août 1840.*

— *Correspondance de M. Carrière.*

— Archives du Séminaire de Saint-Sulpice de Paris (ASSP)

Nous avons utilisé, entre autres séries, la correspondance de Quiblier (*Canada, Quiblier, 98, 99, 100*) et celle de Billaudèle (*Canada, Billaudèle, 53*).

De même,

— ms. 1208: Quiblier. *Notes sur le Séminaire de Montréal.* 1846. 127 p.

B — SOURCES IMPRIMEES

La plupart de ces œuvres sont des textes de saint Jean-Baptiste de La Salle.

— *Chapitres généraux de l'Institut des Frères des Ecoles chrétiennes. Historique et décisions.* Paris, Maison-Mère, 1902. 192 p.

— *Conduite à l'usage des écoles chrétiennes.* Versailles, Beau, 1870. VIII, 188 p.

— *Méditations de S. Jean-Baptiste de La Salle à l'usage des Frères des Ecoles chrétiennes.* 5ᵉ éd. Paris, Procure générale, 1922. XV, 720 p.

— *Méditations pour le temps de la retraite.* Ed. par le frère Miguel Campos. Rome, Maison généralice, 1976. IX, 180 p.

— *Nouveau traité des Devoirs du Chrétien envers Dieu* [...] par L.C. et F.P.B. Première édition du Canada, publiée avec l'approbation de Monseigneur de Montréal. Montréal, Louis Perrault, [1841]. 322, 48, 12 p.

— « Pratique du Règlement journalier. Règles communes des Frères des Ecoles chrétiennes. Règle du Frère Directeur d'une Maison de l'Institut d'après les manuscrits de 1705, 1713, 1718 et l'édition princeps de 1726 ». *Cahiers lasalliens — Textes — Etudes — Documents*, no 25. 164 p.

— *Règle du gouvernement de l'Institut des Frères des Ecoles chrétiennes.* Lyon, Fr. Mistral, 1814. 220 p.

— *Règle du gouvernement de l'Institut des Frères des Ecoles chrétiennes.* Paris, Poussielgue, 1845. 192 p.

— *Règles et constitutions de l'Institut des Frères des Ecoles chrétiennes.* Versailles, Beau, 1852. XVI,132 p.

II — ETUDES

A — *ETUDES SPECIALES*

— ABBAN, Frère. *Histoire de l'Institut de saint Jean Baptiste de La Salle hors des frontières de la France de 1700 à 1966.* Rome, Editions Générales F.S.C., [1970]. XI, 850 p.

— ANGELUS GABRIEL, Brother. *The Christian Brothers in the United States, 1848-1948. A Century of Catholic Education.* New York, Declan X. McMullen, [1948]. XVIII, 700 p.

— AROZ, Frère Léon de Marie. *L'expansion missionnaire de l'Institut des Frères des Ecoles chrétiennes depuis ses origines jusqu'à la promulgation de la Constitution « Sapienti Consilio » (29 Juin 1908). Le fait historique. Ses Causes.* Rome, Scuola Tipografica Lasalliana, 1955. 87 p.

— BATTERSBY, W. J. *Brother Potamian. Educator and Scientist.* Londres, Burns Oates, [1953]. XI,182 p.

— ----------. *History of the Institute of the Brothers of the Christian Schools* [...] Londres, Waldegrave, [1960-1963]. 3 vol.

— BEAUDET, Gilles. « L'école chrétienne de St-Jean d'Iberville ». *Sources F.E.C.*, vol. 7, no 3, pp. 1-4; vol. 7, no 4, pp. 1-4; vol. 7, no 5, pp. 1-4; vol. 8, no 1, pp. 1-4; vol. 8, no 2, pp. 1-4.

— CAISSE, J.-C. *L'Institut des Frères des Ecoles chrétiennes. Son origine, son but et ses œuvres.* Montréal, J. Chapleau, 1883. 324, IV p.

— CAPORICCI, Antonio. *The Contribution of the Brothers of the Christian Schools to Education in Lower Canada, 1837-1847.* Montréal, Université McGill, Thèse de maîtrise, 1983. IX, 154 p.

— CLAIR STANISLAS, Brother. *Brother Abban.* Rome, Lasallian Publications, 1950. 138 p.

— DE LAGRAVE, François. *Frère Réticius, F.E.C., Le mandat tumultueux d'un Visiteur provincial, 1880-86.* Québec, Université Laval, thèse de maîtrise (histoire), 1977. XIV, 228 p.

— -------. « Roblot (Roblet), Louis, dit frère Aidant ». DBC, IX, p. 752.

— GUILLEMETTE, Yves. *Nos fondateurs, 1837-1887.* [s.l.s.d.]. 233 p.

— LUCIUS, Frère. « Un Canadien errant : Frère Abban (1837-95) ». *Les études*, XIII (1948-1949), pp. 35-36.

— MELDAS-CYRILLE, Frère, éd. *L'œuvre d'un siècle. Les Frères des Ecoles chrétiennes au Canada.* Montréal, Les Frères des Ecoles chrétiennes, 1937. 587 p.

— RIGAULT, Georges. *Histoire générale de l'Institut des Frères des Ecoles chrétiennes.* Paris, Plon, [1927-1953]. 9 vol.

— SYMPHORIEN-LOUIS, Frère. *Les Frères des Ecoles chrétiennes au Canada, 1837-1900.* Montréal, Les Frères des Ecoles chrétiennes, 1921. 328 p.

— *Un siècle au service de la jeunesse trifluvienne, 1844-1944.* Trois-Rivières, 1944.

B — ETUDES GENERALES

— AUDET, Louis-Philippe. *Histoire de l'enseignement au Québec*. Montréal, Holt, Rinehart et Winston, 1971. 2 vol.

— BRASSEUR DE BOURBOURG, Etienne-Charles. *Histoire du Canada, de son Eglise et de ses missions depuis la découverte de l'Amérique jusqu'à nos jours* [...] Paris, Sagnier et Bray, 1852. 2 vol.

— CARRIERE, Gaston. *Histoire documentaire de la Congrégation des Missionnaires Oblats de Marie-Immaculée dans l'Est du Canada, 2e partie: Dans la seconde moitié du XIXe siècle (1861-1900)*. T. VI. Ottawa, Ed. de l'Université d'Ottawa, 1967. 328 p.

— CHOQUETTE, Robert. *L'Eglise catholique dans l'Ontario français du dix-neuvième siècle*. Ottawa, Ed. de l'Université d'Ottawa, 1984. 365 p.

— DUSSAULT, Gabriel et Gilles Martel. *Charisme et économie. Les cinq premières communautés masculines établies au Québec sous le régime anglais (1837-1870)*. Québec, Université Laval, Faculté des Sciences Sociales, 1981. 149 p.

— FERLAND-ANGERS, Albertine et al. «Charon de la Barre, François». DBC, II, pp. 139-142.

— ————. «Turc de Castelveyre, Louis, dit frère Chrétien». DBC, III, pp. 684-686.

— FREMONT, Donatien. *Les Français dans l'Ouest*. Winnipeg, La Liberté, 1957. 162 p.

— HARDY, René. «L'activité sociale du curé de Notre-Dame de Québec: aperçu de l'influence du clergé au milieu du XIXe siècle». *Histoire sociale*, 6 (nov.1870), pp. 5-32.

— HUEL, Raymond, éd. *Les Ecrits complets de Louis Riel*. Vol. I: 29 December/décembre 1861 — 7 December/décembre 1875. Edmonton, The University of Alberta Press, 1985. LIII, 546 p.

— JOLOIS, Jean-Jacques. *Joseph-François Perrault (1753-1844) et les origines de l'enseignement laïque au Canada.* Montréal, Presses de l'Université de Montréal, 1969. 268 p.

— LABARRERE-PAULE, André. *Les instituteurs laïques au Canada français, 1836-1900.* Québec, Presses de l'Université Laval, 1965. XVIII, 471 p.

— LAMONDE, Yvan. « Classes sociales, classes scolaires : une polémique sur l'éducation en 1819-1820 ». SCHEC, 41 (Sessions d'étude 1974), pp. 43-59.

— LINTEAU, Paul André et al. *Histoire du Québec contemporain.* I : *De la Confédération à la crise.* Montréal, Boréal Express, [1979]. 660 p.

— PELLERIN, J.-Alide. *Yamachiche et son histoire, 1672-1978.* Trois-Rivières, Ed. du Bien Public, 1980. 555 p.

— POUTET, Yves. *Le XVIIe siècle et les origines lasalliennes.* Rennes, Imprimeries réunies, 1970. 2 vol.

— _____. « Une institution franco-canadienne au XVIIIe siècle : les écoles populaires de garçons à Montréal ». *Revue d'histoire ecclésiastique,* LIX (1964), pp. 52-88 et 437-484.

— PROVOST, Honorius. *Sainte-Marie de la Nouvelle-Beauce, Histoire religieuse.* Québec, Société historique de la Chaudière, 1967. 625 p.

— SERRE, Lucien. *Louis Fréchette. Notes pour servir à la Biographie du Poète.* Montréal, Frères des Ecoles chrétiennes, 1942. 225 p.

— YOUNG, Brian. *In Its Corporate Capacity. The Seminary of Montreal as a Business Institution, 1816-1876.* Montréal, McGill-Queen's Press, [1986]. XIX, 295 p.

— ZIND, Pierre. *Les nouvelles congrégations de frères enseignants en France de 1800 à 1830.* Saint-Genis-Laval, Chez l'auteur, 1969, 472 p.

Achevé d'imprimer à Montmagny
par les travailleurs des ateliers Marquis Ltée
en octobre 1987